ABITUR-TRAINING

Geschichte 1

Größl · Werner

STARK

Bildnachweis:
Umschlagbild: Borsigs Maschinenfabrik. picture-alliance/akg-images

www.stark-verlag.de
1. Auflage 2010

Inhalt

Vorwort

Prozesse der Modernisierung in Wirtschaft und Gesellschaft durch die Industrialisierung 1

1 **Das „lange 19. Jahrhundert“ – Europas Weg in die Moderne** 2
1.1 Der Modernisierungsbegriff 2
1.2 Die These vom deutschen „Sonderweg“ 5
1.3 Das Nebeneinander von alten und neuen Strukturen 7

2 **Einführung: Industrialisierung** 10
2.1 Industrialisierung: Revolution oder evolutionärer Prozess? 10
2.2 Ansätze zur Erklärung und Periodisierung der Industrialisierung 13
2.3 Der demografische Wandel und der Faktor „Arbeit“ – Voraussetzungen und „Motor“ der Industrialisierung 15

3 **England – das Mutterland der Industrialisierung** 18
3.1 Ausgangsbedingungen 18
3.2 England als führende Kolonial- und Welthandelsmacht 26
3.3 Durchbruch und erste Phase der Industrialisierung – Textilphase (1780–1840) 29
3.4 Die zweite Phase der Industrialisierung – Schwerindustrie (1840–1895) 31

4 **Die Industrialisierung in Deutschland** 36
4.1 Die relative Rückständigkeit Deutschlands zu Beginn des 19. Jahrhunderts 37
4.2 Liberalisierung durch staatliche Reformen: Agrarreformen in Preußen und im deutschen Südwesten 39
4.3 Gewerbereformen und das neue Unternehmertum 47
4.4 Ausbau der Infrastruktur 51
4.5 Der verspätete Aufbruch im deutschen Südwesten 55
4.6 Hochindustrialisierung in Deutschland 62

5 **Veränderte Lebens- und Arbeitsbedingungen** 67
5.1 Pauperismus 67
5.2 Landflucht und Verstädterung 70
5.3 Urbanisierung: Leben in der modernen Großstadt 72
5.4 Proletarisierung der Arbeiter und die Soziale Frage 74

6 Praktische Ansätze zur Lösung der Sozialen Frage 78
6.1 Unternehmerische Ansätze 78
6.2 Christliche und kirchliche Reformansätze 82
6.3 Genossenschaftsbewegung 86
6.4 Arbeiterschaft und Soziale Frage – Marxismus und Arbeiterbewegung 87
6.5 Organisierte Arbeiterbewegung 91
6.6 Staat und Soziale Frage – Bismarcks Sozialgesetzgebung 98

7 USA – Weltmacht in der Krise 100
7.1 Hochkapitalismus und „big business" vor dem Ersten Weltkrieg 100
7.2 Die USA als dominierende Weltwirtschaftsmacht nach dem Ersten Weltkrieg 103
7.3 Weltwirtschaftskrise und amerikanische Krisenbekämpfung: Roosevelts New Deal 107

Die demokratische und nationale Bewegung in der Auseinandersetzung mit dem Obrigkeitsstaat 115

1 Die Neuordnung Deutschlands und Europas auf dem Wiener Kongress 1814/15 116

2 Die Zeit des Vormärz (1815–1848) 127
2.1 Politische Strömungen: Liberalismus, Nationalismus und Konservatismus 127
2.2 Die Auseinandersetzung zwischen Restauration und liberal-nationaler Opposition (1815–1830) 132
2.3 Der Vormärz (1830/31 bis März 1848) 136

3 Die Revolution von 1848/49 in Deutschland 143
3.1 Voraussetzungen 144
3.2 Die Gesellschaft am Vorabend der Revolution von 1848/49 146
3.3 Die verschiedenen Handlungsebenen der Revolution 150
3.4 Die Phasen der Revolution im Überblick 151
3.5 Revolutionäre und konterrevolutionäre Entwicklungen 1848/49 154
3.6 Die Paulskirchenverfassung vom 28. März 1849 161
3.7 Probleme der Revolution und Gründe für ihr Scheitern 167

4 Der Weg zur Reichsgründung (1849–1871) 173
4.1 Das Wiedererstarken der monarchischen Herrschaft nach 1849 173
4.2 Die Entwicklung in Preußen – „Neue Ära" und Heereskonflikt 176
4.3 Die Lösung der deutschen Frage und die Einigungskriege (1864–1871) 181

Das deutsche Kaiserreich 1871–1918: Spannung zwischen autoritärem Nationalstaat und politischer Mobilisierung **195**

1 Die Konsolidierung des Obrigkeitsstaates 196
1.1 Die Verfassung: Monarchischer Obrigkeitsstaat mit demokratischen Elementen 196
1.2 Der besondere Nationalismus: Chauvinismus als Reichspatriotismus 203
1.3 Bürokratie und Justiz als staatstragende Herrschaftsinstrumente 205
1.4 Die Rolle von Adel und Bürgertum 208
1.5 Die Militarisierung der Gesellschaft 210
1.6 Schule, Wissenschaft und Forschung 213

2 Die Formierung politischer Interessen 217
2.1 Die politischen Parteien 218
2.2 Interessenorganisationen der Landwirtschaft und Industrie 224
2.3 Politische Interessenverbände 226
2.4 Die Gewerkschaften als Interessenverbände der Arbeiter 228
2.5 Antisemitismus und Rassismus im Kaiserreich 229
2.6 Organisationen der Frauenbewegung 230

3 Konflikte und politische Kultur 235
3.1 Der Kulturkampf gegen die katholische Kirche und den politischen Katholizismus 236
3.2 Der Kampf gegen die deutsche Sozialdemokratie (Sozialistengesetze) 239
3.3 Bismarcks Sozialgesetzgebung 241

Lösungen **245**

Stichwortverzeichnis 271
Bildnachweis 277

Autoren: Wolf-Rüdiger Größl, Johannes Werner

Vorwort

Liebe Schülerinnen und Schüler,

das vorliegende Abitur-Training Geschichte 1 für Baden-Württemberg ermöglicht Ihnen eine gezielte und effektive Vorbereitung auf den Unterricht sowie auf bevorstehende Klausuren und das Abitur im Fach Geschichte. Von Ihnen wird immer mehr das Erkennen von Problemen und Zusammenhängen sowie eine fundierte Beurteilung von historischen Sachverhalten verlangt. Dabei hilft Ihnen dieser Band.

- Das Buch enthält das in der Abiturprüfung relevante **Basiswissen an Fakten** sowie die beiden **Schwerpunktthemen** „Veränderungen in Wirtschaft und Gesellschaft durch die Industrialisierung“ und „Die demokratische und nationale Bewegung in der Auseinandersetzung mit dem Obrigkeitsstaat“. Einstiegsbilder zu jedem Kapitel ermöglichen eine inhaltliche Annäherung vor der ersten Lektüre.
- **Zeittafeln** und ein **Stichwortverzeichnis** ermöglichen Ihnen einen schnellen Überblick und den sicheren Zugriff auf relevante Informationen.
- Die **abwechslungsreiche Materialzusammenstellung** bestehend aus zusammenfassenden Schaubildern, Tabellen, Karten und Abbildungen erleichtert das Lernen.
- Mit den vielfältigen **Übungsaufgaben** am Ende jedes Kapitels und mit **materialgestützten Aufgaben im Stil des Abiturs** können Sie das Gelernte selbstständig anwenden und überprüfen.
- Der umfassende **Lösungsteil** am Ende des Bandes gibt Ihnen schließlich die Möglichkeit, Ihren Wissensstand schnell und einfach zu überprüfen.

Das Autorenteam wünscht Ihnen viel Erfolg bei der Arbeit mit diesem Buch!

Wolf-Rüdiger Größl   Dr. Johannes Werner

Prozesse der Modernisierung in Wirtschaft und Gesellschaft durch die Industrialisierung

1 Das „lange 19. Jahrhundert" – Europas Weg in die Moderne

In der Geschichtswissenschaft hat sich bei der Untergliederung der Neuzeit für die Zeitspanne von der Französischen Revolution bis zum Ersten Weltkrieg der **Epochenbegriff** „langes 19. Jahrhundert" etabliert. Beide Ereignisse stellen zusammen mit der Industriellen Revolution seit Mitte des 18. Jahrhunderts epochale Zäsuren dar: Die **Französische Revolution** verwirklichte die politischen Ideen der Aufklärung (u. a. Partizipation, Emanzipation, Volkssouveränität, politische Repräsentation, Verfassung, Menschenrechte, Nation) und verbreitete diese durch die napoleonische Hegemonialpolitik in weiten Teilen Europas. Die **Industrielle Revolution** veränderte die Arbeits- und Produktionsprozesse und mit ihnen die gesamte Gesellschaft und Umwelt nachhaltig. Der **Erste Weltkrieg** als „Urkatastrophe" Europas setzte nicht nur der europäischen Vorherrschaft in der Welt ein Ende, sondern zerstörte auch die alte bürgerliche Ordnung. So konnten sich in der Folge radikale Weltanschauungen wie Kommunismus, Faschismus und Nationalsozialismus durchsetzen.

1.1 Der Modernisierungsbegriff

Der Begriff „Modernisierung" beschreibt den schnellen und grundlegenden **Wandel Europas im 19. Jahrhundert**, der mit einer **„Verbürgerlichung"** der Gesellschaft und ihrer Werte einherging. Während die Modernisierung in Mittel- und Westeuropa auf verschiedenen Ebenen sowie auf unterschiedliche Art und Weise erfolgte (s. S. 3 f.), verschloss sich das von Russland beherrschte Osteuropa bis zum Beginn des zweiten Drittels des 19. Jahrhunderts weitgehend den Modernisierungsprozessen.

In der Soziologie beschreibt der Begriff „Modernisierung" den **sozialen Wandel**, d. h. den Wechsel von einer bestehenden Gesellschafts-, Wirtschafts- und Kulturform zu fortschrittlicheren Formen, z. B. den Übergang von der Agrar- zur Industriegesellschaft, von der Dorf- zur Stadtgesellschaft oder von der Massen- bzw. Gruppengesellschaft zur Individualgesellschaft.

Die **Modernisierungstheorie** beschäftigt sich mit der Frage, wie es im Verlauf des 18. und 19. Jahrhunderts zu den grundlegenden Veränderungen in den westlichen Gesellschaften kam. Sie geht davon aus, dass diesem Prozess verschiedene **innere (ökonomische und soziale) Faktoren** zugrunde liegen, die sich wechselseitig beeinflussten. Hervorgehoben werden dabei allgemein **drei Teilprozesse:**

1. Die **Zurückdrängung der Religion** aus verschiedenen gesellschaftlichen Bereichen wie Recht und Politik (Emanzipation);
2. die **Mobilisierung und Dynamisierung der Gesellschaft** durch
   - Befreiung der gesellschaftlichen Gruppen von ihren sozialen Fesseln (Stände, Zünfte),
   - die freie Nutzung der Ressourcen (Kapital, Bodenschätze, Wissen, Technologie, Arbeit),
   - die Förderung des sozialen Wohlstands anstelle des fürstlichen Reichtums,
   - die Entstehung eines hochentwickelten und breiten Bildungswesens,
   - einen hohen Differenzierungsgrad der Gesellschaft durch die zunehmende Arbeitsteilung;
3. die **Partizipation der Bürger** am staatlichen und sozioökonomischen Leben durch
   - die Infragestellung der traditionellen Legitimierung von Herrschaft infolge der Aufklärung,
   - den Ausbau der Bildungs- und Qualifizierungsmöglichkeiten,
   - die Säkularisierung der Bildung, der Erziehung und der gesellschaftlichen Normen.

Um von Modernisierung sprechen zu können, benötigt man einen **Bezugspunkt** oder **historische Vorbilder**, an denen man sich bei der Betrachtung orientieren kann. Politisch waren dies am Ende des 18. und zu Beginn des 19. Jahrhunderts Frankreich, wirtschaftlich Großbritannien und im 20. Jahrhundert die USA. Als **Indikatoren für die Modernisierung** gelten vor allem:

- die Bevölkerungsentwicklung,
- der Stand der Urbanisierung und des Bildungswesens (Alphabetisierungsrate, Schulpflicht, Bildungschancen),
- die Befreiung des Denkens und Handelns von ideologischen oder religiösen Normen,
- die Wirtschaftsstruktur und das Wirtschaftswachstum,
- das Maß der sozialen Sicherheit,
- der Grad der Bürokratisierung,
- der Kommunikationsmöglichkeiten,
- des Verkehrswesens und der Mobilität,
- der Grad an Emanzipation und politischer Partizipation,
- das Vorhandensein eines Pluralismus (Parteien, Medien, Verbände),
- die Entwicklung der Freiheitsrechte.

Nach den niederländischen Soziologen **Hans van der Loo** und **Willem van Reijen**, die vor allem die Komplexität und die Ambivalenzen der Modernisierung berücksichtigen wollten, umfasst die Modernisierung **vier idealtypische Prozesse:**

1. Die **Nutzbarmachung** und Beherrschung **der Natur** durch ständige technische und soziale Innovationen. So können die natürlichen und humanen Ressourcen z. B. durch Technik, Qualifizierung, Spezialisierung immer besser genutzt werden.
2. Die zunehmende **Differenzierung der Gesellschaft** durch die sich beschleunigende Arbeitsteilung zwischen Personen und international zwischen Volkswirtschaften (globale Arbeitsteilung); dabei verändere sich auch die Marktorientierung, z. B. vom Binnenmarkt zum Weltmarkt.
3. Die „Rationalisierung der Kultur" und der **„Primat der Vernunft":** Das Handeln der Menschen werde nicht mehr durch Autoritäten (z. B. Herrscher oder die Kirche) und die Tradition bestimmt, sondern durch vernunftgeleitete und sachliche Begründungen, die sich selbst auch wieder der Kritik stellen müssten; die Wissenschaft emanzipiere sich von Kirche und Religion (Verwissenschaftlichung mit freier Forschung und Lehre).
4. Die **„Individualisierung der Person"**, d. h. die Emanzipation des Menschen von seiner bis dahin dominierenden Gruppenzugehörigkeit (Zunft, Stand, Familie, Sippe). Dadurch werde er zu selbstständigem Handeln und zur Eigenverantwortung befähigt. Damit verbunden sei eine höhere räumliche (Migration) und soziale Mobilität (Karriere- und Aufstiegschancen), aber auch größere soziale Unsicherheit.

Diese **Teilprozesse** seien **miteinander vernetzt** und bedingten sich gegenseitig, sodass eine monokausale Bestimmung des Begriffs „Modernisierung" nicht möglich sei. Zudem müsse dabei Folgendes beachtet werden:

1. Das Streben nach Beherrschung der Natur erfordere ein hohes Maß an **Selbstdisziplin** und **Verantwortungsbewusstsein** gegenüber den nachfolgenden Generationen.
2. Die Differenzierung der Gesellschaft und die damit einhergehende Globalisierung verlange ein völlig anderes, den Menschen **ungewohntes Denken:** Denn das politische Handeln in einer globalisierten Welt folge anderen Maßstäben und Notwendigkeiten als im traditionellen Nationalstaat. Die neue „Weite" überfordere den Menschen und mache ihm Angst; so entstünden neue Konfliktherde.

3. Die Orientierung an der Vernunft führe zur Herausbildung **neuer Werte**, die aber weniger konkret formuliert seien und im Alltag häufig nur eingeschränkt angewendet werden würden (z. B. die Menschenrechte).
4. Zwar werde der einzelne Mensch von den traditionellen Gruppenzwängen befreit und in den Mittelpunkt des politischen Handelns gestellt, aber zugleich gerate das Individuum in **neue Abhängigkeiten** (Selbstverantwortung, Eigensicherung, Verantwortung gegenüber der Gemeinschaft und vor allem Abhängigkeit von der Bürokratie).

1.2 Die These vom deutschen „Sonderweg“

Der Ablauf der Geschichte ist geprägt von einem „Gewebe aus Kontinuitäten und Kausalitäten, das historische Vorgänge mit ihren Konsequenzen verknüpft“ (Frank Lorenz Müller); dies spricht prinzipiell gegen eine willkürliche Periodisierung. Dennoch gibt es innerhalb des historischen Prozesses Ereignisse, die nachhaltigen Einfluss auf die weiteren Entwicklungen genommen haben: Diese nennt man **Zäsuren**. Eine solche Zäsur, von der auch Deutschland betroffen war, stellt die Französische Revolution dar. Ihre Auswirkungen und die der napoleonischen Besatzungszeit prägten Politik und Gesellschaft in Deutschland; sie war Bezugspunkt im Streben um nationale Einheit und politische Freiheit.

Neben Zäsuren beinhaltet die historische Entwicklung aber auch immer wieder **Wendepunkte**, an denen sich die Richtung der weiteren Entwicklung nachhaltig verändert: Im Englischen spricht man von „turning points“.

Für einige Historiker (z. B. Hans-Ulrich Wehler oder Heinrich August Winkler) begann mit dem Scheitern der Revolutionen von 1848/49 ein deutscher „Sonderweg“, der die Entwicklung in Deutschland vom **liberalen Weg des Westens**, vor allem Großbritanniens und Frankreichs, abkoppelte. **Wehler** betont, dass die führenden Eliten in Deutschland im 19. und frühen 20. Jahrhundert eine „anachronistische“ Politik betrieben hätten, deren einziges Ziel die **Erhaltung eines überholten politisch-sozialen Systems** und damit letztlich die Sicherung ihrer eigenen Machtstellung gewesen sei. Daher hätten sie Parlamentarismus und Demokratie ebenso abgelehnt wie Liberalismus und soziale Bewegungen. Das **übersteigerte Nationalgefühl** hätte als Integrationsmittel gedient, das von politischen und sozialen Spannungen ablenken sollte. In Deutschland sei das dominierende Preußen für das Beharren auf den überholten politischen und sozialen Strukturen verantwortlich gewesen. Zudem sei ein großer Teil der deutschen Bourgeoisie der Monarchie traditionell positiv gegenübergestanden und habe der Obrigkeit als ordnungsstiftende Kraft vertraut. Dies sei zusätzlich durch die protestantisch-lutherische Obrigkeitslehre verstärkt worden, die den „leidenden Gehorsam" gegenüber der Obrigkeit propagierte.

Diese These ist heute aber stark umstritten, denn sie setzt voraus, dass es eine Norm oder Richtschnur für die Entwicklung zur Demokratie gibt. Die Kritiker weisen daraufhin, dass es innerhalb historischer Prozesse kein „Normalmaß" gebe und dass es auch in westlichen Ländern **keinen linearen Weg zur Demokratie** gegeben habe. Auch hier herrschten Klassengegensätze, saßen die alten Eliten an den Schlüsselstellen der Macht und bestimmten das gesellschaftliche Leben. In Großbritannien etwa beharrte die führende Schicht auf ihrer gesellschaftlichen und politischen Vormachtstellung und nutzte zu deren Durchsetzung das „House of Lords". Bei der Sozialgesetzgebung schnitten Frankreich und Großbritannien sogar wesentlich schlechter als das Deutsche Kaiserreich ab.

Anders als im zaristischen Russland war die Obrigkeit im deutschen Kaiserreich an die geltenden Gesetze gebunden. Insgesamt herrschte im kaiserlichen **Deutschland** im Vergleich zu anderen europäischen Ländern ein „sehr hohes Maß an **Rechtssicherheit** und an **öffentlichem Rechtsbewußtsein**" (Eberhard Jäckel). Zudem war die persönliche Freiheit nach 1871 rechtlich weitgehend gesichert: Es herrschte Meinungs- und Pressefreiheit (1874), sofern es sich nicht um Fälle von Majestätsbeleidigung handelte; Freizügigkeit und Gewerbefreiheit sowie Glaubens- und Gewissensfreiheit waren ebenso gesetzlich gesichert wie das Verbot rückwirkender Gesetze.

Auch die Behauptung, dass das **deutsche Bürgertum** im 19. Jahrhundert im Vergleich zum „Westen" besonders schwach entwickelt gewesen sei und dass gerade die heterogene Zusammensetzung des Bürgertums (s. S. 209 f.) den deutschen „Sonderweg" ermöglicht hätte, ist kritisch zu sehen. Während das Bildungsbürgertum und die Wirtschaftsbourgeoisie der Modernisierung von Staat und Wirtschaft aufgeschlossen gegenüberstanden und sich zum Liberalismus, zur Emanzipation und zum Verfassungsstaat bekannten, verteidigte das Beamtentum, das in Diensten des monarchischen Staates stand, mehrheitlich dessen Interessen. Wie in anderen europäischen Ländern war die Bourgeoisie als tonangebende Schicht darum bemüht, sich adligen Lebensformen anzupassen und sich „nach unten" abzugrenzen.

Die Sonderwegsthese wird vor allem deshalb sehr kritisch gesehen, da sie die **Geschichte einseitig aus heutiger Sicht** und vor dem Hintergrund des Nationalsozialismus bewertet. Dabei wird außer Acht gelassen, dass sich Geschichte weder von Anfang an zielgerichtet **(teleologisch)** noch zwangsläufig **(deterministisch)** entwickelt, wie das z. B. Karl Marx behauptet hatte. Selbst die Weimarer Demokratie hätte durchaus das Potenzial für eine weitere demokratische Entwicklung besessen, und ihr Scheitern sei nicht von Anfang an durch Entwicklungen im 19. Jahrhundert „vorprogrammiert" gewesen.

Zwar gab es durchaus **politische Kontinuitäten**, aber eine Linie von Luther über Friedrich den Großen, Bismarck und Wilhelm II. zu Hitler zu ziehen, sei unhistorisch und konstruiert (vgl. u. a. Eberhard Jäckel und Hans-Christof Kraus). Selbst bei der Emanzipation der Juden stand Deutschland auf gleicher Ebene wie die „westlichen" Länder Europas. Der **Antisemitismus** war ein europäisches, kein ausschließlich deutsches Phänomen: Er war an der Wende zum 20. Jahrhundert in Österreich-Ungarn, Frankreich und Russland wesentlich stärker ausgeprägt als in Deutschland. Zwar verbreiteten Publizisten der „Völkischen Bewegung" lautstark ihr rassistisches, antisemitisches und radikalnationalistisches Gedankengut, doch blieben sie eine kleine, radikale Minderheit innerhalb der deutschen Gesellschaft.

Daher sollte man statt von einem deutschen „Sonderweg" von einer **„Eigenentwicklung"** sprechen, denn alle Nationen haben letztlich ihre eigenen Wege beschritten. Gerade das „lange 19. Jahrhundert" zeige, dass es eine konfliktfreie, kontinuierliche Modernisierung und Demokratisierung fast nirgendwo gegeben hat – vielleicht mit Ausnahme der Beneluxstaaten und der skandinavischen Länder.

1.3 Das Nebeneinander von alten und neuen Strukturen

Charakteristisch für die erste Jahrhunderthälfte waren neben grundlegenden Umwälzungen in Politik, Wirtschaft und Gesellschaft das Festhalten an Althergebrachtem sowie die Vermischung von Altem und Neuem. Es entwickelte sich ein eigentümliches Nebeneinander von alten feudalen Strukturen der Ständegesellschaft und einer modernen, vom Bürgertum geprägten Klassengesellschaft auf kapitalistischer Grundlage.

Der Beginn der Epoche gilt als Zeit der politisch-sozialen und technologisch-wirtschaftlichen **„Doppelrevolution"**, die vor allem West- und Mitteleuropa den **Weg in die Moderne** wies. Die wichtigsten Veränderungsprozesse erfolgten dabei in drei Bereichen: im Bereich der politischen Herrschaft, der Gesellschaft und der Wirtschaft. Allerdings blieben in Deutschland bis zum Ende des Kaiserreichs die alten, feudalen Eliten in Politik und Gesellschaft dominierend, wenn auch ihre Stellung immer stärker angefochten wurde.

In **Deutschland**, bis 1871 ein **geografischer** und noch kein staatlich-politischer **Begriff**, erfolgten die Veränderungen im Wesentlichen durch Anstöße von außen. Die Prinzipien und die politisch-sozialen Auswirkungen der Französischen Revolution wurden für die meisten Deutschen erst durch die napoleonischen Kriege reale Erfahrung. Die deutschen Staaten, allen voran Preußen, waren nach den militärischen Erfolgen Napoleons gezwungen, ihren Entwicklungsrückstand gegenüber dem revolutionären Frankreich aufzuholen, wollten die Herrscher ihre Macht bewahren. So bedienten sie sich der **„Reform von oben"**, um eine „Revolution von unten" zu verhindern. Diese **defensive Modernisierung** leitete den Wandel vom feudalen Ständestaat mit absolutistischer Herrschaft zur konstitutionellen Monarchie ein, in der dem Bildungs- und Wirtschaftsbürgertum eine begrenzte politische Mitwirkung zustand. Diesen Schritt hatte Großbritannien schon seit der „Glorious Revolution" vollzogen; er stellte einer der Gründe für die herausragende Stellung des Landes als führende Industrie- und Handelsmacht Europas dar.

In **Preußen**, das sich bis zum zweiten Drittel des 19. Jahrhunderts zur **wirtschaftlichen und politischen Führungsmacht** in Deutschland entwickelte, hatte die Niederlage gegen Napoleon eine grundlegende Neuordnung des Staatswesens und der Verwaltung erzwungen. Der Leitgedanke der preußischen Reformer war, im Volk ein Staatsbewusstsein zu schaffen und die Bürger als **„Nation"** in die Verantwortung für den Staat zu nehmen. Auf diese Weise sollte letztlich das Staatswesen effektiver werden. Allgemeine Schul-, Wehr- und Steuerpflicht sowie Rechts- und Chancengleichheit sollten **staatsbürgerliche Freiheit und Gleichheit** schaffen; soziale Gleichheit bedeutete dies aber nicht. Die staatliche Förderung der Wirtschaft sollte vor allem in den deutschen Mittelstaaten den Weg vom traditionellen Agrarstaat zum **Industrie- und Gewerbestaat** ebnen. Diese Modernisierung erfolgte nahezu ohne Beteiligung der Volksmassen.

Parallel zur politischen Modernisierung „von oben" löste sich die seit dem Mittelalter bestehende Ständeordnung auf. Die alten Eliten büßten dabei ihre Macht in Staat und Gesellschaft jedoch kaum ein, obgleich ihre wirtschaftliche Bedeutung im Verlauf des 19. Jahrhunderts deutlich schwand. Die **Bauernbefreiung** (im Großherzogtum Baden ab 1793, in Preußen ab 1807 und im Königreich Württemberg ab 1817) beseitigte die bäuerlichen Abhängigkeiten von den verschiedenen Formen feudaler Herrschaftsrechte (z. B. Abschaffung der persönlichen Dienstbarkeit, der Leibeigenschaft und der Bindung an die Scholle) und bewirkte eine Kapitalisierung vor allem der Großlandwirtschaft. Dadurch stieg zwar die landwirtschaftliche Produktivität, aber die **Agrarkrisen** der 1840er-Jahre machten den Aufschwung wieder zunichte. Viele Bauern konnten deshalb ihre bisherigen Guts- oder Grundherren nicht entschädigen und verloren ihren neuerworbenen Besitz teilweise oder sogar ganz (s. S. 42 ff.) – in Preußen änderte sich an der gutsherrlichen Struktur kaum etwas.

Die Reform der Wirtschaftsordnung (in Preußen ab 1810) leitete durch die Abschaffung des Zunftwesens und die Einführung der **Gewerbefreiheit** eine Liberalisierung der Wirtschaft ein, die in erster Linie die Finanz- und Wirtschaftskraft des Staates stärken sollte (s. S. 47 ff.). Reformen im **Bildungswesen** sicherten den wirtschaftlichen Fortschritt und beschleunigten die eigenständige Weiterentwicklung der durch ausländische Investitionen und Kapitalhilfen geförderten Industrialisierung.

Die in Preußen mit dem Edikt von 1812 verkündete **Emanzipation der Juden**, die zur rechtlichen Gleichstellung und sozialen Integration der Juden führte, erschloss dem Staat ein neues Reservoir gebildeter und finanzkräftiger Bürger. Bis Ende der 1860er-Jahre war die Emanzipation der Juden auch in den anderen deutschen Staaten verankert.

Insgesamt dominierten im 19. Jahrhundert **bürgerliche Leitbilder:** Diese waren u. a. Individualismus, Emanzipation, Partizipation, das Leistungsprinzip, Fortschrittsorientierung sowie eine von der Vernunft bestimmte Lebensplanung. Hinzu kamen **traditionelle Werte** wie Pflichtbewusstsein, Ordnung oder Mäßigung. Der neue Staat mit seiner sich immer stärker entwickelnden, auf Fachleuten beruhenden Bürokratie und die fortschreitende Industrialisierung erleichterten den sozialen Aufstieg durch Bildung, Leistung und Besitz. Eine neue **bürgerliche Öffentlichkeit** artikulierte sich in Presse und Literatur.

Aufgabe 1 Erklären Sie im historischen Kontext die Begriffe „Zäsur" und „langes 19. Jahrhundert".

Aufgabe 2 Erläutern Sie, warum man bezüglich der Veränderungen im 18./19. Jahrhundert von „Modernisierung" spricht.

2 Einführung: Industrialisierung

2.1 Industrialisierung: Revolution oder evolutionärer Prozess?

Die Industrialisierung ist ein wesentlicher Teil der Modernisierung. Ihren Beginn und ihre Wirkung hat man als Industrielle Revolution bezeichnet, weil sie ein tiefgreifender und dauerhafter **Umwälzungsprozess der sozialen und wirtschaftlichen Verhältnisse** war. Durch diesen wandelte sich die Gesellschaft vor allem in West- und Mitteleuropa seit etwa 1750 von einer **Agrar- zu einer Industriegesellschaft**. Diese Entwicklung veränderte nicht nur das Verhältnis der Staaten zueinander, sondern auch die Lebens- und Arbeitsbedingungen der Menschen jener Zeit.

Die **Vorreiterrolle** spielte **Großbritannien** (s. S. 18 ff.), während die anderen europäischen Länder den „Status von Nachfolgeländern" (Wehler) besaßen. Gründe hierfür waren v. a. die Existenz einer **„offenen Gesellschaft"** (s. S. 19) sowie die fortgeschrittene **Liberalisierung** in England. Von diesem Prozess waren aber auch außereuropäische Staaten wie die USA und Japan betroffen.

Dieser Modernisierungsprozess war **multikausal**; er setzte sich aus mehreren Revolutionen zusammen, die sich gegenseitig beeinflussten. Zu nennen sind die

- demografische Revolution, d. h. ein sprunghafter Anstieg der Bevölkerungszahl und -dichte,
- wissenschaftlich-technische Revolution, die auf Vorläuferentwicklungen aufbaute,
- Agrarrevolution und Bauernbefreiung, die die traditionelle feudale Agrarstruktur beseitigten,
- Industrielle Revolution, d. h. die grundlegende Veränderung der Produktionsprozesse und der Lebensverhältnisse,
- Verkehrsrevolution durch die Eisenbahn,
- politische Revolution (England 1688, Frankreich 1789) mit den Zielen der Emanzipation des Bürgertums und der Freiheit auf allen Gebieten.

Die Industrialisierung in Europa war ein welthistorischer Vorgang und markierte einen **epochalen Einschnitt**. Sie beeinflusste mittelfristig jeden Winkel der Erde und wird daher von vielen Historikern mit der Sesshaftwerdung der Menschen und der sich daraus entwickelnden Agrargesellschaft gleichgesetzt (Neolithische Revolution).

Da sich durch die Industrialisierung das Leben der meisten Menschen, ihre Arbeitsbedingungen und die Produktionsweise grundlegend veränderten, sprechen einige Historiker von einer **Revolution**. Diese Begrifflichkeit gilt es zunächst einmal kritisch zu hinterfragen. Denn man verbindet mit dem Begriff meist gewaltsame und schnell ablaufende Ereignisse, die von Massenbewegungen auf den Straßen und von bewaffneten Kämpfen mit den Herrschenden dominiert werden. Diese Auseinandersetzungen führen entweder zu einem grundlegenden Wandel der politischen, sozialen und wirtschaftlichen Ordnung oder sie scheitern am Widerstand bzw. der Uneinigkeit der Revolutionäre. Darüber hinaus kann aber auch ein wirtschaftlicher und sozialer Wandel revolutionär sein, wenn er die traditionellen Gesellschaftsstrukturen grundsätzlich verändert, zu neuen gesellschaftlichen Werten bzw. neuen wirtschaftlichen Handlungsweisen führt und die bisherigen Eliten in Staat und Gesellschaft plötzlich und gewaltsam entmachtet.

In Bezug auf den wirtschaftlichen und sozialen Wandel tauchte der Begriff **„industrial revolution"** erstmals 1799 auf; er wird aber allgemein dem englischen Historiker **Arnold Toynbee** (1852–1883) zugeschrieben, der diesen im englischen Sprachraum verbreitete. Die Bezeichnung wurde in Analogie zur „politischen Revolution" zur Kennzeichnung des **„qualitativen Wandels" in der Produktionstechnik** verwendet. Zu dessen Merkmalen zählten der Einsatz von Maschinen, die zur Rationalisierung und Spezialisierung im Fertigungsprozess führten, und die Massenproduktion in Fabriken. Damit einher gingen aber auch umfassende **wirtschaftliche und soziale Umwälzungen**, auf die aber weder die Gesellschaft noch die Politik durch entsprechende Infrastruktur und Bildungssysteme vorbereitet waren. Schon viele Zeitgenossen empfanden die Industrialisierung wegen des mit ihr verbundenen radikalen gesellschaftlichen Umbruchs als **Beginn einer „neuen Zeit"**.

Heute spricht die Forschung unter Einbeziehung der oben genannten Erklärungen von einem **evolutionären Prozess**, der zwar die menschliche Existenz grundlegend verändert hat, der sich aber nicht so schnell und so plötzlich vollzog, wie man früher angenommen hat. Vielmehr setzte dieser Umwandlungsprozess schon im 17. Jahrhundert ein und stützte sich auf **Vorläuferentwicklungen** wie den Bau von Hochöfen und den Einsatz von wechselseitigen Blasebälgen, die von Wasserrädern angetrieben wurden. So konnte die Produktionsmenge vergrößert und die Qualität der Produkte verbessert werden. Mithilfe von Pumpensystemen gelang es schon seit dem 16. Jahrhundert, tiefere Bergwerksstollen anzulegen. Der Einsatz der **Wasserkraft** hatte nicht nur den Antrieb von Korn- und Ölmühlen verbessert, sondern auch den Betrieb von Hammerwerken, von Tuch- und Walkmühlen sowie von Drahtzieh- und Metallschleifmühlen ermöglicht. Der Verlauf der Industrialisierung war in den einzelnen Ländern sehr unterschiedlich; in einigen Regionen der Erde ist er bis heute nicht abgeschlossen.

Da die Landwirtschaft auch im 19. Jahrhundert noch große Bedeutung hatte, ist der häufig angenommene Zusammenhang vom Rückgang der agrarischen Nutzfläche und der Ausweitung der industriellen Produktion nicht zwingend. Insbesondere in den USA, in Deutschland und in Japan wurde die **Extensivierung der Landwirtschaft** bei gleichzeitigem Auf- und **Ausbau der industriellen Strukturen** fortgesetzt. Zudem wuchs im selben Zeitraum der globale Handel mit Agrarprodukten, wenn auch geringer als der mit Industrieprodukten. Nur in wenigen Ländern wie Großbritannien oder Frankreich ging im 19. Jahrhundert die Ackerfläche zurück.

Kennzeichen des Industrialisierungsprozesses

Zwar vollzog sich die Industrialisierung in Form eines längeren evolutionären Prozesses, sie hatte aber dennoch nachhaltige, revolutionäre Auswirkungen. Dazu gehörte die Durchsetzung des **ökonomischen Prinzips** in fast allen Lebensbereichen, die nun von der Frage nach der „Wirtschaftlichkeit" („Zweck-Mittel-Relation") bestimmt wurden. Damit verbunden war der Einsatz von Arbeitsmaschinen, die immer weiter verbessert wurden und so eine **rationelle Produktion** und eine fortschreitende Spezialisierung ermöglichten; dies führte zu einer immer stärkeren Automatisierung der Arbeitsprozesse.

An die Stelle der traditionellen Arbeitskräfte Mensch und Tier trat die künstlich erzeugte Kraft von Dampf, später von Gas und Elektrizität. Auch die Produktionsstätte veränderte sich grundlegend: Es entstand die **Fabrik** als zentralisierter großer mechanischer Produktionsbetrieb mit einem arbeitsteiligen Herstellungsprozess, oft als Weiterentwicklung bereits existierender Manufakturen. Das städtische Zunftwesen und das ländliche Verlagssystem verloren dadurch ihre Bedeutung und wurden schließlich ganz aufgelöst.

In der Industrie setzte ein zunehmender Konzentrationsprozess ein, der nicht nur die Betriebsstrukturen, sondern auch die Arbeitsstruktur in den Betrieben veränderte. Letztere war geprägt von einer strengen **Arbeitsdisziplin** (Fabrikordnungen), neuen, exakten Zeitmessverfahren, abhängiger Lohnarbeit sowie der Trennung von Arbeitsplatz und Wohnraum.

Die Fabrik war aber nicht nur Produktionsstätte, sondern auch ein **„Sozial- und Herrschaftsverband"** (D. Ziegler). Sie wurde daher zunehmend zum Ort sozialer und wirtschaftlicher Konflikte, in denen Solidarität und Kooperation eine große Rolle spielten.

Die angesichts des Konkurrenzdrucks notwendigen Investitionen und Innovationen waren kapitalintensiv und verlangten **neue Wege der Kapitalbeschaffung** (Finanzkapital, Aktienkapital) und ein investitionsbereites, nach

Gewinnmaximierung strebendes **Unternehmertum**, das sich für den Betrieb verantwortlich fühlte. Die Betriebe produzierten **marktorientiert** und für den überregionalen Handel.

Diese neue Wirtschaftsform veränderte die gesellschaftlichen Strukturen. Die alte Ständegesellschaft wurde durch eine auf Besitz an Produktionsmitteln gegründete **Klassengesellschaft** mit zunehmender **Binnendifferenzierung** und hoher **Mobilität** abgelöst. Verstärkt wurde dieser Prozess durch den demografischen Wandel, der sowohl das Bevölkerungswachstum als auch den Altersaufbau der jeweiligen Gesellschaft betraf. Die rapide Zunahme der Bevölkerung hatte schon vor der Industrialisierung eingesetzt und wurde durch sie verstärkt, was wiederum die Nachfrage erhöhte **(Nachfragesog)** und so die Industrialisierung beschleunigte.

Die Bedeutung der Wirtschaftssektoren, d. h. die Verteilung der Beschäftigten, verschob sich zugunsten des **sekundären Sektors** (verarbeitendes Gewerbe in Handwerk und Industrie, Bauwesen, Bergbau). Verbunden mit der Mechanisierung und Rationalisierung der Produktion führte diese Entwicklung zum allmählichen **Niedergang** der traditionell bedeutenden **handwerklichen Branchen**. Die neue Industrie hatte einen hohen Arbeitskräftebedarf und übte zudem eine große Anziehungskraft auf die arbeitsuchenden Menschen aus: **Binnenmigration** vom Land in die Stadt, die Entwicklung industrialisierter Ballungsgebiete und ein dynamischer Prozess der **Urbanisierung** mit erheblicher Auswirkung auf die Familien- und Gesellschaftsstruktur waren die Folgen.

Diese sozio-ökonomischen Umbrüche waren verbunden mit Veränderungen der staatlichen Ordnungen, denn die Modernisierung der Wirtschaft verlangte nach einer **Modernisierung des Staates**. Das aufstrebende Wirtschaftsbürgertum forderte nach Emanzipation und politischer Partizipation.

2.2 Ansätze zur Erklärung und Periodisierung der Industrialisierung

Häufig wurde der Beginn der Industriellen Revolution mit der Erfindung der **Dampfmaschine** gleichgesetzt, die den Produktionsprozess revolutionierte; die **Lokomotive** als auf Rädern gestellte Dampfmaschine wurde zum Symbol der technologischen Revolution. Diese These wird heute nicht mehr vertreten. Zwar ist die Industrialisierung ohne Kohle, Koks und Dampfmaschine undenkbar, weil sie zu weiteren technischen Innovationen führten; für die Durchsetzung der technischen Produktionsweise war aber ein entsprechender **Bedarf an Gütern** entscheidend. Daher setzten die Veränderungen zunächst vor allem im Bereich der Textilproduktion ein.

Die Stufentheorie von Walt Whitman Rostow

In Bezug auf die **Periodisierung** der industriellen Entwicklung gibt es verschiedene Modelle, wobei die Stufentheorien die bevorzugten sind. Denn die einzelnen Stufen, die jeweils einen höheren Entwicklungsstand aufweisen, lassen sich leicht und eindeutig identifizieren. Besonderen Einfluss hat die Theorie von **Walt Whitman Rostow**, dessen Kernbegriff **„Take-off"** bis heute Anwendung findet. Ein solcher Take-off war für Rostow eine Phase, in der die gesamtwirtschaftlichen Nettoinvestitionen deutlich anstiegen, in der sich industrielle Leitsektoren wie der Eisenbahnbau herausbildeten und in der die politischen und sozialen Rahmenbedingungen ein Wirtschaftswachstum sicherten.

Doch was meint Take-off genau? In der Luftfahrt bezeichnet er den Zeitpunkt, zu dem der Start eines Flugzeuges nicht mehr abgebrochen werden kann. In Analogie dazu steht der wirtschaftliche Begriff „Take-off" für eine Phase, in der das industrielle Wachstum nicht mehr rückgängig zu machen war. Dabei spielt für **Deutschland** die Entwicklung der **Eisenbahn** als **Leitsektor** eine entscheidende Rolle (s. S. 51 ff.). Dies gilt für Großbritannien nicht, da es hier 1750, zu Beginn des Take-off, noch keine Eisenbahn gab, dafür aber eine hoch entwickelte Kanalschifffahrt, die damals das effektivste Transportmittel war. In **Großbritannien** war die **Baumwollverarbeitung** der **Leitsektor** der Industrialisierung, denn sie besaß die höchsten Wachstumsraten und wirkte auf die Nachfrage- und Angebotsverhältnisse anderer Bereiche stimulierend ein. Rostow sah den Take-off in **Deutschland** zwischen 1850 und 1873; neuere Untersuchungen gehen dagegen von einer **Phase zwischen 1840 und 1873** aus. Rostows Theorie wurde mittlerweile wiederholt korrigiert; der Begriff „Take-off" aber wird bis heute auf die wirtschaftliche Entwicklung angewendet.

Versuch einer historischen Periodisierung

Der Prozess der Industrialisierung kann in drei Abschnitte unterteilt werden: Als **leichtindustrielle Phase** wird die vorwiegend in England stattfindende Entwicklung zwischen der Mitte des 18. und der Mitte des 19. Jahrhunderts bezeichnet. Gegen Ende dieser Zeitspanne zeigten sich auch auf dem Kontinent erste Ansätze einer wirtschaftlichen Modernisierung.

Um 1840 setzte die zweite, die **schwerindustrielle Phase** ein. In ihr erlebten investitionsintensive Bereiche wie der Eisenbahnbau sowie die Produktion von Eisen und Stahl eine Blüte. Sie wurde Anfang der 1880er-Jahre durch die dritte Phase abgelöst, in der **neue Industrien** (Elektro-, Chemieindustrie) dominierten. Großbritannien gelang zwischen 1880 und 1914 der Aufstieg zur weltweit führenden Transportnation – dicht gefolgt von der deutschen und später auch von der amerikanischen Konkurrenz.

2.3 Der demografische Wandel und der Faktor „Arbeit“ – Voraussetzungen und „Motor“ der Industrialisierung

Ursachen des Bevölkerungswachstums

Das Bevölkerungswachstum während des 19. Jahrhunderts war ein **gesamteuropäisches Phänomen**. 1750 lebten in Europa etwa 130 Mio. Menschen, 50 Jahre später waren es bereits ca. 180 Mio., 1850 knapp 266 Mio. und 1900 über 460 Mio. Um 1800 war Europa der am dichtesten besiedelte Teil der Welt.

Die Bevölkerung Großbritanniens stieg zwischen 1800 und 1910 von ca. 11 Mio. auf rund 41 Mio. Auch in Deutschland setzte nach 1750 ein starkes Bevölkerungswachstum ein: Von 1780 bis 1875 erhöhte sich die Einwohnerzahl von 21 auf 43 Mio., bis 1913 auf ca. 61 Mio. Diese **Bevölkerungsexplosion** verschärfte die soziale Not der Unterschichten (Pauperismus), schuf aber gleichzeitig eine große Dynamik bei den gesellschaftlichen und wirtschaftlichen Wandlungsprozessen und erzwang so eine politische und wirtschaftliche Modernisierung der überkommenen Feudalgesellschaft.

Bevölkerungsveränderungen sind nicht monokausal erklärbar, vielmehr hängen sie von unterschiedlichen kulturellen, gesellschaftlichen und wirtschaftlichen Faktoren ab. Folgende **Ursachen** lösten die Bevölkerungsexplosion aus:

- einen starken **Rückgang der Sterblichkeit** aufgrund der Ausweitung und Verbesserung der landwirtschaftlichen Produktion: Da die Menschen besser ernährt waren, konnten sie Krankheiten mehr Widerstandskraft entgegensetzen. Die Technisierung der Landwirtschaft mit ihrer Leistungssteigerung (Düngemittel, Maschineneinsatz) verstärkte diesen Prozess;
- die systematische und durch den technischen Fortschritt bedingte bessere Infrastruktur in den neuen Großstädten (Trinkwasserversorgung, Kanalisation), die durch **öffentliche Hygiene** Epidemien wie die Cholera reduzierte und so die Lebenserwartung der breiten Masse erhöhte;
- das weitere Zurückdrängen der großen Seuchen (Pest, Pocken) durch **medizinische Fortschritte** (Arzneimittelproduktion, Impfung);
- die **Aufhebung** der in der Grund- und Gutsherrschaft üblichen **Heiratsbeschränkungen**. Diese Liberalisierung führte zu früheren und häufigeren Eheschließungen und damit auch zu einer Zunahme der Geburten;
- den zügigen **Ausbau des Verkehrswesens** nach 1835 (Eisenbahn, Dampfschifffahrt), mit dessen Hilfe regionale Missernten durch eine Verteilung von Nahrungsmitteln ausgeglichen werden konnten. Große Hungerkatastrophen konnten jetzt vermieden werden;
- die **Zunahme von Arbeitsplätzen** in der Industrie nach 1850, die immer mehr und immer jüngeren Menschen die Familiengründung ermöglichte.

Bevölkerungsentwicklung 1815–1915 (in Millionen)

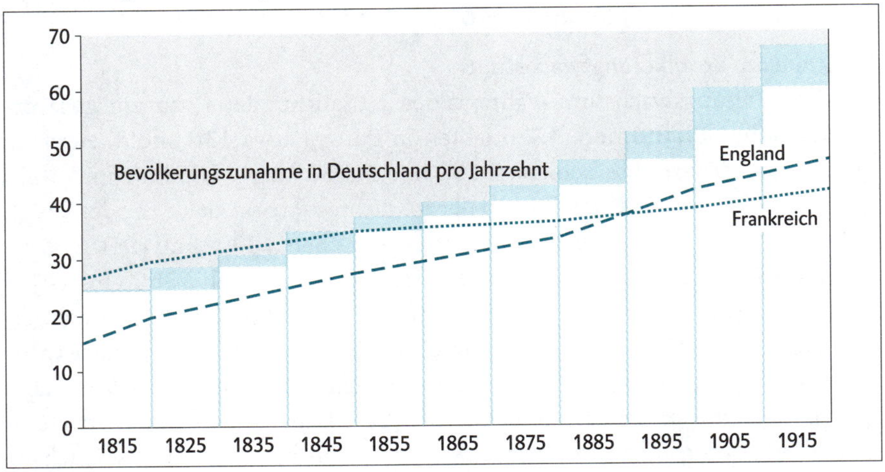

Der industrielle Wandel verhinderte also zunächst, dass das seit dem 18. Jahrhundert zu verzeichnende Bevölkerungswachstum wie in Irland (1845–1847) zu einer demografischen Katastrophe führte. Doch seit Mitte des 19. Jahrhunderts wandelte sich das Bild: Die **Geburtenraten** sanken mit steigendem Lebensstandard und zunehmender sozialer Absicherung durch den Staat. Jedoch blieben sie in der Arbeiterschicht weiterhin auf einem hohen Niveau. Vor allem im Bürgertum trat in Bezug auf die Kinder der Kostenaspekt (Unterhalt, Ausbildung) immer stärker in den Vordergrund; zudem galt hier eine hohe Kinderzahl als Merkmal des verachteten Proletariats.

Landflucht

Das Bevölkerungswachstum vor allem in West- und Mitteleuropa wurde erheblich durch **Migrationsbewegungen** beeinflusst. Zahlreiche infolge der tiefgreifenden Veränderungen in der Landwirtschaft freigesetzte Arbeitskräfte zogen aus den ländlichen Gebieten in die **Städte** und in **aufstrebende Industriezentren** (s. S. 71 ff.). Viele Polen wanderten z. B. in das Ruhrgebiet oder in die lothringischen Erz- und Kohlereviere; aus Schottland und Irland zog es viele Menschen in die Industriegebiete Englands oder sie verdienten sich beim Straßen- und Eisenbahnbau oder beim Kanalbau ihr Geld. Aus Russland flohen viele Juden vor den antisemitischen Pogromen nach Westen.

Das Bevölkerungswachstum erzeugte eine größere **Nachfrage** nach Waren, zunächst nach Kleidung und Nahrung, und schuf gleichzeitig ein großes **Angebot an Arbeitskräften**, die beschäftigt werden mussten, wollte man soziale Unruhen vermeiden.

Veränderte Lebens- und Arbeitsbedingungen

Durch die Industrialisierung änderten sich die Lebens- und Arbeitsbedingungen der Menschen nachhaltig. Es entstand eine neue **marktbedingte Klasse** (Max Weber): die **Industriearbeiterschaft**. Aus der alten Agrar- oder Ständegesellschaft wurde eine dynamische, mobile **Industrie- oder Klassengesellschaft**, in der die Landwirtschaft aber noch immer bedeutend war. Vor allem in Preußen bildeten die Großgrundbesitzer bis zum Ende des Ersten Weltkriegs weiterhin die Elite in Armee, Verwaltung und Diplomatie.

Damit veränderte sich auch der **Produktionsfaktor „Arbeit"**, der sich in der Industriegesellschaft deutlich von der vorindustriellen Arbeit unterschied:

- Industriearbeit war und ist **Lohnarbeit** und kennt keine direkten Beziehungen zwischen Arbeiter und Arbeitgeber. In der vorindustriellen Arbeitswelt gab es dagegen eine enge persönliche Bindung zwischen Grund- und Gutsherren und deren Abhängigen, die den Herren nicht nur Rechte, sondern auch bedeutende wirtschaftliche und soziale Pflichten auferlegte.
- Industriearbeit bedeutet **mechanisierte Fabrikarbeit**. Da die Maschinen nicht stillstehen durften, gaben die **Maschinen** und die **Uhr** den Arbeitsrhythmus vor („Tyrannei der Uhr", „mechanische Regelmäßigkeit"). Anders als in der vorindustriellen Arbeitswelt war die Arbeit losgelöst von den Jahreszeiten und dem natürlichen Tagesverlauf.
- Industriearbeit benötigte eine große Anzahl von Arbeitskräften, was zur **Siedlungsverdichtung** und zur **Urbanisierung** (Landflucht) führte (s. S. 70 ff.). Gab es z. B. 1750 in Großbritannien nur zwei Großstädte mit mehr als 50 000 Einwohnern (London, Edinburgh), waren es 1801 bereits acht und 1851 schon 29, darunter neun mit mehr als 100 000 Einwohnern, und es lebten mehr Briten in Städten als auf dem Land. In Deutschland gab es 1871 nur drei Großstädte mit mehr als 200 000 Einwohnern (Berlin, Hamburg, Breslau), 1913 waren es bereits 23, darunter Stuttgart mit über 300 000 Einwohnern und Mannheim mit 224 000 Einwohnern.
- Die Handarbeit wurde durch die **Maschinenarbeit** in der **Fabrik** ersetzt, den hochqualifizierten Handwerker löste die Masse der angelernten und spezialisierten Arbeiter ab – ein Prozess, der schon durch den handwerklichen Großbetrieb, die Manufaktur, eingeleitet worden war. Produktionsmenge und Produktivität wurden durch fortschreitende **Technisierung des Arbeitsprozesses** ständig gesteigert.

Aufgabe 3 Erklären Sie, warum man heute nicht mehr von Industrieller Revolution spricht.

Aufgabe 4 Fassen Sie Kennzeichen der Industrialisierung thesenhaft zusammen.

3 England – das Mutterland der Industrialisierung

1651	„Navigation Acts“: Gesetzesbeschlüsse zur Regulierung der Schifffahrt und des Seehandels
1750	„Iron Act“: Verbot von eisenverarbeitenden Fabriken in den Kolonien in Nordamerika
1780–1840	Erste Phase der Industrialisierung (Textilphase/leichtindustrielle Phase)
1771	Konstruktion einer mit Wasserkraft betriebenen Spinnmaschine (Richard Arkwright)
1781	erste fabrikmäßig gebaute Dampfmaschine (James Watt)
1784	Erfindung des Puddel-Verfahrens zur Herstellung von Stahl aus Roheisen (Henry Cort)
1785	Bau des ersten mechanisierten Webstuhls (Edmund Cartwright)
1787	Einführung de Sämaschine
1798	Einführung des Dampfpflugs
1802	Erfindung des Dampfschiffs
1804	Erfindung der Dampflokomotive
1825	Bau der ersten Eisenbahn (George Stephenson)
1840–1895	Hochindustrialisierung/schwerindustrielle Phase

3.1 Ausgangsbedingungen

Die Agrarreformen in Europa

Im 18. und 19. Jahrhundert veränderten sich die landwirtschaftlichen Verhältnisse in weiten Teilen Europas grundlegend. Dazu trugen insbesondere die Agrarreformen und die Bauernbefreiung zwischen der Mitte des 18. Jahrhunderts und 1830 bei, die tief in die ländliche Struktur und Wirtschaftsweise eingriffen **(Agrarrevolution)**. Neben der Produktivitätssteigerung durch landwirtschaftliche Neuerungen (z. B. Bewässerung, Düngung, Fruchtwechsel, Mechanisierung) war dieser Zeitraum vor allem durch die Umwälzung der aus der Frühen Neuzeit überkommenen Besitzverhältnisse gekennzeichnet.

Vor allem für die Agrarreformen auf dem Kontinent hat sich seit 1887 der Begriff **„Bauernbefreiung“** von Georg Friedrich Knapp durchgesetzt, der jedoch sehr einseitig positiv besetzt ist. So steht zwar der in der Französischen Revolution propagierte Freiheitsbegriff im Mittelpunkt, die wirtschaftlichen Risiken, insbesondere für die vielen Kleinbauern, werden dabei aber außer Acht gelassen.

Entfeudalisierung der Gesellschaft in England

Eine wesentliche Bedingung für das im Vergleich zum Kontinent frühere Einsetzen der Industrialisierung in England war die **Entfeudalisierung der Ge-**

sellschaft während der englischen Revolutionen zwischen 1640 und 1689. In dieser Zeit löste die **Gentry**, der niedere grundbesitzende Landadel, den Feudaladel (Nobility) als **herrschende Klasse** ab. Gleichzeitig erloschen deren lehnsrechtliche Bindungen an die Krone und die Landbesitzer erhielten das ausschließliche Verfügungsrecht über ihr Grundeigentum. Hinzu kam, dass die Gruppe der Gentry nach oben und unten durchlässig war. Seit 1504 war es z. B. auch den jüngeren Söhnen der traditionellen Oberschicht erlaubt, wie die Angehörigen des Bürgertums als Kaufleute oder Unternehmer tätig zu sein. Dadurch bildete sich eine neue soziale Schicht heraus: die **„Gentry-Bourgeoisie"**, die wie das traditionelle Bürgertum wachstums- und gewinnorientiert handelte. So entstand in England eine im Vergleich zum Kontinent **„offene Gesellschaft"**, die auch freien Bauern und Handwerkern Aufstiegsmöglichkeiten bot.

Die Bedeutung dieser neuen Schicht in der königlichen Verwaltung, Rechtsprechung und in der Wirtschaft wurde zusätzlich durch den Einzug finanzkräftiger Personen aus Handelskreisen und aus der Wollverarbeitung verstärkt, was sich auch in der Zusammensetzung des Unterhauses bemerkbar machte. Großbritannien wurde nun von einer **Oligarchie** beherrscht: dem Hochadel, der Gentry und der finanzkräftigen Bourgeoisie.

Seit dem Ende des 17. Jahrhunderts nahm die Zahl der Kleinbauern durch die zunehmende Privatisierung ehemals gemeinschaftlich genutzten Landes (Einhegungen) immer weiter ab und das unabhängige Bauerntum verschwand fast völlig. In den meisten Grafschaften dominierten nun **Großgrundbesitzer** die Landwirtschaft. Auch viele Mitglieder der Gentry verkauften ihr Land an Großgrundbesitzer oder an reiche Kaufmanns- und Finanzmagnaten und beteiligten sich stattdessen finanziell an Bergwerken, an Manufakturen und an Handelsorganisationen.

Landwirtschaftliche Entwicklung

Bis ins 18. Jahrhundert war Großbritannien ein „Überschussproduzent" von **Getreide**, sodass die zunächst nur mäßig wachsende Bevölkerung ausreichend ernährt werden konnte. Erst das starke Bevölkerungswachstum seit dem Ende des 18. Jahrhunderts machte das Land zu einem Netto-Importeur für Getreide.

Die Viehzucht, insbesondere die **Schafzucht**, war in England traditionell von großer Bedeutung, galt das Land doch seit dem Mittelalter als „Wollsack" Europas. Die steigende Nachfrage nach Nahrungsmitteln infolge des rasanten Bevölkerungswachstums, besonders in der Metropole London, konnte allerdings nur noch durch die Zufuhr von Fleisch aus den Randgebieten des Königreichs gedeckt werden.

Während des 18. Jahrhunderts erlebten Ackerbau und Viehwirtschaft einen starken Aufschwung, wofür die **„enclosures“**, d. h. die Einhegungen von Gemeindeland zur privaten Nutzung, eine wichtige Rolle spielten. Durch diese Flurbereinigungsmaßnahme wurde die Agrarproduktion in erheblichem Maße **rationalisiert** und die Produktivität konnte deutlich gesteigert werden. Gleichzeitig wurden durch die „enclosures“ vor allem viele ärmere Menschen, die bislang in den Dörfern durch die Nutzung des Gemeindelandes ein eher kärgliches Leben fristeten, ihrer Lebensgrundlage beraubt. Die fehlende Perspektive zwang deshalb viele Menschen zur **Abwanderung in die Städte**.

Die „enclosures“ waren kein neues oder gar revolutionäres Phänomen. Schon im 15. und 16. Jahrhundert waren mithilfe solcher Einhegungen die Schafzucht und mit ihr die Wollproduktion erheblich gesteigert worden. Doch seit den Sechzigerjahren des 18. Jahrhunderts änderte sich die Dimension grundlegend – Einhegungen waren nun keine Ausnahme mehr, sondern die Regel.

Um die **Agrarproduktion** zu erhöhen, gab es zwei Möglichkeiten: Man konnte den **„extensiven Weg“** gehen, d. h. die agrarische Nutzfläche durch die Kultivierung von Öd- und Brachland ausweiten, was aber angesichts der zunehmenden Bevölkerungsdichte keine langfristige Lösung war; oder man ging den **„intensiven Weg“** und steigerte die Produktivität des Bodens und der Arbeit durch neue Anbaumethoden, neue Feldfrüchte und die Technisierung der Landwirtschaft. Allerdings gelang die Steigerung der Flächenproduktivität erst im 19. Jahrhundert durch den Einsatz von Kunstdünger.

Die **Steigerung der Arbeitsproduktivität** erfolgte dagegen durch den technischen Fortschritt in der Landwirtschaft (z. B. Einführung der Sämaschine 1787 und des Dampfpflugs 1798), durch eine verbesserte Betriebsorganisation mit großen zusammenhängenden Nutzflächen und durch die Einführung der allgemeinen Zeitpacht.

Die alte Agrarverfassung war von der noch aus dem Mittelalter stammenden **Dreifelderwirtschaft** geprägt, die viel Land brachliegen ließ, damit sich der Boden erholen konnte. Diese Produktionsweise hielt nun aber nicht mehr mit dem Bevölkerungswachstum mit und wurde deshalb von der **Fruchtwechselwirtschaft** abgelöst, bei der ein jährlicher Wechsel im Anbau von Weizen, Rüben, Gerste oder Roggen und Klee erfolgte; Klee diente einerseits als Gründünger, anderseits wie die Rüben als Viehfutter. Ein kombiniertes Besitz-Pachtsystem ohne Erbuntertänigkeit (wie z. B. in Preußen) sowie ohne Abgaben- und Frondienste wie in der kontinentalen Grundherrschaft erlaubte in England eine **Produktion auf Lohnbasis**.

Auch in England war durch die Allmende (Gemeindeland, gemeinschaftliche Holz- und Weiderechte) guter Boden der gewinnbringenden Nutzung entzogen worden, aber die **Einhegungen** des 18. Jahrhunderts beendeten diesen Zustand weitaus früher als in den Staaten des Kontinents. Durch die „enclosures" sollten **geschlossene landwirtschaftliche Betriebsflächen** geschaffen werden, die privatwirtschaftlich gewinnorientiert genutzt werden konnten. Ferner sollten die regelmäßigen Brach- und die Ödflächen zusammen mit dem traditionellen Gemeindeland ökonomisch nutzbar gemacht werden. Dieses **Privateigentum** markierten Hecken und Steinmauern, mit denen bis zum Ende des 18. Jahrhunderts ca. 3,5 Millionen Hektar Land eingehegt wurden.

Bei diesen Einhegungen handelte es sich um ein konsequentes **Enteignungs- und Aneignungsverfahren** auf Grundlage eines vom Parlament erlassenen Gesetzes. Die Enteigneten sollten wenigstens teilweise entschädigt werden, doch die Leistungen fielen im Vergleich zum realen materiellen Verlust gering aus. Da aber viele Kleinbauern ihre Rechte nicht aufgeben wollten, griffen die kapitalkräftigen Großgrundbesitzer zum Mittel des **„Bauernlegens"**, d. h. sie zwangen die Klein- und Kleinstbauern durch Kostensteigerungen zum Verkauf oder zur Verpfändung ihres Landes; beliebtes Mittel war, die Preise für landwirtschaftliche Produkte so zu senken, dass diese Bauern ruiniert wurden.

Die **Folgen der „enclosures"** im 18. Jahrhundert waren:

- Bildung großflächiger, geschlossener Betriebsflächen,
- Ausweitung der Anbaufläche von bislang nicht genutzten Flächen, z. B. durch Trockenlegung von Sümpfen und Moorgebieten,
- Übergang von der Eigenbedarfs- zur **Erwerbswirtschaft** (Rationalisierung und Marktorientierung),
- Kapitalisierung der Landwirtschaft **(„Agrarkapitalismus")** mit individueller, profitorientierter Nutzung des Privateigentums,
- Übergang von der wenig gewinnbringenden Getreideproduktion zur Schafzucht und zur Masttierhaltung,
- verstärkter Anbau von für die Viehzucht benötigten Futterpflanzen,
- allmählich vermehrter Import von billigerem Getreide aus Russland und Deutschland,
- **Umstrukturierung der sozialen Verhältnisse** auf dem Land durch
  - die Vertreibung der Klein- und Kleinstbauern,
  - die Einführung zeitlich begrenzter Lohnarbeit,
  - die Ausweitung handwerklicher Heimarbeit,

- Bildung eines **Landproletariats**, das trotz verbesserter Nahrungsmittelproduktion am Existenzminimum lebte,
- **Landflucht** und Bildung **städtischer Slums** (1760 gab es so viele Bauern wie Arbeiter),
- höhere Staatseinnahmen durch zunehmende Produktivität,
- steigende Nachfrage nach gewerblichen Gütern,
- wachsender Bedarf an Absatzmärkten und an technischen Innovationen zur Kostensenkung und zur Produktionssteigerung.

Der Übergang von der Agrar- zur Industriegesellschaft vollzog sich in Großbritannien in zwei Etappen, die sich teilweise überlappten:

- Bis in die zweite Hälfte des 18. Jahrhunderts verlor der **Agrarsektor** gegenüber Gewerbe und Handel an Bedeutung, bestimmte aber noch immer das Wirtschaftsleben;
- bis zum ersten Drittel des 19. Jahrhunderts beschleunigte sich der Bedeutungsverlust der Landwirtschaft zugunsten von **Handel und Gewerbe** stark, wobei beim Gewerbe zunächst noch das Handwerk dominierte, während sich die Industrialisierung auf einige Branchen (Textilbereich) beschränkte.

Calvinismus und Wirtschaftsliberalismus

Innovationen sind die eine Seite der Industrialisierung, die andere aber war der **Mut und Wille**, diese technischen Neuerungen auch umzusetzen, denn dafür benötigte man **Finanzkapital**. Wie aber kam eine Gesellschaft, die bislang ca. 6 % ihres Sozialprodukts für produktive Innovationen verwendet hatte, dazu, 10 % oder mehr dafür aufzubringen? Dazu bedurfte es einer den Fortschritt akzeptierenden und fördernden Gesinnung, die in England weiter entwickelt war als in Deutschland.

Da der Anteil der **Calvinisten** und **Puritaner** unter den Kaufleuten und Unternehmern des 18. Jahrhunderts groß war, sind viele Historiker der Auffassung, dass der Calvinismus und Puritanismus zusammen mit dem Liberalismus der Aufklärung die Modernisierung in England zumindest gefördert haben.

Der radikale Genfer Reformator **Johannes (Jean) Calvin** (1509–1564) propagierte eine innerweltliche Askese. Wie **Martin Luther** (1483–1546) verurteilte Calvin den bloßen Genuss des Besitzes als Verstoß gegen die biblische Lehre vom einfachen Leben. Aber Calvin lehnte anders als Luther den Kapitalismus nicht ab. Hatte Luther Gütererwerb und Gewinnstreben als Verstoß gegen das christliche Gebot der Nächstenliebe und gegen die Gleichheit aller Menschen angesehen, so betrachtete Calvin Vermögen und Kapital als Lohn für eine fleißige, sparsame, disziplinierte, letztlich gottgemäße Lebensführung.

Die englischen Puritaner orientierten sich an Calvins Vorstellungen: Sie rechtfertigten die bestehenden Ungleichheiten in den Eigentumsverhältnissen mit der calvinistischen **Prädestinationslehre**, wonach Gott von Anfang an das Schicksal aller Menschen vorherbestimmt habe. Faulheit oder Misserfolg galten als Zeichen dafür, dass der Betreffende nicht zu den Auserwählten Gottes gehörte. Allerdings durfte der Christ seinen Reichtum auch nicht offen zur Schau stellen oder ihn zur Ausbeutung anderer verwenden, vielmehr sollte er seinen Gewinn zum Nutzen anderer reinvestieren und so zum Wohlstand der Gemeinschaft beitragen. Genusssucht und Verschwendung waren genauso wie Müßiggang und Faulheit ethisch verwerflich und Zeichen des Bösen. Das Verbot von Luxus und bloßem Konsum führte dazu, dass sich Erwerbskapital bildete, das immer wieder investiert wurde.

Die **Befreiung des Gewinnstrebens** von seinen religiösen Fesseln durch die Puritaner führte zu einem neuen Arbeitsethos, das die wirtschaftliche Entwicklung in England nachhaltig förderte und prägte – Arbeit wurde zu einer religiösen Pflicht.

Doch nicht nur der Puritanismus schuf in Großbritannien eine kapitalistische Gesinnung, sondern auch die im 17. Jahrhundert einsetzende **Aufklärung**, vor allem John Locke (1632–1704) und später der schottische Nationalökonom Adam Smith (1723–1790).

John Locke versuchte anders als die Puritaner, die bestehenden ungleichen Eigentums- und Gesellschaftsverhältnisse nicht religiös zu begründen, sondern **rational**. Locke konstruierte dazu einen **idealtypischen Naturzustand**, in dem allen alles gehört und daher völlige Freiheit und Gleichheit geherrscht habe. Daraus entwickelte Locke **drei Prämissen:**

1. Die **Erde** sei der **unteilbare Lebensraum** für die gesamte Menschheit;
2. der einzelne Mensch habe aufgrund seiner Existenz ein **natürliches Recht** auf Entfaltung und Erhaltung seines Daseins;
3. daher habe er auch das **Recht auf Arbeit** und das Recht, selbst über seine Person zu bestimmen.

Für Locke hatte jedes menschliche Individuum das Recht auf die materielle Sicherung seiner Existenz, sofern es selbst durch Arbeit dazu beitrage. **Arbeit** war somit die notwendige **Voraussetzung für persönliches Eigentum**. Das **Eigentumsrecht** war für Locke ebenso wie das Streben nach Eigentum ein unbestreitbares **Naturrecht**, das jedem Menschen zustehe. Die ungleichen Besitzverhältnisse seien nicht Folge von politischen oder gesellschaftlichen Prozessen, sondern Ergebnis der ungleichen Arbeitsleistung der einzelnen Menschen.

Doch Locke setzte dem Eigentumstrieb auch Grenzen: **Gerechtes Eigentum** konnte nur sein, was persönlich erarbeitet werde. Auch dürfe das Eigentumsrecht nicht die Daseinsrechte anderer Menschen beeinträchtigen. Es liege zwar in der Natur des Menschen, Besitz auch über den wirklichen Bedarf hinaus zu erwerben, doch führe dies zur Ausbeutung fremder Arbeit. **Eigentum** müsse daher **zum Nutzen aller reinvestiert** werden. Der Staat habe nicht für Gleichheit zu sorgen, vielmehr müsse er den Erwerbstrieb aller anregen, indem er ihn von allen leistungshemmenden Schranken befreie, denn erst die individuelle Leistung und der private Nutzen würden das Gemeinwohl fördern. Damit begründete Locke die bürgerliche **Erwerbsgesellschaft**.

Politisch verstand Locke die Ausübung von **Macht** im Staat als **widerrufbares „Mandat auf Zeit"**. Der Souverän war in seinen Augen allein das Volk, dessen Rechte, Freiheiten und Interessen die Regierenden zu achten hätten (Volkssouveränität). Macht durfte aber nie ungeteilt und unkontrolliert sein (Prinzip der Gewaltenteilung und -kontrolle).

Der schottische Moralphilosoph **Adam Smith** (1723–1790) gilt den einen als der Begründer der klassischen Volkswirtschaftslehre, den anderen als Theoretiker eines inhumanen Kapitalismus. Weltruhm erlangte er durch seine Schrift „Wohlstand der Nationen" (1776), in der er die Gesetzmäßigkeiten von Produktion und Preisbildung in der Volkswirtschaft gegen das Prinzip des Merkantilismus stellte.

Da der Staat im Merkantilismus seinen Wirtschaftsraum gegen Importe von Fertigwaren abzuschotten suche, zerstöre er auch den für ihn notwendigen freien Welthandel. Dieser aber sei Grundlage für die Erhöhung des Wohlstandes der an ihm beteiligten Staaten, wobei jedes Land das exportieren solle, was es am besten und kostengünstigsten produzieren könne (**„arbeitsteilige Weltproduktion"** und **„arbeitsteiliger Welthandel"**).

Zudem müsse jede Form **staatlicher Lenkung beseitigt** werden, um das vorhandene Kapital am besten zu verwenden. An ihre Stelle müsse die „natürliche Freiheit" des Einzelnen treten. Wachstumsmotor der Wirtschaft sei dabei die **Arbeitsteilung**; jeder solle die Tätigkeit ausüben, die er am besten beherrsche und die am ertragreichsten sei; dadurch würde die Produktivität zum Nutzen aller erheblich gesteigert. Diese Arbeitsteilung dürfe aber nicht zur Abstumpfung der Arbeiter durch Stupidität und Monotonie der Arbeit führen.

Hauptantrieb für die Wirtschaft und die Produktivität sei der **Eigennutz**. Wie durch eine **unsichtbare Hand** würden die Marktteilnehmer in einer arbeitsteiligen Wirtschaft ihre Einzelinteressen zusammenführen, da sie voneinander abhängig seien und nach Gewinn trachteten. Dies diene der Produktivität und damit der Wohlfahrt des Gemeinwesens.

Die Wirtschaft müsse dem **ökonomischen Prinzip** (Rentabilität und Produktivität) folgen, d. h. mit dem geringsten Aufwand den größtmöglichen Nutzen erzielen. Zweck jeder Kapitalinvestition sei die Gewinnmaximierung. Damit diese geschehe, müsse es in der Wirtschaft ein freies Spiel der Kräfte geben sowie unter den Wirtschaftssubjekten **Konkurrenz** und **Wettbewerb** herrschen. Allein Angebot und Nachfrage sollten Preise und Löhne regeln **(Marktprinzip)**. Die Höhe des Preises wie die der Löhne hänge vom Grad der Knappheit ab.

Der Staat solle sich auf seine politischen Aufgaben im Dienste der Gemeinschaft beschränken und für innere Ruhe und Ordnung, vor allem aber für den äußeren Frieden sorgen **(Nachtwächterfunktion)**, denn dieser sei Voraussetzung für den funktionierenden Welthandel. Eine vom Staat freie Wirtschaft reguliere sich selbst am besten (Prinzip der „**invisible hand**"). Dem Staat würden aber drei Hauptpflichten obliegen:

- Schutz der Gesellschaft durch die Polizei,
- Schutz des Einzelnen vor Ungerechtigkeiten und Gefahren mittels einer gerechten Justiz,
- Schaffung öffentlicher Einrichtungen, die für einzelne Unternehmer unrentabel seien, aber dem Wohl der Menschen dienten (z. B. Bildung, Infrastruktur, Gesundheitswesen).

Adam Smith war ein **Liberaler mit moralischer Verpflichtung**. Er lehnte staatlichen Interventionismus (wie im Merkantilismus) strikt ab und begrüßte den **Eigennutz als Motor** der Wirtschaft. Er stellte aber den Egoismus nicht in den Mittelpunkt, sondern band ihn an das menschliche Gewissen und an die Notwendigkeit, sich in die Bedürfnisse der anderen Menschen einzufühlen; nur so sei das Zusammenleben in einer bürgerlichen Gesellschaft dauerhaft möglich.

Kritisch muss man seine Prämisse sehen, dass das Einzelinteresse zu einem sozio-ökonomischen Gleichgewicht führe, denn das Streben nach dem größtmöglichen Gewinn gefährdet letztlich die Konkurrenz und das Marktprinzip und trägt zu der von ihm verurteilten Monopolbildung bei. Auch verkannten sowohl Smith als auch Locke die Tatsache, dass Menschen nicht immer rational handeln und dass zwischen Kapitaleignern und Kapitallosen unterschiedliche Machtverhältnisse und Interessen bestehen, wobei beide Seiten ihre Interessen mit denen der Gemeinschaft identifizieren. Zudem setzte Smith eine **idealtypische Gesellschaft** voraus, die gesund und leistungsfähig war und in der es steten Fortschritt gab; soziale Konflikte durfte es nicht geben und sie wurden daher in seiner Theorie ausgeblendet.

Ideengeschichtliche Impulse für die Industrialisierung – Calvin, Locke und Smith

	Johannes (Jean) Calvin (1509–1564)	John Locke (1632–1704)	Adam Smith (1723–1790)
Beruf bzw. Tätigkeit	Theologe, Reformator	Philosoph	Philosoph, Nationalökonom
wichtige Positionen	• Prädestinationslehre: das Schicksal aller Menschen ist von Gott vorbestimmt • Vermögen als Zeichen für fleißige und gottgemäße Lebensführung • Faulheit und Misserfolg als Zeichen für Nicht-Auserwähltsein • Verurteilung von Genusssucht, Luxus, Verschwendung und Zurschaustellung von Reichtum • Arbeit als religiöse Pflichterfüllung • Verbot der Ausbeutung anderer Menschen • Gewinn muss zum Nutzen der Gemeinschaft reinvestiert werden	• Individuum hat natürliches Recht zur Daseinsentfaltung und -erhaltung • Arbeit ist Voraussetzung für persönliches Eigentum • Eigentumsrecht des Einzelnen darf Daseinsrechte anderer Menschen nicht beschränken • ungleiche Besitzverhältnisse als Ergebnis der ungleichen Arbeitsleistungen der einzelnen Menschen • Eigentum muss zum Nutzen aller reinvestiert werden • Staat muss Erwerbstrieb durch Abbau von leistungshemmenden Schranken anregen • Prinzip der Volkssouveränität und der Gewaltenteilung im Staat	• freier (Welt-)Handel als Grundlage des Wohlstands • Preise und Löhne bilden sich je nach Angebot und Nachfrage auf dem Markt • Markt als freies Spiel der Kräfte auf Grundlage von Konkurrenz und Wettbewerb • Verfolgung des wirtschaftlichen Eigennutzes dient der Wohlfahrt des Gemeinwesens • Staat soll nur die Rahmenbedingungen für die Wirtschaft garantieren (innere Ordnung, Justiz, Infrastruktur, Frieden) • moralische Verpflichtung, sich in die Bedürfnisse der anderen Individuen einzufühlen

3.2 England als führende Kolonial- und Welthandelsmacht

Englands Seehandel

Englands Stellung als dominierende **Welthandels- und Kolonialmacht** begünstigte die Industrialisierung entscheidend. Getragen und geschützt von einer mächtigen Handels- und Kriegsflotte galt der **Exportmarkt** als Garant für Wohlstand und Sicherheit des Landes.

Mit der Verdrängung Frankreichs aus Nordamerika und Indien am Ende eines neunjährigen Kolonialkrieges (French and Indian War, 1754–1763) hatte Großbritannien seinen stärksten wirtschaftlichen Rivalen ausgeschaltet und sein Kolonialreich deutlich vergrößert. Davon profitierten vor allem der Handel mit Baumwolle und der damit eng verbundene **Sklavenhandel**. Amerikanische Baumwollproduzenten benötigten für ihre arbeitsintensive Produktion billige Arbeitskräfte und griffen dabei auf Sklaven zurück. Hiervon profitierten britische Händler, die schon bald das Monopol für den Sklavenhandel mit den englischen und den spanischen Kolonien Amerikas besaßen.

Von besonderer Bedeutung für England war der **Handel mit Baumwolle** aus Amerika, denn die wachsende Bevölkerung und der kontinentale Markt verlangten nach immer mehr Kleidung. Dabei profitierte England bis 1783 von seinen Kolonien, die billige Rohstofflieferanten und gleichzeitig Absatzmärkte für britische Fertigwaren waren. Nach der Trennung der amerikanischen Kolonien vom britischen Mutterland übernahmen die amerikanischen Südstaaten die Belieferung des britischen Marktes mit Baumwolle. Noch in der ersten Hälfte des 19. Jahrhunderts war der internationale Baumwoll- und Textilmarkt von Großbritannien abhängig.

Parallel zum Ausbau des Kolonialreiches wuchs auch der **Seehandel**. Großbritannien baute eine den Seehandel **dominierende Handelsflotte** und die zu deren Schutz notwendige **Kriegsflotte** zielstrebig aus und wurde zur führenden Welthandelsmacht. Diese Entwicklung wurde in der ersten Hälfte des 19. Jahrhunderts zusätzlich durch die Eroberung neuer Märkte in Lateinamerika und in Asien gefördert.

Der Seehandel stellte für Großbritannien eine nationale Lebensfrage dar. Daher war der Ausbau des Handelssektors und des Gewerbes eine zentrale Aufgabe von Wirtschaft und Staat. Ganz im Sinne der kapitalbesitzenden Schichten bestimmte der **Merkantilismus** die britische Handelspolitik, die mithilfe von Gesetzesbeschlüssen **(„Navigation Acts“)** die Schifffahrt und den Seehandel regulierte. Sie schlossen fremde Reeder und Schiffe vom Handel zwischen England und seinen Kolonien aus. Diese Verordnungen – die wichtigste stammte von 1651 – führten zudem Waren auf, die aus den Kolonien nur nach Großbritannien oder in andere britische Besitzungen gebracht werden durften (z. B. Zucker, Tabak, Indigo usw.). Zusätzliche Einnahmen für England brachte die Verpflichtung, aus den Kolonien stammende Waren in britischen Häfen kostenpflichtig zwischenzulagern, wenn sie für fremde Länder bestimmt waren. Mit dem **Iron Act** von 1750 verbot Großbritannien zudem die Errichtung von eisenverarbeitenden Fabriken in seinen amerikanischen Kolonien.

Von diesen zum Teil bis 1820 geltenden Regelungen profitierten vor allem die großen **Handelsgesellschaften** wie die „Ostindien-Kompanie“, aber auch zahlreiche Einzelpersonen, die das erwirtschaftete Kapital reinvestierten und so ihr Vermögen vermehrten. Die Handelsgesellschaften entstanden unter indirekter Beteiligung des Staates, der Garantien und Privilegien vergab und sich dafür bezahlen ließ, dass bestimmte Gebiete ausgebeutet werden konnten. Die Kompanien kontrollierten so ganze **Fernhandelszonen**. Gleichzeitig entstand eine neue **Handelswelt**, die einerseits viel Kapital voraussetzte, andererseits aber hohe Gewinne versprach. **Aktiengesellschaften** dienten ebenso der Kapitalbeschaffung wie ein leistungsfähiges **Bank- und Kreditwesen**.

Der englische Kapitalmarkt zu Beginn der Industrialisierung

Die Umsetzung von Innovationen benötige hohe Investitionen, und der Kapitaleinsatz in bislang unbekannte Techniken setzte ein großes Maß an **Risikobereitschaft** voraus. Kapitalbildung, Gewinnstreben, das Eingehen eines spekulativen Risikos sowie der technische Fortschritt bildeten somit eine Einheit.

Allerdings stand der englische Kapitalmarkt angesichts der stark gestiegenen Staatsverschuldung vor ernsthaften Problemen. Ende des 18. Jahrhunderts befanden sich die Goldreserven der „Bank of England“ auf einem Niedrigstand und eine Münzknappheit bedrohte die Wirtschaft. Durch die Ausgabe zusätzlicher Banknoten stieg die Inflationsrate deutlich, und viele kleine Geschäftsbanken gerieten in Schwierigkeiten; erst ab 1833 gelang es der „Bank of England“, die Finanzmärkte zu stabilisieren – eine Voraussetzung für die Entwicklung der Schwerindustrie.

Als Folge der „Glorious Revolution“ hatte sich in England ein **freies privates Unternehmertum** entwickelt, dem es möglich war, Kapital zu mobilisieren und zu investieren. Obgleich die **industriellen Investitionen** und die Bildung von Rücklagen viel Kapital erforderten, floss auch in England der größte Teil des erwirtschafteten Geldes nicht in die Industrieunternehmen. Die Veränderungen in der Landwirtschaft verschlangen einen großen Teil des Kapitals; viel Geld wurde in Bergwerke sowie den Straßen- und Kanalbau investiert. Der Handel und die Banken investierten zunächst nur wenig in die neue Industrie.

Anfangs kam das benötigte Kapital also **nicht von Banken** oder gar dem Staat, sondern von Handwerksbetrieben **(Eigenkapital)**, aus der Landwirtschaft, dem Kleinhandel, v. a. aber von Freunden und Verwandten sowie von risikobereiten und gewinnorientierten Geschäftspartnern **(Einlage- oder Gesellschaftskapital)**. Erst als sich erste Erfolge einstellten, waren auch Banken bereit, große Kreditbeträge zur Verfügung zu stellen. Mit steigendem Umsatz und Gewinn sowie einer immer stärker wachsenden Nachfrage stieg der Kapitalbedarf. So entstanden ab 1760 verstärkt neue Banken, die das im Handel erwirtschaftete Geld gegen Zinsen den Unternehmern als Kredite zur Verfügung stellten: Schecks und Handelswechsel vereinfachten den Zahlungsverkehr.

3.3 Durchbruch und erste Phase der Industrialisierung – Textilphase (1780–1840)

Die Textilbranche als Leitsektor

„Wer Industrielle Revolution sagt, meint Baumwolle." Mit diesen Worten beschreibt der englische Historiker und Soziologe Eric J. Hobsbawm die Industrialisierung. In der Tat übte die gestiegene Nachfrage einen bedeutenden Anreiz zur Modernisierung der Textilproduktion und für die Bereitschaft zu großen Investitionen aus, da hier erhebliche Gewinne zu erwarten waren. Die Fabrikanten waren zunächst an einer **Sicherung des Binnenmarktes** interessiert. Nachdem sie bereits Ende des 18. Jahrhunderts einen Schutzzoll gegen Textilimporte aus den Kolonien durchsetzen konnten, wurde 1819 Indien die Produktion und die Ausfuhr von Baumwollprodukten verboten. Damit hatten sich die britischen Textilproduzenten einen riesigen Markt gesichert. Ab etwa 1780 dominierte die Textilindustrie die erste Phase der Industrialisierung. Allerdings verteilten sich ihre Standorte zunächst nur auf wenige Gebiete Großbritanniens wie Lancashire, den „Baumwollhafen" Liverpool und Manchester.

Die Nachfrage nach britischen Textilien überstieg bald die Produktionskapazitäten und verlangte nach neuen, schnelleren und kostengünstigeren Arbeitsweisen, die eine **Massenproduktion** erlaubten. Dies konnte nur durch die Herstellung in neuen, technisierten Großbetrieben, den **Fabriken**, gelingen.

Erste Verbesserungen durch den englischen Ingenieur **John Kay** 1733 erhöhten die Arbeitsproduktivität eines Webers auf das acht- bis zwölffache, sodass auch im Spinnbereich Modernisierungen notwendig wurden. Die von dem Weber **James Hargreaves** zwischen 1764 und 1767 entwickelte und verbesserte Spinnmaschine („Spinning Jenny") automatisierte den Spinnbetrieb und erhöhte die Garnproduktion entscheidend; eine einzige Spinnerin konnte nun 12 bis 32 Spindeln gleichzeitig bedienen. Zugleich erlaubte die Erfindung die Herstellung hochwertigerer Tuche. Die Produktivität wurde 1771 durch **Richard Arkwright** erhöht, der eine **mit Wasserkraft betriebene Spinnmaschine** konstruierte, durch die nun die Massenproduktion von Garnen und Tuchen möglich wurde. Arkwrights Erfindung öffnete den Weg zur fabrikmäßigen Baumwollspinnerei mit zentral angetriebenen Maschinen.

Infolge der Massenproduktion von Baumwollgarnen stieg die Nachfrage für die Herstellung von Tuchen, deren Produktion verbessert und beschleunigt werden musste. Dies geschah durch **Edmund Cartwright**, der 1785 erstmals einen **mechanisierten Webstuhl** baute. Erfindungen verdrängten zunehmend die traditionellen Geräte der Textilherstellung, wie das Handspinnrad und den Handwebstuhl. Die neuen Maschinen erforderten abgestimmte, ineinandergreifende Arbeitsprozesse und bewirkten den Durchbruch zur **industriellen Produktionsweise**.

In der Anfangsphase war die Industrialisierung auch in England kein allgemeines, sondern ein **regionales Phänomen**: Sie fand zunächst im bis dahin unterentwickelten **Nordwesten** statt. Vor allem im Hinterland der Hafenstadt Liverpool entwickelten sich in Lancashire, Cheshire und Derbyshire erste Ballungszentren, da hier günstige Bedingungen herrschten: Es gab genügend Wasserkraft, und das feuchte Klima erleichterte die Verarbeitung der Baumwolle. Besonders wichtig aber war die Nähe zu **Liverpool**, das als Hafenstadt für den Handel mit Irland und den Kolonien eine herausragende Rolle spielte. Zugleich nahm die Stadt beim Sklavenhandel eine Schlüsselstellung ein. Auch wenn dieser 1807 verboten wurde, profitierte Liverpool von den existierenden Handelsbeziehungen.

Trotz aller Erfindungen standen im Textilbereich zunächst zwei Produktionsweisen nebeneinander: Die traditionelle ländliche **Hausindustrie**, in der zumindest teilweise die mechanische Spinnmaschine Einzug hielt, und das beginnende **Fabriksystem**, das bis ins 19. Jahrhundert die Heimarbeit weitgehend zurückdrängte. Da die **Textilbranche** die Grundlagen für den Industriekapitalismus legte, gilt sie als **Leitsektor** der ersten Phase der Industrialisierung. Sie war die „Vorhut" beim industriellen und gesellschaftlichen Umbau und übte einen **„Multiplikatoreffekt"** auf andere Bereiche der Wirtschaft wie die Bauwirtschaft, die Schifffahrt, den Maschinenbau und den Handel aus.

Die Fabrik

Wie die Manufaktur war auch die Fabrik eine **zentralisierte Produktionsstätte**, in der der Produktionsprozess **arbeitsteilig** organisiert war. Was die Fabrik von der Manufaktur aber unterschied, war das System von Kraft- und Antriebsmaschinen, deren Energie künstlich gewonnen und zentral verteilt wurde. In der frühindustriellen Phase sprach man von einer **„mechanisierten Werkstätte"**, da zur Bedienung der Maschinen noch ein hohes Maß menschlicher Arbeitskraft und der Einsatz von qualifizierter Handarbeit erforderlich waren. Mit fortschreitender Industrialisierung nahm die **Automatisierung** zu, setzte sich aber erst im 20. Jahrhundert durch. Dadurch konnten zunehmend auch „angelernte" Arbeiter für die **Massenproduktion** eingesetzt werden.

Für die Beschäftigten war die Fabrik nicht nur Arbeitsstätte, sie war ein **Sozial- und Herrschaftsverband** mit festen Normen und Regeln, die nicht nur auf die Arbeit, sondern mittels Fabrikordnungen auch auf das Leben der Belegschaft einwirkten. Die Produktionsweise zwang zur **Kooperation** und **Koordinierung** der Arbeitsabläufe, und durch sie veränderte sich das Verhältnis der Menschen zu Zeit: Die Arbeitszeit war einem festen, von der Natur unabhängigen Zeitreglement unterworfen **(„Diktat der Uhr")** und war strikt von der knappen Freizeit getrennt. Da die Maschinen nicht still stehen durften, waren **Disziplin**, **Ordnung** und **Pünktlichkeit** von größter Bedeutung.

Die Industrialisierung zerstörte so die alten Lebensformen, wofür die Menschen damals vor allem den Maschinen die Schuld gaben. Sie fühlten sich deren Diktat unterworfen und sahen sich durch sie in ihrer Existenz bedroht. Daher kam es in der Zeit bis ca. 1825 oft zu Protesten der Arbeiter gegen die Verschlechterung der Lohn- und Arbeitsbedingungen **(„Maschinenstürmerei")**.

Die Mechanisierung führte zum Niedergang von Produktionszweigen und zur Verdrängung von Berufen. In den 1830er- und 1840er-Jahren breiteten sich Arbeitslosigkeit und Massenarmut aus – man spricht von den „Hungry Forties". Das Laissez-faire-Prinzip des uneingeschränkten Liberalismus **(„Manchesterliberalismus")** lieferte die sozial Schwächeren an die Stärkeren aus.

Die Arbeiter, zunehmend in den sich explosionsartig entwickelnden industriellen Zentren zusammengeballt, griffen zu Gegenmaßnahmen: Sie gründeten **Gewerkschaften („Trade Unions")**, Konsumgenossenschaften, und es kam vermehrt zu organisierten Streiks.

3.4 Die zweite Phase der Industrialisierung – Schwerindustrie (1840–1895)

Parallel zur Industrialisierung der Textilproduktion setzten auch auf anderen gewerblichen Feldern erste Maßnahmen zur Industrialisierung ein. Dabei spielte die Dampfmaschine eine herausragende Rolle. Die **Verbesserung der Eisenschmelze** in Hochöfen und damit der Qualität des Roheisens durch die Verhüttung mit **Steinkohlenkoks** waren Voraussetzungen für die Herstellung von Dampfmaschinen, Lokomotiven, Schienen, Präzisionsmaschinen u. a.

Die **Roheisenproduktion** und das eisenverarbeitende Gewerbe erlebten in England zwischen 1660 und 1760 eine Zeit des langsamen, aber stetigen Aufschwungs. Verbunden war diese Entwicklung mit einer Verlagerung der gewerblichen Betriebe aus den traditionellen Zentren im Süden des Landes nach Mittelengland. In diesen ärmeren Regionen gab es genügend Arbeitskräfte, schiffbare Flussläufe, Möglichkeiten zur Erzeugung von Wasserkraft und vor allem Steinkohle.

Wie in der Textilbranche war auch die Industrialisierung des Eisengewerbes in England ein **regionales Phänomen**, dessen Entwicklung zwischen 1701 und 1791 eng mit der Familie **Darby** verbunden war. Der Firmengründer

Abraham Darby I. (1676–1717) ersetzte in der Guss- und Formtechnik das bisher angewandte arbeits- und zeitaufwendige Lehmformverfahren durch das wirtschaftlichere Sandgussverfahren. Das Kapital für sein größer werdendes Unternehmen beschaffte er sich von einer Kompanie. Der epochemachende Aufstieg der Firma, der in **drei Phasen** erfolgte, ist beispielhaft für die Entwicklung einer ganzen Reihe von Unternehmen der Schwerindustrie:

1. **Gründung und erste Innovationsphase** (1709–1717): erste Versuche, die bis dahin übliche Holzkohle durch Steinkohlenkoks zu ersetzen;
2. **zweite Innovationsphase** (1730–1763): Einführung des ersten mit Koks befeuerten Hochofens 1735 und der ersten Dampfmaschine im Eisengewerbe 1742;
3. **Expansionsphase** (1768–1791): Ausweitung des Betriebs auf acht Hochöfen, 16 Dampfmaschinen, neun große Schmiedehämmer, einige Gießöfen, Walz- und Bohrmühlen sowie ein eisernes Gleissystem.

James Watt (1736–1819) war zwar nicht der Erfinder der Dampfmaschine – sie war schon zuvor im Bergbau zur Regulierung des Wasserstandes im Einsatz, hatte aber einen so hohen Kohlebedarf, dass ihre Nutzung nur in unmittelbarer Nähe der Kohleförderung ökonomisch war –, jedoch war seine 1769 patentierte und ab 1781 **fabrikmäßig gebaute Dampfmaschine** die erste wirtschaftlich einsetzbare Maschine mit einer relativ zuverlässigen stetigen Leistung. Daher ließ sie sich als Antriebsaggregat vielseitig einsetzen. Da die Dampfmaschine Steinkohle benötigte, trug sie zum Ausbau der Kohleförderung und zur Eröffnung neuer Bergwerke bei. Dadurch entstand ein weiterer Bedarf an Dampfmaschinen und neuen Einsatzmöglichkeiten. Watts Entwicklung förderte die Gründung von Fabriken ebenso wie den Weg zur Erfindung von **Dampfschiffen** (1802) und **Dampflokomotiven** (1804), durch die das Verkehrswesen revolutioniert wurde. Mit der Dampfmaschine endete das „hölzerne Zeitalter“ und das „eiserne“ begann.

Für den Ersatz des Brennholzes und der Holzkohle durch **Steinkohle und Koks** spielte die Krise in der englischen Holzwirtschaft eine wichtige Rolle; der akute Holzmangel hatte dazu geführt, dass im Verlauf des 17. und zu Beginn des 18. Jahrhunderts viele Hochöfen hatten gelöscht werden müssen, sodass man angesichts des steigenden Eisenbedarfs gezwungen war, nach Ersatzbrennstoffen zu suchen. Dies hat zur Vermehrung der Steinkohlebergwerke und zur Erfindung der Verkokung der Steinkohle beigetragen, wodurch die knappe und daher teure Holzkohle im Hochofenprozess zunehmend durch Koks ersetzt worden ist.

In der Tat war Großbritannien wegen des enormen Holzbedarfs für die Kriegs- und Handelsflotte auf Holzimporte aus Skandinavien, dem Schwarzwald und selbst aus Russland angewiesen. Aber anders als beim Bauholz war der **Mangel an Brennholz** aus wirtschaftlichen Gründen nicht so leicht zu beheben, weswegen früher als anderswo Steinkohle als Brennmaterial an die Stelle von Holz trat.

Gegenüber anderen Ländern war England durch seine zahlreichen abbauwürdigen Kohlevorkommen und durch die Seenähe seiner Städte begünstigt. Weil der Transport der Kohle mit Schiffen und Wagen relativ teuer war, dauerte es dennoch lange, bis Holzkohle völlig ersetzt werden konnte. Erst die **Eisenbahn** veränderte die Lage grundlegend. Für die britische Eisenindustrie war die Umstellung von Holz- auf Steinkohle letztlich eine Frage der Rentabilität und der Mobilität.

Die **Eisenverhüttung mit Steinkohlenkoks** ab 1735, die Erfindung des **Puddel-Verfahrens** 1784 (einer Technik, bei der Arbeiter mit langen Eisenstangen, die in den Gießofen eingeführt wurden, das flüssige Eisen so lange rührten, bis es teigig und Verunreinigungen wie Kohlenstoff verbrannt waren) und der Einsatz von **dampfbetriebenen Gebläsen** bei der Verhüttung erlaubten die Massenproduktion von Eisen mit weitaus höherer Qualität als früher. Die Roheisenproduktion stieg von ca. 25 000 t im Jahr 1720 auf ca. 450 000 t im Jahr 1820. 1850 erreichte sie bereits etwa 2 Mio. t. Hierzu wurde immer mehr Kohle bzw. Koks benötigt – ein Erfordernis, dem die Anlage neuer Bergwerke und immer tieferer Stollen Rechnung tragen sollte. Auch wandelte sich die Standortpriorität: Die Eisenindustrie siedelte sich möglichst in den Kohlegebieten an; **schwerindustrielle Ballungsräume** mit „kurzen Wegen“ entstanden, besonders in den zentralenglischen Midlands um Birmingham.

Mit diesem Industrialisierungsprozess verbunden war die Entwicklung eines entsprechenden **Binnen- und Exportmarktes** sowie des **Transportwesens**. Im Gegensatz zu der in Deutschland verbreiteten Verlags- und Genossenschaftsstruktur, waren die Unternehmen in England selbstständig und frei. Sie besaßen individuelles Eigentum oder die freie Pacht bezüglich ihres Betriebes oder standen in einer Finanzgemeinschaft mit anderen Teilhabern. Da sie für einen freien Markt produzierten und im Wettbewerb mit anderen standen, bestimmte das **ökonomische Kalkül** ihr Handeln. Auch regelte nicht der Staat wie im merkantilistischen Frankreich – oder wie in Deutschland die Zunft – die Wirtschaft und damit die betrieblichen Entscheidungen, sondern allein das im Verhältnis von Angebot und Nachfrage bestehende **Marktprinzip**.

Das Bevölkerungswachstum bewirkte einen **Nachfragesog** nicht nur nach Nahrungsmitteln und Kleidern, sondern auch nach anderen gewerblichen Produkten – und kurbelte letztlich die Bereitschaft an, in **Innovationen** zu investieren. Zugleich ging der Grad der traditionellen Selbstversorgung, z. B. mit Holzgeräten und Holzgeschirr, erheblich zugunsten von gewerblichen Produkten zurück. Damit veränderte sich der Warenabsatz: Die bisherigen Jahrmärkte wurden zusehends durch regelmäßige Wochenmärkte ersetzt, neue Läden z. B. für Eisen- und Textilwaren entstanden, und der Zwischenhandel verteilte die anderswo erzeugten Waren an den lokalen Handel.

Sowohl der Außenhandel als auch der Binnenmarkt wurden durch die Insellage Großbritanniens gefördert, kaum eine Stadt oder ein Gewerbegebiet war von der Küste oder einem schiffbaren Fluss weiter als 70 Meilen entfernt. Da die Straßenverhältnisse dem Güterverkehr nicht gewachsen waren, blieb nur die **Flussschifffahrt** als Transportmittel für den Binnenverkehr. Zudem waren die Transporte auf den von Tieren oder von Menschen gezogenen Frachtkähnen meist deutlich billiger als Landtransporte.

Zwischen 1600 und 1750 wurden die Bedingungen für die Flussschifffahrt deutlich verbessert; das Transportwesen auf Flüssen und Kanälen sowie auf zentralen Verbindungsstraßen wurde erheblich ausgebaut, wodurch sich die Kosten für den Warenverkehr verringerten. Kohle und gewerbliche Produkte konnten so rentabel transportiert werden. Revolutionär war etwa der Plan, Manchester durch einen Kanal mit den Kohlegruben zu verbinden. Der Bau des Kanalaquädukts bei Barton über den Irwell 1759/60 war eine der bedeutendsten Ingenieursleistungen der Zeit: Er leitete eine neue **Ära des Kanalbaus** ein, durch den ein einheitlicher nationaler Markt geschaffen wurde.

Der **Kanalbau** verfolgte im Wesentlichen **vier Ziele**:
1. Versorgung der Bevölkerung mit der zum Heizen benötigten Kohle,
2. Anbindung der wichtigen Industriegebiete an die Seehäfen,
3. Verbindung aller wichtigen Industriestädte miteinander,
4. Anbindung großer Betriebe über Stichkanäle an das Wasserstraßennetz.

Die **Folgen des Kanalbaus** für die industrielle Entwicklung Großbritanniens waren groß:
- Es entstand ein zuverlässiges, weitgehend wetterunabhängiges und kostengünstiges Transportsystem für Massengüter.
- Die Transportleistung stieg enorm an. Ein Pferd konnte als Zugpferd für Flussschiffe 60-mal so viel Last ziehen wie auf der Straße.
- Die Transportkosten für Massengüter sanken um ca. 75 %, wodurch sich der Kohlepreis z. B. in Manchester und Liverpool nahezu halbierte. Dies kam nicht nur dem Gewerbe zugute, sondern auch den ärmeren Menschen; dadurch stieg die Kohleförderung sprunghaft an.

Phasen der Industrialisierung Englands im 18. und 19. Jahrhundert

Textilphase oder leichtindustrielle Phase (1780–1840)

Leitsektor: Textilverarbeitung
Schrittmacherindustrien: Werkzeug- und Maschinenbau

Merkmale:

- Mechanisierung und Maschinisierung des traditionellen Produktionsverfahrens (Webstuhl, Spinnmaschine)
- geringe Kapitalintensität: zunächst überwiegt Handwerks-, später Handelskapital
- dezentralisierte und desintegrierte Wirtschaftsstruktur mit hochspezialisierten kleinen und mittleren Betrieben
- Zunahme des Welthandels
  - starke Ausweitung des Baumwollimports und des Exports von Baumwollstoffen
  - Ausbau der Exportverbindungen mit der „unterentwickelten Welt“ (Kolonien)
  - Baumwollimporte von den Plantagen Westindiens und aus den Südstaaten der USA
  - Monopolstellung auf den kolonialen Märkten („exclusif“)
- Frauen- und stark zunehmende Kinderarbeit, ungelernte Arbeiter
- im ersten Drittel des 19. Jahrhunderts soziale Unruhen („Maschinenstürmer“) als Folge des reinen Kapitalismus (Manchesterliberalimus); Gegenmaßnahmen:
  - Ausdehnung des Wahlrechts auf die größeren Industriestädte (1832)
  - Bildung von Gewerkschaften („Trade Unions“) für einzelne Berufszweige

Phase der Hochindustrialisierung oder schwerindustrielle Phase (1840–1895)

Leitsektor: Eisenbahnbau
Schrittmacherindustrien: Produktionsgüter- und Stahlindustrie

Merkmale:

- Erfindungen revolutionieren Stahlerzeugung und erlauben Massenproduktion
- Verdoppelung des Arbeitskräftebedarfs
- Steigerung des britischen Kapitalexports und imperialistische Kolonialpolitik
- Wandel des Kapitalmarktes (Aktiengesellschaften, Teilhaberschaften, Finanzkapital)
- wachsende Unternehmenskonzentration (Konzerne, Kartelle)
- industrielle Entwicklung der Landwirtschaft hinkt hinterher
- Entstehung einer neuen Schicht, die von Spar- und Kapitalanlagen lebten („Rentiers“)
- Sozialpolitische Maßnahmen
  - Beschränkung der Frauen- und Kinderarbeit (1844)
  - formale Einführung des 10-Stunden-Tages in der Industrie (1847)
  - schrittweise Ausweitung des Wahlrechts (1867 und 1884/85), 60 % der Männer (= 28 % der Bevölkerung) sind nun stimmberechtigt

- Die Vernetzung von Rohstoffgewinnung, industrieller Verarbeitung und dem Seehandel wirkte sich wachstumsfördernd auf alle Branchen aus.
- Durch diese Entwicklungen entstand ein „nationales Technik- und Fortschrittsbewusstsein“ (F. Selmeier).

Mit dem Bau der ersten **Eisenbahn** (1825) erlosch ab 1830 das Interesse am Kanalbau; zwischen 1830 und 1850 wurde das Schienennetz von 150 km auf über 10 000 km ausgebaut. (Zur Bedeutung der Eisenbahn s. auch S. 51 ff.)

Aufgabe 5 Charakterisieren Sie die Grundgedanken und das Menschenbild des Wirtschaftsliberalismus.

Aufgabe 6 England wurde zum Vorreiter der Industrialisierung. Nennen Sie Gründe für diese Entwicklung.

Aufgabe 7 Erklären Sie, warum die Textilbranche zum ersten Leitsektor der Industrialisierung in England wurde.

4 Die Industrialisierung in Deutschland

1783	Aufhebung der Leibeigenschaft in Altbayern und Baden
1807	Oktoberedikt: Beginn der preußischen Agrarreformen
1808	Aufhebung der Leibeigenschaft in Bayern
1810	Endgültige Aufhebung der Leibeigenschaft in Preußen
1811	Regulierungsedikt als Teil der preußischen Agrarreformen
1817	Aufhebung der Leibeigenschaft in Württemberg
1.1.1834	Inkrafttreten des Deutschen Zollvereins
1835	Beitritt Badens zum Deutschen Zollverein
1840–1871	Industrielle Revolution
1861	Gewerbesteueredikt in Preußen
1862	Einführung der Gewerbefreiheit in Sachsen, Baden und Württemberg
1869	Einführung der Gewerbefreiheit im Norddeutschen Bund und in Bayern
1871–1873	Gründerboom
1871–1914	Hochindustrialisierung
1873	Gründerkrise

Die Industrialisierung entwickelte sich in der zweiten Hälfte des 19. Jahrhunderts auch in Deutschland aus einem Zusammenspiel mehrerer Bedingungen und Wirkungen, die sich gegenseitig dynamisierten und zu einem explosiven

gesellschaftlichen und wirtschaftlichen Modernisierungsprozess führten. Dieser Prozess erfasste die einzelnen Gewerbezweige zu unterschiedlichen Zeiten. Wie in England begann er zunächst in der Textilindustrie, ging dann in einem zweiten Schritt mithilfe des Eisenbahnbaus auf die Schwerindustrie und den Maschinenbau über und dehnte sich schließlich in einem dritten Schritt auf die Energiewirtschaft (Elektrizität) und die chemische Industrie aus.

4.1 Die relative Rückständigkeit Deutschlands zu Beginn des 19. Jahrhunderts

Anders als Belgien, die Schweiz und Frankreich, die bereits zu Beginn des 19. Jahrhunderts die Industrialisierung nach englischem Vorbild vorangetrieben hatten, gehörten die **deutschen Länder** trotz ihrer ausgedehnten Kohle- und Eisenerzvorkommen sowie ihres großen Potenzials an Arbeitskräften zu den **Nachzüglern** des Industrialisierungsprozesses. In Deutschland bestand Anfang des 19. Jahrhunderts noch immer eine **vorindustrielle Gesellschaft**. Während den Agrarsektor die Guts- und Grundherrschaft prägte, war die gewerbliche Produktion in den Städten von kleineren Handwerksbetrieben und einigen großen Manufakturen bestimmt. Etwa zwei Drittel der Erwerbstätigen waren um 1800 in der Landwirtschaft beschäftigt, ca. 90 % der damals rund 23 Millionen Menschen lebten in Dörfern oder Landstädten mit weniger als 10 000 Einwohnern – nur zwei Städte verfügten über mehr als 100 000 Einwohner: Hamburg und Berlin. 50 % der Beschäftigten des produzierenden Gewerbes (sekundärer Sektor) arbeiteten in kleinen Handwerksbetrieben. In den Manufakturen und Fabriken waren weniger als 2 % tätig.

Um unter diesen Bedingungen den Anschluss an die industrialisierten Länder zu finden, musste sich Deutschland an die weiterentwickelten Volkswirtschaften anpassen, indem z. B. die geringere Arbeitsproduktivität und die mindere Qualität der Waren durch niedrigere Lohnkosten ausgeglichen wurden.

Hemmende Faktoren für die Industrialisierung in Deutschland

In Deutschland und besonders im deutschen Südwesten gab es zahlreiche, die Industrialisierung **hemmende Faktoren:**

- Die **politische Zersplitterung (Partikularismus)** hatte eine wirtschaftliche Kleinräumigkeit zur Folge: Unzählige Zollgrenzen und Binnenzölle behinderten den freien Handel und einen einheitlichen offenen Markt. Der staatliche Partikularismus bewirkte die Bildung **kleiner, regional beschränkter**, z. T. autarker **Märkte**. Hohe regionale Steuern, uneinheitliche Maße, Gewichte und Währungen erschwerten den Handel ebenso wie die nur **unzureichend entwickelte Infrastruktur**. Der Mangel an ausgebauten Straßen behinderte und verteuerte den Transport zusätzlich. Der Transport mit Schiffen war wegen der Seeferne der meisten Länder und wegen des weitgehenden Fehlens von schiffbaren Kanälen (mit Ausnahme von Preußen) keine Alternative.

- Die zu Beginn des 19. Jahrhunderts existierende **geschlossene feudale Ständegesellschaft** behinderte die Modernisierung. Während die liberalisierte „offene Gesellschaft" in England Kräfte für die Modernisierung der Wirtschaft freisetzte und dem Adel den Weg ins Gewerbe öffnete, beharrten in Deutschland die meisten Grundherren auf ihren Privilegien und auf dem Fortbestand der ständischen „gottgewollten Ordnung". Wollte ein Adliger ein Gewerbe ausüben, so verlor er sein Adelsprädikat. Selbst nach den Agrarreformen investierten die meisten Adligen das gewonnene Kapital vornehmlich in Grund und Boden oder in Gewerbebetriebe zur Verarbeitung landwirtschaftlicher Produkte.
  Die mit der Feudalordnung verbundenen vielfältigen **Abgaben** erschwerten die Kapitalbildung und hemmten die Nachfrage nach gewerblichen Produkten. Zudem beeinträchtigte die feudale Agrarverfassung die Innovations- und Investitionsbereitschaft sowie die freie Entfaltung der Untertanen beträchtlich: Die Menschen waren an Ort und Tätigkeit gebunden.
- In den Ländern des Deutschen Bundes (s. S. 119 ff.) bekämpften die **reaktionären Monarchen** den Liberalismus und lehnten eine umfassende Modernisierung von Staat, Gesellschaft und Wirtschaft ab, da sie um ihre Macht fürchteten.
- In Deutschland gab es aber auch kaum **Investitionskapital**. Da sich abgesehen von den Hansestädten kein Land am gewinnbringenden Überseehandel beteiligen konnte, fehlte es im Gegensatz zu England am Handelskapital. Zudem mangelte es an finanzkräftigen Banken. Das deutsche Bankwesen entwickelte sich erst im Zusammenhang mit der Schwerindustrie und dem Eisenbahnbau in der zweiten Phase der Industrialisierung.
- Die **Zunftordnungen** verhinderten mit ihren Mengen-, Qualitäts- und Preisabsprachen Wettbewerb und Fortschritt; Modernisierungen und Einfallsreichtum lohnten sich für den Handwerker nicht. Die meisten Handwerksbetriebe waren Kleinbetriebe, sodass es in Deutschland kaum „Handwerkskapital" für Investitionen gab. Zudem mangelte es wegen der Zunftbeschränkungen an Arbeitskräften, die neue Techniken kannten. Das nötige Know-how musste durch Industriespionage oder durch den teuren Einsatz britischer Fachleute beschafft werden.

Deutschland am Vorabend seiner Industrialisierung

Partikularismus
- Verteuerung der Waren durch Binnenzölle: Behinderung des überregionalen Handels und der Kapitalbildung
- Existenz kleiner, regionaler Märkte ohne große Gewinnchancen
- uneinheitliche Maße, Gewichte, Währungen und Rechtssysteme
- unterentwickelte Infrastruktur

geschlossene Feudalgesellschaft
- Beharren auf Privilegien
- Festhalten an ständischer „Berufssperre"
- vielfältige Abgaben erschweren Kapitalbildung und bremsen Nachfrage
- Verhinderung von sozialer Mobilität
- Behinderung der Modernisierung durch das Zunftwesen

↓ ↓

Rückständigkeit Deutschlands zu Beginn des 19. Jahrhunderts

↑ ↑

reaktionäre Herrschaftsverhältnisse
- Bekämpfung des Liberalismus
- Ablehnung einer umfassenden Modernisierung von Staat, Wirtschaft und Gesellschaft

Mangel an Investitionskapital
- fehlendes Handelskapital aus Übersee- und Kolonialhandel
- mangelndes Handwerks- und Finanzkapital

- Wie in England begann auch in Deutschland die Industrialisierung im Textilgewerbe, doch befand sich Deutschland gegenüber England im Nachteil. Da die deutschen Staaten keine Kolonien besaßen und nicht auf traditionelle Handelsverbindungen zurückgreifen konnten, musste die benötigte Baumwolle zu hohen Preisen aus England eingeführt werden. Dieser Umstand bremste die heimische Textilindustrie, da englische Stoffe und Kleidung billiger erworben werden konnten. Dies behinderte die Investitionsbereitschaft.

4.2 Liberalisierung durch staatliche Reformen: Agrarreformen in Preußen und im deutschen Südwesten

In Deutschland hemmte vor allem die traditionelle **Agrarverfassung**, Hauptbestandteil der ständisch geprägten Feudalordnung, die gesellschaftliche und wirtschaftliche Entwicklung. Diese Ordnung war von zwei Elementen geprägt: von der **Grundherrschaft** und von der **Gutsherrschaft**.

Grundherrschaft

Unter Grundherrschaft versteht man die Herrschaft eines grundbesitzenden adligen oder kirchlichen Grundherrn über den Bodenbesitz und die darauf lebenden und arbeitenden Menschen, die für ihn das Land bewirtschafteten und zu **Hand- und Spanndiensten** verpflichtet waren. Die Bauern **(Grundholde)** verfügten nicht über Eigentumsrechte an ihrem Land, sondern lediglich über **Nutzungsrechte**. Seit dem ausgehenden Mittelalter hatte sich die Grundherrschaft immer mehr zu einem reinen privatwirtschaftlichen **Pachtsystem** entwickelt. Die dinglichen Abgaben wurden zunehmend durch Geldabgaben, sog. **Renten**, ersetzt, sodass die Bauern Geld erwirtschaften mussten. Allerdings lässt sich bezüglich der west- und süddeutschen Landwirtschaft im 18. Jahrhundert noch nicht von einer Marktorientierung sprechen. Größere Gewinne, die z. B. im Gewerbe hätten investiert werden können, wurden nicht erzielt.

Gutsherrschaft

In den Gebieten nördlich und östlich der Elbe **(„Ostelbien“)** war die Agrarordnung im 18. Jahrhundert hauptsächlich von der Gutsherrschaft, einer Sonderform der älteren Grundherrschaft, bestimmt.

Bei der Gutsherrschaft lag die Grund-, Leib- und Gerichtsherrschaft bei der Person des Gutsherrn vereinigt. Die Bauern waren im 18. Jahrhundert an ihren Gutshof gebunden **(„Bindung an die Scholle“)** und waren de facto Leibeigene; ihre Kinder unterlagen dem **Gesindezwang**. Der Gutsherr übte in seinem Gutsbezirk die Polizeigewalt und die Gerichtsbarkeit aus.

Die gutsherrliche Landwirtschaft war anders als die grundherrliche stärker **markt- und gewinnorientiert** und an der Einbindung in den regionalen und überregionalen Handel interessiert; vor der napoleonischen Kontinentalsperre (1806–1814) kam etwa die Hälfte der britischen Getreideimporte von den ostelbischen Gütern.

Die Gutsherren, denen der Erlös aus den Agrargeschäften zufloss, standen der Modernisierung und Technisierung ihrer Betriebe ablehnend gegenüber, da sie zur Vermehrung ihrer Einnahmen einfach die Dienstpflichten der ihnen unterstellten Bauern erhöhen konnten.

Da vor allem die Gutsherrschaft die persönliche Freiheit der Bauern und ihrer Familien massiv einschränkte, bezeichnet man die am Beginn des 19. Jahrhunderts zunächst in Preußen, dann auch den anderen deutschen Ländern durchgeführten Agrarreformen als **Bauernbefreiung**. Diese beinhaltet **drei Reformprozesse:**

1. Die **Ablösung**, d. h. die Befreiung der Bauern aus der Abhängigkeit von ihren Grund- und Gutsherren gegen eine Entschädigungszahlung;

2. die **Gemeinheitsteilung**, d. h. die Auflösung des Gemeinbesitzes (Allmende) in der dörflichen Umgebung und dessen Umwandlung in Privatbesitz;
3. die **Flurbereinigung** durch Zusammenlegung des häufig zerstreut liegenden, gemeinschaftlich bewirtschafteten Acker- und Weidelandes zu einheitlichen Nutzflächen.

Ziel der Bauernbefreiung waren vor allem die **Integration** der Landbevölkerung in den neuen, sich bildenden modernen Staat, aber auch eine ausreichende **Versorgung** der rasch wachsenden Bevölkerung, die durch die bestehende Agrarstruktur nicht mehr gewährleistet war.

Die Agrarreformen in Preußen

In Preußen waren die Agrarreformen Teil einer umfassenden **Modernisierung von Staat und Gesellschaft** durch eine „Revolution von oben". Begonnen wurden diese Reformen in Preußen durch Heinrich Friedrich Karl Reichsfreiherr **vom und zum Stein** (1757–1831), die dann Karl August Freiherr **von Hardenberg** (1750–1822) ab 1810 weiterführte.

Das **Oktoberedikt** vom 9. Oktober 1807 beinhaltete:
- die Aufhebung der Erbuntertänigkeit, d. h. der persönlichen Abhängigkeit der Bauern von ihrem Gutsherrn;
- die Rechtsgleichheit von Bauern und Bürgern;
- das Recht auf Freizügigkeit, freie Berufswahl und freien Eigentumserwerb für alle preußischen Untertanen;
- die Freiheit der Eheschließung, ohne die Zustimmung des Gutsherrn einholen zu müssen.

Das **Regulierungsedikt** von 1811 war der zweite Teil der Agrarreform. Es umfasste:
- die Aufhebung der von den Bauern zu entrichtenden „Hand- und Spanndienste" auf dem Gutshof;
- die Abschaffung der vielfältigen Geld- und Naturalabgaben;
- das Recht auf Grunderwerb auch für die bisher erbuntertänigen Bauern;
- die Pflicht der Bauern zur Entschädigungsleistung für die Aufhebung ihrer Dienstleistungen.

Der mit den Reformedikten eingeleitete Prozess der **Entfeudalisierung** in Preußen erstreckte sich über mehrere Jahrzehnte. Der Staat erhoffte sich eine **Modernisierung der Landwirtschaft**, vor allem eine höhere Produktivität und eine verbesserte Versorgung der Bevölkerung. Zudem sollten die Bauern durch ihre Befreiung von den Feudallasten in den Staat integriert und an ihn gebunden werden.

Aber der Preis, den die Bauern zahlen mussten, war hoch: Der überwiegende Teil von ihnen konnte die Entschädigungssumme nicht aufbringen und musste deshalb einen Großteil seines Grund und Bodens wieder den alten Gutsherren als Ablöse überlassen. Zwar besaßen die Bauern das restliche Land als freies Eigentum, aber nicht selten war dieses Stück Land zu klein, um davon leben zu können. Viele mussten deshalb ihren verbliebenen Grundbesitz verkaufen **(Bauernlegen)** und wanderten in die Städte ab, um dort nach Arbeit zu suchen, oder verdingten sich als Landarbeiter auf den großen Gütern.

Gewinner der Agrarreformen waren vor allem die **ostelbischen Junker**, die knapp 0,3 % der Bevölkerung Preußens ausmachten. Für diese bildete der Großgrundbesitz die Grundlage ihrer Macht und ihres Prestiges. Auch nach den Agrarreformen übten sie vor allem in der Verwaltung und im Heer großen Einfluss aus. Sie profitierten von den Entschädigungszahlungen für die Landabtretungen und vom Ende der Arbeitsdienstverpflichtungen, wobei ihnen eine Ablösung zugestanden wurde, die das Mehrfache der tatsächlichen jährlichen Arbeitsrente betrug.

Als der preußische Adel 1810 von der eingeführten Grundsteuer befreit wurde und auch kapitalkräftige Bürger Gutsbetriebe erwerben konnten, entwickelten sich in Preußen **agrarkapitalistische Betriebe**, an die sich Gewerbebetriebe wie Ziegeleien, Brennereien oder Zuckerproduktionen anschlossen.

Neben der Beseitigung der alten rechtlichen und ökonomischen Standesgrenzen war die **Individualisierung der bislang kollektiven Besitzrechte** eine weitere Säule der Agrarrevolution. In den von der Grundherrschaft bestimmten westlichen Teilen Preußens gab es neben der Bindung der Bauern an den Grundherrn die Bindung an die Markgenossenschaft. Diese Marken – auch **Allmende** genannt – waren gemeinschaftlich genutztes Land, das häufig aus Wiesen, Grasstreifen am Wegrand oder Wald bestand und daher für das Vieh und die Versorgung mit Brennmaterial extensiv genutzt wurde. Die gemeinschaftlich genutzten Felder lagen oft verstreut **(Gemengelage)** und waren klein; Neuerungen im Feldbau und eine Erhöhung der Produktivität lohnten sich für den einzelnen Bauern nicht, da ein Großteil des Mehrertrags dem Grundherrn zugeflossen wäre.

1821 wurde in Preußen die Allmende gesetzlich aufgehoben und damit der Übergang zur **intensiven Bewirtschaftung der Nutzfläche** ermöglicht. Nun war die Einführung neuer Feldformen rentabel (Fruchtwechsel, s. S. 20); zunächst wurde die bestehende Dreifelderwirtschaft verbessert: Man überließ die Brache nicht mehr sich selbst, sondern pflanzte Blattfrüchte (v. a. Klee) an, die dem Boden keine Nähstoffe entzogen und die beim Umpflügen im nächsten Jahr als Gründünger dienten oder als Viehfutter verwendet werden konnten. Vermehrt wurden auf der früheren Brache neben Gemüse auch **gewerblich nutzbare Pflanzen** wie Flachs, Hanf oder Raps angebaut.

Die **Folgen der Agrarreformen** waren vielfältig:

- Die **Umverteilung des Landes** und die damit einhergehenden Entschädigungszahlungen der Bauern an ihre ehemaligen Gutsherren beschleunigten den Übergang von der Natural- zur **Geldwirtschaft**.
- Bei der Aufteilung der Allmende gingen die **Landarmen und Landlosen** leer aus, denn diese wurde nur an diejenigen verteilt, die schon zuvor nutzungsberechtigt waren. Die für die Kleinstbauern und Landlosen lebensnotwendige Nutzung der Allmende und die herrschaftliche Sorgepflicht fielen weg, sodass sich in der ersten Hälfte des 19. Jahrhunderts die Zahl der zur besitzlosen Unterschicht Gehörenden verdreifachte. Die Folge war eine erhebliche Zunahme der Wilderei und des Holzfrevels als Formen des sozialen Protestes gegen den Entzug der Lebensgrundlage, der bisweilen auch gewalttätig ausgetragen wurde.
- Viele Landbewohner mussten sich in den Städten nach Arbeit umsehen und fanden während der Industrialisierung als ungelernte Fabrikarbeiter Beschäftigung; **Slumbildung** in den Städten war die Folge.
- Langfristige **Gewinner** waren die Junker und die **bürgerlichen Großgrundbesitzer**. Sie profitierten von den niedrigen Löhnen für Landarbeiter sowie von der bis 1918 geltenden Gesindeordnung von 1810, die den Knechten und Mägden nur stark eingeschränkte Rechte zugestand.
- Mit der Verkäuflichkeit der adligen Rittergüter entstand die neue Schicht der **Agrarunternehmer**. Gebildet aus kapitalkräftigem Bürgertum und altem Adel wurden sie zu einer neuen politischen und sozialen Elite.
- Trotz des langsamen Reformtempos und trotz der Missernten 1816/17 infolge eines Vulkanausbruchs in der Südsee („Jahr ohne Sommer") gelang es, die Produktivität und die **Produktion** erheblich zu **steigern**. Grund dafür waren die Ausweitung der Anbaufläche zwischen 1800 und 1850 von 13 Mio. auf 25 Mio. ha durch die **Kultivierung von Ödland** (Heideland, Sümpfe und Moore), Eindeichungen sowie die Beseitigung der Gemengelagen und die Bildung von Großbetrieben.

- Die landwirtschaftlichen Geräte wurden verbessert: So wurde die Arbeitstiefe der Pflüge deutlich erhöht und die Sense verdrängte auch in Deutschland mehr und mehr die Sichel.
- Neben Getreide und Kartoffeln wurden schon am Ende des 18. Jahrhunderts neue Pflanzen angebaut: u. a. Sonnenblumen, Mais und Tabak.
- Die **tierische Produktion** wurde trotz Rückgangs der Weidefläche gesteigert. Selbst kleine Betriebe begannen für den Export zu produzieren.
- Die preußische Handelsbilanz profitierte von den Agrarreformen, was vor allem dem **Getreide- und Viehexport** nach England zu danken war. Die westdeutschen Provinzen Preußens bezogen ihrerseits industrielle Halbfertigwaren aus Großbritannien, verarbeiteten diese und verkauften sie mit Gewinn in den östlichen Provinzen; so entstand ein Handelsdreieck Ostelbien – England – Westdeutschland.

Die Agrarreform in Württemberg und Baden

Wie in Preußen stand auch im deutschen Südwesten die **Agrarreform** im engen Zusammenhang mit den Veränderungen der politischen Ordnung. Während in **Altbaden** die **Leibeigenschaft** bereits 1783 **entschädigungslos abgeschafft** worden war und auch in der Pfalz die feudalherrlichen Rechte Ende des 18. Jahrhunderts weitgehend verschwunden waren, erfolgte dieser Schritt in **Württemberg** erst im Zusammenhang mit den politischen Veränderungen am Beginn des 19. Jahrhunderts. Infolge der territorialen Veränderungen seit 1803 bestand hier eine Vielzahl bäuerlicher Besitz- und Rechtsverhältnisse, die eine Neuordnung notwendig machten, wenn aus dem neugebildeten Staatswesen ein einheitlicher, wirtschaftlich prosperierender Staat werden sollte.

In **Altwürttemberg** war der Landesherr in den meisten Dörfern alleiniger Gerichts- und Leibherr. Abgaben waren entweder direkt an ihn zu leisten, oder – zu einem geringeren Teil – an die jeweilige Gemeinde bzw. an der Landesregierung unterstellte Körperschaften oder Stiftungen. Es lag also im Ermessen des Landesherrn, Agrarreformen durchzuführen. Auch hatte er es hier leichter, da sich bezüglich des **bäuerlichen Besitzes** längst die **Erblichkeit** durchgesetzt hatte.

Anders sah es dagegen in den zwischen 1803 und 1815 hinzugewonnenen Gebieten **Neuwürttembergs** aus. In Oberschwaben waren die meisten Güter von den Grundherren lediglich auf Lebenszeit an die Bauern verliehen worden **(Falllehen)**, sie waren also nicht erblich. Der Grundherr behielt sich in der Verleihurkunde ausdrücklich das Recht auf freie Verfügung nach dem Tod des

Lehensmannes vor **(Mannfall)** vor. Auch konnte der Grundherr bei einem Besitzerwechsel die zu erbringenden Leistungen neu festsetzen. Positiv an dieser Form der Grundherrschaft war, dass das Lehen nach dem Tod des Lehensmannes wieder an den Grundherrn zurückfiel und nicht unter den Erben aufgeteilt wurde (Realteilung). Dadurch wurde eine beständige Verkleinerung der Äcker vermieden. In vielen Gebieten Neuwürttembergs (Hohenlohe, Oberschwaben) wurden auch adlige Besitztümer an einen einzigen Erben weitergegeben **(Anerbenrecht)**.

In **Altwürttemberg** hatte die **Realteilung** dagegen zu kleinen Besitzeinheiten geführt, deren Produktivität niedrig war und viele Menschen zum **gewerblichen Nebenerwerb** zwang. Im Handwerk herrschte hier vor allem der wenig gewinnbringende Einmannbetrieb vor. Altwürttemberg mit seiner kleinbäuerlichen Struktur war deshalb im Vergleich zu Oberschwaben weniger wohlhabend. Es war ein **Agrarstaat** mit stark eingeschränkten Handelsbeziehungen, ein weitgehend vom Welthandel abgetrennter Binnenstaat, der verkehrsmäßig in einer ungünstigen Randlage in Mitteleuropa lag. Zudem gehörte Altwürttemberg gemeinsam mit Sachsen zu den am dichtesten besiedelten Regionen Deutschlands.

Die Agrarreformen in Württemberg standen in engem Verhältnis zu anderen Reformen, durch die **König Friedrich I.** (Herzog 1797–1803, Kurfürst 1803–1806, König 1806–1816) aus Altwürttemberg und den vielen unterschiedlichen Neuerwerbungen einen einheitlichen Staat formen wollte. Darüber hinaus wurden als weitere Ziele die Erhöhung der Produktivität in der Landwirtschaft und damit die Bekämpfung der Massenarmut auf dem Land verfolgt. Die Erfahrung der Missernten von 1816/17 und die damit verbundene starke Teuerung standen dem König dabei vor Augen.

Der **Durchbruch der Agrarreform** gelang aber erst unter **König Wilhelm I.** (König 1816–1864), der 1817 die Leibeigenschaft abschaffte und die bisherigen Grundholde rechtlich mit allen anderen Untertanen gleichstellte. Die grundherrlichen Lehen sollten beseitigt und gegen Zahlung einer Ablösesumme in bäuerlichen Privatbesitz umgewandelt werden. Ziel war es, den Wohlstand der Menschen auf dem Land zu steigern und dem Staat mehr Einnahmen zu verschaffen.

Die Reformer gingen von der Prämisse aus, dass das **Grundeigentum Quelle des Reichtums** sei und dass Württemberg wegen seiner Binnenlage ein Agrarstaat sein müsste. Daher gelte es, die Produktionsmenge und die Produktivität der Landwirtschaft zu steigern. Diese **Reformpolitik** basierte auf **Ideen des Frühliberalismus**, nach denen die ökonomische Freiheit als notwendige Voraussetzung für die persönliche Freiheit angesehen wurde.

In **Baden** wurde die **Rechtsgleichheit aller Bürger**, auch der Bauern, 1818 verfassungsrechtlich gesichert. Bereits 1815 waren viele der örtlichen und regionalen Sonderabgaben durch eine einheitliche Steuer ersetzt worden. Die **Abschaffung der Leibeigenschaf**t samt der damit verbundenen Bindung an die Scholle und der Abgabenpflicht (1783) wurde 1825 auch auf die ab 1803 neuerworbenen Gebiete übertragen. Lediglich die Frondienste für den Kirchen-, Pfarr- und Schulhausbau blieben bestehen. Die bisherigen Grundherren wurden vom Staat entschädigt; dies galt auch für die Ablösung des „Zehnt" (Abgabe eines Teils der Ernte in Naturalien), die 1833 gesetzlich festgeschrieben wurde. Ein Bauernlegen wie in Preußen (s. S. 42) hat es in Württemberg und Baden nicht gegeben.

Allerdings waren die **Auswirkungen der Reformen** auch im Südwesten **zwiespältig:** Sie verschärften den Konflikt zwischen den Regierungen und den mediatisierten Standesherren, die sich auf ihre in der Bundesakte des Deutschen Bundes festgeschriebenen Eigentumsrechte beriefen. In Baden und Württemberg konnte der Widerstand der Standesherren gegen die Agrarreformen erst im Umfeld der Revolutionen 1848/49 gebrochen werden.

Doch auch die **Bauern** waren unzufrieden, denn die Belastungen durch die Ablösezahlungen waren beachtlich. Ein Großteil der bäuerlichen Betriebe war daher auf lange Zeit verschuldet – die letzten Raten wurden erst durch die Inflation 1922/23 getilgt. Dennoch gab es keine Landflucht größeren Ausmaßes.

In Württemberg wurde das an den Adel fließende Geld vornehmlich in den Erwerb von Wald und in die Holzverarbeitung investiert. Die Agrarreformen aber veranlassten viele **Bauern**, **markt- und gewinnorientiert** zu produzieren und neben Getreide und Kartoffeln mehr Handelsgewächse wie Hanf, Tabak, Hopfen und Zuckerrüben anzubauen.

Träger der Bauernbefreiung waren vor allem die reformfreudige **Beamtenschaft** und das **liberale Bildungsbürgertum**, das Land erwerben konnte, nicht die Bauern selbst. Aber auch die Kleinstbauern konnten durch den Erwerb freigewordenen Landes zu Besitz gelangen, was ihnen den sozialen Aufstieg ermöglichte, denn das Gemeindebürgerrecht war noch immer an Grundeigentum geknüpft.

Die **Modernisierung der Landwirtschaft** vollzog sich insgesamt eher langsam. Wichtige **Merkmale** waren:

- Flurbereinigung durch Aufhebung des Flurzwangs und der Allmende;
- Aufforstungen zum Nutzwald (z. B. im Schwarzwald);
- Ausbau des Wegenetzes;
- Bodenverbesserung durch Düngung (gebrannter Kalk, Steinmehl, Phosphat);

- intensive, rentabilitätsorientierte Bodennutzung;
- allmähliche Umstellung des Anbaus von Dinkel auf Weizen;
- Ausweitung der Stallfütterung: Erhöhung des Viehbestands und damit der Fleisch- und Milchproduktion;
- zunehmender Maschineneinsatz (z. B. Dampfpflug), jedoch aus Kapitalmangel nur begrenzt möglich;
- noch immer Zwang zum Nebenerwerb als Tagelöhner oder im Gewerbe, wobei Letzteres zunehmend zum Haupterwerb wurde.

Die Agrarreform war eine Voraussetzung für die Industrialisierung in Preußen, nicht aber für Baden und Württemberg. Hier gab es nämlich besonders in den **Gebieten ohne Realteilung** in der Landwirtschaft und dem mit ihr eng verbundenen Kleingewerbe **ausreichend Verdienstmöglichkeiten**. In den Realteilungsgebieten mit kleinen Äckern bestand dagegen nur eine geringe Nachfrage nach technischen Innovationen. Lediglich die **Freisetzung von Arbeitskräften** war für die Industrialisierung förderlich.

4.3 Gewerbereformen und das neue Unternehmertum

Neben der Agrarrevolution war die Reform des gewerblichen und des finanziellen Sektors von großer Bedeutung. Dass dies in Preußen schneller und trotz aller sozialen Missstände besser gelang als in anderen deutschen Territorien, ist ein wesentlicher Grund für den **Aufstieg Preußens** zur wirtschaftlichen und schließlich zur politischen Vormacht in Deutschland.

Um 1800 gehörten zur gewerblichen Wirtschaft das **Kleingewerbe** der städtischen und ländlichen Handwerker sowie das **Großgewerbe** (Manufakturen, erste Fabriken und Werften). Die überwiegende Mehrheit der im Gewerbe Arbeitenden war in den verschiedenen Handwerken beschäftigt. Das Handwerk war innerhalb der Ständeordnung stark reglementiert und vielfachen Zwängen unterworfen. Alle Handwerker mussten in **Zünften** organisiert sein, die sowohl die Zahl der Betriebe als auch die Qualifikationen der Handwerksmeister und -gesellen sowie den Markt für die Handwerksprodukte im Einzelnen kontrollierten und reglementierten. Dadurch verhinderten die Zünfte wirtschaftliche Konkurrenz im Sinne eines freien Marktes und schützten so ihre Mitglieder. Nicht Angebot und Nachfrage sollten den Preis bestimmen, sondern allein die jeweilige Zunft.

Im Zuge der Stein-Hardenberg'schen Reform zwischen 1807 und 1811 wurde in Preußen die **Gewerbefreiheit** für alle Untertanen verfügt, d. h. die volljährigen Bewohner in den Städten und auf dem Land erhielten neben der persönlichen Freiheit auch das Recht auf Eigentum, **freie Berufswahl**, **freie Gewerbeausübung** und **Niederlassungsfreiheit**; einige Berufsgruppen wie Ärzte, Apotheker und Gastwirte benötigten einen Qualifikationsnachweis.

Die Gewerbereform stand in Preußen in Zusammenhang mit dem enormen **Finanzbedarf des Staates:** König und Reformer wollten ein leistungsstarkes, produktives Gewerbe schaffen, um die Staatseinnahmen zu vergrößern. Einerseits führte die Abschaffung der Zünfte zu niedrigeren Preisen und damit zu mehr Konsum, wovon wiederum der Staat profitierte. Andererseits aber bedeutete das Ende des Zunftwesens auch das Ende der Überwachung der Betriebe und führte häufig zu einer schlechteren Qualität der Produkte.

Die **Gewerbefreiheit** war **nicht ohne Weiteres durchzusetzen**, denn viele durch die Zünfte bislang geschützte und sozial abgesicherte Handwerker sahen sich durch die Konkurrenz in ihrer Existenz bedroht und befürchteten einen sozialen Abstieg. Die süddeutschen Staaten folgten der ohnehin zögerlichen Liberalisierung des Gewerbes in Preußen nur langsam. Eine völlige Umgestaltung aller wirtschaftlichen Strukturen wurde allerdings nicht angestrebt, da man fürchtete, dass dadurch die staatliche Macht geschwächt werden könnte. Das Königreich Württemberg lockerte die Zunftbindungen 1828 lediglich für einzelne Gewerbe, von denen man glaubte, dass sie der ausländischen Konkurrenz im Zollverein standhalten konnten; im deutschen Südwesten wurden die alten Zünfte lediglich in **Konzessionsgesellschaften** umgewandelt, für die der Staat die Konzessionen erteilte. Gleichwohl beseitigte dieser Schritt die jahrhundertealte Zunfttradition.

Erst 1862 wurde in Sachsen, Baden und Württemberg die **volle Gewerbefreiheit** eingeführt, 1869 wurde sie im Norddeutschen Bund (s. S. 186 f.) sowie in Bayern und 1871 per Reichsgesetz im Deutschen Reich endgültig durchgesetzt. Damit war der **Wandel vom Monopol zur freien Konkurrenz** einer liberalen Wirtschaft abgeschlossen. Bis dahin bedurfte die Gründung von Manufakturen oder Fabriken der Konzessionierung durch die staatlichen Behörden, was mit Kosten verbunden war.

Auch wenn sich die Einführung der Gewerbefreiheit in den Ländern des Deutschen Bundes erst in der zweiten, von der Schwerindustrie geprägten Phase der Industrialisierung nachhaltig auswirkte, bot sie doch bereits in der Anfangszeit der Modernisierung **Anreize zu Betriebsgründungen**.

Eng verbunden mit der Gewerbefreiheit war das **Gewerbesteueredikt** von 1810, durch das in Preußen ein rationales Steuersystem mit nur wenigen Hauptsteuern geschaffen wurde; die **Einkommenssteuer** sollte einerseits den Staat an steigenden Einkommen seiner Untertanen beteiligen, andererseits sollten die Schichten mit niedrigen Einkommen entlastet und geschützt werden. Der 1818 unternommene Versuch, durch eine **Reform der Grundsteuer** die Grundsteuerfreiheit des Adels abzuschaffen und die Steuergleichheit zum Wohl der Staatseinnahmen herzustellen, scheiterte am Widerstand der Großgrundbesitzer; erst 1861 wurde die Steuerfreiheit der adligen Grundbesitzer beseitigt, allerdings gegen staatliche Entschädigung.

Die Möglichkeiten, die sich aus der neuen persönlichen Freiheit und der wirtschaftlichen Entfaltung ergaben, blieben den meisten Menschen verborgen. Stattdessen sahen viele Handwerker ihre bisherige soziale Sicherheit gefährdet. Hatten sie bislang auf Manufaktur- und Landarbeiter herabgesehen, sahen sie sich nun wie diese von der **Proletarisierung** bedroht. Hatten schon die Manufakturen und das Verlagssystem das zünftige Handwerk geschwächt, drängten nun neue Kräfte ins Handwerk, die dazu lediglich einen Gewerbeschein erwerben mussten. Die steigende Zahl der neuen Betriebe machte den alteingesessenen Meistern Konkurrenz und verringerte insgesamt die Erwerbschancen. Bald machte sich Massenarmut **(Pauperismus)** unter den Handwerkern breit, und ein **Handwerksproletariat** entstand (s. S. 68 f.). Dennoch ist ein massenhafter Übertritt von Handwerkern in die Industrie aber erst ab 1850/1860 zu beobachten.

Die Entstehung eines neuen Unternehmertums

In diesem Zusammenhang ist auch die Entstehung eines neuen Unternehmertums zu sehen. **Unternehmer** sind Personen, die ein Unternehmen **planen**, erfolgreich **gründen** und dieses selbstständig und eigenverantwortlich **leiten**. Sie tragen das **Risiko**, profitieren aber auch von den **Gewinnen**. Zumindest bis in die 1870er-Jahre fielen Besitz und Verfügungsgewalt über Unternehmungen meist zusammen, da Aktiengesellschaften bis dahin in Deutschland bloß eine marginale Rolle spielten.

Viele frühindustrielle Unternehmer entstammten der **vorindustriellen und kaufmännischen Elite**, vor allem aus dem Verlagswesen. Diese Organisationsform der frühkapitalistischen Wirtschaft war im 15. Jahrhundert vor allem im Textilbereich entstanden. Dabei befanden sich die Leitung der Produktion, die Materialbeschaffung und der Absatz des Fertigprodukts in der Hand eines Unternehmers **(„Verleger")**, während die eigentliche Produktion der Ware dezentralisiert durch mehrere **selbstständige Handwerker** erfolgte. Die Verleger strebten nach hohen Gewinnspannen und zahlten niedrige Stücklöhne, sodass die ländlichen Handwerker auf einen landwirtschaftlichen Nebenerwerb angewiesen waren.

Um konkurrenzfähig zu bleiben, waren die Verleger neuen Technologien gegenüber schon immer sehr aufgeschlossen. Da die Verleger meist auch als

Kaufleute tätig waren, konnten sie Produktion und Absatz zentral und profitabel planen. In der Textilbranche versprach die Verbindung einer Baumwollspinnerei mit einem Webbetrieb ein marktgerechtes Angebot von Baumwollgarnen und -stoffen. Da es aber an Bankkapital mangelte, war für die Unternehmer der ersten Industrialisierungsphase das **eigene Kapital** zentrale Voraussetzung für eine Unternehmensgründung.

Bald entstanden neue Gruppen von Unternehmern: **Handwerker** und ausgebildete **Techniker**, die besonders in der Metallverarbeitung und im Maschinenbau tätig waren. Ein Beispiel ist der Bauernsohn und gelernte Uhrmacher **Jacob Mayer** (1813–1875), der nach Großbritannien ging, um dort neue Technologien des Stahlgusses kennenzulernen. 1839 gründete er eine eigene **Gussstahlfabrik**, aus der 1854 der Bochumer Verein für Bergbau und Gussstahlfabrikation hervorging.

Daneben gab es auch Fabrikleiter, die sich mithilfe ihres Eigenkapitals selbstständig machten – z. B. **August Borsig** (1804–1854). Borsig war der Sohn eines Handwerkers und absolvierte zunächst eine Zimmermannslehre. Nach dem Besuch des Berliner Gewerbe-Instituts arbeitete er als Betriebsleiter in einer Maschinenfabrik; 1841 gründete er eine eigene Maschinenfabrik.

Ein weiteres Beispiel ist der schwäbische Ingenieur **Gottlieb Daimler** (1834–1900) aus dem württembergischen Landstädtchen Schorndorf. Daimler entstammte einer Bäckersfamilie. Da ihm das Bäckerhandwerk aber kein ausreichendes Einkommen bot, absolvierte er 1848 bis 1852 eine Lehre als Büchsenmacher. 1853 begann Daimler eine Ausbildung in der Lokomotivenfabrik Grafenstaden bei Straßburg; 1857 bis 1859 besuchte er die Polytechnische Hochschule in Stuttgart. Daimlers Ziel war die Konstruktion einer von Dampf unabhängigen „Kraftmaschine“. Wie viele Techniker unternahm er 1861 bis 1863 eine Bildungsreise durch England, wo er in verschiedenen Maschinen-, Werkzeug- und Lokomotivfabriken arbeitete und die dortigen Technologien kennenlernte. 1881 gingen Daimler und sein Mitarbeiter **Wilhelm Maybach** daran, einen **Benzinmotor** zu entwickeln, wobei die Ersparnisse den Kapitalstock bildeten: 1883 gelang ihnen die Erfindung eines kleinen schnelllaufenden Benzinmotors, der ab 1887 in Serie ging.

Diese Form des Unternehmertums, die **Verbindung von Techniker, Geldgeber und Kaufmann**, endete im letzten Viertel des 19. Jahrhunderts. Angesichts der steigenden Erfordernisse fehlte den Erben häufig das Kapital für Innovationen, sodass die Betriebe in Aktiengesellschaften und ähnliche Unternehmensformen umgewandelt werden mussten.

4.4 Ausbau der Infrastruktur

In Deutschland hatte der **Partikularismus** bis ins 19. Jahrhundert den Ausbau einer länderübergreifenden Infrastruktur und einen freien Handel erschwert. Auch der 1815 gegründete **Deutsche Bund** (s. S. 119 ff.) hatte daran nur wenig geändert: Zollschranken, ungleiche Maße und Gewichte sowie unterschiedliche Handels- und Finanzgesetze trennten weiterhin die deutschen Staaten. Vor allem das wirtschaftlich aufstrebende **Preußen** war aber an einem einheitlichen deutschen Wirtschaftsgebiet und an einer verkehrstechnischen Vernetzung interessiert. Daher setzte sich der **Deutsche Zollverein** von 1834 (s. S. 140 ff.) in besonderem Maße für den **Eisenbahnbau** ein.

Die Erweiterung des deutschen Marktes und seine Öffnung nach außen regten in Deutschland zu Investitionen an. Problematisch waren jedoch die mangelhafte Infrastruktur und die unzulänglichen Verkehrsmittel. Transporte waren nicht nur zeitaufwendig, sondern meist auch sehr teuer. Für die Strecke Frankfurt – Stuttgart benötigte der Reisende im günstigsten Fall 13 Stunden; Warentransporte dauerten noch länger. Daher überwog im Fernhandel der Transport hochwertiger und nicht verderblicher Produkte.

Wo es möglich war, setzte man auf größeren Strecken auf **Binnenschiffe**, Pferdefuhrwerke übernahmen lediglich die Verteilung vor Ort – 1835 waren etwa 3 000 Kilometer der Wasserläufe schiffbar (Flüsse, Kanäle). Doch auch hier war der Transport mit Lastkähnen, die von Pferden oder Menschen gezogen („getreidelt“) wurden, langsam. Da für einen rentablen Austausch von Waren ein zuverlässiges und zeitsparendes Transportsystem notwendig war, kam es schließlich zu einer **Verkehrs- und Transportrevolution**, die als Motor für die eigentliche Industrialisierung in Deutschland wirkte.

Die Eisenbahn als Führungssektor und Wachstumsmotor

Einer der wichtigsten Befürworter des Eisenbahnbaus war **Friedrich List** (1789–1846). Der im württembergischen Reutlingen geborene List hatte während seiner Jahre in Amerika die Vorteile der Bahn als Mittel zum **Massentransport** und zur nationalen Integration kennengelernt (s. S. 60 ff.). 1833 legte er eine Schrift über die Vorteile einer Eisenbahnstrecke zwischen Leipzig und Dresden vor, die als Ausgangspunkt eines umfassenden deutschen Eisenbahnnetzes gedacht war. Für List bestanden die Vorteile der Eisenbahn vor allem in ihrer **nationalökonomischen Bedeutung**. Ein gesamtdeutsches Eisenbahnnetz würde den allgemeinen **Wohlstand** weitaus stärker fördern, als die Summe aller unverbundenen einzelstaatlichen Strecken. Vor allem Massenwaren wie Erze, Kohle und Holz könnten mit der Eisenbahn billig und schnell transportiert werden. Durch die so erreichte **Vergrößerung des Marktes** würden die Handelsmöglichkeiten erheblich verbessert und Anreize für Investitionen und eine vermehrte Beschäftigung geschaffen. Wichtig sei aber auch, dass mithilfe der Eisenbahn Nahrungsmittel aus Überschussgebieten schnell in Mangelregionen transportiert und so Hungersnöte verhindert werden könnten.

Die **Konzepte für ein deutsches Eisenbahnnetz** kamen nicht von den Regierungen, sondern von **Privatleuten**. Häufig waren es wie in Leipzig Kaufleute, bei denen Lists Ideen auf besonders fruchtbaren Boden fielen. Trotz der wirtschaftlichen und politischen Probleme in der Zeit des Vormärz wuchs das Eisenbahnnetz in Deutschland und erreichte 1848 eine Gesamtlänge von über 6 000 km, 1860 waren es 11 633 km und 1870 rund 19 600 km. Aber länderverbindende Strecken bildeten die Ausnahme. Hier schuf erst die Reichsgründung eine grundlegende Veränderung.

Bis Ende der 1840er-Jahre bauten fast nur Privatleute Eisenbahnen; erst danach wurde der **Staat aktiv** – je nach Bundesstaat allerdings mit unterschiedlicher Kraft. Während der Staat in Baden, Bayern, Sachsen und Württemberg großes Interesse am Eisenbahnbau zeigte, gab es in Preußen nicht zuletzt wegen der Kosten Bedenken. Bis Ende der 1870er-Jahre bestanden Privat- und Staatseisenbahnen nebeneinander. Danach kaufte der Staat die meisten Privatbahnen auf, sodass es bis 1913 nur noch wenige privatbetriebene Bahnen gab.

Der Soziologe **Werner Sombart** (1863–1941) unterscheidet beim Eisenbahnbau vier wesentliche Stufen:

1. lokale Eisenbahnlinien zur Verbindung von relativ dicht beieinander liegenden Orten (z. B. Fürth – Nürnberg 1835);
2. Bau längerer, die wichtigsten Städte und Handels- und Gewerbezentren verbindender regionaler Strecken **(„Skelettbau“)**;
3. Ausbau zu **Vollbahnen** durch Bau eines relativ großmaschigen Netzes in den einzelnen Ländern;
4. Ausbau durch Entwicklung eines verästelten, engmaschigen, **länderverbindenden** Netzes sowie der Kleinbahnen als Zubringer **(Vernetzung)**.

In den 1840er-Jahren machten die Investitionen in den Bau von Eisenbahnen (Gleise, Loks, Wagen) zwischen 20 % und 30 % aller Wirtschaftsinvestitionen aus; bis in die 1870er-Jahre waren es ca. 15–20 %. Die jährliche Zuwachsrate der gesamtwirtschaftlichen Produktion betrug zwischen 1852 und 1874 etwa 2,6 %; beim Eisenbahnbau aber nahezu 14 %. Damit hatte sich der **Eisenbahnbau** zum **Führungssektor** in Deutschland entwickelt. Dieser ging einher mit:

- einem stark ausgeprägten **technologischen Fortschritt** auf dem Gebiet des Lokomotiven- und Gleisbaus;

- einem überdurchschnittlichen **Wachstum** und einem enormen Produktivitätsanstieg;
- einem **Multiplikatoreffekt** auf alle anderen industriellen Sektoren;
- dem Wandel der Gesellschaft hin zu einer **mobilen Gesellschaft** sowie
- einer integrativen Wirkung und einer **Demokratisierung des Reisens**, da das Reisen nun für eine breitere Schicht erschwinglich wurde.

Der **Multiplikatoreffekt der Eisenbahn:**
- Der Eisenbahnbau bewirkte eine steigende **Nachfrage nach Arbeitskräften** für den Trassenbau sowie in der Eisen- und Stahlindustrie.
- Der Ausbau des Streckennetzes verstärkte die Nachfrage nach **Eisen und Stahl** für Gleise, Waggons und Lokomotiven und förderte die Gründung von Maschinenfabriken (z. B. in Karlsruhe, Esslingen, München).
- Er förderte die **Montanindustrie** (Kohle- und Erzförderung, Eisenhütten, Stahl- und Walzwerke).
- Er verlangte eine immer bessere Qualität des Eisens/Stahls sowie eine höhere Produktivität durch **Modernisierung** der Produktionskapazitäten (Innovationsschub, technisch-wissenschaftlicher Fortschritt).
- Er belebte die **Bauwirtschaft** (Bahnhöfe, Trassen, Schrankenwärterhäuschen, Stellwerke, Kohle- und Wasserstationen usw.).
- Er erhöht durch verringerte Transportkosten die Gewinne und das **Investitionskapital** in der Industrie um fast 90 %.
- Die Unternehmen wurden in ihrer Standortwahl freier, sodass sich die weitere Industrialisierung auf breiterer Basis vollziehen konnte. So entstand z. B. im deutschen Südwesten eine **dezentralisierte Industrielandschaft**.

Die Kapitalquellen für den Innovationsprozess im Südwesten

Wie die meisten kontinentaleuropäischen Staaten konnten auch die deutschen Staaten das benötigte Kapital nicht aus dem See- und Kolonialhandel schöpfen. Die weitverbreitete These aber, dass für die industrielle Rückständigkeit der deutschen Staaten und für das teilweise sehr langsame Tempo bei den Innovationen der Kapitalmangel Schuld trage, wird heute nicht mehr uneingeschränkt aufrecht erhalten.

Nach **Joseph Schumpeter** können als Kapital die für **Investitionen zur Verfügung stehenden Finanzmittel** verstanden werden, ganz egal, ob sie aus Gewinnen, Erspartem, Krediten oder Ererbtem stammen. Woher aber kam das Kapital für die Industriepioniere der Jahre vor 1870?

- **Sparkapital:** Trotz der Agrarkrisen von 1816/20 und 1845/47 bildete die Landwirtschaft eine Haupteinkommensquelle. Wegen deren Krisenanfälligkeit neigten die Bauern dazu, erwirtschaftetes Geld zu sparen. Diese Einlagen bei den Sparkassen waren aber meist zu klein, um z. B. in größeren Unternehmen angelegt zu werden. Zudem wurde viel in Sanierungen investiert. Satzungsgemäß fielen die Sparkassen als Geldgeber für die Industrie aus.
- **Familienkapital:** Darlehen von Verwandten oder Freunden, Geld aus Erbschaften oder aus Heiraten. Diese Finanzierungsform überwog in der Anfangsphase der Industrialisierung. Für die Ausstattung der Fabriken mit Maschinen reichten aber weder das vorhandene Sparkapital noch das Familienkapital aus.
- **Bankkapital:** Zunächst fehlte es in Deutschland an einem vernetzten Banksystem. In Württemberg und Baden gab es nur wenige Privatbanken. Die Banken dienten vornehmlich als Kreditgeber für den Staat und z. T. für die Deckung des Kreditbedarfs von größeren Handelsunternehmen; weil das Risiko als hoch galt, wurde nur selten Geld für gewerbliche Unternehmen zur Verfügung gestellt. Ab Mitte des 19. Jahrhunderts entstanden erste „Industriebanken" als Aktiengesellschaften, die vorwiegend überregional tätig waren, mehr Risikokapital vergaben und von denen die industrielle Entwicklung deutlich profitierte.
- **Handelskapital:** Die bedeutendste Quelle für Kapital war seit Jahrhunderten der Handel. Große Handelsorte wie Heilbronn verfügten über genügend Handelskapital und förderten den Aufbau neuer Produktionsbetriebe; das gleiche gilt auch für Mannheim oder Ulm und kleinere Orte, in denen die Kaufleute zugleich Verleger waren. Kaufleute und Händler wurden zusammen mit Verlegern zu den Finanziers und Organisatoren von Gewerbebetrieben. Sie traten an die Stelle des unzulänglichen Bankwesens.
- **Staatliches Kapital:** Anders als in Preußen stellte der Staat in Baden und Württemberg für die Industrie nicht den wichtigsten Kredit- oder Subventionsgeber dar. Weil man im Südwesten industrielle Großbetriebe lange Zeit grundsätzlich ablehnte und weil es „dem Staat nicht zustehe, dem Bürger Kapital für sein Gewerbe zu beschaffen" – so das badische Finanzministerium –, spielten die staatlichen Kredite gemessen am tatsächlichen Finanzbedarf der Industrie eine marginale Rolle.
- **Kapital aus der Grundentlastung:** Mit der Bauernbefreiung standen den ehemaligen Grundherren schon vor 1850 Millionenbeträge in börsengängigen Wertpapieren zur Verfügung. Ein Teil konnte zur eigenen Schulden-

tilgung und zur Modernisierung der landwirtschaftlichen Güter verwendet werden; ein weiterer großer Teil floss in den Erwerb von Grund und Boden; dennoch wäre noch genügend Geld für Investitionen in gewerbliche Großbetriebe zur Verfügung gestanden, doch solche Geldanlagen blieben (anders als in Preußen) im Südwesten die absolute Ausnahmen.

- **Auslandskapital:** Die gewerbliche Entwicklung im deutschen Südwesten wurde durch ausländische Investitionen, oft verbunden mit dem „Import" von persönlichem Know-how, mit vorangetrieben. Zahlreiche Beispiele belegen, dass ausländisches Kapital und Unternehmertum eine bedeutende Rolle gespielt haben. Besonders die Region Südbaden profitierte seit dem 18. Jahrhundert von Schweizer und elsässischen Kapitalanlegern. Typisches Beispiel war der Schweizer J. H. Staub, der ab 1853 in Kuchen bei Geislingen eine Baumwollspinnerei mit 229 Beschäftigten und 4 000 Spindeln (Anfang 1854 schon 6 000) betrieb. Insgesamt gesehen war der Anteil ausländischen Kapitals in der Anfangsphase der Industrialisierung in Baden und Württemberg sehr hoch.

4.5 Der verspätete Aufbruch im deutschen Südwesten

Die Ausgangslage in Baden und Württemberg

Anders als Preußen, das nach dem Ende der napoleonischen Kriege den von England ausgehenden technischen und wirtschaftlichen Modernisierungsimpulsen folgte, verharrten Baden und Württemberg auf den überkommenen Strukturen; andere Regionen wie das Ruhrgebiet und die Saarregion wurden zu *den* deutschen Wachstumszonen.

Weitaus stärker als andere deutsche Länder – mit Ausnahme Sachsens – litten Baden und Württemberg unter **Überbevölkerung** und der damit einhergehenden **Massenarmut**. Die oberrheinische Tiefebene sowie das obere und untere Neckartal gehörten zu den am dichtesten besiedelten Gebieten Europas. Zudem wuchs die Bevölkerung beider Länder rapide – zwischen 1750 und 1800 um über 5 % –, sodass ein **Bevölkerungsdruck** entstand: immer mehr Menschen benötigten Arbeit und Brot. Die traditionelle Landwirtschaft konnte jedoch die dafür benötigte Mehrproduktion nicht leisten. So wurden Forderungen nach einer grundlegenden **Agrarreform** zugunsten größerer und produktiverer Betriebe immer lauter. Weil darüber hinaus die **Verschuldung** der bäuerlichen Betriebe ein beträchtliches Ausmaß angenommen hatte, musste der Staat in beiden Ländern die Agrarreform finanziell fördern.

Zudem wanderten viele, vor allem junge, erwerbsfähige Menschen, die in der agrarisch-vorkapitalistischen Wirtschaft keine Zukunftsmöglichkeiten sahen, aus Baden und Württemberg aus. Das Leben in der Heimat versprach nur einen **niedrigen Lebensstandard** mit sinkenden Realeinkommen infolge hoher Agrarpreise und des Verlusts traditioneller Nebenerwerbstätigkeiten vor allem in der Textilbranche, die besonders unter der englischen Konkurrenz litt.

Die **Wirtschaft** der beiden Länder war noch bis weit in die zweite Hälfte des 19. Jahrhunderts **agrarisch** geprägt. Dabei wurden nur in wenigen Regionen (z. B. in Oberschwaben und Hohenlohe) Überschüsse produziert. Andere Regionen (z. B. der Schwarzwald) waren dagegen selbst in normalen Erntejahren unterversorgt und daher von Heimarbeit (z. B. Uhrenbau) abhängig. Vor allem die vielen **Klein- und Nebenerwerbsbauern** mit weniger als 1,6 ha Land (in Württemberg ca. 55 %) waren in ihrer Existenz bedroht. So waren die meisten bäuerlichen Betriebe in beiden Ländern besonders **krisenanfällige „Grenzexistenzen"**, für die der Staat hohe Subventionen zahlte.

Im **Handwerk** herrschte noch lange der **Einmannbetrieb** verknüpft mit einer **Teilerwerbslandwirtschaft** vor, da weder das eine noch das andere zum Leben ausreichte. Das Fehlen größerer Manufakturen als Basis für Fabriken (mit Ausnahme der Porzellanherstellung) erschwerte die Industrialisierung, zumal es nur eine geringe Innovations- und Investitionsbereitschaft bei Privatleuten gab. Die Kapitalbeschaffung erfolgte in der Regel im Familien- und Verwandten- oder im Freundeskreis, denn an Bankkapital herrschte Mangel. Zudem galten in protestantisch-pietistischen Kreisen Geldanleihen als Zeichen unsoliden Wirtschaftens.

Der Südwesten litt zwar unter dem **Mangel an Kohle und Eisenerz**, aber er verfügte über **ausreichend Wasserkraft**. Im Gegensatz zu Baden mangelte es in Württemberg zudem an Holz als Brennmaterial – die Beschaffung war teuer und band Kapital. Die **Verkehrsungunst** (ungünstige geografische Lage abseits der großen Handelsstraßen – mit Ausnahme des Rheins – und in Württemberg Fehlen durchgehend schiffbarer Flüsse) hatte zur Folge, dass noch in den 1870er-Jahren in Württemberg nur 2,5 % der Arbeiter in Großbetrieben arbeiteten – in Westfalen waren es dagegen gut 50 %. Dafür blühten in Württemberg Klein- und Mittelbetriebe entlang der **Flüsse**, die **„Industrieachsen"** durch das Land bildeten. Erst mit der Elektrifizierung am Beginn des 20. Jahrhunderts gelang auch Württemberg der endgültige Sprung in die industrielle Welt.

Die Rolle des Staates für die Wirtschaft: Fallbeispiele Baden und Württemberg

Schon vor 1789 hatte es eine Förderung des großhandwerklichen Gewerbes und staatliche Lenkungsmaßnahmen im Rahmen des **Merkantilismus** gegeben, aber dies erfolgte ausschließlich unter dem Gesichtspunkt des **Fiskalismus**, bisweilen auch des Prestiges. Unter dem Deckmantel des staatlichen Protektionismus, geschützt vor der ausländischen Konkurrenz, konnten sich so auch nicht konkurrenzfähige Betriebe entwickeln. Dennoch wurden diese Manufakturen zu Keimzellen für die moderne Industrie. Da in ihnen bereits arbeitsteilig produziert wurde, brauchte man unterschiedlich qualifizierte Arbeitskräfte vom angelernten Tagelöhner bis zum ausgebildeten Handwerker. Der **Staat warb** dafür **im Ausland Fachleute an**, besaß man doch im eigenen Land weder Erfahrung mit solchen Betrieben noch die hierfür nötigen Spezialisten. Dennoch waren die Manufakturen keine Keimzellen für die neuen technisierten Industriebetriebe; diese waren zumeist Neugründungen.

Gegen die Manufakturen und den technisch-wirtschaftlichen Fortschritt stemmten sich die Zünfte, die an ihren alten Strukturen festhielten und fortschrittsfeindlich waren. Sie fürchteten die mit der Gewerbefreiheit verstärkt einsetzende Konkurrenz an Betrieben und Waren.

Angesichts der Widerstände und Probleme spielte auch in Baden und Württemberg die **staatliche Wirtschaftsförderung** eine wesentliche Rolle. Dabei trat der Staat in der Neuzeit gegenüber der Wirtschaft in fünf Rollen auf:

1. Als **Gesetzgeber** setzte er den rechtlichen Rahmen für die Wirtschaft. Vor allem durch Steuergesetze förderte oder hemmte der Staat die Wirtschaft.
2. Als **Rechtswahrer**, d. h. als unparteiischer Gerichtsherr, setzte der Staat die geltenden Gesetze durch und schaffte so Rechtssicherheit.
3. Als **Administrator** erließ er Durchführungsverordnungen und Ausführungsbestimmungen und griff über die Gewerbeaufsicht, die Steuererhebung, die statistische Erfassung, das Bildungswesen auch mithilfe der Kommunen in die wirtschaftliche Tätigkeit der Bürger und der Wirtschaft ein.
4. Als **Konsument** und **Investor** übte er einen ganz beträchtlichen Einfluss auf die Wirtschaft aus.
5. Als **Unternehmer** waren in Deutschland die Herrscher schon seit der frühen Neuzeit tätig, zunächst in der Land- und Forstwirtschaft, dann im Bergbau und im Hüttenwesen, als Besitzer von Salinen, Porzellanmanufakturen u. ä. Betriebe. Im 19. Jahrhundert kamen die Eisenbahn, die Wasserstraßen, das Postwesen, später der Telefonverkehr, Gas- und Elektrizitätswerke dazu.

Unter Berufung auf die Vorbilder Belgien und Preußen betrieb Württemberg v. a. ab Mitte des 19. Jahrhunderts eine sehr starke staatliche Gewerbeförderung. Mit den Gesetzen zur **Bauernbefreiung** und zur **Gewerbefreiheit** setzte der **Staat als Gesetzgeber** wichtige Reformimpulse mit geradezu revolutionären

Auswirkungen. Allerdings wollten die Reformer keinen grundlegenden Strukturwandel. Anders als in Preußen wurden im Südwesten die Zünfte erst in den 1860er-Jahren aufgehoben und die volle Gewerbefreiheit durchgesetzt.

Zudem betätigte sich der Staat als **Investor** und **Administrator**: Mithilfe der Ablösegelder kaufte er ganze Adelsherrschaften auf und arrondierte seinen alten Grundbesitz; er investierte in Verwaltungs- und Schlossbauten sowie in staatliche Bäder wie Bad Boll und Bad Teinach. Zwar erwarb der Staat auch einige wenige Salinen und Eisenwerke, doch standen die Abgeordneten des Landtages einer Ausweitung der staatlichen Aktivitäten im gewerblichen Bereich ablehnend gegenüber. Dennoch gelang es der Regierung Grundstücke für den Eisenbahnbau zu erwerben, wobei allerdings weniger in den Gleisbau als in Bahnhofsgelände und -gebäude investiert wurde. Erst 1848/49 änderte sich diese Politik gegen den Widerstand der Stände. Danach wurde auch in Baden in zukunftsweisende Projekte wie etwa in die **Agrochemie**, deren Bedeutung für die landwirtschaftliche Produktivität man erkannt hatte, investiert. Weitsichtige Beamte wie **Karl Friedrich Nebenius** (1784–1857) in Baden und **Ferdinand von Steinbeis** (1807–1893) in Württemberg warben für eine Förderung der Industrialisierung durch den Staat. In Baden geschah dies u. a.

- ab 1834 durch die Errichtung von **Gewerbeschulen** zur Regelung der Lehrlingsausbildung sowie
- durch die Gründung des Karlsruher **Polytechnikums** zur Ausbildung von Technikern und Ingenieuren.

Steinbeis setzte in Württemberg durch, dass die Ausbildung nicht mehr nur den Betrieben überlassen wurde. Die Modernisierung der Wirtschaft machte eine bessere technische Ausbildung nötig, wollte man nicht mehr von der Einfuhr von Technologie und Fachkräften aus dem Ausland abhängig sein. Die **Verbesserung der beruflichen Bildung** geschah u. a. durch die Gründung

- einer naturwissenschaftlich orientierten „Realschule" in Stuttgart (1818);
- der „Lehranstalt für Land- und Forstwirtschaft" (heute: Universität Hohenheim) 1818;
- der „Vereinigten Kunst-, Real- und Gewerbeschule" (heute: Universität Stuttgart) 1829;
- von „Musterlehrwerkstätten" und Webschulen.

Sowohl Baden als auch Württemberg waren aber bei der **aktiven Gewerbeförderung** zurückhaltend. Im Südwesten nahm diese nicht die Funktion als Motor der Wirtschaftsentwicklung ein. Bedeutender waren hingegen **staatliche Investitionen in die Infrastruktur**, in den Straßenbau, den Ausbau der Flüsse (Rheinregulierung, Neckarschifffahrt) und in den Eisenbahnbau.

Der industrielle Aufstieg Badens und Württembergs im 19. Jahrhundert

In beiden Ländern entwickelte sich die Industrialisierung sehr langsam. Die Gründung großer Industriebetriebe war in den ersten Jahrzehnten des 19. Jahrhunderts angesichts des Mangels an Ressourcen, einer unzureichenden Infrastruktur und der mangelhaften Anbindung an den überregionalen Markt ein riskantes Wagnis. Dennoch wagten es immer wieder einzelne Personen.
Einer der wichtigsten Pioniere war der Kaufmann **Carl Bockshammer**, der schon 1810 bei Stuttgart die erste **mechanische Spinnerei** Württembergs gründete. Für diese hatte er die Maschinen in England gekauft und sie trotz des britischen Exportverbotes außer Landes geschmuggelt. Mechanikern gelang es, die englische Maschine nachzubauen. Bald wurden in Calw, Hirsau, Liebenzell, Heilbronn und anderen Orten, an denen es Textilhandwerker gab, mechanische Baumwollwebereien nach englischem Vorbild errichtet.

Für die Textilherstellung benötigte man mechanische Spindeln und Werkstätten zu ihrer Produktion, und so entwickelte sich zwischen 1806 und 1812 in **Baden** (z. B. in Lörrach) eine **Ausrüstungsindustrie**. Nach dem Beitritt Badens zum Deutschen Zollverein 1835 entstanden hauptsächlich auf Initiative von Unternehmern aus der Schweiz in der Hochrheinregion zahlreiche Textilfabriken, deren Maschinen mit Wasserkraft angetrieben wurden. Auch die vielen Spinnereien und Webereien mussten angesichts des Konkurrenzdrucks modernisiert werden.

Ein Ausbau und eine **Modernisierung der Eisenindustrie** waren schwierig, weil die dafür benötigten Rohstoffe, vor allem Kohle, teuer importiert werden mussten. Daher versuchte man zunächst solche Produkte herzustellen, für die das mit Holzkohle hergestellte Eisen besonders geeignet war. Doch seit den 1830er-Jahren musste die Mehrzahl der Hüttenwerke – die meisten waren herrschaftliche Gründungen – mit Ausnahme von dem in Wasseralfingen aufgeben. An ihre Stelle traten Betriebe, die Eisen und Stahl **weiterverarbeiteten**; diese zogen wiederum Handwerksstätten als Zulieferer an. Die neuen Betriebe profitierten vom **Bedarf an Eisenbahnen** seit den 1840er-Jahren (Schienen, Waggons, Lokomotiven, Weichen und Signale).

In Karlsruhe gründete **Emil Keßler** 1836 eine Maschinenfabrik, in der ab 1841 Lokomotiven gebaut wurden, die an Qualität den englischen nicht nachstanden. Keßler war so erfolgreich, dass die württembergische Regierung ihm die Leitung der 1846 gegründeten Maschinenfabrik Esslingen übertrug, die er in kurzer Zeit zu einem Großbetrieb mit über 500 Beschäftigten machte.

Neben der Textilindustrie an den Flussläufen Badens und Württembergs und der Metallverarbeitung trat als drittes Standbein die **Nahrungs- und Genussmittelindustrie**. Besondere Bedeutung gewann auch im Südwesten die Herstellung von Zucker aus Zuckerrüben, die seit 1800 zunächst im Raum Berlin und in Schlesien angebaut worden waren. Im badischen Waghäusel wurde eine der größten **Zuckerfabriken** auf dem Kontinent gegründet, die 1848 mit über 1 000 Arbeitern der größte Arbeitgeber des Großherzogtums Baden war. Zudem verfügten Baden und Württemberg über **Salinen zur Salzgewinnung**, die eine große Bedeutung für die Wirtschaft hatten.

Seit der zweiten Hälfte des 19. Jahrhunderts beschleunigte sich auch im deutschen Südwesten das Tempo der Industrialisierung beträchtlich; zwischen 1850 und 1857 kam es in Baden zu einer regelrechten **Gründungswelle**. **Mannheim**, bis 1910 Endpunkt der Großschifffahrt auf dem Rhein, wurde als Verkehrsknotenpunkt zum Industriezentrum Badens und zugleich **führende Handels- und Gewerbestadt in Süddeutschland**. Im Königreich Württemberg verlief die Entwicklung nicht ganz so schnell wie in Baden. Hier überwogen noch lange die Klein- und Mittelbetriebe. Als größerer Betrieb ragte die 1846 gegründete Maschinenfabrik in Esslingen heraus.

In der zweiten Hälfte der 1840er-Jahre kam es, wie in ganz Deutschland, auch in Baden und Württemberg zu einer **Agrarkrise** mit Hungersnot und Preissteigerungen, zu einer **Absatzkrise** sowie zu einer **Liquiditäts- und Kreditkrise**, die die wirtschaftliche Entwicklung behinderten.

Den früher oft behaupteten Kapitalmangel hat es weder in Baden noch in Württemberg gegeben. Vielmehr wurde die Entwicklung eher durch die **fehlende Bereitschaft** eines Großteils der Kapitalbesitzer, in die neuen Produktionsstätten **zu investieren**, gehemmt. Sie waren oftmals nicht bereit, das hohe Risiko einzugehen, und hielten stattdessen an althergebrachten Produktionsweisen fest. Traditionelles Denken, die entschiedene Abneigung gegen Schulden und der Drang zum Sparen wirkten ebenfalls als Hemmschuhe.

Kapital kam dagegen vor allem von den Kaufleuten. Sie investierten hauptsächlich in den Eisenbahnbau, in die ersten Aktiengesellschaften und in das sich im Aufbau befindliche Bankwesen. Ihre Risikobereitschaft wurde zum Vorbild für andere.

Der Eisenbahnbau im deutschen Südwesten

In Württemberg begann der Eisenbahnbau nur zögerlich, denn die wirtschaftlich konservativen Kräfte lehnten die Neuerung „des gespensterhaften Fahrens ohne Fuhrmann“ ab. Dabei hatte der dem Fortschritt aufgeschlossen gegenüberstehende König Wilhelm I. schon 1830 eine Kommission aus Verwaltungsbeamten und Technikern berufen, die nach Möglichkeiten zur Verbesserung des schlechten Verkehrsnetzes suchen sollte. Der Tübinger Professor **Friedrich List** (s. S. 51 f.) entwickelte schon 1824, ein Jahr bevor in England die erste Eisenbahnlinie von Stockton-on-Tees nach Darlington eröffnet wurde, Pläne für ein deutsches Eisenbahnnetz. Diese stießen bei König Wilhelm I. von Württemberg auf großes Interesse. Er erkannte rasch die vielfältigen Möglichkeiten der Eisenbahn als Transportmittel, zumal dem Kanalbau wie in Frankreich oder Preußen die schwierige Topografie des Landes entgegenstand. Zudem erhoffte sich der Herrscher eine stärkere **„innere Integration“** des Königreichs. Vor allem sollte die durch die napoleonische Flurbereinigung erworbenen Gebiete Neuwürttembergs mit Altwürttemberg verbunden und ihnen das „Einleben“ in den neuen Gesamtstaat erleichtert werden. Daher begann der Eisenbahnbau in Württemberg wie in Baden, wo es ebenfalls um einen stärkeren Zusammenschluss ging, als **Staatsunternehmen** zum Bau einer Nord-Süd-Verbindung, welche dem Transitverkehr dienen sollte.

Da besonders **Oberschwaben** mit seiner Vielzahl bis dahin unabhängiger Territorien die Eingliederung nach Württemberg nur schwer verkraftete, spielte **Ulm**, das erst 1810 zu Württemberg gekommen war, in der Verkehrsplanung des Königreichs eine besondere Rolle. Eine vom König eingesetzte Expertenkommission schlug 1830 die **Umsetzung zweier Großprojekte** vor: Der bis Heilbronn schiffbare Neckar sollte bei Ulm mit der Donau verbunden werden, um so einen Handelsweg von der Nordsee bis zum Schwarzen Meer zu schaffen, in dessen Zentrum das Königreich Württemberg liegen würde. Außerdem sollte die Eisenbahnlinie im Interesse der Einheit des Landes über Ulm hinaus nach Friedrichshafen am Bodensee fortgeführt werden. Dem fortschrittlich denkenden König kam das auch in Württemberg nach der Fahrt der ersten deutschen Eisenbahn von Nürnberg nach Fürth am 7. Dezember 1835 ausgebrochene **Eisenbahnfieber** entgegen. Zum Bau von Eisenbahnen entstanden überall im Land privatwirtschaftliche Aktiengesellschaften. Es zeigte sich aber sehr schnell, dass die Topografie des Landes einer ausschließlich privaten Finanzierung im Wege stand. Zudem befürwortete König Wilhelm I. ohnehin eine **württembergische Staatseisenbahn**, sodass privaten Gesellschaften keine Genehmigungen zum Eisenbahnbau erteilt wurden.

In den folgenden Jahrzehnten entwickelte sich der Eisenbahnbau in Württemberg geradezu explosionsartig, und er wurde zu einer zentralen Staatsangelegenheit. Im Oktober 1845 wurde die Strecke von Untertürkheim nach Cannstatt eingeweiht. Ein Jahr später war auch die Residenz an das Streckennetz, das nun bis Ludwigsburg reichte, angeschlossen. Bis 1850 war die Gesamtstrecke von Heilbronn bis Friedrichshafen fertig, und 1853 wurde die Verbindung nach Mannheim hergestellt.

Der **Eisenbahnbau** war auch im deutschen Südwesten die **Schlüsselindustrie** der zweiten Industrialisierungsphase von 1850 bis 1870, erschloss das neue Verkehrsmittel den rohstoffarmen Ländern doch die notwendigen Rohstoffe Kohle und Erz. Um von teuren Lokomotivimporten unabhängig zu werden, wurde Emil Keßler aus Karlsruhe vom König beauftragt, in der Esslinger Maschinenfabrik Lokomotiven und Waggons zu bauen, was ab 1846 geschah.

Die württembergischen Eisenbahnen waren so **gewinnbringend**, dass 1858 der **beschleunigte Ausbau des Netzes** beschlossen wurde; aus dem ursprünglichen Plan, Neckar und Donau mithilfe der Eisenbahn zu verbinden, war ein Eisenbahnnetz geworden, das die Landesteile miteinander vernetzte und zudem das Land nach außen öffnete.

Baden war dem Königreich einen Schritt voraus, denn bereits am 12. September 1840 war hier die Trasse Mannheim–Heidelberg eröffnet worden, und auch hier wurden die Strecken vorwiegend als **Staatsbetrieb** gebaut. Stellte die **Eisenbahn** schon in der Frühindustrialisierung Badens den Motor dar, trug sie auch in der Hochindustrialisierung zur wirtschaftlichen Entwicklung des Landes bei. Maßgebliche Bedeutung kam dabei der Umstellung auf die in den anderen deutschen Ländern verbreitete Normalspur 1854 zu. Besonders wichtig war die Vollendung der Strecke Mannheim–Basel und die Vernetzung mit den Eisenbahnlinien der Nachbarländer. Weil die Bahn dem Gemeinwohl dienen sollte, war das badische Eisenbahnnetz durch eine besonders große Dichte an Bahnstationen gekennzeichnet.

4.6 Hochindustrialisierung in Deutschland

Mit Beginn der 1870er-Jahre vollzog sich auch in Deutschland der Übergang zur **Hochindustrialisierung**. Diese Entwicklung fand hauptsächlich in Wachstumsregionen wie dem Ruhrgebiet und dem Saargebiet sowie in den Industrierevieren Sachsens und Oberschlesiens statt. Die Hochindustrialisierung in den Jahren 1873 bis 1895 war geprägt von erheblichen industriellen und wirtschaftlichen **Wachstumsschwankungen**.

Vom Gründerboom zur Gründerkrise

Die Gründung des Deutschen Reiches (s. S. 190 f.) fand zum Zeitpunkt eines starken wirtschaftlichen Aufschwungs statt, der alle Branchen und auch den Arbeitsmarkt betraf. Diese Entwicklung setzte sich zunächst auch nach 1871 fort: Bis 1873 trug sie die Kennzeichen eines Booms, eine Folge der von Frankreich zu leistenden **Reparationen**, die zusammen mit den Rückzahlungen der Kriegsanleihen durch die deutschen Länder auf das gesamte deutsche Wirtschaftsleben **stimulierend** wirkten. Die Aktienkurse stiegen rapide an und die

Die deutsche Wirtschaft – Gründerboom und Gründerkrach (1871–1873)

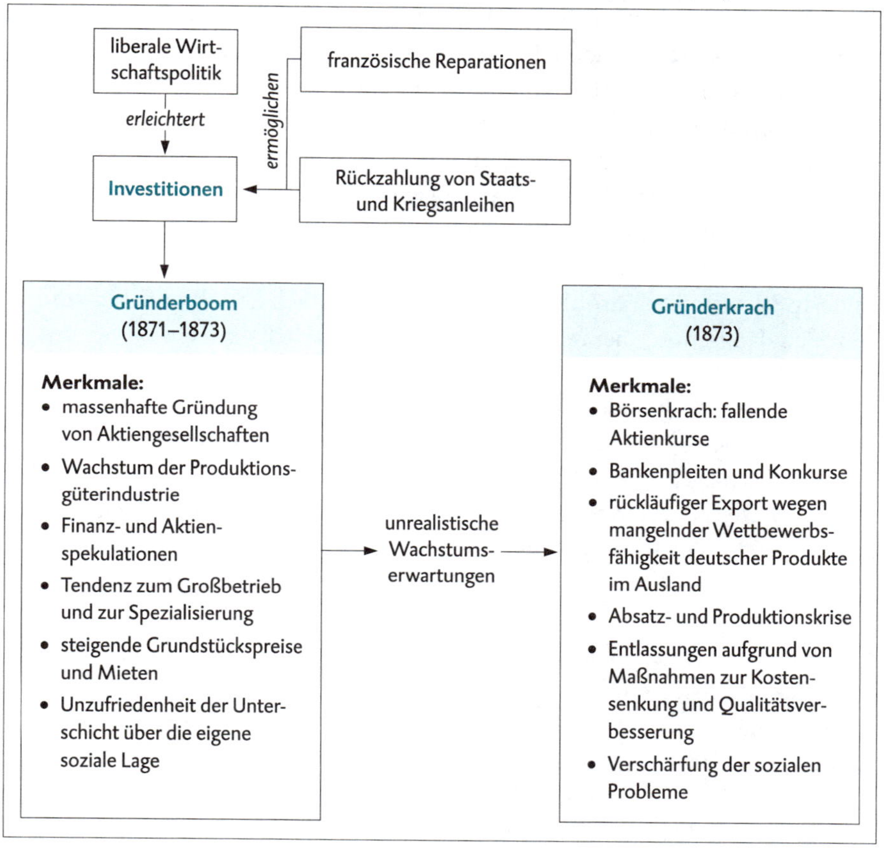

Aktienspekulation blühte. Die liberale Wirtschaftsgesetzgebung des Staates beseitigte zudem Beschränkungen im Kapitalverkehr (Aufhebung der Konzessionspflicht für Aktiengesellschaften), was zu einer Gründungswelle von Aktiengesellschaften führte **(Gründerboom)**.

Ein Großteil dieser Unternehmen wurde mit **Spekulationskapital** finanziert, sodass der „Gründerrausch" erhebliche Risiken barg. Das Netz von Manipulationen und Korruption z. B. bei der Vergabe von Eisenbahnrechten sorgte für Misstrauen gegenüber dem Staat und der Verwaltung. Die Bauspekulation trieb die Grundstückspreise und damit die Mieten in die Höhe; Wohnungsnot führte immer wieder zu gewaltsamen Unruhen. 1873 fand der Boom ein jähes Ende, als eine große Berliner Bank ihre Zahlungen einstellen musste. Diesem ersten Zusammenbruch folgten in rascher Folge weitere Konkurse und die Aktienkurse sanken ins Bodenlose. Die Erwartung, die Selbstheilungskräfte des Marktes würden die Krise schnell überwinden, erfüllten sich nicht. Stattdessen weitete sich der **Börsenkrach** zu einer **Absatz- und Produktionskrise** aus, denn die deutschen Unternehmer hatten in der Boomphase allzu sorglos gewirtschaftet und sich nur wenig um die Wettbewerbsfähigkeit ihrer Produkte im Ausland gekümmert. Dies zeigte sich 1876 auf der Weltausstellung in Philadelphia, auf der deutsche Produkte als „billig und schlecht" klassifiziert wurden. Die deutschen Unternehmer reagierten darauf mit Maßnahmen zur Kostensenkung und Qualitätsverbesserung, was wiederum zu Entlassungen führte und die bestehenden sozialen Probleme verschärfte. Ende 1880 war die Talsohle der Depression endlich durchschritten und es setzte ein langsames, aber relativ kontinuierliches Wachstum ein.

Der Aufstieg zur führenden Wirtschaftsmacht

Mitte der 1890er-Jahre setzte eine beispiellose **Hochkonjunktur** ein, die – von zwei Rückschlägen (1901/02, 1907/08) abgesehen – bis 1914 anhielt. Kennzeichen dieses als „Wirtschaftswunders" bezeichneten Aufstiegs Deutschlands zu einer wirtschaftlich führenden Macht:

- Verdoppelung der gewerblichen Gesamtproduktion zwischen 1895 und 1913;
- Steigerung der volkswirtschaftlichen Gesamtwertschöpfung um 75 %;
- starkes Wachstum der Nettoinvestitionen und rasante Steigerung der Produktivität;
- Sättigung des Binnenmarktes zwang die Wirtschaft auf den Weltmarkt: 1913 lag Deutschland hinter Großbritannien als Welthandelsmacht auf dem zweiten Platz);
- **Chemie-** und **Elektroindustrie** als neue **Leitsektoren**, in denen Deutschland auf dem Weltmarkt führend war (z. B. BASF);
- Entstehung einer weltweit führenden **optischen Industrie**, die eine enge Vernetzung von Feinmechanik und Produktion von Präzisionsinstrumenten verlangte (z. B. Carl-Zeiss-Werke in Jena);
- Weltmarktstellung des Maschinenbaus;
- Verbindung von Wissenschaft, Technologie und Industrieproduktion;
- **Verkehrsrevolution** durch **elektrische** Straßenbahnen, Benzinmotor und Automobilbau (Gottlieb Daimler, Wilhelm Maybach, Carl Benz);
- Trend zum **Großbetrieb** mit über 1 000 Arbeitnehmern;
- **Aktiengesellschaft** wurde häufigste Unternehmensform;
- zunehmende wirtschaftliche **Konzentration** v. a. in der rheinisch-westfälischen Schwerindustrie;

Phasen der Industrialisierung in Deutschland

Erste Phase (1840er- und 1850er-Jahre)

Leitsektor: Textilindustrie
Schrittmacherindustrien: keine, da anfangs Technologieimport aus England
Energie: Wasserkraft und Dampf

Merkmale:

- Aufbau eines Fabriksystems
- meist Familienbetriebe, Gründung v. a. durch Kaufleute und Handwerker

Zweite Phase (nach 1850 bis etwa 1870)

Leitsektor: Eisenbahnbau
Schrittmacherindustrien: Montanindustrie und Maschinenbau
Energie: Steinkohle, Wasserkraft, Dampf

Merkmale:

- kapitalintensive Produktion begünstigt Gründung von Aktiengesellschaften
- hoher Bedarf an Arbeitskräften führt zu Landflucht und Urbanisierung
- zunehmende Tendenz zum „Großfabriksystem" mit Konzernen und Kartellen
- neue Erfindungen verbessern und verbilligen Rohstoffe und Produkte:
  - Bessemer-Verfahren (1856): direkte Umwandlung von Roheisen zu Stahl, der Stahlpreis sinkt dadurch zwischen 1850 und 1870 um die Hälfte
  - Thomas-Verfahren (1879): Trennung von Phosphor und Schwefel vom Eisen
  - Erfindung des Dynamits durch Nobel (1860), damit u. a. „kontrolliertes" Sprengen im Bergbau möglich

Dritte Phase: Hochindustrialisierung (1871 bis 1914)

Leitsektor: Energiewirtschaft
Schrittmacherindustrien: Elektro- und chemische Industrie
Energie: Elektrizität, Steinkohle, Wasserkraft, Dampf (überwiegt bis Endes des 19. Jhs.) Elektrizität („weiße Kohle") löst zunehmend Dampf ab (1866: Erfindung des Dynamos / Generators durch Werner v. Siemens; 1878: Erfindung der Glühbirne durch Edison)

Merkmale:

- Ausbau des Eisenbahnnetzes
- Kapitalakkumulation und wachsender Kapitalexport
- Bildung von börsennotierten Großbanken (z. B. Deutsche Bank, Dresdner Bank)
- Deutschland überholt England in der Stahlproduktion
- Deutschland wird führende Weltwirtschaftsmacht vor den USA und England
- verstärkten internationale Auswirkungen von Konjunkturzyklen mit Boom, Rezession, Depression (z. B. im Gründerkrach 1873–1879)

- trotz drastischem Rückgang des Kleingewerbes von ca. 60 % (1882) auf rund 32 % (1907) entwickelte sich das Handwerk zu Zuliefer- und Reparaturbetrieben der Industrie;
- Verlust der ökonomischen Vorrangstellung der Großlandwirtschaft, die aber weiterhin über großen Einfluss auf Politik und Gesellschaft verfügte;
- **Modernisierung** und Rationalisierung in der **Landwirtschaft** durch Importdruck;
- erneute **Wanderungswelle** in die industriellen Ballungszentren;
- zunehmende räumliche Trennung der sozialen Schichten in den Städten infolge der hohen Mietpreise.

Aufgabe 8 Nennen Sie Gründe für den verspäteten Beginn der wirtschaftlichen Modernisierung in Deutschland.

Aufgabe 9 Nennen Sie die Voraussetzungen und die wesentlichen Merkmale der Hochindustrialisierung in Deutschland.

5 Veränderte Lebens- und Arbeitsbedingungen

Die industrielle Umgestaltung der Wirtschaft war eng verbunden mit einem umfassenden **sozialen Strukturwandel**. Die traditionelle Subsistenzwirtschaft, die primär auf die Deckung des eigenen Lebensunterhalts abzielte, wurde ersetzt durch eine Wirtschaft, die von **abhängiger Lohnarbeit** geprägt war und deren Ziel es war, gewinnbringende Überschüsse zu produzieren. Diese Entwicklung ging einher mit miserablen Arbeits- und Lebensbedingungen des Industriearbeiterproletariats, die als **Soziale Frage** eine politische und gesellschaftliche Lösung erforderten. **Soziale Folgen** des Wandels waren

- Unterbeschäftigung und Arbeitslosigkeit auf dem Land;
- Landflucht und damit verbunden Verstädterung mit Wohnungsnot und Slumbildung;
- Auswanderungswellen, v. a. in die USA;
- niedrige Reallöhne bei vergleichsweise hohen Lebenshaltungskosten (Massenarmut);
- zunehmende Frauen- und Kinderarbeit (noch im Jahr 1900 arbeiteten etwa 554 000 Kinder unter 14 Jahren in deutschen Fabriken);
- lange Arbeitszeiten von 14 bis 18 Stunden;
- Mangelernährung und hohe Krankheitsanfälligkeit durch schlechte Hygiene in den Städten und letztlich eine hohe Sterblichkeit unter Arbeitern;
- weit verbreiteter Alkoholismus, stark zunehmende Kleinkriminalität und Prostitution.

5.1 Pauperismus

Schon vor der Industrialisierung war das Leben großer Teile der Bevölkerung in Deutschland von Armut, Not und Unsicherheit gekennzeichnet. Für die Massenverelendung **(Pauperismus)** war keineswegs der industrielle Strukturwandel allein verantwortlich, denn die traditionelle Landwirtschaft hatte schon vorher die Grenzen ihrer Leistungsfähigkeit erreicht und war nicht mehr in der Lage, die Bevölkerung ausreichend zu ernähren. Infolge des **Mangels an Versorgungsressourcen** herrschte ein niedriger Lebensstandard mit einem hohen Maß an **Verelendung**. Der Verelendungsprozess setzte nach dem Ende der napoleonischen Kriege 1815 ein und erreichte seinen Höhepunkt zwischen 1845 (Kartoffelkrise) und 1847. Danach setzte er sich verlangsamt fort.

Ursachen des Pauperismus

Hintergrund der Pauperismuskrise war das starke **Wachstum der Bevölkerung** in Deutschland von ca. 24 (1800) auf 56 Millionen Menschen (1900). Dieses Wachstum war zunächst Folge der Produktionssteigerungen der Landwirtschaft und der Aufhebung der grundherrlichen Heiratsbeschränkungen nach den Agrarreformen von 1807.

Ursachen des Pauperismus waren unter anderem:

- ein **Überangebot an Arbeitskräften** im ländlichen und städtischen Handwerk;
- die Abwanderung vieler Menschen aus der kapitalisierten Landwirtschaft **(Landproletariat)** in die Städte, wo es zu Unterbeschäftigung und Arbeitslosigkeit kam;
- die Stagnation der landwirtschaftlichen Produktion seit den 1830er-Jahren und **Agrarkrisen** in den 1840er-Jahren;
- die **Krise** im traditionellen **Verlagssystem**, v. a. im Textilbereich durch billigere ausländische Konkurrenz;
- niedrige Löhne durch sinkende Verkaufserlöse und deren Abwälzung auf die Handwerker **(Handwerksproletariat)**;
- die **fehlende soziale Verantwortung** der einseitig auf Wirtschaftsliberalismus bauenden Regierungen.

Dimension der Verelendung

Die Zunahme der **städtischen Unterschichten** zwischen 1815 und 1861 verdeutlicht das Ausmaß der Verelendung. In allen deutschen Städten betrug ihr Anteil damals zwischen 65 und 90 Prozent; jeder zweite Angehörige der Unterschicht lebte sogar **unterhalb des Existenzminimums** und war zum Überleben auf öffentliche Hilfe, Betteln und Almosen angewiesen. Im deutschen Südwesten waren es sogar etwa 60 % der Bevölkerung. Ärmere Familien mussten in Baden und Württemberg mehr als zwei Drittel ihres Einkommens allein für die Beschaffung von Lebensmittel aufwenden. Begleitet war ein solches Leben von elenden Wohnverhältnissen mit Schmutz, Gestank, Krankheiten und einer sehr **hohen Sterblichkeitsrate**. Die kommunalen und kirchlichen Sozialeinrichtungen, die vor 1800 die Armut noch etwas lindern konnten, waren mit dem Ausmaß der Missstände überfordert. Daher blieben die meisten der Verelendeten auf sich allein gestellt.

Anteil der Angehörigen der Unterschicht an der Gesamtbevölkerung einzelner Städte 1815–1860 (in Prozent)

Stadt	Jahre	Prozent	Stadt	Jahre	Prozent
Köln	1849	ca. 76	Magdeburg	1849	88–89
Bonn	1849	72	Weimar	1820	76
Hamburg	1848	66–73	Wismar	1851	69
Flensburg	1835	90	Bielefeld	1820/52	66–68
Frankfurt	1848	89	Barmen*	1861	90

* *Barmen war bis 1929 eine Großstadt im östlichen Rheinland, die heute zu Wuppertal gehört.*

Der Pauperismus erfasste nicht nur die Angehörigen der traditionell armen städtischen Unterschichten wie Tagelöhner, Handwerksgesellen und Kranke, sondern auch die **Handwerker:** In Berlin konnten 1846 ca. 80 Prozent der Handwerksmeister keine Gewerbesteuer mehr bezahlen, ein Zeichen für deren schlechte materielle Lage. Von der Verelendung betroffen waren zudem städtische Angestellte und kleine Beamte sowie freiberufliche, akademisch gebildete Bildungsbürger (z. B. Privatdozenten, Journalisten und Künstler).

Zeitgenossen sahen daher in der **schnellen Industrialisierung** einen **Ausweg aus der Pauperismuskrise**, konnten in ihren Augen doch die neuen Großbetriebe, vor allem aber der Eisenbahnbau, Arbeitsplätze und neue Verdienstmöglichkeiten bieten und damit zur Hebung des Lebensstandards beitragen. Die Fabriken nahmen einen Teil des städtischen Handwerkerproletariats, viele Angehörige der ländlichen Unterschichten und ehemalige Heimarbeiter auf. Zu betonen ist also, dass die einsetzende Industrialisierung nicht Ursache des Pauperismus war, wie der frühe Marxismus behauptete, sondern langfristig einen wesentlichen Faktor zur Überwindung dieser sozialen Krise darstellte. Entsprechend muss der Pauperismus als Phänomen des Vormärz, der Zeit vor der Revolution von 1848, klar von den besonderen Krisensymptomen der Industrialisierung nach 1850 unterschieden werden: Die Schattenseiten der Industrialisierung, vor allem die miserablen Arbeits- und Lebensbedingungen der neuen Arbeiterklasse, werden wissenschaftlich unter dem Begriff **„Proletarisierung“** zusammengefasst.

5.2 Landflucht und Verstädterung

Auswanderung und Binnenmigration

Das Massenelend und die Folgen der Liberalisierung der Landwirtschaft veranlassten viele Menschen, ihre Heimat zu verlassen. Besonders betroffen war der ländliche Raum, da die Landwirtschaft zu wenige Arbeitsplätze bot, die zur Sicherung des Lebensunterhalts ausgereicht hätten **(Landflucht)**. Bis 1900 emigrierten deshalb rund 5,5 Millionen Menschen aus Deutschland; aus dem Königreich Württemberg waren es zwischen 1815 und 1871 ca. 430 000 Menschen. Neben den USA waren auch die großstädtischen Industrie- und Wachstumszentren in Deutschland, wie z. B. das Ruhrgebiet **(Binnenmigration)**, Ziele der Migranten.

Von dieser Massenbewegung insbesondere aus Ost- und Westpreußen, Pommern und Schlesien profitierten vor allem die mitteldeutschen Industriezentren wie Berlin, Sachsen, das Rheinland und Westfalen (Ruhrgebiet), wohin besonders viele polnisch sprechende Menschen aus den preußischen Ostprovinzen zogen. Die Mehrzahl von ihnen waren **Arbeitsmigranten**. Die meisten Zuwanderer blieben nicht am ersten Ort ihrer Ankunft, sondern sie zogen je nach Lebensumständen und Konjunkturlage oft weiter **(„nomadisierende Arbeitsmigranten")**.

Am Beispiel der Industriestadt Duisburg zeigt sich die Dimension des Prozesses: Duisburgs Einwohnerzahl wuchs zwischen 1850 und 1900 von 13 000 auf 107 000; vom Einwohneramt wurden in diesem Zeitraum 710 400 Zu- und Wegzüge registriert. Diese Zahlen verweisen darauf, dass sich jedes Jahr ein Wanderungsstrom durch die neuen Industriezentren bewegte. Etwa jeder dritte Großstadtbewohner war „nomadisierender Arbeitsmigrant". Abhängig war der Umfang der Wanderungsbewegungen von der Nachfrage nach Arbeitskräften in den Zentren: Bei guter Konjunktur verstärkte sich der Menschenstrom, bei schlechter verringerte er sich. Zeitweise Rückwanderungen in die Heimatregionen waren keine Seltenheit.

Zwar nahm die Industrie ab 1850 einen beträchtlichen Teil des Handwerkerproletariats und auch viele Angehörige der bäuerlichen Unterschichten und der Heimarbeiterschaft auf, aber zur Überwindung der sozialen Krise trug die Industrialisierung nicht bei. Stattdessen schuf sie eine neue Dimension der Verelendung, die **Proletarisierung der Industriearbeiterschaft**. Zwischen 1810 und 1910 stiegen nicht nur die Unternehmensgewinne, sondern auch die Löhne, aber die Verbesserung der Einkommenssituation und die langfristige Steigerung des Lebensstandards wurde zunächst „mit einer kurzfristigen Verelendung" (Flurin Condrau) der Unterschichten erkauft.

Entstehung der Großstädte

Folge der Binnenwanderung war eine Umkehrung des Verhältnisses zwischen Stadt- und Landbevölkerung. Lebten zu Beginn der 1870er-Jahre in Deutschland noch etwa zwei Drittel der Bevölkerung in ländlichen Gemeinden, waren es um 1900 nur noch knapp ein Drittel. Vor allem die Großstädte wuchsen geradezu explosionsartig: Während um 1871 nur etwa 5 % der Deutschen in Großstädten lebten, waren es 1910 bereits rund ein Fünftel. Hinzu kam ein zusätzlicher täglicher Zustrom durch Arbeitspendler, denn der rasche Ausbau des Eisenbahnnetzes und später die Motorisierung ermöglichten das Pendeln zwischen Wohn- und Arbeitsort. Die Gesellschaft wurde im Verlauf der Industrialisierung zu einer **dynamischen, mobilen Gesellschaft**. Dabei entwickelten sich die wirtschaftlich starken Industriegebiete dank ihres hohen Innovationspotenzials und ihrer Anziehungskraft immer schneller, während die abgelegenen ländlichen Gebiete zunehmend den Anschluss an die wirtschaftliche Entwicklung verloren.

Industrielle Zentren (1850–1910)

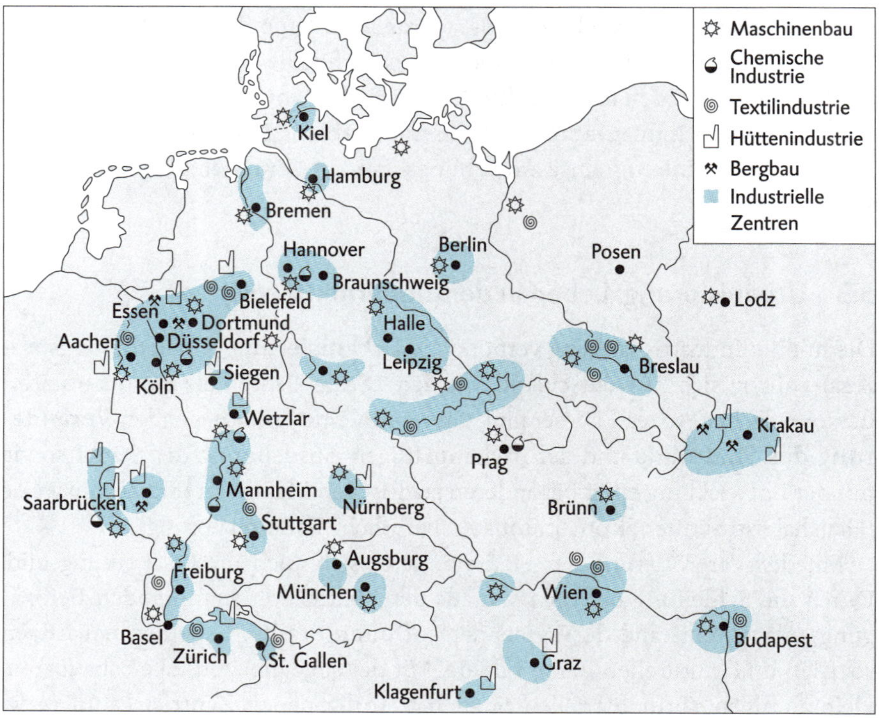

Die neuen industriellen Zentren entwickelten sich in einem aus heutiger Sicht unvorstellbaren Tempo in wenigen Jahrzehnten zu **Großstädten** wie Berlin (1871: 862 000 Einwohner, 1914: 2 070 000 Einwohner ohne Vorstädte) oder zu **großstädtischen Ballungsräumen** mit Millionen von Einwohnern wie das Ruhrgebiet. Die Vergrößerung der Städte setzte in Deutschland um 1850 ein und beschleunigte sich nach der Reichsgründung 1871 rasant.

Hatte es 1871 nur drei Großstädte mit mehr als 200 000 Einwohnern gegeben (Berlin, Hamburg, Breslau), waren es am Vorabend des Ersten Weltkriegs 23. Dortmund etwa, das zu Beginn des 19. Jahrhunderts lediglich ca. 4 000 Einwohner hatte, wuchs bis zum Ende des 19. Jahrhunderts dank der guten Verkehrslage sowie der Kohle- und Eisengewinnung auf über 100 000 Einwohner.

Gründe für die Expansion der städtischen Räume waren das starke Bevölkerungswachstum, die Nah- und Fernwanderung, die Eingemeindung von Vororten und Nachbargebieten sowie ein ungeheurer **Bauboom**, der die immense Nachfrage nach Wohnraum für die Massen der neuen industriellen Arbeitskräfte stillen sollte. Ein rechtlicher Hintergrund war die Auflösung der alten Stadt mit ihrem exklusiven und restriktiven Bürgerrecht, das durch das für alle geltende **Staatsbürgerrecht** abgelöst wurde. Aus den politisch selbstständigen Städten wurden Gemeinden mit freiem Zugang für alle Bürger.

Die entscheidenden Faktoren für die Entstehung von Großstädten waren die Ansiedlung von Industrie und der Anschluss an das **Eisenbahnnetz**, dessen Knotenpunkte eine immense Anziehungskraft auf Unternehmer und Arbeitskräfte ausübten.

5.3 Urbanisierung: Leben in der modernen Großstadt

Die mit der Industrialisierung verbundene **Urbanisierung** (Verstädterungsprozess) vollzog sich in Deutschland seit den 1880er-Jahren als ein quantitativ-demografischer Prozess. Dieser ging einher mit einer grundlegenden **Veränderung des Stadtbilds** und der flächenmäßigen Ausdehnung der Städte sowie mit der Entwicklung einer besonderen städtischen Mentalität und Lebensweise (Haushaltsstrukturen, Konsummuster, berufliche Differenzierung).

Mit der Vergrößerung der Städte änderte sich auch ihr Erscheinungsbild. Durch die Schleifung der oft noch aus dem Mittelalter stammenden Befestigungsanlagen entstand der Typus der **„offenen Stadt"**, die einen neuartigen sozialen und kulturellen Raum bildete. Mit der abgegrenzten, überschaubaren, kleinräumigen vorindustriellen Stadt hatten die neuen Zentren kaum mehr etwas gemeinsam. Die folgenden Elemente bildeten sich in der Industrialisierungsphase heraus.

Soziale Segregation

Ein Phänomen war die soziale Segregation (Abtrennung) der durch ihre **materielle Situation** deutlich getrennten Bevölkerungsschichten in einzelne Stadtviertel. Unterscheidungsmerkmal war vor allem die **Wohnqualität**. In den gehobenen Wohnvierteln, die nicht vom Dreck der Industriebetriebe betroffen waren, wohnten u. a. die Fabrikanten, Geschäftsleute, höheren Beamten, Rechtsanwälte. Hier waren die Mieten oft bis zu 800-mal höher als in den ärmlichen Arbeitervierteln mit ihren Massenquartieren, ihrer räumlichen Enge und den unhygienischen Verhältnissen.

Infolge der Zuwanderungswellen war die Nachfrage nach Wohnraum erheblich gestiegen. Die damit verbundene Bodenspekulation und die rapide steigenden Grundstückspreise hatten zunächst zur **Verdichtung der Altstädte** und schließlich zur **Slumbildung** mit katastrophalen hygienischen und sozialen Verhältnissen geführt, da der entsprechende Wohnungsbau mit dem Bevölkerungszuwachs nicht Schritt hielt. Lebten in Berlin 1830 noch 6 679 Menschen auf einem km^2, waren es 1871 fast 14 000 und 1900 knapp 29 800.

In den Großstädten entwickelten sich neue Innenstädte („Citys“) als **Geschäfts- und Dienstleistungszentren**. Da dadurch die Mietkosten explodierten, wurden die ärmeren Schichten in die Vorstädte verdrängt, wo sich die Wohnungsnot verstärkte. Nutznießer waren die Grundstückseigentümer und Hausbesitzer, die die Notlage der Wohnungssuchenden ausnutzten. Viele Kleinbürger, die selbst in ärmlichen Verhältnissen lebten – insbesondere ältere Menschen –, vermieteten Zimmer oder Betten.

Privatleute und Immobiliengesellschaften reagierten auf die Krise auf dem Wohnungsmarkt. Um ihren Profit zu steigern errichteten sie in bisherigen städtischen Randgebieten **mehrstöckige Mietskasernen**, die vor allem von Arbeitern und deren Familien bewohnt wurden. Häufig lebten dort mehrere Personen in einem Raum; die Küche war nicht selten zugleich Wohn- und Schlafraum. Die Folge waren Krankheiten, der Verfall der traditionellen Familienstruktur und oft sittliche Verfehlungen. Zwar wurden bis 1914 deutliche Verbesserungen erreicht – in den neuen Wohnungen gab es Heizungen, fließendes Wasser und zumeist Etagentoiletten, dennoch lebten auch nach dem Ersten Weltkrieg noch viele Menschen in beengten Verhältnissen.

Für die Neuankömmlinge war die Stadt eine fremde Welt: Unüberschaubar, voller Lärm, mit stickiger Luft und enger Bebauung. Das Leben war geprägt von Eile und Hast, von **Vereinsamung** bis hin zur Menschenverachtung, und der Einzelne ging in der anonymen Masse auf. In den Mietskasernen fehlte zudem jegliche Privatsphäre. Man sprach vom **„Moloch Stadt“**, der den Menschen ihre Würde raube.

Städtische Infrastruktur

Das anfängliche Chaos aus Zuwanderung, zunehmender Industrialisierung und dynamischer räumlicher Erweiterung mussten die Stadtverwaltungen schnell in den Griff bekommen, um die wachsende Wirtschaft zu unterstützen und die Ausbreitung von Seuchen zu verhindern. Diese Leistung vollbrachten die Fachexperten der neuen **städtischen Beamtenbürokratie**. Bebauungspläne ermöglichten eine planvolle Stadtentwicklung, die eine **städtische Infrastruktur** schuf, wie wir sie heute kennen: durch den Ausbau eines dichten Straßennetzes, die Neuschaffung eines öffentlichen Nahverkehrs (Pferde-Straßenbahnen, dann die „Elektrische“), den Bau einer Schwemm-Kanalisation, die mit der Erfindung des Wasser-Closets (WC) verbunden war, sowie durch die flächendeckende Versorgung mit Wasser, Gas und Strom. Neu gegründete **kommunale Versorgungsunternehmen** erfüllten diese Aufgabe effizient. Neu entstanden auch Schulen, Universitäten, Polizeistationen und eine Infrastruktur der **Sozialfürsorge** (Armen- und Krankenhäuser). Zudem entwickelte sich in jeder größeren Stadt eine **kulturelle Infrastruktur** (Theater, Opernhäuser und Bibliotheken).

Zivilisatorischer Wandel und Fortschritt

Auf einer allgemeineren kulturellen Ebene lässt sich die neue großstädtische Lebensform als Zivilisationsfortschritt bezeichnen: Es entstand die **moderne Stadtkultur**, wie wir sie heute kennen. Sie veränderte und modernisierte in rasantem Tempo Welt- und Menschenbild sowie Lebensformen. Phänomene wie **Individualisierung**, die Ablösung von traditionellen sozialen Bindungen wie der Großfamilie und der Kirche, die große **Mobilität**, aber auch die Erfindung der **Freizeit** stammen aus den neuen großstädtischen Lebenswelten. Verknüpft damit war auch die größere **Bedeutung materieller Werte** wie der Besitz und Konsum moderner Güter, die für die einst verarmten Massen zum Symbol ihres erfolgreichen sozialen Aufstiegs wurden. Die immer schneller wechselnden **Moden** in der Architektur sowie bei der Inneneinrichtung und Kleidung spiegeln diesen mentalen Wandel wider.

5.4 Proletarisierung der Arbeiter und die Soziale Frage

Durch die Industrialisierung veränderten sich die Lebens- und Arbeitsbedingungen der Menschen grundlegend. Zwar milderte sie zunächst den Pauperismus, aber die Fabrikarbeit schuf eine neue **Klasse**, die **lohnabhängige Industriearbeiterschaft**. In der frühindustriellen Fabrik bestimmte die Maschine den Arbeitstakt, und der Arbeiter war einer strengen **Arbeitsdisziplin** unterworfen;

Fabrik- und Arbeitsordnungen beeinflussten selbst das Privatleben der Arbeiter. Die **Uhr** bestimmte den Arbeitstag, der strengen Zwängen unterworfen war. Zuspätkommen oder anderes Fehlverhalten wurde mit empfindlichen Geldbußen geahndet oder konnte zur sofortigen Entlassung führen.

Zwischen 1849 und 1907 wuchs der Anteil der lohnabhängigen Arbeiter an den Erwerbstätigen auf drei Viertel. Kennzeichen des Industrieproletariats waren

- der Mangel an einem die Existenz sichernden Vermögens;
- fehlendes Eigentum an Produktionsmitteln;
- die Lohnabhängigkeit;
- Kinderreichtum und Kinderarbeit;
- Auflösung der traditionellen Rollen durch die Frauenarbeit;
- niedrige durchschnittliche Lebenserwartung (aufgrund von Krankheiten, Arbeitsunfällen, Mangelernährung).

Karl Marx (1818–1883) gab dieser Gruppe von lohnabhängigen Industriearbeitern den Namen **Proletariat**. Es war gezwungen, seine **Arbeitskraft** zu einem frei vereinbarten Preis (Lohn) an einen Unternehmer zu verkaufen, dessen Interesse die Maximierung seines Profits war; daher war der Arbeiter auch hier den Marktgesetzen von Angebot und Nachfrage unterworfen. Als sich z. B. ab 1830 die gesamtwirtschaftliche Lage verschlechterte und durch Entlassungen ein Überangebot an Arbeitskräften entstand, konnten die Unternehmer dies in ihrem Interesse ausnützen: sie senkten die Löhne und ersetzten Männer durch Frauen und Kinder, die weniger Lohn erhielten.

Proletarische Lebenssituation

Zwar nahm die Arbeitslosigkeit seit der Mitte des 19. Jahrhunderts und besonders nach der Reichsgründung ab, sie blieb aber auf relativ hohem Niveau, sodass die soziale Unsicherheit der Arbeiter bestehen blieb. Dazu trug bis zur Jahrhundertmitte auch das **Entlohnungssystem** bei, denn es war den Unternehmern erlaubt, einen Teil des Lohnes in Sachwerten oder in Form von Gutscheinen zum Einkauf in fabrikeigenen Läden, die die Waren überteuert anboten, auszuzahlen („Truck-System"). Dies wurde zwar 1845 verboten, aber die Entlohnung wurde nicht den Lebenshaltungskosten angepasst, und eine Arbeiterfamilie konnte meist nur dann überleben, wenn die ganze Familie zum Lebensunterhalt beitrug: Zwei Drittel des Lohnes mussten für Lebensmittel ausgegeben werden und auch die Ausgaben für die Mieten waren hoch; Rücklagen für Krankheit und Alter waren daher kaum möglich. So stürzte eine lange Krankheit den Arbeiter und seine Familie schnell in existenzielle Not. Viele Arbeiter besaßen am Ende ihres Arbeitslebens nur ihre Kleidung, weil sie die

Haushaltsgegenstände verkaufen mussten, um im Alter zu überleben. **Existenzangst** begleitete den Arbeiter und seine Familie das ganze Leben lang.

Besonderes Merkmal der Arbeitswelt im 19. Jahrhundert war das hohe Maß an **Frauenarbeit**. Die ungelernten Arbeiterinnen erhielten nur niedrige Löhne. Dennoch mussten sie zum Lebensunterhalt der Familie durch Fabrikarbeit beitragen. Die **traditionelle Familienstruktur** mit der Frau in der Rolle der Hausfrau, zuständig für den Haushalt und die Kindeserziehung, und dem Mann als Ernährer war **nicht mehr möglich**. Vor 1850 waren vor allem Bauers- und Arbeiterfrauen berufstätig; erst danach wurden oft auch bürgerliche Frauen berufstätig, während dies in der Bourgeoisie undenkbar war.

Schon in der ersten Hälfte des 19. Jahrhunderts arbeiteten viele erwerbstätige Frauen als **Dienstmädchen** in bürgerlichen oder adligen Häusern. Dort waren sie oft sexuellen Nachstellungen ausgesetzt, wobei sie bei Schwangerschaft ihre Arbeitsstelle verloren und der Armut preisgegeben wurden. Dementsprechend hoch war die Rate der Kinds- und Selbstmorde. Des Weiteren waren viele Frauen in Spinnereien, Webereien, im Feingerätebau und später in der Elektroindustrie beschäftigt. Die Ursachen lagen

- im Erwerbszwang der Arbeiterfrauen;
- in der Geschicklichkeit der Frauen;
- am Fehlen einer gewerkschaftlichen Organisation von Frauen und der daher fehlenden Bereitschaft zu Streiks (Einsatz als „Lohnbrecherinnen").

Frauen genossen kaum besonderen Schutz: Nur Schwerstarbeit, z. B. im Bergbau sowie in der Eisen- und Stahlproduktion, war ihnen seit den 1840er-Jahren verboten. Die Forderung nach einem Verbot der Sonntagsarbeit für Kinder und Frauen scheiterte noch in den 1880er-Jahren.

Viele Arbeiterfamilien waren zusätzlich auf die **Arbeit ihrer Kinder** angewiesen. Das Massenelend des Proletariats machten sich die Unternehmer in der Industrialisierung zunutze, galt Industriearbeit doch als probates Mittel gegen das Elend. So war der Anteil der Kinderarbeit in der deutschen Industrie bis zu Beginn der 1850er-Jahre sehr hoch. Unter den ca. 9 000 Arbeitern in Chemnitz betrug er 17 %, der von Frauen sogar 35 %; in Preußen waren 9 % der Industriearbeiter Kinder unter 9 Jahren. Da Kinder ebenso lang wie Erwachsene arbeiten mussten, dafür aber maximal ein Viertel des Lohns eines ungelernten männlichen Arbeiters erhielten, war ihr Einsatz für die Unternehmer hocheffizient.

Die Industrialisierung erfolgte also unter rücksichtsloser Ausbeutung von Kindern, denn lange Zeit gab es keine Kinderschutzgesetze. Erst das Interesse an Schulbildung und Erhalt der Wehrfähigkeit brachte hier ab 1839 Abhilfe, ohne das Problem völlig zu beseitigen.

Die Soziale Frage im 19. Jahrhundert

Bauernbefreiung
- Anstieg der Geburtenrate durch den Wegfall der Heiratsbeschränkungen
- Landflucht als Folge von Arbeitsmangel

Gewerbefreiheit
- Zunahme von Betriebsgründungen: Gefährdung der sozialen Sicherheit vieler Handwerker
- Entstehung eines Handwerksproletariat

↓

Industrialisierung

↓

Proletarisierung

↓

Soziale Frage

Arbeitsbedingungen:
- inhumane, überlange Arbeitszeiten
- niedriges Lohnniveau
- strenge Arbeitsdisziplin
- geringer Arbeitsschutz
- zunehmende Frauen- und Kinderarbeit

Lebensbedingungen:
- Auflösung der traditionellen Familienstruktur
- Kinderreichtum
- Leben am Existenzminimum
- fehlende soziale Absicherung
- Entstehung von Elendsquartieren in den Städten
- niedrige durchschnittliche Lebenserwartung aufgrund von Krankheiten, Arbeitsunfällen, Mangelernährung

ufgabe 10 Stellen Sie die Ursachen und Auswirkungen des Pauperismus dar.

6 Praktische Ansätze zur Lösung der Sozialen Frage

23.5.1863	Gründung des Allgemeinen Deutschen Arbeitervereins (ADAV)
1868/69	Gründung der Hirsch-Dunckerschen Gewerkvereine
Aug. 1869	Gründung der Sozialdemokratischen Arbeiterpartei (SDAP)
Mai 1875	Gründung der Sozialistischen Arbeiterpartei (SAP)
1878–1890	Sozialistengesetze Bismarcks gegen die Sozialdemokratie
1883	Einführung der gesetzlichen Krankenversicherung durch Bismarck
1884	Einführung der Unfallversicherung durch Bismarck
1889	Einführung der Alters- und Invaliditätsversicherung durch Bismarck
1890	Umbenennung der SAP in Sozialdemokratischen Partei Deutschlands (SPD)
1891	Sozialenzyklika „Rerum Novarum" Papst Leos XIII.

Obwohl das Elend der Arbeiter und vieler Kleinbürger im 19. Jahrhundert offenkundig war, griff der Staat, abgesehen von einigen Arbeitsschutzgesetzen, nicht direkt in die katastrophalen sozialen Verhältnisse ein. Der **Staat** folgte stattdessen der liberalen Lehre vom **„Nachtwächterstaat"**, der sich aus wirtschaftlichen Abläufen heraushalten und nur für das ordnungsgemäße **Funktionieren des Marktes** sowie für dessen Schutz sorgen sollte. War dieses gefährdet, wie z. B. 1844 durch den Aufstand der schlesischen Weber gegen ihre unmenschliche Ausbeutung, griff der Staat ein und stellte mit Gewalt die Ordnung wieder her, ohne aber an den unwürdigen Verhältnissen etwas zu ändern.

Erste Ansätze zur Lösung der Sozialen Frage kamen von wenigen Privatleuten aus der Oberschicht, darunter dem Philosoph Franz von Baader (1765–1841) und dem konservative Gesellschaftstheoretiker Adam Müller (1779–1826). Beide warnten vor den vielfältigen **Gefahren einer Proletarisierung** und erinnerten den Staat an seine christlich-patriarchalische Verantwortung.

6.1 Unternehmerische Ansätze

Zwar stand die soziale Verelendung der Arbeiterschaft im **Gegensatz zum humanen Anspruch** des Bildungsbürgertums, das in der Theorie Fortschrittsdenken und Menschlichkeit verknüpfte. In der Realität aber waren es nur einzelne Unternehmer, die schon früh die Arbeiter nicht als „Ware" betrachteten, sondern als Menschen, auf deren Arbeitskraft sie angewiesen waren. Zudem befürchteten manche von ihnen, dass das Elend der Fabrikarbeiter den Nährboden für revolutionäre Ideen bilden könnte, die letztlich auch die wirtschaftliche und soziale Stellung der Bourgeoisie infrage stellen und sogar den Staat bedrohen würden.

Robert Owen

Als einer der Begründer des sozialen Umbaus der Industriegesellschaft gilt der englische Industrielle und Sozialreformer **Robert Owen** (1771–1858). Schon in jungen Jahren hatte er eine eigene Textilfabrik gegründet und war Geschäftsführer einer der größten Baumwollspinnerei in Manchester geworden. Durch **höhere Löhne** gelang es ihm dort, die Arbeiter besser zu motivieren und dadurch die **Produktivität** im Vergleich zur Konkurrenz erheblich zu steigern. Die Erfahrungen in Manchester stellten die Weichen für sein späteres soziales Handeln.

Im Kontakt mit anderen Reformern ließ sich Owen von der Grundthese leiten, dass der **Mensch das Produkt seiner Umwelt** und seiner Erziehung sei; wollte man den Menschen bessern, musste man seine Umwelt positiv verändern. Denn nur durch die Beseitigung der menschenunwürdigen Lebensverhältnisse der Arbeiter könnten sich diese frei entfalten sowie glücklich und in Wohlstand leben. Um zu beweisen, dass dies möglich war, begann er 1799 in seiner Baumwollspinnerei im schottischen New Lanark ein bedeutendes Sozialexperiment, durch das er **menschenwürdige Arbeits- und Lebensbedingungen für seine Arbeiter** schaffen wollte. Owen rationalisierte zunächst die Arbeitsabläufe, indem er den Maschinenpark modernisierte. Zudem ergriff er Maßnahmen zum Arbeits- und Gesundheitsschutz, senkte die Arbeitszeit auf 10,5 Stunden bei vollem Lohnausgleich und richtete einen **Unterstützungsfond** für Kranke, Unfallverletzte und Alte ein, in den die Arbeiter ein Sechstel ihres Lohnes einzahlen mussten. Durch Aufklärung und strenge Kontrollen versuchte er, den Alkoholmissbrauch und die hohe Kriminalitätsrate zu bekämpfen, wobei er auf die Einschaltung von Polizei und Gerichte verzichtete.

Zur **Verbesserung des Lebensstandards** richtete er Arbeiterwohnungen mit vergünstigten Mieten ein; gleichzeitig achtete er auf Ordnung, Sauberkeit und hygienischere Verhältnisse. Das Unternehmen kaufte Lebensmittel, Heizmaterial und Kleidung ein und verkaufte diese zu Preisen, die fast 25 % unter denen der Geschäfte im Ort lagen. Dennoch wurden Gewinne erzielt, die in eine Schule investiert wurden; denn für Owen waren Erziehung, Bildung und fachliche Ausbildung der Kinder für die Lösung der sozialen Probleme unabdingbar. So gelang es Owen innerhalb von zwölf Jahren, seinen Betrieb und die dazugehörige Siedlung zu einer **Musterfabrik** und **Mustersiedlung** zu machen.

Dem Staat warf Owen Versagen vor, denn die Politik diene allein den Reichen und Adligen. Der Staat müsse aber auch für Arbeitslose und arme Arbeiter sorgen, indem er diesen z. B. Wohnungen zur Verfügung stelle (Genossenschaftssiedlungen). Zwar konnte Owen die Regierung nicht zum Handeln bewegen, aber angeregt durch seinen Vorschlag entstand 1844 in Nordengland die erste eigenständige **Arbeitergenossenschaft:** 28 Arbeiter der Baumwollspinnereien in Rochdale gründeten eine Einkaufsgenossenschaft, die durch ihre größere Marktmacht niedrigere Baumwollpreise sichern sollte.

Friedrich Harkort

Friedrich Harkort (1793–1880), der Pionier der Industrialisierung in Deutschland, war auch einer der Vorreiter im Bereich des sozialen Engagements. Er wollte nicht nur seine Arbeiter vor der Verelendung und der sozialen Verachtung schützen, sondern die Arbeiterschaft auch als **„Arbeiterbürger"** in die bürgerliche Gesellschaft eingliedern. Vom Staat forderte er 1844 ein Verbot jeglicher Kinderarbeit. Stattdessen sollte allen Kindern eine Schulbildung ermöglicht werden. Zudem verlangte er gesetzlich begrenzte Arbeitszeiten, wie sie im Bergbau mit seinen Schichten von acht bis zwölf Stunden üblich waren. In seinem eigenen Betrieb schuf Harkort erste Einrichtungen für die Absicherung der Arbeiter in Notfällen:

- eine Betriebskrankenkasse mit Krankengeld für 6 Monate (1820);
- eine Alters- und Invaliditätskasse;
- einen Konsumverein zur Senkung der Lebenshaltungskosten;
- eine Sparkasse zur Vermögensbildung;
- Betriebswohnungen mit Garten zur Eigenversorgung.

Pläne für eine Gewinnbeteiligung und eine innerbetriebliche Mitbestimmung der Arbeiter gab Harkort hingegen wieder auf.

Alfred Krupp

Alfred Krupp (1812–1887), der mit seiner Gussstahl- und Eisenbahnfabrik Weltruhm erlangte, gehörte zu jenen frühen Industriellen, die sich auf **patriarchalische Weise** für ihre Arbeiter verantwortlich fühlten. Im Mittelpunkt standen dabei aber das Funktionieren des Betriebes und das Erwirtschaften von Gewinnen. Als Gegenleistung für seine Fürsorge verlangte Krupp von seiner Arbeiterschaft unbedingten Gehorsam und uneingeschränkte Treue zum Betrieb und zu seiner Person. Krupp verstand sich als verantwortungsvollen Patriarchen und sah in seinen Arbeitern nur „unmündige Kinder".

Er entwickelte ein System von Wohlfahrtseinrichtungen, um eine qualifizierte Stammbelegschaft für sein Unternehmen zu gewinnen. Die **Krupp'schen Betriebskrankenkassen** (seit 1836), deren Beiträge zu 50 Prozent vom Unternehmen übernommen wurden, griffen den späteren staatlichen Krankenkassen voraus. 1858 führte Krupp die **Arbeiterpension** in Form einer Rente ein, die aus den Beiträgen zur Kranken- und Sterbekasse geleistet wurde. Den Pensionsanspruch erwarben die Betriebsmitglieder nach 20, bei schwerer Arbeit schon nach 15 Dienstjahren. Nach einem Betriebsunfall mit dauernder Arbeitsunfähigkeit bezog der Arbeiter weiterhin den vollen Lohn. Witwen der Betroffenen erhielten zwei Drittel der Pensionsbezüge ihrer verstorbenen Männer.

Als vorbildlich gilt bis heute die Wohnungsfürsorge Alfred Krupps. Bereits Anfang der 1860er-Jahre ließ er die ersten **Werkswohnungen** bauen, um einen Teil seiner Arbeiter in der Nähe der Fabrik zu haben. 1874 hielt Krupp für seine Arbeiter mehr als 3 200 firmeneigene Familienwohnungen bereit, die er zum Selbstkostenpreis vermietete.

Um den Werksangehörigen die wichtigsten Güter des täglichen Bedarfs in guter Qualität und preiswert anzubieten, erwarb Alfred Krupp in Essen eine **Konsumanstalt** mit eigener Schneiderei, Schusterei, Metzgerei und Bäckerei. Die Preise wurden knapp kalkuliert. Der Verkauf erfolgte ausschließlich an Werksangehörige und nur gegen Barzahlung. Etwaige Überschüsse gingen zum Ende des Geschäftsjahres als Rabatt an die Kunden zurück.

Ernst Abbe

Ernst Abbe (1840–1905) entstammte einer Arbeiterfamilie. Dank der Unterstützung des Arbeitgebers seines Vaters hatte er studieren können und es zum Professor für Mathematik, Physik und Optik an der Universität Jena gebracht. Zusammen mit **Carl Zeiss** gründete er 1884 in Jena eine Fabrik zur Herstellung von Fabrikglas und Präzisionslinsen, die bald eine weltweite Monopolstellung erlangte. Da ihm die Probleme der Arbeiterschaft gut bekannt waren, nahm er sich ihrer besonders an. Nach dem Tod von Carl Zeiss wandelte Abbe 1889 als Alleineigentümer der Optischen Werke Jena das Privatunternehmen in die **Carl-Zeiss-Stiftung** um, in der er nur noch als Geschäftsführer wirkte.

Abbe sah in der industriellen Produktion eine Chance zur **gesellschaftlichen Aufwertung der Arbeiter**. Dabei ging es ihm neben der finanziellen Absicherung insbesondere um die Anerkennung der Arbeiter als gleichwertige und gleichberechtigte Schicht der Gesellschaft. Vor allem die erheblichen Unterschiede zwischen der Entlohnung der Arbeiter und den Einkommen der Unternehmer hielt er auf Dauer für einen sozialen Unruheherd.

Die sozialpolitische Leistung Abbes ist in dem Stiftungsstatut zu sehen, in dem er die tägliche Arbeitszeit auf neun Stunden festlegte; 1900 führte er den **8-Stunden-Tag** ein. Gleichzeitig räumte Abbe allen seinen Arbeitern das **Recht auf Urlaub** ein, erzwungene Überstunden oder Feiertagsarbeit verbot er.

Besonders fortschrittlich waren die Bestimmungen zum Schutz des Arbeitsplatzes, zur Entlohnung und zur sozialen Sicherheit in Notlagen. Löhne durften auch bei Herabsetzung der Arbeitszeit nicht gekürzt werden. Nach fünf Jahren stand den Mitarbeitern des Stiftungsbetriebes bzw. ihren Hinterbliebenen ein einklagbarer Anspruch auf eine **Pension** im Falle von Alter, Krankheit oder anderweitig unverschuldeter Dienstunfähigkeit sowie im Todesfall zu. Bei Kündigung durch den Betrieb bestand ein Anspruch auf Entschädigung in der Höhe eines Halbjahresverdienstes.

Weiterhin legte das Statut ein System der **Gewinnbeteiligung** fest: Von den Unternehmensüberschüssen floss ein Teil in die sozialen Verpflichtungen der Stiftung und in einen betrieblichen Reservefonds, der als Rücklage für die Bezahlung der Gehälter in Krisenzeiten gedacht war; der Rest ging an die Betriebsangehörigen zurück.

Abbe schuf ein neuartiges Einkommenssystem, nach dem allein die Arbeitsleistung Grundlage der Entlohnung war. Das Höchsteinkommen begrenzte er auf maximal das Zehnfache eines Durchschnittslohns. Zwar erhielten die Arbeiter auch bei Abbe keine hohen Löhne, dennoch waren ihre Einkommen überdurchschnittlich, da sie an den betrieblichen Gewinnen beteiligt wurden und **Weihnachtsgeld** erhielten, was geradezu revolutionär war.

Anton Buhl und Arnold Staub – zwei Unternehmer im deutschen Südwesten

Im deutschen Südwesten waren die Unternehmer Anton Buhl im badischen Ettlingen und Arnold Staub im württembergischen Kuchen/Fils beispielhaft in ihrem sozialen Engagement. **Anton Buhl** (1779–1844) wollte die von ihm mitbegründete Baumwollspinnerei als „Musterschule der Humanität, der Ordnung, des Fleißes und der Sittlichkeit“ führen. So sollten Sitte und Anstand bewahrt werden, die durch die Fabrikarbeit und die schlechten Wohnverhältnisse immer wieder gefährdet seien. Die 1840 eingerichtete **Krankenkasse** sollte vor allem die Facharbeiter an seinen Betrieb binden und dadurch die Qualität der Produktion sichern.

Arnold Staub (1820–1882) errichtete für seine Textilfabrik in Kuchen eine vorbildliche und fortschrittliche **Arbeitersiedlung**. Die Wohneinheiten enthielten Dusch- und Baderäume, zudem gab es Leseräume, eine Kantine und eine Schule. Staub erhielt zahlreiche in- und ausländische Auszeichnungen.

6.2 Christliche und kirchliche Reformansätze

Obwohl die Kirchen die **Armenpflege** zu ihren traditionellen Aufgaben zählten, war die Lage der Arbeiterklasse für sie lange Zeit kein zentrales Thema. Die **protestantischen Kirchen** waren traditionell der Auffassung, dass Armut die von Gott verhängte Strafe für einen unmoralischen Lebenswandel sei. Die von Armut betroffenen Menschen (u. a. Bettler und verwahrloste Waisenkinder) sollten deshalb in sog. **Arbeitshäusern** zur Arbeit angehalten werden.

Erst in der ersten Hälfte des 19. Jahrhunderts wurde die Armenfürsorge unter Berufung auf die christliche Lehre vor allem in Südwestdeutschland neu belebt. Hierfür war in erster Linie der schwäbische Pietismus verantwortlich. Die kirchliche Armenfürsorge nahm sich vor allem derer an, die unverdient in Not geraten waren: geistig und körperlich Behinderte. Vorbildhaft wurden die **Wernerschen Anstalten** in Reutlingen, in denen „verwahrloste Jugendliche" sowie geistig und körperlich behinderte Menschen Hilfe fanden. In vielen Städten wurden Waisenhäuser errichtet, in denen aber häufig Zwang zur Tagesordnung gehörte.

1867 gründete Pastor **Friedrich von Bodelschwingh** (1831–1910) die Evangelische Heil- und Pflegeanstalt für körperlich und geistig Behinderte, die er 1874 in **Bethel** („Haus Gottes") umbenannte. Diese Wohlfahrtsanstalt besteht in Form von Stiftungen bis heute.

Johann Hinrich Wichern

Johann Hinrich Wichern (1808–1881) war neben Bodelschwingh der wichtigste **Vertreter der evangelischen Sozialethik** und ein entschiedener Sozialreformer. Wichern sah in der moralisch-sittlichen Verrohung der Kinder und Jugendlichen durch die Auflösung der traditionellen Familie und der christlichen Werte das Hauptübel der Zeit. Daher wollte er bei der „Gesundung" der in seinen Augen zerrütteten Familienverhältnisse ansetzen und für eine bessere Erziehung und Bildung der Kinder sorgen. Er forderte vom Staat eine **aktive Sozial- und Bildungspolitik** zugunsten der Armen und von der Gesellschaft im eigenen Interesse mehr Verständnis für die Probleme der Armen. Im „Rauhen Haus" in Hamburg sammelte er verwahrloste Jugendliche, um sie durch eine angemessene Erziehung und Bildung wieder in geordnete Verhältnisse zu bringen und auf das Berufsleben vorzubereiten.

Besondere Bedeutung erlangte Wicherns Gründung der **Inneren Mission** 1848. Kirchenweit bildete sich 1849 der Central-Ausschuß für die Innere Mission der evangelischen Kirche, der vor allem in den Elendsvierteln zahlreiche **karitative soziale Einrichtungen** für die Opfer der Industriegesellschaft schuf, um so der offenkundigen Entfremdung von Proletariat und Kirche entgegenzuwirken. Den Liberalismus lehnte Wichern als unchristlich ab, weil dieser das reine Profitdenken und den hemmungslosen Egoismus in den Mittelpunkt stelle. Mit der Inneren Mission und ihren vielen sozialen Einrichtungen schuf Wichern die **Grundlage für die evangelische Sozialarbeit**.

Wilhelm Emmanuel Ketteler

Bischof Wilhelm Emmanuel Freiherr von Ketteler (1811–1877) ist das Gesicht des sozialen Katholizismus des 19. Jahrhunderts. Durch ihn erhielt die **katholische Sozialarbeit** eine anerkannte Stellung in Kirche und Staat. 1850 wurde er zum Bischof von Mainz berufen; Ziel seines Wirkens war nun der Kampf gegen die Massenarmut – seine Zeitgenossen nannten ihn den „ersten Arbeiterbischof" in Deutschland. Für Ketteler waren Christentum und katholische Kirche die entscheidenden Kräfte für die notwendige **soziale und politische Erneuerung** der Staaten. Ketteler war der festen Überzeugung, dass die **Soziale Frage** eng mit der **politischen Freiheit** des Menschen verknüpft war, weshalb er Liberalismus und Kirche verbinden wollte. Dass dies nicht gelang, lag nicht nur an der starren Haltung der Päpste, sondern auch an der kirchenkritischen Einstellung der Liberalen.

Laut Ketteler sollte sich die Kirche nicht nur auf karitative Maßnahmen beschränken, sondern auch auf **Sozialreformen** hinwirken. Er forderte eine Invaliden- und Krankenversicherung, eine dem Wert der Arbeit entsprechende Entlohnung, eine Verkürzung der Arbeitszeit und Ruhetage, das Streikrecht und ein Verbot jeglicher Kinderarbeit. Im Mittelpunkt seiner Ideen aber stand die **Selbsthilfe der Arbeiter**, weshalb er Lassalle und der Gewerkschaftsbewegung nahestand (s. S. 94 ff., 228 f.). Allerdings lehnte er deren sozialistisches Gedankengut ab, da der Sozialismus für Ketteler nichts anderes als „entmenschlichter Kollektivismus" war. Auch dem Liberalismus, der für ihn einen inhumanen Individualismus verkörperte, trat er energisch entgegen. Die Abschaffung des Privateigentums lehnte er zwar ab, schlug aber die Bildung von **Produktionsgenossenschaften** vor. Obgleich er sich mit seinen Ideen in der Kirche nicht durchsetzen konnte, wurden seine Gedanken teilweise in der Sozialenzyklika Leos XIII. aufgegriffen.

Papst Leo XIII.

Die **katholische Amtskirche** tat sich mit der Sozialen Frage schwer, denn sie betrachtete Armut in erster Linie als Folge des Sittenverfalls und des Mangels an echter Religiosität, zumal die Arbeiterschaft mehrheitlich sozialistisch eingestellt war und die bestehende soziale Ordnung bekämpfte. Deshalb sollte vor allem die **katholische Seelsorge** zur Lösung der drängenden sozialen Probleme beitragen.

Die katholische Amtskirche bezog erst 1891 mit der **Sozialenzyklika „Rerum Novarum" Papst Leos XIII.** (1878–1903) Stellung zur Sozialen Frage. Diese Enzyklika markiert den Anfang der katholischen Soziallehre, die sich allgemein mit dem Zusammenleben der Menschen, im Besonderen aber mit den Erscheinungen der Moderne befasste. Die Päpste hatten Neuerungen im Gefolge der Französischen Revolution strikt abgelehnt, und auch Leo XIII. grenzte die christlich-kirchliche Lehre streng von den „Irrtümern der Zeit" ab. Ganz in der Tradition seiner Vorgänger lehnte Leo XIII. nicht nur den „atheistischen" Sozialismus ab, sondern auch den „unchristlichen" Liberalismus, der zum Verlust der christlich-humanen Werte und damit zur Herrschaft des Bösen führe.

Dennoch nahm sich der Papst in seiner Sozialenzyklika auch der realen Lage der Arbeiterschaft an, indem er auf den **sozialstaatlichen Charakter jeder politischen Gemeinschaft** verwies – blieb dabei aber auf der Ebene des patriarchalisch-absolutistischen Gemeinwesens. Er mahnte Arbeiter, Arbeitgeber, Kirche und Staat zur gemeinsamen Lösung der Sozialen Frage. Das Individuum müsse das christliche Gebot der Nächstenliebe in den Mittelpunkt seines Handelns stellen. Da die Arbeiter die schwächste soziale Gruppe seien, forderte der Papst eine **gerechte Eigentumsordnung** mit wirksamem Schutz und ausgewogener Verteilung von Eigentum und Besitz sowie einen gesetzlichen Arbeitsschutz und das **Koalitionsrecht** für die Arbeiter als Mittel, um sich legal gegen die ungerechte Lohnsituation zu wehren. Die Kirche sollte die Arbeiter bei der Gründung und Organisation ihrer Vereinigungen unterstützen. Jeder Mensch, ob Arbeitgeber oder Arbeitnehmer, hätte das natürliche Recht, sich mit anderen zusammenzuschließen; daher dürften und sollten die Arbeiter Gewerkschaften zur Artikulation und Durchsetzung ihrer Interessen gründen.

Der Papst ging davon aus, dass Besitzende und Arbeitende einen angemessenen Platz in der Gesellschaft beanspruchen dürften, zumal beide aufeinander angewiesen seien. Der Privatbesitz und die daraus resultierenden sozialen Unterschiede seien aber naturgegeben, allerdings habe jede soziale Schicht die christliche Pflicht zur **Solidarität** mit dem Nächsten. So dürften die Unternehmer ihre Arbeiter nicht ausbeuten, und diese dürften sich nicht gegen ihre Arbeitgeber auflehnen. Der Staat aber sei für alle da und müsse jedem das **natürliche Recht auf Eigentum und Auskommen** sichern.

Adolph Kolping

Die **katholische Sozialarbeit** ist bis heute mit dem Namen des Priesters Adolph Kolping (1813–1865) verbunden. Kolping, selbst zuerst Handwerker, reagierte auf die miserable Lage der wandernden Handwerksgesellen in der frühen Industrialisierung mit der Gründung eines ersten **Gesellenvereins** in Köln (1849), dem viele weitere folgten. Als Kolping 1865 starb, gab es bereits 418 Gesellenvereine mit 24 600 Mitgliedern. Daraus entwickelte sich das heutige internationale **Kolpingwerk**.

Die Gesellenvereine sollten den wandernden Gesellen existenziell und moralisch Halt bieten und ein Gefühl der **Solidarität** erzeugen. Die **Gesellenhäuser** waren nicht nur Herberge, sondern auch eine Schule, die es den jungen Handwerkern ermöglichte, sich religiös, politisch und fachlich zu bilden. Außerdem übernahmen die Gesellenvereine kostenlos Aufgaben der **Krankenpflege**.

6.3 Genossenschaftsbewegung

Bei der Bekämpfung der sozialen Not im 19. Jahrhundert spielten die **Genossenschaften** eine ebenso große Rolle wie die sozialistische Arbeiterbewegung oder die Bauernbünde. Der Wettbewerb auf den Märkten, vor allem die Konkurrenz der ausländischen Produzenten, beeinflusste die Landwirtschaft und das Gewerbe in Deutschland maßgeblich. Um dem Konkurrenzdruck standzuhalten, waren kostenintensive Marktanpassungen und Modernisierungen sowie eine Eingliederung in die neue Geld- und Finanzwirtschaft unausweichlich. Da die Kreditmärkte in Deutschland – besonders auf dem Land – noch wenig ausgebildet waren, war es für die vielen kleinen Gewerbetreibenden jedoch sehr schwierig, von den Banken Kredite zu bekommen. Um Abhilfe gegen diese Engpässe zu schaffen, wurden z. B. „Vorschuß-“ und „Hilfsvereine“ gegründet, die die in Not geratenen Schuldner unterstützten – eine Art **Armenhilfe**. Zwei Betroffene, Hermann Schulze (1808–1883) und Friedrich Wilhelm Raiffeisen (1818–1888), waren in Deutschland Vorreiter der Genossenschaftsbewegung.

Hermann Schulze

Hermann Schulze aus Delitzsch in Sachsen lernte als Richter die Probleme der kleinen Handwerksbetriebe auf dem Land kennen, die nicht mit der fortschreitenden Industrialisierung mithalten konnten. Zur Linderung der Not in den Hungerjahren 1846/47 gründete er in seiner Heimatstadt einen **Wohltätigkeitsverein**, der Brotgetreide beschaffte sowie eine Mühle und eine Bäckerei betrieb. 1848 wurde er als linksliberaler Abgeordneter in die Preußische Nationalversammlung gewählt, wo er sich besonders der schwierigen Situation der Gewerbetreibenden annahm.

Da bloße Armenhilfe für ihn keine Lösung der Probleme darstellte, widmete sich Schulze der **Genossenschaftsidee**. 1849 gründete er in Delitzsch eine Schuhmachergenossenschaft, ein Jahr später folgte ein Vorschussverein, eine Art Kreditgenossenschaft, mit deren Hilfe die Handwerker zu tragbaren Konditionen Kredite bekamen. Der Verein basierte auf den Grundprinzipien **Selbsthilfe**, **Selbstverantwortung** und **Selbstverwaltung**.

1870 gab es 721 solcher gewerblicher Vorschuss- und Kreditvereine, die heutigen Volksbanken; 1913 waren es bereits 1 493 mit über 815 000 Mitgliedern. Zudem gründete Schulze Spar- und Konsumvereine sowie Einkaufs- und Produktionsgenossenschaften, die durch die gemeinsame Beschaffung der notwendigen Rohstoffe die ökonomische Lage der Handwerker verbesserten. Die **Prinzipien der Genossenschaften** waren:

- Erwerb von Anteilen an der Genossenschaft durch die Mitglieder,
- Solidarhaftung,
- Beschränkung der Leistungen auf die Mitglieder der Genossenschaft,
- Unabhängigkeit vom Staat.

Friedrich Wilhelm Raiffeisen

Der zweite bedeutende Vertreter der deutschen Genossenschaftsbewegung war Friedrich Wilhelm Raiffeisen. Er wollte vor allem durch **Spar- und Darlehenskassen** die Lücke in der Kreditversorgung im ländlichen Raum schließen. Damit sollte sowohl eine stärkere Marktposition gegenüber Lieferanten, Kunden und Kapitalgebern aufgebaut als auch gegenseitige Unterstützung in Notlagen gewährt werden.

1848 gründete Raiffeisen einen ersten „Hilfsverein zur Unterstützung unbemittelter Landwirte“, 1864 eine erste Kreditgenossenschaft auf dem Land, der viele sog. **Raiffeisenbanken** folgten. Diese Darlehenskassen tätigten nicht nur Geldgeschäfte, sondern übernahmen auch Einkaufs- und Warenverkaufsgeschäfte für die Landwirte. Sie sorgten für den günstigen Einkauf von Saatgut, Düngemitteln, Vieh und Geräten. Daneben entstanden viele **Warengenossenschaften** wie die Winzer-, Vieh- und Molkereigenossenschaften. Um die Vorteile des gemeinsamen Bezugs für die Genossenschaften zu nutzen, gründete Raiffeisen 1881 eine **Handelsgesellschaft** und damit die erste Warenzentrale. Leitspruch der Raiffeisengenossenschaften war „Einer für alle, alle für einen“.

6.4 Arbeiterschaft und Soziale Frage – Marxismus und Arbeiterbewegung

Entstehung der Arbeiterbewegung

Die stärksten Impulse zur Bewältigung der Sozialen Frage gingen von den Arbeitern selbst aus. Schon in der ersten Hälfte des 19. Jahrhunderts versuchten einzelne Gruppen durch den solidarischen Zusammenschluss und die gemeinsame Vertretung ihrer Interessen ihre Situation zu verbessern.

Unter dem Begriff „Arbeiterbewegung“ fasst man den Teil der handarbeitenden Bevölkerung zusammen, der seit der Industrialisierung in Industrie und Gewerbe als **lohnabhängige Arbeiter** beschäftigt war. Die Arbeiter begriffen sich infolge ihrer gleichen sozialen Lage als eigenständige soziale **Klasse** und entwickelten ein entsprechendes politisches Bewusstsein. Ausdruck fand dies in **Gewerkschaften** und **Arbeiterparteien** wie der SPD oder der KPD.

Die anfänglich spontan entstandenen Zusammenschlüsse von Handwerksgesellen wurden Vorbild für die Organisationen der Industriearbeiterschaft. Diese waren Ergebnis der sozialen Missstände und Ausdruck eines sich immer stärker entwickelnden **Solidaritäts- und Klassenbewusstseins**. Die Zusammenschlüsse waren revolutionär, da sie nicht nur die Beseitigung einzelner sozialer Missstände verlangten, sondern eine neue, sozial gerechte Ordnung anstrebten. Wie diese aussehen sollte, blieb aber zunächst unklar.

Die **Unterdrückungspolitik** des Staates bei Arbeiterprotesten und sozialen Aufständen (z. B. 1811/12 Maschinenstürmer in England, Erhebung der Seidenweber in Lyon 1831/34, Weberaufstand in Schlesien 1844) verdeutlichte den Arbeitern die **Notwendigkeit** von **kollektiven Zusammenschlüssen**, da sie weder vom Bürgertum noch vom Staat Abhilfe für ihre Not erwarten konnten. Nach 1849 begann die Arbeiterschaft deshalb sich verstärkt kollektiv zusammenzuschließen, wobei der hohe Anteil bürgerlicher Intellektueller in der Führung der Arbeiterbewegung bemerkenswert ist.

Initiatoren und Träger der Arbeiterbewegung waren zunächst die **Handwerksgesellen**, nicht die Fabrikarbeiter. Die ungelernten, häufig nur zeitweise beschäftigten Arbeiter blieben angesichts langer Arbeitszeiten, einer hohe Fluktuation in den Fabriken und der unsicheren Beschäftigungsverhältnisse zunächst den Organisationen der Arbeiterbewegung fern.

Der Marxismus als „revolutionärer Sozialismus“ – Antwort auf die Soziale Frage?

Die Maßnahmen der Unternehmer und Kirchen gegen das materielle Elend der Arbeiter und ihrer Familien wendeten sich gegen die Auswüchse des kapitalistischen Systems, stellten die Ordnung als solche jedoch nicht infrage. Dies tat allerdings der **Sozialismus** als neue politische Strömung seit der ersten Hälfte des 19. Jahrhunderts.

Die erste wichtige Grundlage des Marxismus bildet die **Anthropologie Georg Wilhelm Friedrich Hegels** (1770–1831), die sich mit dem Menschen und seiner Entwicklung beschäftigt. Für Hegel war der Mensch sowohl ein körperliches als auch ein geistiges Wesen. Durch die Arbeit **(„Arbeit als Lebenskampf“)** erlange der Mensch seine Selbstbestätigung, vorausgesetzt er könne nach seinen Vorstellungen arbeiten.

Daraus zog Karl Marx (1818–1883) den Schluss, dass der Mensch nur dann „totaler Mensch" sein könne, wenn er alle seine geistigen und körperlichen Anlagen verwirklichen könne; anderenfalls werde er von seinem Menschsein „entfremdet". Für die **„Entfremdung"** des Arbeiters in der kapitalistischen Gesellschaft sei die **Trennung von Kapital und Arbeit** verantwortlich. Da der Lohnarbeiter keinen Anteil an den Produktionsmitteln habe, müsse er seine **Arbeitskraft als Ware verkaufen**. Das vom Arbeiter produzierte Kapital sei diesem fremd, da es ihm nicht gehöre und er der „Knecht" des fremden Kapitals sei. Zudem werde der Arbeiter zu einem rein körperlichen Wesen entfremdet, da er lediglich das Produkt herstelle und nicht an der dahinterstehenden Idee beteiligt sei. Diese „Entfremdung" von der ursprünglich ganzheitlichen Arbeit führe zur **„Entpersonalisierung der Arbeit"**. Das Grundübel des kapitalistischen Wirtschafts- und Sozialsystems, aus dem alle anderen Übel erwachsen, stellte für Marx somit das Privateigentum an den Produktionsmitteln dar.

Die zweite wichtige Grundlage des Marxismus bildet der **Historische Materialismus**. Mit diesem glaubten Marx und Engels den Ablauf der Menschheitsgeschichte deuten und die künftige Entwicklung vorhersagen zu können. Demnach sei die Geschichte eine unausweichliche Abfolge von immer höher entwickelten Gesellschaftsformationen, die sich zwangsläufig hin zum Kommunismus entwickeln müsse **(„Determinismus der Geschichte")**. Die bisherigen Gesellschaften (Sklavenhaltergesellschaft, feudale Gesellschaft, kapitalistische Gesellschaft) ließen sich als **Ausbeutergesellschaften** charakterisieren, die auf dem Privateigentum an Produktionsmitteln basierten.

Der Ablauf der Geschichte sei geprägt vom Grundprinzip der **Dialektik:** These, Antithese und Synthese treiben die Weltgeschichte voran (revolutionäre Veränderung). Entsprechend dem Gesetz der Dialektik führen ökonomisch begründete Revolutionen **(Klassenkämpfe)** zu immer neuen Wirtschafts- und Gesellschaftsordnungen.

Das materielle (ökonomische und gesellschaftliche) Sein bilde die „reale Basis" der menschlichen Existenz; sie allein bestimme das Bewusstsein des Menschen und seine politische Existenz, nicht umgekehrt. Dieses **Basis-Überbau-Modell** (s. S. 90) stellte ein Grundelement der marxistischen Gesellschaftslehre dar. Die **ökonomische Basis** („reale Basis") jeder Gesellschaft wird von den „materiellen Produktivkräften" und den „realen Produktionsverhältnissen" gebildet. **„Produktivkräfte"** sind die Produktionsmittel und die menschlichen Erfahrungen und Fähigkeiten (dazu gehören u. a. Wissenschaft und Technologie). Diese entfalteten sich innerhalb der **Produktionsverhältnisse**, die wiederum Ausdruck der Eigentumsverhältnisse seien.

Nach Marx begünstig die ungleiche Verteilung des Eigentums in jeder historischen Epoche eine **herrschende Klasse**. Diese entwickle eine Ideologie zur Rechtfertigung der bestehenden Ordnung – ihren eigenen **„ideologischen Überbau"**. Die benachteiligten gesellschaftlichen Gruppen wünschten gleichzeitig in jeder Epoche eine Veränderung der Verhältnisse.

Da sich aber im Laufe der Geschichte die Produktivkräfte veränderten (technologischer Fortschritt), gerieten sie zwangsläufig in **Gegensatz** zu den starren Produktionsverhältnissen, die nun zu „Fesseln" des ökonomischen Fortschritts würden. Ausdruck dieses Widerspruchs **(Antagonismus)** sei der Gegensatz zwischen der Klasse der Ausbeuter (Besitzer der Produktionsmittel) und der Klasse der Ausgebeuteten; er verschärfe sich stetig und führe schließlich zur **„sozialen Revolution"**. Wie jede Ausbeutergesellschaft werde auch der Kapitalismus durch eine Revolution abgeschafft; am Ende stünden der Sozialismus und schließlich der Kommunismus.

Das Basis-Überbau-Modell

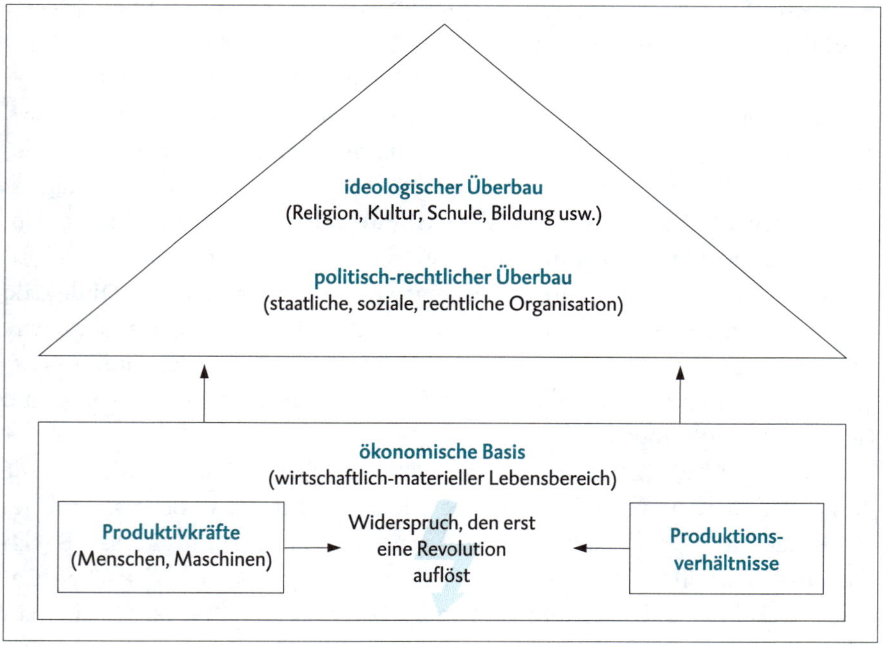

Der **Kapitalismus** war für Marx der **Höhepunkt der inhumanen Ausbeutung der Massen** durch eine sehr kleine Minderheit (Bourgeoisie). Die Klassengegensätze zwischen den Kapitalisten und dem besitzlosen Proletariat hätten sich dramatisch zugespitzt und würden durch Krisen innerhalb des kapitalistischen Systems noch verstärkt werden. So führe der enthemmte Konkurrenzkampf zu einer immer stärkeren **Akkumulation von Kapital** in den Händen weniger Kapitalisten, während die Unterlegenen ins Proletariat absinken **(„Akkumulation des Elends")**. Durch die Verschärfung der Arbeitslosigkeit und des Massenelends entstünde eine „proletarische Reservearmee". Gleichzeitig verschärfe sich die ökonomische Krise des Kapitalismus durch Überproduktion, der die Kapitalisten mit Massenentlassungen entgegentreten würden.

Schließlich würden sich die Klassengegensätze derart zuspitzen, dass es zur „proletarischen Weltrevolution" komme. Das Proletariat erobere den Staat, der bisher allein den Interessen der Kapitalisten gedient habe. Ergebnis sei der **Sozialismus als „Diktatur des Proletariats"**, die letzte, aber positive Ausbeutergesellschaft, in der die Produktionsmittel aus dem Privatbesitz Einzelner in den Besitz des Proletariats überführt werde **(„Vergesellschaftung")**.

Diese Stufe sei die nötige Voraussetzung für den **Kommunismus** als **klassenlose Gesellschaft** ohne private Produktionsmittel, ohne Arbeitsteilung und ohne Gegensatz von geistiger und körperlicher Arbeit. In dieser einzig humanen Gesellschaft könne jeder nach seinen Bedürfnissen leben. Da es keine Ausbeutung mehr gäbe, würde der Staat nicht mehr benötigt werden und sterbe ab.

Die bürgerlich-kapitalistische Ausbeutergesellschaft war für Marx geprägt von der Warenproduktion und vom Austausch der Waren auf dem Markt. Auch der Arbeiter verkaufe hier seine **Arbeitskraft als Ware gegen Lohn**. Ziel der kapitalistischen Warenproduktion und der Marktgesetze sei stets die **Gewinnmaximierung**, nicht aber die Deckung des tatsächlichen Bedarfs der Menschen an Geld und Waren. Für Marx und Engels entstanden die Gewinne der Kapitalisten durch die Ausbeutung der Arbeiter, denn die Unternehmer zahlten ihren Arbeitern **weniger an Lohn als der wahre Wert der Arbeitsleistung**. Dadurch schaffe der Arbeiter einen Mehrwert, den der Unternehmer als Profit für sich behalte und in neues Kapital umwandle **(Theorie vom Mehrwert)**.

6.5 Organisierte Arbeiterbewegung

Angesichts der sich rasch verändernden sozialen und wirtschaftlichen Verhältnisse, der wachsenden Verelendung des Handwerks- und Arbeiterproletariats sowie des allein auf Gewinnmaximierung zielenden Wirtschaftsliberalismus mussten Anstöße zur Verbesserung der Verhältnisse und zur Emanzipation der Arbeiterschaft von den Arbeitern selbst kommen; Hilfe von außen war zunächst nicht zu erwarten.

Nach 1830 entstanden auf der Grundlage des Sozialismus erste Bewegungen, die sich gegen die liberalkapitalistische Gesellschafts- und Wirtschaftsordnung wandten. Ausgangspunkt dieser Bewegungen, die eine Gesellschaftsordnung basierend auf den **Grundideen der Französischen Revolution** (Freiheit, Gleichheit, Brüderlichkeit) anstrebten, waren Großbritannien und Frankreich. **Charles Fourier** (1772–1837), einer der frühen Sozialisten, wollte die liberale, inhumane Konkurrenzwirtschaft abschaffen, um eine **neue gesellschaftliche Harmonie** zu erreichen. Dazu sollten „Großgenossenschaften" (Phalanstère) geschaffen werden, in denen alle nach einem gemeinschaftlich festgelegten Plan arbeiten sollten. Die jeweilige Arbeitsleistung sollte dabei von der individuellen Fähigkeit und Neigung der Arbeiter bestimmt werden. Arbeitszeit, Talent und Einsatz sollten die Verteilung der produzierten Güter bestimmen, nicht aber die Größe des in die Genossenschaft eingebrachten Privateigentums. Das Leben sollte bestimmt werden durch die gerechte Abstimmung der Einzelinteressen und Einzelbedürfnisse.

Diese Ideen bestimmten seit den 1830er-Jahren auch die Bemühungen der **Handwerkervereine** und **Arbeiterbünde** in Deutschland. **Wilhelm Weitling** (1808–1871) gehörte zu den ersten deutschen Theoretikern des Sozialismus. 1838 legte er in seiner Schrift „Die Menschheit wie sie ist und wie sie sein sollte" dar, dass die Gleichheit der Menschen nur durch die Beschränkung der individuellen Freiheit und die **Vergesellschaftung des Eigentums** erreicht werden könne. Planung und Produktion der Güter und deren Verteilung müssten durch die Gesellschaft zum Wohle aller erfolgen. Allerdings sollten Arbeitszeit und privater Konsum von den individuellen Bedürfnissen abhängig sein und nicht verordnet werden. Diese Schrift, quasi die programmatische „Geburtsurkunde der sozialistischen Arbeiterbewegung in Deutschland" (Thomas Meyer), wurde 1838 zum Programm des radikalen **Bundes der Gerechten**. Dieser hatte sich 1836 von dem ein Jahr zuvor in Paris von deutschen Handwerkern und Intellektuellen gegründeten Bund der Geächteten abgespalten. Nach der Umbenennung in Bund der Kommunisten (1847) beauftragte er 1848 Karl Marx und Friedrich Engels, das **„Manifest der Kommunistischen Partei"** zu verfassen.

Bei allen Unterschieden zur Lösung der Sozialen Frage, wiesen die sozialistischen Theoretiker auch wesentliche Gemeinsamkeiten auf:

- Ausgangspunkt bildete die inhumane **Benachteiligung und Ausbeutung der Besitzlosen**;
- angestrebt wurde die Schaffung einer **neuen Gesellschafts- und Wirtschaftsordnung**, in der Freiheit und Gleichheit mit Solidarität und Humanität verbunden seien;

- das **Privateigentum** an Produktionsmitteln wurde **bekämpft**, weil es
  - Ausbeutung, Ungleichheit und Unfreiheit bewirke,
  - den eigentumslosen Lohnarbeiter, der nicht über die Produktionsmittel verfügt, entmündige,
  - zu einer ungerechten Konzentration des von allen erwirtschafteten Kapitals in den Händen weniger führe,
  - zu Profitstreben und Konkurrenzkampf und damit zu Wirtschaftskrisen führe, die viele Menschen um Arbeit und Brot brächten und diese ins Elend stürzten;
- die **liberal-bürgerliche Staatsauffassung** wurde **abgelehnt:** Da der Staat seiner gesamtwirtschaftlichen Verantwortung nicht gerecht werde, fördere er Ungleichheit, Ausbeutung und Unfreiheit; der Staat sei nicht „neutral“, weil er den wirtschaftlich Starken unkontrolliert das Feld überlasse;
- das **Ende der „autokratischen“** (selbstherrlichen) **Verfügungsgewalt** einzelner Kapitalbesitzer oder kapitalistischer Gruppen über die Produktionsmittel wurde gefordert; nur so könne eine „gleichberechtigte“ Freiheit aller Menschen und eine gerechte Verteilung der für den allgemeinen Wohlstand notwendigen Güter gesichert werden;
- die **gleichberechtigte Mitbestimmung** aller am Arbeitsprozess beteiligten Menschen an der Planung und Organisation der betrieblichen Produktion im Interesse des Allgemeinwohls bildete eine weitere Forderung.

Arbeiterbildungsvereine

Zwischen 1840 und 1847 entstanden in Deutschland zumeist unter Führung des liberalen Bürgertums **Zusammenschlüsse von Handwerkern und Arbeitern**, sog. Arbeiterbildungsvereine. Zweck der Vereine war die Vermittlung von Wissen und Bildung allgemeiner und fachlicher Art, Geselligkeit, aber auch die Diskussion über politische Tagesereignisse.

Die größte Arbeiterorganisation während der revolutionären Bewegung von 1848/49 war die in Leipzig gegründete **Allgemeine Deutsche Arbeiterverbrüderung**. Nach dem Scheitern der Revolution wurden jedoch 1854 alle Arbeiterzusammenschlüsse mit politischen Zielen auf dem Gebiet des Deutschen Bundes verboten und aufgelöst. Auf Beschluss des Frankfurter Bundestags vom 13. Juli 1854 verpflichteten sich die deutschen Länder zur Verfolgung aller Arbeiter- und Arbeiterbildungsvereine.

Entstehung der Sozialdemokratie

In den 1860er-Jahren lebte die politische Arbeiterbewegung wieder auf: In zahlreichen deutschen Staaten wurden Arbeitervereine gegründet, die der liberalen Fortschrittspartei nahestanden. Andere Vereine knüpften an die sozialistische Tradition der 1850 verbotenen Allgemeinen Deutschen Arbeiterverbrüderung an. Diese bildeten das Fundament auf dem die deutsche Sozialdemokratie gegründet wurde (s. auch S. 221 ff.).

Entscheidend für die Entstehung einer sozialdemokratischen Partei in Deutschland war **Ferdinand Lassalle** (1825–1864). Er forderte die Arbeiter auf, sich als eine eigenständige politische Kraft im Staat zu etablieren, damit sie auf **parlamentarischem Weg** die sozialen Missstände bekämpfen könnten.

Am 23. Mai 1863 wurde in Leipzig der **Allgemeine Deutsche Arbeiterverein** (ADAV) gegründet – eine Wurzel der späteren SPD. Lassalle wurde zu deren ersten Präsidenten gewählt. Seine Hauptforderungen waren das allgemeine, gleiche und direkte Wahlrecht und die Errichtung von sog. **Produktivassoziationen** mit staatlicher Hilfe. Diese vom Staat unterstützten Zusammenschlüsse könnten – so Lassalle – durch die Schaffung gerechter Lohnverhältnisse die Lage der Arbeiter grundlegend verbessern. Die Anziehungskraft des ADAV war jedoch nur gering: Als Lassalle 1864 bei einem Duell ums Leben kam, hatte der ADAV nur knapp 4 600 Mitglieder.

Der ADAV hatte eine starke Konkurrenz in den bürgerlich-liberalen Deutschen Arbeitervereinen, die sich im Juni 1863 auf einem ersten Vereinstag in Frankfurt trafen. Diese **Arbeitervereine** zählten über 17 000 Mitglieder, die mehrheitlich aus Sachsen und den süddeutschen Bundesstaaten kamen. Unter ihnen war auch der Leipziger Politiker **August Bebel** (1867 Vorsitzender des Verbandes Deutscher Arbeitervereine, 1890–1913 Parteivorsitzender der SPD). Anders als Lassalle glaubte er nicht an die Reformfähigkeit von Staat und Wirtschaft auf demokratischem Wege; laut Bebel müsse sich die Arbeiterklasse Emanzipation und soziale Gerechtigkeit selbst erkämpfen. Zusammen mit **Wilhelm Liebknecht** (1826–1900) gründete Bebel deshalb im August 1869 auf dem Allgemeinen deutschen Arbeiterkongress in Eisenach die **Sozialdemokratische Arbeiterpartei** (SDAP). In ihrem **Eisenacher Programm** forderte sie u. a.:

- die Errichtung einer Demokratie mit voller politischer Freiheit und Rechtsstaatlichkeit;
- die Beseitigung aller Klassenprivilegien und Herstellung gleicher Rechte und Pflichten für alle;
- die Abschaffung des bestehenden Lohnsystems und damit der ökonomischen Abhängigkeit der Arbeiter durch „genossenschaftliche Arbeit“;

- Ersatzen aller indirekten Steuern durch eine Einkommens- und Erbschaftssteuer;
- die strikte Trennung von Kirche und Staat;
- unentgeltliche Schulbildung;
- die Einführung eines Normalarbeitstages von acht Stunden;
- die Einschränkung der Frauen- und Verbot der Kinderarbeit;
- die Einführung eines staatlich geförderten Genossenschaftswesens („freie Produktivgenossenschaften") mit demokratischen Regeln;
- ein Bekenntnis zum Internationalismus, da die Probleme der Arbeiter nicht auf nationaler Ebene gelöst werden könnten.

Da es zwischen der Sozialdemokratischen Arbeiterpartei und dem Allgemeinen Deutschen Arbeiterverein mehr Gemeinsamkeiten als Unterschiede gab, schlossen sich die beiden Arbeiterparteien auf dem Vereinigungsparteitag in Gotha (22. bis 27. Mai 1875) zur **Sozialistischen Arbeiterpartei** (SAP) zusammen. 1890 wurde die Partei in **Sozialdemokratische Partei Deutschlands** (SPD) umbenannt. Trotz heftiger Kritik von Marx und Engels am Zusammenschluss und am Programm der neuen Arbeiterpartei wurde das **Gothaer Programm** der SPD verabschiedet. Es beinhaltete die folgenden Forderungen:

- Aufbau einer **plebiszitären Demokratie:**
  - allgemeines, gleiches, direktes, geheimes Wahlrecht auf allen staatlichen Ebenen mit Wahlpflicht für alle Staatsangehörige,
  - direkte Gesetzgebung durch das Volk,
  - Entscheidung über Krieg und Frieden durch das Volk,
  - Rechtsprechung durch das Volk;
- Herstellung **sozialer Gerechtigkeit:**
  - unentgeltliche Volksbildung durch den Staat mit allgemeiner Schulpflicht (ohne Religionsunterricht),
  - „eine einzige progressive Einkommenssteuer" anstelle der das Volk belastenden indirekten Steuern,
  - Arbeitszeitbegrenzung auf 8 Stunden und Verbot der Sonntagsarbeit,
  - Verbot der Kinderarbeit, Einschränkung der Frauenarbeit;
- **Arbeitsschutzgesetze**, sanitäre Kontrollen der Arbeiterwohnungen, staatliche Überwachung der Bergwerke und der gewerblichen Betriebe, Haftpflichtgesetzgebung;
- Volle Selbstverwaltung der Arbeiterhilfs- und Unterstützungskassen.

Die SPD vereinte nun Marxisten mit revolutionärer Gesinnung und Reformer in einer Partei. Der Streit zwischen Reformern und Revolutionären bestimmte vor allem den Erfurter Parteitag, auf dem 1891 das **Erfurter Programm** verabschiedet wurde. Das Programm verlangte zunächst die totale Umwälzung der bestehenden Staats-, Gesellschafts- und Wirtschaftsordnung sowie die **Vergesellschaftung** aller Produktionsmittel mit dem Endziel **Sozialismus**. Die Forderungen im Einzelnen entsprachen dann aber weitgehend denen von Gotha.

Die deutsche Gewerkschaftsbewegung

Die uneingeschränkte Wettbewerbsordnung des ökonomischen Liberalismus hatte neben technischen und wirtschaftlichen Fortschritten schwerwiegende soziale Probleme heraufbeschworen. Um diese zu lösen, bildete sich ab Mitte des 19. Jahrhunderts die Gewerkschaftsbewegung (s. auch S. 228 f.). Den Arbeitern boten sich als Antwort auf ihre soziale Notlage verschiedene Wege an:

1. der **systemüberwindende Weg** (revolutionär), wie ihn z. B. Karl Marx und Friedrich Engels propagierten, oder
2. der **systemverbessernde Weg**, der das bestehende System auf parlamentarischem Weg reformieren wollte (evolutionär, reformistisch), wie ihn Ferdinand Lassalle oder die christliche Gewerkschaftsbewegung beschreiten wollten.

Bei den Gewerkschaften und letztlich auch in der Politik setzte sich Ende des 19. Jahrhunderts der zweite Weg durch.

In Deutschland konnte sich der englische „pragmatische" Gewerkschaftstyp zunächst nicht durchsetzen, weil er sofort in den parteipolitischen Sog geriet, denn anders als in England, wo die Gründung von Gewerkschaften der Gründung einer Arbeiterpartei voranging, entstand in Deutschland zuerst die Parteiorganisation, dann die Gewerkschaft. So schickten sich in den Jahren 1868/69 drei politische Verbände – zwei sozialistische und ein liberaler – an, ihre Anhänger gewerkschaftlich zu organisieren. Damit war die **Spaltung der deutschen Gewerkschaftsbewegung** schon in der Anfangsphase angelegt. Die 1870 entstandene katholische Zentrumspartei sah allerdings zunächst davon ab, eine eigene Gewerkschaft zu gründen.

In Deutschland entstanden 1848 Interessensverbände der Arbeiter wie z. B. die Arbeiterverbrüderung oder die Assoziation der Zigarren-Arbeiter, die aber keine Interessenvertretungen gegenüber den Unternehmern waren, sondern eher **Organisationen zur gegenseitigen Hilfe**. Sie wurden dennoch 1854 verboten. Ab Mitte der 1860er-Jahre entstanden nach Aufhebung des Koalitionsverbotes mit dem Zigarrenarbeiterverein und dem Buchdruckerverband wirksame Interessensvertretungen von Arbeitern. Aber erst durch die Schaffung der Arbeiterparteien seit 1863 erhielten die Berufsorganisationen der Arbeiter als Gewerkschaften neue Impulse.

So entstanden 1868/69 auf Anregung der linksliberalen Deutschen Fortschrittspartei die nach ihren Begründern Max Hirsch und Franz Duncker genannten **Hirsch-Dunckerschen Gewerkvereine**. Sie wollten mit liberalen Mitteln den Staat und das kapitalistische System reformieren. **August Bebel** entwarf 1868 „Musterstatuten für Deutsche Gewerksgenossenschaften“. Im Gegensatz zu den Lassallianern wollte Bebel einen **Gewerkschaftsbund**, der zwar politisch sein, aber weitgehend unabhängig von der Partei wirken sollte.

Der Machtzuwachs der Gewerkschaften sowie die damit einhergehende Gefahr für das herrschende System veranlassten Bismarck 1878, das Sozialistengesetz zu erlassen. Dieses verbot bis 1890 alle gewerkschaftlichen Aktivitäten. Erst in den 1890er-Jahren entwickelte die neu gegründete **Generalkommission der Gewerkschaften Deutschlands** unter **Carl Legien** (1861–1920) wieder autonome Bestrebungen, die durch die Aufhebung des Sozialistengesetzes und durch den innerparteilichen Richtungsstreit begünstigt wurden. Unter Legien kam es zum Zusammenschluss der sozialistischen Gewerkschaften unter einem Dachverband, die **„Freien Gewerkschaften“**. Der Verband unterschied deutlich zwischen politischer Tätigkeit, die der Partei vorbehalten sein sollte, und gewerkschaftlicher Tätigkeit, (Lohnpolitik, Arbeitsrecht und Verbesserung der Arbeitsbedingungen).

Die **sozialistische Gewerkschaftsbewegung** wollte dabei auf dem Boden der bürgerlichen Ordnung wirken; sie war **reformistisch**, **evolutionär** und strebte eine Wirtschaftsdemokratie (Mitbestimmung) an. Innerhalb der SPD bildeten ihre Vertreter das Rückgrat der **Revisionisten**, die sich vom reinen Marxismus lösten und den revolutionären Weg ablehnten.

Die „Freien Gewerkschaften“ – später auch die „Christlichen“ – waren in zentralen Berufsverbänden organisiert, die sich in einem Spitzenverband, Generalkommission, nach 1919 **Allgemeiner Deutscher Gewerkschaftsbund** (ADGB) genannt, zusammenschlossen. Ihre Mitgliederzahl stieg von knapp 300 000 im Jahr 1890 sprunghaft auf über 2,6 Millionen im Jahr 1913 an. Daneben gab es noch lange Zeit unabhängige Gewerkschaften. 1913 waren mehr als 40 % der Industriearbeiter und 26 % aller im Gewerbe tätigen Deutschen Mitglieder einer Gewerkschaft; das waren mehr als 3 Mio. Menschen.

Die Gewerkschaften wollten durch soziale Unterstützung, Streikgelder, Rechtsschutz, Umzugs- und Reisehilfen sowie durch Arbeitsnachweise für Stellensuchende **Hilfe zur Selbsthilfe** leisten. Hauptbetätigungsgebiet aber war der Kampf um **höhere Löhne und Gehälter**, um **einheitliche Tarifverträge** und um die **Verkürzung der Arbeitszeit**. Sie erreichten zwischen 1885 und 1910 eine Steigerung der Reallöhne um fast 100 Prozent. Die Forderung nach Einführung des 8-Stunden-Tages konnten sie aber erst während der Novemberrevolution 1918 durchsetzen.

Die Gewerkschaften wurden zu einem immer bedeutenderen Faktor in Staat und Gesellschaft. In der SPD nahm ihr Einfluss beträchtlich zu; 1912 waren bereits ein Drittel der SPD-Reichtagsabgeordneten Gewerkschaftler.

6.6 Staat und Soziale Frage – Bismarcks Sozialgesetzgebung

Reichskanzler Otto von Bismarck fühlte sich von der Arbeiterbewegung herausgefordert und sah sich zur Erhaltung des sozialen und politischen Status quo zum Handeln gezwungen. Zunächst wählte er den Weg der Repression (Sozialistengesetze, s. S. 239 ff.). Als sich dies als wirkungslos erwies, reagierte er mit einer staatlichen Sozialpolitik. Bismarck erhoffte sich durch eine **Sozialgesetzgebung**, die Arbeiter mit dem Staat zu versöhnen und zu loyalen Untertanen zu machen – die Arbeiterschaft sollte so von den sozialistischen Parteien ferngehalten werden. Die 1883 einsetzende staatliche Sozialgesetzgebung war nicht Ergebnis des **konservativ-patriarchalischen** Verantwortungsgefühls, sondern diente primär als wichtiger Bestandteil der **„konservativen Stabilisierungspolitik“** des Reichskanzlers.

Das erste staatliche soziale Sicherungssystem der Welt umfasste die folgenden Bereiche:

- 1883 wurde die **gesetzliche Krankenversicherung** errichtet: Zwei Drittel der Beiträge brachten die Versicherten auf, ein Drittel die Unternehmer. Neben die bestehenden Betriebskrankenkassen trat als neue Einrichtung die Ortskrankenkasse mit genossenschaftlicher Selbstverwaltung durch die Arbeitnehmer.
- 1884 folgte die **Unfallversicherung**, deren Beiträge die Unternehmer allein aufbringen mussten.
- Seit 1889 sah die **Alters- und Invaliditätsversicherung** eine Rente für Arbeitnehmer nach dem 70. Lebensjahr und im Fall der Arbeitsunfähigkeit eine Invalidenrenten vor, deren Höhe sich nach dem vorangegangenen Arbeitseinkommen und der Versicherungsdauer richtete. Den größten Teil der Versicherungslasten trugen Arbeitgeber und Arbeitnehmer zu gleichen Teilen; der Staat gewährte Zuschüsse.

Ansätze zur Lösung der Sozialen Frage

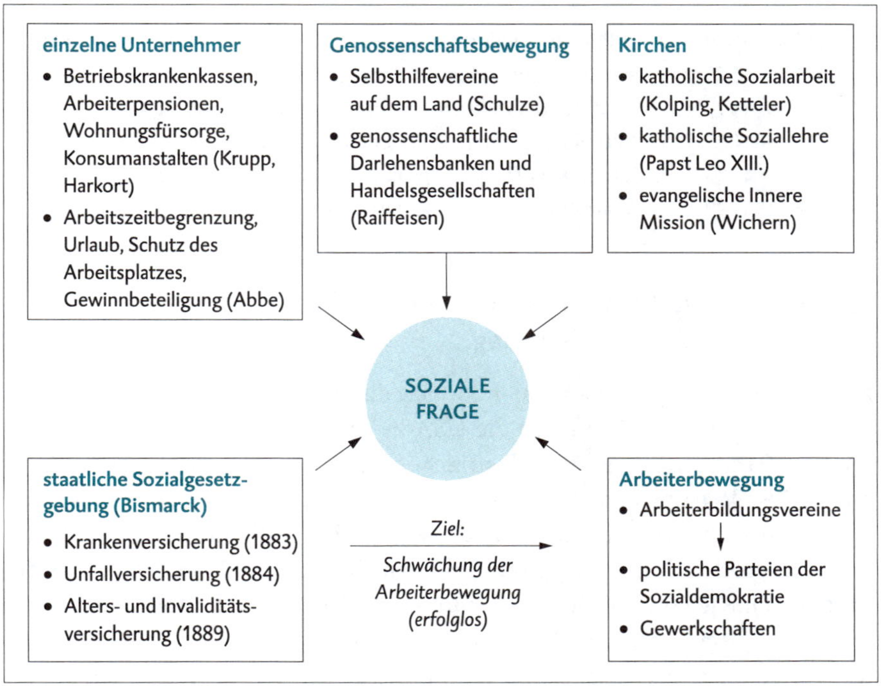

ufgabe 11 Erklären Sie kurz den Begriff „Soziale Frage" und skizzieren Sie die wesentlichen Ansätze zur Lösung der Sozialen Frage in Deutschland im 19. Jahrhundert. Bewerten Sie kurz die Tragweite der unterschiedlichen Ansätze.

ufgabe 12 Beurteilen Sie aus marxistischer Sicht die sozialen Maßnahmen der Unternehmer.

7 USA – Weltmacht in der Krise

ca. 1800–1830	Erste Phase der Industrialisierung: Textilphase
ca. 1830–1865	Zweite Phase der Industrialisierung: Eisenbahnbau
ca. 1865–1914	Dritte Phase der Industrialisierung: Hochindustrialisierung
1869	Fertigstellung der transkontinentalen Eisenbahn
1913	Einführung der Fließbandproduktion durch Henry Ford
24.10.1929	„Schwarzer Donnerstag" an der New Yorker Börse

7.1 Hochkapitalismus und „big business" vor dem Ersten Weltkrieg

Nach der Sicherung der nationalen Einheit durch den Sieg der Nordstaaten im Civil War (1861–1865) stiegen die USA bis zum Ausbruch des Ersten Weltkrieges 1914 zur führenden Industrienation auf und die bislang agrarisch geprägte Gesellschaft wandelte sich zu einer modernen Industriegesellschaft.

Zunächst übernahmen die USA das **englische Vorbild** und entwickelten dieses in großem Maßstab weiter. Daher spielte auch in den USA die **Textilbranche** eine wichtige Rolle. Diese wurde von der Baumwollproduktion in den Südstaaten begünstigt; seit 1830 holten die im Norden entstandenen baumwollverarbeitenden Betriebe auch technologisch den Vorsprung Englands auf.

Zu diesem Zeitpunkt setzte durch den **Ausbau des Verkehrswesens** ein neuer Industrialisierungsschub ein. Trotz der regional begrenzten Märkte stiegen die USA bis 1860 auf den zweiten Platz unter den Industrienationen auf. Nach 1865 entfaltete der Industrialisierungsprozess eine ungeheure Dynamik, wozu auch die Ölindustrie nachhaltig beitrug.

Bevölkerungswachstum

Die fulminante industrielle Entwicklung, vor allem zwischen 1865 und der Jahrhundertwende, ging mit einem starken Bevölkerungswachstum einher. Dieses war zum einen auf eine **steigende Geburtenrate**, zum anderen auf die zunehmende **Einwanderung** zurückzuführen. Zwischen 1865 und 1900 stieg die Einwohnerzahl von 37 auf 76 Millionen, um schließlich 1915 die 100-Millionen-Grenze zu durchbrechen. Die Einwanderung stellte die USA angesichts der unterschiedlichen Sprachen, Wertvorstellungen und religiösen Bekenntnisse vor ein **Integrationsproblem**.

Die Wirtschaft dagegen profitierte von der Einwanderung, denn die jungen, mobilen, motivierten und oft gut qualifizierten Immigranten nutzten entschlossen die Möglichkeiten, die sich ihnen boten. Sie dienten der Industrie als

Wirtschaftswachstums von Großbritannien, Deutschland und den USA (1800–1913)

	Großbritannien u. Nordirland	Deutschland	USA
Bevölkerung in Millionen			
Um 1800	11 (GB)	25	5
Um 1870	29	36	40
Um 1913	43	61	98
Produktionsindex pro Kopf (USA 1913 = 100)			
Um 1870	58	37	41
Um 1913	91	74	100
Bruttosozialproduktindex (USA 1913 = 100)			
Um 1870	17	14	17
Um 1913	40	46	100
Jährliche Zuwachsraten um (1870–1913)			
Bevölkerung	0,9	1,1	2,1
Produktion pro Kopf	1,1	1,6	2,1
Bruttosozialprodukt	1,9	2,8	4,3

billige Arbeitskräfte. Durch die starke Einwanderung im letzten Drittel des 19. Jahrhunderts wurde die **Verstädterung** vorangetrieben und die **Nachfrage nach Gütern** angeregt.

Der Übergang zur Industriegesellschaft

Einen entscheidenden Schub erfuhr die Wirtschaft infolge des raschen Ausbaus der Infrastruktur. Durch die 1869 fertiggestellte **transkontinentale Eisenbahn** wurde der Westen mit seinen reichen Bodenschätzen in den entstehenden nationalen Markt integriert. Die Länge des Schienennetzes vergrößerte sich zwischen 1865 und 1900 von 35 000 auf 310 000 Meilen, sodass mit Recht von einer Transportrevolution gesprochen werden kann. Der dadurch entstandene **einheitliche Binnenmarkt** bot für die prosperierende Wirtschaft beste Voraussetzungen. Ähnlich wie viele andere Staaten erhoben auch die USA **Schutzzölle** auf industrielle Einfuhren, um die eigene Industrie zu fördern.

Zwischen 1870 und 1900 verdreifachte sich das Bruttosozialprodukt und die industrielle Produktion verfünffachte sich. In dieser Zeit vollzog sich der Wandel von einer Wirtschaft der Kleinproduzenten hin zur Industriegesellschaft, die vom **„big business“** (Großindustrie, Unternehmenszusammenschlüsse, wirtschaftliche Machtkonzentration) geprägt war. New York und Chicago wurden zu **Finanz- und Wirtschaftsmetropolen**. Am Vorabend des Ersten Weltkriegs hatten die USA mit einem Anteil von 32 % an der Weltindustrieproduktion sowohl das Deutsche Reich (14,8 %) als auch Großbritannien (13,6 %) deutlich hinter sich gelassen und nahmen damit eine **unangefochtene Führungsstellung** ein.

Phasen der Industrialisierung in den USA

Erste Phase: Textilphase (ca. 1800 –1830)

Leitsektor: Textilindustrie
Schlüsselindustrie: Maschinenbau

Merkmale:
- Aufbau von baumwollverarbeitenden Fabriken unter verstärkter Nutzung der Wasser- und Dampfenergie, vor allem in den Neuenglandstaaten
- Einwanderungswellen erhöhen den Bedarf an Baumwollstoffen
- Industrialisierung der Textilindustrie fördert den Aufstieg des Maschinenbaus: New York – Philadelphia erste Industrieregion der USA
- Dominanz einer dezentralisierten, dynamischen und mobilen Agrargesellschaft

Zweite Phase: Eisenbahnphase (1830 bis Ende der 1860er-Jahre)

Leitsektor: Eisenbahnbau
Schrittmacherindustrien: Maschinenbau, Eisen- und Stahlindustrie

Merkmale:
- Eisenbahn als
  - Motor für Produktion und Innovation
  - Mittel der staatlichen Integration
  - Voraussetzung für Erschließung und Ausbaus des „unbegrenzten“ Binnenmarktes
- starker Anstieg des Sozialprodukts (um bis zu 10 % pro Jahr)
- Dominanz kleiner und mittlerer Industriebetriebe
- uneingeschränkter Wirtschaftsliberalismus (Konkurrenzkapitalismus)
- weitgehendes Fehlen einer staatlichen Wirtschaftspolitik; Ausnahme: Staat stellt Land für den Eisenbahnbau
- Landwirtschaft dennoch Hauptarbeitgeber (60 % der Beschäftigten)

Dritte Phase: Hochindustrialisierung (Ende der 1860er-Jahre bis 1914)
Leitsektoren: Bergbau, Ölförderung
Schrittmacherindustrien: Stahl- und petrochemische Industrie

Merkmale:
- Entstehen von über 500 000 Fabrikanlagen zwischen 1860 und 1900
- 1910 arbeiten genauso viele Menschen in der Landwirtschaft wie in der Industrie
- dynamisches Wachstum der Produktion um 200 % (1860–1914)
- Aufstieg der USA zur industriellen Exportnation
  - 1860: Export von Rohstoffen (v. a. Holz, Eisenerz, Baumwolle) und von landwirtschaftlichen Produkten; Import von Fertig- und Halbfertigprodukte
  - 1910: Export von industriellen Fertigprodukten sowie von Getreide; Import von Rohstoffen (u. a. Erze, Zuckerrohr) und Halbfertigwaren
- fehlende staatliche Wirtschafts- und Sozialpolitik
  - Privatinitiative als Motor der Wirtschaft
  - Leistungsdenken, Verdrängungsprozesse (Trusts, Monopole, Großkonzerne) und Marktbeherrschung durch wenige Großindustrielle
  - politische Einflussnahme der Großindustrie auf den Staat durch intensiven Lobbyismus sowie Wahl- und Parteispenden usw.
  - enorme soziale Kluft zwischen Arm und Reich: 1913 hatten 2 % der Amerikaner einen Anteil von ca. 60 % am Volkseinkommen der USA
- Überangebot an Arbeitskräften führt zu niedrigen Löhnen, langen Arbeitszeiten, unsicheren Arbeitsplätzen („hire and fire")
- Gewerkschaften zunächst Geheimorganisationen; 1886 Gründung der „American Federation of Labor" ohne gesellschaftsverändernde Forderungen
- „American dream": Freiheit, Aufstieg durch Leistung, Chancengleichheit als Ideal
- „open-door-policy" (freier Zugang zu allen Märkten der Welt) und Imperialismus in der Außenpolitik (Mittelamerika, Karibik, Philippinen, China)

7.2 Die USA als dominierende Weltwirtschaftsmacht nach dem Ersten Weltkrieg

Der Erste Weltkrieg läutete die **„Enteuropäisierung"** der Welt ein. Hatte der europäische Anteil am weltweiten Export zwischen 1909 und 1913 noch etwa 30 % betragen, waren es zwischen 1925 und 1935 nur noch knapp 25 %. Gleichzeitig stieg der Warenaustausch der nichteuropäischen Länder untereinander von ca. 25 % der gesamten Weltexporte auf rund 40 % im Zeitraum zwischen 1925 und 1938. Nutznießer dieser Entwicklung waren vor allem die USA als weltweit dominierende Wirtschaftsmacht.

Merkmale des **internationalen Wirtschaftssystems** nach 1918:

- Das Weltwirtschaftssystem war wegen seiner Abhängigkeit von den USA **instabil** und sehr **krisenanfällig**.
- Die **USA** betrieben eine **aggressive Außenhandelspolitik** verbunden mit einer Schutzzollpolitik.
- Nach 1918 waren die USA führend beim Export von industriellen und agrarischen Produkten, nicht aber bei Dienstleistungen.
- Die **USA** dominierten den **Kreditmarkt** aller Art; vor allem Europa war vom amerikanischen Kapital abhängig.
- Die Handels- und Zahlungsbilanz der USA war nach 1918 positiv: Den hohen Ausfuhren standen wertmäßig fast keine Nahrungsmittel- und Rohstoffimporte gegenüber. Auch bestand als Folge der amerikanischen Kreditpolitik während des Ersten Weltkrieges ein riesiger Überhang bei den Zahlungen des Auslandes.

Das liberale Friedensmodell der USA wie es Präsident **Woodrow Wilson** im Januar 1918 in seinen **„Vierzehn Punkten"** zeichnete, war von zentralen politischen und wirtschaftlichen Motiven bestimmt. Dahinter steckte nicht zuletzt das Eigeninteresse der USA, die dadurch ihre dominierende Stellung als Wirtschaftsmacht absichern wollten. Wichtige Voraussetzungen für einen **Weltfrieden** waren laut Wilson:

- ein funktionierender Welthandel mit freiem Zugang zu allen Märkten der Welt für alle daran interessierten Länder,
- die weltweite Etablierung einer liberal-kapitalistischen Wirtschaftsordnung weltweit mit Chancengleichheit für alle,
- weltweite Demokratie mit garantierten Menschen- und Bürgerrechten, insbesondere Freiheits-, Kontroll- und Mitwirkungsrechte der Bürger,
- freie Kommunikationsmöglichkeiten für alle (v. a. Pressefreiheit).

Die düstere Weltwirtschaftslage nach 1918 wurde in den USA durch eine überdurchschnittliche **Expansion der US-Wirtschaft** verdeckt. Diese beruhte auf zwei wesentlichen Faktoren: Zum einen herrschte im In- und Ausland ein kriegsbedingter Nachholbedarf an zivilen Verbrauchsgütern, was einerseits den US-Export stütze, andererseits den amerikanischen Binnenmarkt belebte. Zum anderen bewältigten die europäischen Konkurrenten den Umstieg auf die **Friedenswirtschaft** nur langsam, sodass die amerikanische Wirtschaft die weltweiten Märkte dominieren konnten.

In den USA gelang der Wechsel von der Kriegs- zur Friedenswirtschaft schnell. Er war begleitet von einem Auf- und Ausbau der **Massengüterproduktion** mithilfe umfassender **Rationalisierungsmaßnahmen**. Diese beruhten auf wissenschaftlichen Zeit- und Bewegungsstudien sowie auf der Trennung von planerischer und produzierender Arbeit. Bereits 1913 hatte **Henry Ford** die Fließbandproduktion in seiner Automobilfabrik eingeführt. Darüber hinaus waren 1930 über 70 % der Industriebetriebe elektrifiziert. Die Markteinführung neuer Produkte (z. B. Aluminium, Kunststoffe, Automobile) belebte den Binnenmarkt. Von der neuen Friedenswirtschaft profitierten vor allem die **Konsumgüter-** und **Automobilindustrie** sowie die **Bauwirtschaft**, die zu neuen Wachstumsmotoren der US-Wirtschaft wurden. Das Wirtschaftspotenzial der USA war auf allen Gebieten fast konkurrenzlos: In den 1920er-Jahren erreichte der amerikanische Anteil an der gesamten Weltproduktion 42 %.

In der Politik galt der Grundsatz **„return to normalcy“:**

- Weitgehende Rücknahme der während des Ersten Weltkriegs erlassenen Sozialgesetze (Lockerung der Anti-Trust-Gesetze, Verlängerung der Wochenarbeitszeit auf 70 Stunden) und Wiederherstellung des **freien Spiels der Kräfte** in der Wirtschaft sowie des Systems des „big business“.
- Die Außenpolitik war von **nationalen Interessen** und vom Rückzug aus Europa gekennzeichnet:
  - vorläufiges Einstellen der Aufbaukredite für Europa (Ausnahme: Dawes- und Young-Plan),
  - Bestehen auf der Rückzahlung der europäischen Kriegsschulden,
  - Vergabe von kurzfristigen, jederzeit kündbaren Krediten,
  - außenpolitische Zurückhaltung (Ausnahme Süd- und Mittelamerika, Karibik),
  - Rückkehr zur traditionellen Schutzzollpolitik (Neomerkantilismus) verbunden mit einer eigenen aggressiven Exportoffensive.

Das moderne Amerika nach 1918 wurde vom **Laissez-faire-Prinzip**, dem bewussten Verzicht auf Regulierung, Grenzen oder Vorgaben, geprägt und mündete in eine **Phase des wirtschaftlichen Booms** in den 1920er-Jahren. Dessen Merkmale waren:

- ein rapide wachsendes Sozialprodukt;
- ein zwischen 1919 und 1929 um ca. 20 % steigendes Pro-Kopf-Einkommen;
- ein starkes Wachstum der Produktion und Produktivität in der gesamten Industrie; Problem: Verschärfung von Überproduktion und Unterkonsumtion bis 1929;

- stark positive Außenhandelsbilanz;
- hemmungsloser Materialismus und grenzenloser Wachstumsoptimismus;
- Spekulationen an den Börsen unabhängig von der realen Produktivität der Unternehmen;
- zunehmende Verschuldung der Farmer durch Überproduktion und zurückgehende Exporte nach Europa (Anteil der Landwirtschaft am Sozialprodukt sinkt zwischen 1919 und 1929 um ca. 50 %);
- Gefährdung des Einzelhandels durch immer größere Ladenketten;
- eine zunehmende soziale Kluft:
  - unverhältnismäßige Steigerung der Kapitalerträge und Unternehmensgewinne (ca. 65 %) gegenüber Löhnen und Gehältern (ca. 11 %) zwischen 1920 und 1929,
  - Konzentration des Volkseinkommens: 1929 verfügten 1 % der Bevölkerung über 18 % des Volkseinkommens,
  - wachsende Armut, v. a. in den Südstaaten und im Gebiet der Appalachen.

Nach 1918 verzichteten die USA anders als 1944/45 darauf, die Weltwirtschaft wieder aufzubauen. Anstelle des seit dem Ersten Weltkrieg bestehenden Systems flexibler Wechselkurse kehrten die USA 1919 zum **Goldstandard** zurück und forderten alle anderen Staaten auf, ihrem Beispiel zu folgen. So wollten sie die eigene Währung stärken und sich eine **führende Position im Weltwährungssystem** sichern.

Doch anders als erwartet, stiegen durch die Nachkriegsinflation die Preise für Lebensmittel wesentlich stärker als die für Gold. Hinzu kamen eine ungleiche Verteilung der Goldvorräte – die USA besaßen 1920 über die Hälfte der Goldbestände – sowie ein fehlender Wettbewerb auf den Weltmärkten. Dies trug erheblich zur **Destabilisierung der Weltwirtschaft** bei, die in der Krise ab 1929 schließlich völlig zusammenbrach.

Von nun an bestimmten Wechselkursprobleme, Finanzspekulationen auf den Kapitalmärkten und die Abhängigkeit der meisten Staaten vom US-Kapital das internationale Wirtschaftsleben. Das Problem der **Kreditabhängigkeit von den USA** und damit der engen Verknüpfung zwischen der amerikanischen Wirtschaft und der vieler anderer Nationen blieb ungelöst, zumal der amerikanische Kongress einen Schuldennachlass oder gar eine Schuldenstreichung ablehnte. So war die nach 1924 einsetzende Stabilisierung der internationalen Wirtschaft, vor allem auch der deutschen Wirtschaft, eine **Scheinprosperität**.

7.3 Weltwirtschaftskrise und amerikanische Krisenbekämpfung: Roosevelts New Deal

Auch 1928 hielt der **Boom** in den USA an und an den Börsen überschlugen sich die **Aktienspekulationen**. Die meisten Aktien wurden dabei mithilfe von **Krediten** erworben, deren Summe bis Ende 1928 auf 5 Mrd. Dollar anstieg und ständig weiter zunahm. Da die Aktienkurse und die tatsächliche Produktionsleistung immer weiter auseinanderklafften, spiegelten die Aktien den realen Zustand der amerikanischen Wirtschaft nicht mehr wider **(Spekulationsboom)**. Durch Investmentfonds, Unternehmenszusammenschlüsse und Scheinfirmen entstanden immer neue Aktien. Einziges Ziel war es, Geld für neue Aktienspekulationen zu gewinnen. An diesem unseriösen Geschäft beteiligten sich auch viele angesehene Banken.
Einige Fachleute warnten bereits vor einer Überbewertung der Aktien, doch sie fanden kein Gehör. Schlechte Unternehmensnachrichten sorgten schließlich für Kursrückgänge, die panikartige Verkäufe nach sich zogen und am 24. Oktober 1929 den **„Schwarzen Donnerstag"** an der New Yorker Börse auslösten. Für viele Aktienbesitzer bedeutete die Kursentwicklung den wirtschaftlichen Ruin. Sie mussten ihre Schulden durch den Verkauf von Aktien begleichen. Dies beschleunigte die Talfahrt der Kurse weiter. Am Montag, 28. Oktober, setzte eine neue Panik ein; bis zum nächsten Tag („Schwarzer Dienstag") wurden über 16 Millionen Aktien verkauft. Innerhalb einer Woche fielen die Aktienkurse an der Wall Street um 40 %. Bis Sommer 1932 rutschten die Kurse ins Bodenlose und lagen rund 83 % unter dem Höchstwert von 1929. Die Zahl der Arbeitslosen stieg sprunghaft an. Auf dem Höhepunkt der Krise in den Jahren 1932/33 waren 25 % der erwerbsfähigen Menschen arbeitslos.

Unbestritten ist, dass eine gesunde Volkswirtschaft den Börsenkrach hätte überstehen können. Doch die US-Wirtschaft war längst nicht so gesund, wie die Spekulanten und die Regierung glaubten. Zwar wuchs die Industriekapazität ständig, die Arbeitskosten und die Rohstoffpreise waren günstig, aber die **Bauwirtschaft**, eine Säule der Wirtschaft, war seit 1925 in zunehmende **Schwierigkeiten** geraten, da der **Markt gesättigt** war. Die Gemeinden hatten etwa ihre Investitionen in die Infrastruktur zurückgefahren.

Hinzu kam eine erneute **Krise der Landwirtschaft**, die in einer Katastrophe endete: Die Einkünfte der Farmer sanken infolge von Überkapazitäten innerhalb von drei Jahren um bis zu 70 %; das Kreditwesen auf dem Land, getragen von vielen Kleinbanken, brach zusammen; eine Welle der Landflucht setzte ein. Damit aber fiel die Landwirtschaft als Käufer von Industrieprodukten und als Auftraggeber für die Bauwirtschaft weitgehend aus. Bis Juli 1932 sank die amerikanische Industrieproduktion um 46 % gegenüber den Jahren vor der Krise; dennoch nahm die Überproduktion zu, da sowohl der Konsum als auch der Export noch stärker einbrachen. Das amerikanische Bruttosozialprodukt halbierte sich bis 1933.

Die Rückforderung von Krediten, die zunehmende Unfähigkeit der Kunden, ihre Kredite zu bezahlen, und der Zusammenbruch des Aktienmarktes führten zu einer umfassenden **Finanzkrise** und schließlich zum **Zusammenbruch des Bankwesens** in den USA. Immobilien, die als Sicherheit für die Kreditvergabe gedient hatten, waren unverkäuflich oder mussten weit unter Wert verkauft werden. Die kleinen Banken sowie die Spar- und Darlehenskassen, die einem lokalen Kundenkreis dienten, besaßen keine festen Verbindungen zu den großen Bankhäusern und waren nicht durch Versicherungen oder die Regierung abgesichert. Gingen sie in Konkurs, verloren die Kunden ihr Einlagekapital und standen vor dem Ruin.

Die amerikanische Wirtschaftskrise führte ab 1931 wegen der **Kreditabhängigkeit** der meisten Staaten von den USA zu einer **internationalen Finanzkrise**. Die amerikanischen Geldinstitute reagierten mit dem Rückruf der kurzfristig gewährten Kredite aus dem Ausland und die Regierung begann einen für den Welthandel verhängnisvollen **Protektionismus**. Die weitgehende Lähmung der amerikanischen Wirtschaft führte praktisch zum Zusammenbruch des Welthandels, zumal viele Länder dem amerikanischen Beispiel des Protektionismus folgten. Damit entwickelte sich aus der amerikanischen Spekulations- und Deflationskrise eine **Weltwirtschaftskrise**, wobei der wirtschaftliche Niedergang in Europa (mit Ausnahme der UdSSR) seit Sommer 1931 (u. a. Bankenkrise in Deutschland und Österreich) wiederum die Krise in den USA verschärfte.

Der „American dream" schien ausgeträumt, die bis dahin allgemein anerkannte Vorstellung von der „Selbstheilungskraft der Märkte" und die Auffassung, dass nur Leistungsschwache dem Konkurrenzkampf erliegen würden, hatten sich als Illusion erwiesen. Die Nation stürzte in eine tiefe **seelische** und **moralische Depression**. Angesichts der **fehlenden sozialen Absicherungen** waren die sozialen Folgen der Krise verheerend:

- Aus der bestehenden strukturellen Arbeitslosigkeit wurde eine **Massenarbeitslosigkeit**, die alle Schichten erreichte und besonders hoch bei Jugendlichen und Minderheiten war. Von rund 50 Millionen Erwerbsfähigen waren 1933 ca. 12,5 Millionen arbeitslos.
- Die **Nominallöhne sanken** 1932 gegenüber 1929 um 60 %. Vollbeschäftigte verdienten nur das Existenzminimum; damit sank auch die Kaufkraft.

- In der Industrie wurde Arbeit oft geteilt **(„jobsharing“)**, wodurch die Einkommen weiter sanken.
- Rund zwei Millionen Menschen waren auf **Wanderschaft**, weil sie ihren Besitz verloren hatten bzw. nach Arbeit suchten.
- In der Landwirtschaft nahm die Zahl der **Betriebszusammenbrüche** dramatisch zu, da die Großhandelspreise für Agrarprodukte um fast 50 % sanken, die Ausgaben aber hoch blieben. Zur Erntezeit 1930 war die Ernte von 1929 noch nicht verkauft.
- Viele Städte gerieten wegen der stark steigenden Fürsorgelasten in **Zahlungsschwierigkeiten**, obgleich die Leistungen unzureichend waren; 1932 waren fast alle Großstädte bankrott.
- Es fehlte an einer gesetzlichen Arbeitslosen-, Kranken- und Invaliditätsversicherung sowie an einer Altersrente; der Massenarbeitslosigkeit folgte daher die **Massenverelendung**.
- Die **Kriminalitätsrate** stieg an; moralische Werte existierten für viele Menschen angesichts ihrer Not nicht mehr.

Diese Entwicklungen führten in den USA zu einem Umschwung im Denken. Der republikanische Präsident **Herbert Hoover** (1874–1964, Präsident 1929–1933), ein bislang entschiedener Befürworter des Laissez-faire-Prinzips in der Wirtschaft, verabschiedete sich 1932 vom reinen „Manchesterliberalismus“. Doch seine Wahlniederlage gegen den demokratischen Kandidaten **Franklin D. Roosevelt** (1882–1945, Präsident 1933–1945) konnte er damit nicht verhindern.

Auch Roosevelt war der Überzeugung, dass es sich bei der Krise nicht um eine Systemkrise des Kapitalismus handelte, sondern um eine **Verteilungs- und Steuerungskrise**, die man durch die Stärkung der Massenkaufkraft mithilfe einer Umverteilung des Volkseinkommens würde lösen können. Dazu aber seien die Marktkräfte allein nicht in der Lage. Die moderne, immer stärker vernetzte Gesellschaft bedürfe einer **marktneutralen, regulierenden Kraft** und der Bereitschaft, auch mit Traditionen zu brechen.

Roosevelt wollte kein neues wirtschaftliches und sozialpolitisches System – Freiheit und Unabhängigkeit der Entscheidungen des Einzelnen standen auch bei ihm an erster Stelle –, aber er wollte die Krisenanfälligkeit und die sozialen Missstände des freien Kapitalismus überwinden. Zugleich sollte seine neue Wirtschaftspolitik eine **demokratisch-freiheitliche Alternative** zu den faschistischen und kommunistischen Diktaturen in Europa sein. **Demokratie und Kapitalismus** sollten zusammengeführt und dadurch gefestigt werden.

Dazu sollte die bisherige Politik durch eine stärker an sozialen Belangen orientierte Politik ersetzt werden. Zugleich müsse die wirtschaftliche Depression **aktiv** vom Staat bekämpft werden.

Roosevelts New Deal ruhte auf den folgenden vier Säulen:

- „**Relief**“ (Erleichterung, Wohltat)
  - **Arbeitslosenunterstützung** durch die „Federal Emergency Relief Agency“
  - Einführung eines freiwilligen **Arbeitsdienstes**, vor allem für Jugendliche („Civilian Conservation Corps“)
  - **Arbeitsbeschaffungsmaßnahmen** durch die „Civil Works Administration“, z. B. Bau von Staudämmen im Tal des Tennessee Rivers zur Energiegewinnung und als Schutz vor Überschwemmungen; Investitionen in den Straßenbau, die Sanierung von Slums sowie den Bau billiger Wohnungen und von Krankenhäusern
- „**Recovery**“ (Erholung, Aufschwung)
  - Maßnahmen zur **Belebung** der Konjunktur
  - **Sanierung** der Landwirtschaft durch staatlich geförderte Produktionsbeschränkungen, Begrenzung der Anbaufläche und staatliche Preisgarantien
- „**Reform**“ (Neugestaltung, Reform)
  - Reform des Bank- und Börsenwesens (Überwachung von in Schwierigkeiten geratenen Banken, Regulierung des Geld- und Kreditmarkts, strenge Vorschriften über Kreditvolumen und Geldreserven der Banken, Börsenaufsicht)
  - Aufgabe des Goldstandards und Abwertung des Dollars um 40 %; Vergrößerung des Geldumlaufs
  - Antitrustgesetzgebung
  - Einführung einer Erbschaftssteuer und der progressiven Besteuerung der Einkommen (mit bis zu 75 %)
- „**Social Security Act**“ (Soziale Absicherung)
  - Einführung einer Rentenversicherung sowie Hilfe für Witwen, alleinerziehende Mütter, Opfer von Betriebsunfällen und Behinderte
  - Anerkennung und Stärkung der freien Gewerkschaften als Tarifpartner und Verbot der von den Arbeitgebern beherrschten Betriebsgewerkschaften
  - Arbeitsschutzgesetzgebung und Codes für Mindestlöhne (40 Cent/Std.)
  - Begrenzung der Arbeitszeit auf maximal 40 Stunden/Woche
  - Errichtung einer nationalen Behörde zur Überwachung des Arbeitsmarktes und zur Arbeitsvermittlung

Roosevelts Politik fand zwar breite Unterstützung in der Bevölkerung, aber die Gegner erreichten, dass sieben der neun wichtigsten Gesetze des New Deal vom Obersten Gerichtshof als **verfassungswidrig** verworfen wurden. Bei Ausbruch des Zweiten Weltkriegs war das Sozialprodukt noch immer unter dem Stand des Jahres 1929. Das durchschnittliche Realeinkommen erreichte erst 1940, angekurbelt durch die beginnende Aufrüstung, das Niveau von 1929. Der New Deal war also kein voller Erfolg; allerdings wäre die Depression ohne ihn wohl noch härter gewesen. Hervorgehoben werden muss vor allem die **positive psychologische Wirkung** des Programms. Der Vorwurf vieler Zeitgenossen, der New Deal sei der Weg in den Sozialismus und Kommunismus gewesen, ist falsch: Roosevelt wollte keine grundsätzliche Veränderung der Eigentumsverhältnisse und seine Politik war auch nicht unternehmerfeindlich. Staatliche Bürokratie sollte nur dort eingreifen, wo die privaten Unternehmer versagt hatten, und nur so lange, bis sich die Privatwirtschaft wieder erholt hatte.

Roosevelt vollzog zwar durch die Stärkung der sozialen Elemente und der staatlichen Interventionen eine **Abkehr vom** bisherigen **Laissez-faire-Kapitalismus**. Er schuf aber **keinen Sozialstaat**, wie er damals bereits in Deutschland existierte.

Roosevelts New Deal

NEW DEAL

„Relief" (Erleichterung)
- Arbeitslosenunterstützung
- freiwilliger Arbeitsdienst
- Arbeitsbeschaffungsmaßnahmen

„Recovery" (Erholung)
- Konjunkturmaßnahmen
- Sanierung der Landwirtschaft

„Reform" (Reform)
- Banken- und Börsenreform
- Abwertung des Dollars und Abkehr vom Goldstandard
- Antitrustgesetze
- Steuerreformen

„Social Security" (soziale Absicherung)
- Rentenversicherung
- staatliche Hilfe für sozial Schwache
- Anerkennung von Gewerkschaften
- Arbeitsschutzgesetze (Mindestlohn und Maximalarbeitszeiten)
- staatliche Arbeitsvermittlung

In der Weltwirtschaftskrise und mit dem New Deal veränderte sich das Verständnis vom Staat. Früher dominierte die Auffassung, dass ein grundsätzlicher **Konflikt** zwischen dem Individuum und dem Staat bestünde, da letzterer Macht über die Menschen gewinnen wolle. Der Staat sei lediglich eine Noteinrichtung zur Sicherung der Rechte des Bürgers. Daher herrschte ein **Misstrauen** gegenüber dem Staat, dem man nicht zu viel Einflussmöglichkeiten auf das Leben der Menschen einräumen dürfe. Nun setzte sich zunehmend die Meinung durch, dass der **Staat dem Einzelnen und der Gemeinschaft nütze**, weil nur er in der Lage sei, die Kräfte zur Behebung von Krisen zu sammeln und einzusetzen. Der Staat diene und schütze so den Einzelnen ebenso wie die Gemeinschaft; dabei müsse man den Staat unterstützen, ihn aber auch kontrollieren. Damit hing auch ein **neues Demokratieverständnis** der Amerikaner zusammen:

- Ordnung, Regelungen und Freiheit galten nicht mehr als gegensätzlich, sondern als notwendige Bestandteile der Demokratie;
- die Notwendigkeit, dass sich verschiedene Interessengruppen in einer pluralistischen Demokratie der Bedürfnisse und Notwendigkeiten der Allgemeinheit unterordnen müssten, wurde zunehmend anerkannt;
- Demokratie sollte nicht nur Wahlrecht, Freiheit, Partizipation bedeuten, sondern auch soziale Sicherheit.

Der New Deal rettete den Kapitalismus und festigte zugleich die Demokratie, indem er Wege zeigte, Missstände zu beseitigen, und indem er die Interessen der Allgemeinheit über das Privatinteresse des Einzelnen stellte, ohne denjenigen zu entrechten oder zu enteignen.

Aufgabe 13 Beschreiben Sie grundlegende wirtschaftliche und soziale Entwicklungen in den USA der 1920er-Jahre.

Aufgabe 14 (materialgestützt)

a) Fassen Sie die Thesen des Verfassers (M) stichpunktartig in eigenen Worten zusammen und bestimmen Sie seine politische Position.

b) Vergleichen Sie die deutsche industrielle Entwicklung mit der in den USA in der Phase des Hochkapitalismus.

c) Sowohl Bismarck als auch Franklin D. Roosevelt betrieben eine aktive staatliche Sozialpolitik. Stellen Sie grundsätzliche Unterschiede in den jeweiligen Zielsetzungen und Wirkungen dar.

M: Ein Nationalökonom äußert sich vor Ausbruch des Ersten Weltkrieges in einem Handbuch zur Entwicklung der deutschen Industrie:

Der überraschende Aufschwung der deutschen Industrie im neunzehnten Jahrhundert erklärt sich daraus, daß Deutschland verhältnismäßig spät zur Schaffung eines großen inneren Marktes gelangte, dann aber durch seine klare weitschauende Politik alle anderen Staaten weit hinter sich ließ. [. . .]

Durch die Bildung des deutschen Zollvereins hatte die Volkswirtschaft der Politik vorgearbeitet, die Politik bekam aber Gelegenheit zum Gegendienst durch die Gründung des Deutschen Reiches. [. . .] Für die Industrie bedeutete die Gründung des Reiches den Beginn der Expansion nach außen. [. . .]

Die deutsche Eisenindustrie bietet uns das Schauspiel jenes ungeheuren Konzentrationsprozesses, der manche der bisherigen nationalökonomischen Lehren auf den Kopf zu stellen droht. Fast die gesamte Stahlproduktion des Deutschen Reiches wird von 31 Firmen betrieben, die im Stahlwerksverband in Düsseldorf ihre Produktions- und Absatzverhältnisse einheitlich geregelt haben und sich immer enger zusammenschließen. Dabei gehören die größten Firmen des Stahlverbandes gleichzeitig dem Rheinisch-Westfälischen Kohlesyndikat in Essen an, dem fast sämtliche Zechen des Ober-Bergamtsbezirks Dortmund mit einem Anteil von 54 % an der gesamten deutschen Kohleproduktion angehören. Die Firmen sind große, mit Banken eng liierte Aktiengesellschaften. [. . .]

Die Angst vor den übermächtigen Industriekönigen, die man durch Anhäufung großer Kapitalien in den Händen Einzelner entstehen sah, ist sichtlich im Verschwinden. Ein großer glänzender Name ist in der Industrie weniger durch Geld als durch Tatkraft zu erreichen. Die alte Personalunion von Arbeit und Kapital ist zerrissen worden, weil an die Stelle des Einzelbetriebs immer mehr der unpersönliche Gesellschaftsbetrieb tritt. Der erste Unternehmer lebt häufig nur noch in der Firma fort, die Unternehmerfunktion hat sich unterdessen auf eine immer größere Zahl von häufig wechselnden und daher namenlosen Aktionären und Teilhabern verteilt. Die Kapitalkonzentration schreitet auch weiter unaufhaltsam fort, aber die Machtkonzentration des Einzelnen ist im Verschwinden. Auch im Reiche des Geldes vollzieht sich ein Demokratisierungsprozeß. [. . .]

Die größere Sorge bereitete in der Industrie das Verhältnis zwischen Arbeiter und Arbeitgeber; aber auch diese soziale Frage hat von ihrer anfänglichen Schärfe viel verloren. Bevölkerung und Regierung haben sich in die Hände gearbeitet.

Josef Grunzel: Die Industrie. In: Paul Laband u. a. (Hrsg.): Handbuch der Politik. Bd. 2. Leipzig: Rothschild. 2. Auflage 1914, S. 384–404, hier S. 385–402.

Die demokratische und nationale Bewegung in der Auseinandersetzung mit dem Obrigkeitsstaat

1 Die Neuordnung Deutschlands und Europas auf dem Wiener Kongress 1814/15

25.2.1803	Reichsdeputationshauptschluss
12.7.1806	Gründung des Rheinbundes mit Napoleon als Protektor
6.8.1806	Niederlegung der Kaiserkrone durch Franz II.; Ende des Alten Reiches
1814/15	Wiener Kongress
8.6.1815	Deutsche Bundesakte
1817	Aufhebung der Leibeigenschaft im Königreich Württemberg
1818	Konstitutionelle Verfassungen in Bayern und Baden
1819	Konstitutionelle Verfassung in Württemberg
20.9.1819	Karlsbader Beschlüsse

Die „Wiener Ordnung"

Mit dem Ende der napoleonischen Herrschaft stellte sich die Frage nach der **territorialen und politischen Neuordnung Deutschlands und Europas**. Diese wurde auf dem von September 1814 bis Juni 1815 in Wien tagenden internationalen Kongress behandelt, von dem im öffentlichen Gedächtnis das geflügelte Wort vom „tanzenden Kongress" blieb. Trotz des abwertenden Urteils dienten der Kongress und seine Schlussakte der europäischen Diplomatie als Lehrstück und positives Gegenbild zum Versailler Vertragswerk von 1919. Denn in Wien saß im Gegensatz zu Versailles auch der Kriegsverlierer als Partner am Verhandlungstisch. Auf dem Wiener Kongress ging es nicht um Revanche, sondern um die Wiederherstellung des **gesamteuropäischen Kräftegleichgewichts**, das einen möglichst **dauerhaften Frieden** unter den Großmächten sichern sollte.

Die Erwartungen der Untertanen an den Kongress waren besonders in Deutschland hoch: Man erhoffte sich die Einlösung des von den Fürsten während der Befreiungskriege gegebenen Versprechens nach Verfassungen, wobei das Hauptaugenmerk auf den preußischen König und sein Versprechen von 1810 gerichtet war. Hinzu kam die Forderung nach einem Zusammenschluss der deutschen Staaten in einem einheitlichen Reich. Doch die in Wien tagenden Vertreter der Großmächte verfolgten andere Ziele. Ihnen ging es um die Wiederherstellung des **europäischen Mächtegleichgewichts**, das einen möglichst dauerhaften Frieden sichern sollte. Diesem Vorhaben würde ein deutscher Nationalstaat in der Mitte Europas im Wege stehen. Schon 1814/15 zeigte sich ganz deutlich, dass die Lösung der deutschen Frage zu keiner Zeit eine allein deutsche Angelegenheit war, sondern eine gesamteuropäische.

Drei Leitprinzipien bestimmten die Verhandlungen der europäischen Mächte:

1. **Restauration** als übergeordnetes Prinzip: Darunter verstand man die Wiederherstellung der vorrevolutionären politischen und sozialen Ordnung, nicht aber die der alten staatlichen Grenzen.
2. **Legitimität** von Herrschaft: Diese leitete sich aus der dynastischen Tradition der Herrscher ab und beruhte auf dem **Gottesgnadentum**. Das damit verbundene monarchische Prinzip richtete sich gegen alle Emanzipations- und Partizipationsbestrebungen und gegen die nationalen Einheitsbestrebungen.
3. **Solidarität** zwischen den der alten Ordnung verpflichteten Fürsten im Kampf gegen alle revolutionären Bewegungen: Zu diesem Zweck gründete der russische Zar Alexander I., der preußische König Friedrich Wilhelm III. und der österreichische Kaiser Franz I. die **Heilige Allianz**, einen Beistandspakt auf der Grundlage christlicher Prinzipien. Dieser sah gegenseitige Unterstützung und ein Interventionsrecht für den Fall vor, dass die „Wiener Ordnung" durch revolutionäre Umtriebe bedroht würde. Alle europäischen Staaten mit Ausnahme von England, dem Vatikan und dem Osmanischen Reich traten später diesem antirevolutionären Bündnis bei. Federführend war der österreichische Außenminister **Klemens Wenzel von Metternich**.

Maßnahmen und Ziele des Systems Metternich

Das System Metternich

1. Säule:	2. Säule:	3. Säule:
Legitimität	**monarchische Autorität**	**Stabilität**

Maßnahmen zur Stützung der drei Säulen:

- Gleichgewicht der europäischen Großmächte („Pentarchie")
- Österreich als Führungsmacht in Deutschland, Preußen als „Juniorpartner"
- deutsche Kleinstaaten als Gegengewicht zu Preußen
- Erhalt des Deutschen Bundes (Staatenbund) unter österreichischem Vorsitz
- Solidarität der Monarchen (Heilige Allianz)
- strikte Ablehnung von Verfassungen
- Bekämpfung liberaler, demokratischer und nationaler Bestrebungen (Zensur, Polizeistaat)

Ziele:

- Restauration vorrevolutionärer Zustände in Staat und Gesellschaft, v. a. Aufrechterhaltung der Fürstenherrschaft und der Führungsrolle des Adels
- Unterdrückung von Liberalismus und Nationalismus

Diese drei Prinzipien machen deutlich, dass es Russland, Österreich und Preußen auf dem Wiener Kongress in erster Linie darum ging, die von der Französischen Revolution verbreiteten Ideen wie nationale Einheit und politische Freiheit zurückzudrängen und stattdessen die alte Fürstenherrschaft zu sichern

Mit der Aufrechterhaltung der Fürstenherrschaft verband sich das Interesse der fünf Großmächte Frankreich, England, Russland, Österreich und Preußen nach einem **europäischen Gleichgewichtssystem (Pentarchie: „Herrschaft der Fünf“)**. Allerdings verfolgten die Großmächte dabei grundsätzlich eigene Interessen: Metternich wollte unter anderem den Ausbau Österreichs als Führungsmacht in Deutschland und einen nur lockeren Zusammenschluss der deutschen Staaten. Preußen dagegen spekulierte auf eine Einverleibung des Königreiches Sachsen und einen engeren deutschen Zusammenschluss. Zar Alexander I. strebte nach einer Westverschiebung seiner Einflusssphäre in Richtung Polen. England wollte ein kontinentales Gleichgewicht bei gleichzeitiger eigener Seeherrschaft. Daher sollte Preußen sowohl als Gegengewicht zu Frankreich als auch zu Russland aufgebaut werden; an einer Westverschiebung Russlands war London nicht interessiert. Frankreich wollte einen deutschen Nationalstaat mit allen Mitteln verhindern und bestand auf volle Gleichberechtigung. Es drängte auf die strikte Beachtung des Grundsatzes der Legitimität und unterstützte die deutschen Mittelstaaten Bayern, Baden und Württemberg in ihrem Selbstständigkeitsstreben – für die nationale Bewegung in Deutschland wurde Frankreich so zum Garanten der deutschen Zersplitterung und damit der Schwäche.

Schließlich konnte **Frankreich** durchsetzen, dass die deutschen Klein- und Mittelstaaten bis auf Sachsen, das seinen nördlichen Teil an Preußen abtreten musste, nahezu uneingeschränkt erhalten blieben und so ein Gegengewicht zu den beiden deutschen Führungsmächten Österreich und Preußen bildeten.

Preußen erhielt die nördlichen Landesteile Sachsens, die Provinz Posen und die Rheinprovinz, die der preußische König gerne gegen ganz Sachsen eingetauscht hätte. Dennoch erwies sich der Erwerb der Rheinprovinz angesichts ihrer industriell nutzbaren Wirtschaftskraft als deutlicher Gewinn für Preußen. Die Rheinprovinz bildete schließlich die Grundlage für den Aufstieg Preußens zur führenden wirtschaftlichen und in dessen Gefolge politischen Kraft in Deutschland, die 1866 Österreich aus Deutschland hinausdrängen konnte.

Österreich erreichte, dass mit Sachsen ein Pufferstaat zwischen dem eigenen Territorium und Preußen erhalten blieb. Es trat seine „vorderösterreichischen“ Gebiete in Südwestdeutschland an Baden und Württemberg ab und erhielt dafür in Italien die Lombardei und Venetien.

Polen wurde ein viertes Mal zwischen Russland, Preußen und Österreich geteilt, wobei das Zarenreich mit dem Herzogtum Warschau den Löwenanteil erhielt. Hier proklamierte Zar Alexander I. das Königreich Polen – später als „**Kongresspolen**" bezeichnet – mit einer relativ fortschrittlichen Verfassung. Allerdings behielt der Zar ein ultimatives Einspruchsrecht, das die russische Herrschaft sicherte.

Europa zur Zeit des Wiener Kongresses (1814/15)

Der Deutsche Bund als legitimistisches Bollwerk

Die nationalen Hoffnungen in Polen, Italien und Deutschland blieben auf dem Wiener Kongress unerfüllt, was die weitere Entwicklung in Europa belasten sollte. Denn ein deutscher Nationalstaat war nicht im Interesse der europäischen Großmächte, Preußens oder gar des Vielvölkerstaates Österreich. An die Stelle des 1803/1806 untergegangenen Alten Reiches trat der **Deutsche Bund**, ein lockeres Bündnis von 35 deutschen Fürsten und vier Freien Städten. Deren Beziehungen als **föderaler Staatenbund** wurden in der am 8. Juni 1815 verabschiedeten **Bundesakte** geregelt. Der **Partikularismus** als gestaltendes Element war also keineswegs beseitigt. Bemerkenswert ist, dass Preußen und Österreich nur mit einem Teil ihres Staatsgebietes, nämlich den alten Reichslanden, zum Deutschen Bund zählten.

Der Deutsche Bund (1815)

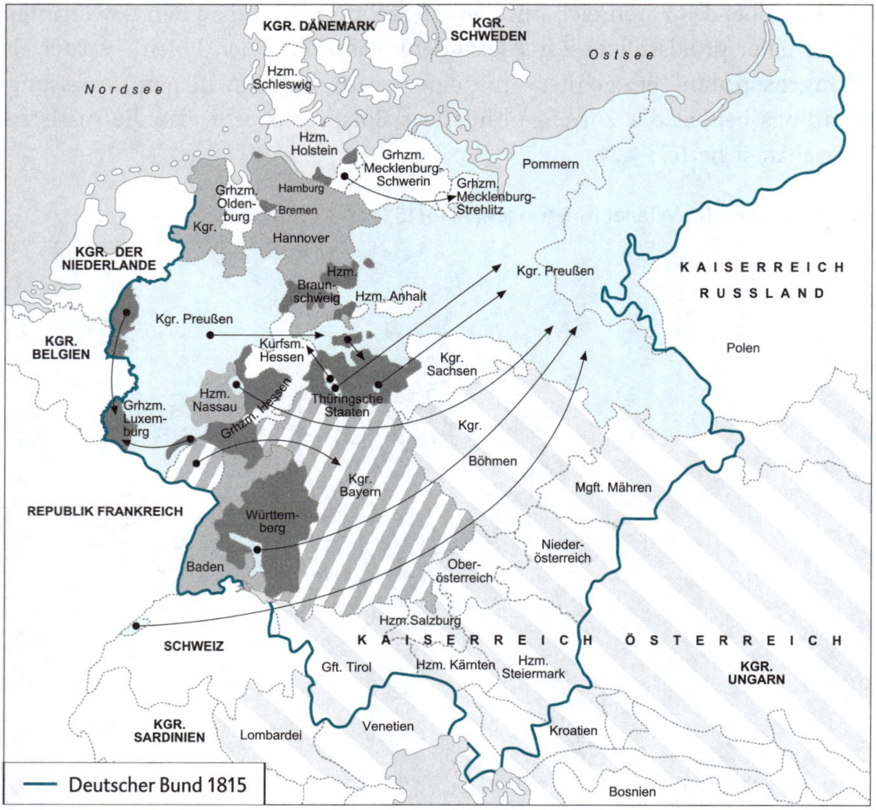

Die Bundesakte sah als einziges gemeinsames Organ die Bundesversammlung, später Bundestag genannt, mit Sitz in der Freien Stadt Frankfurt vor. Es handelte sich um einen **Kongress weisungsgebundener Gesandter unter österreichischem Vorsitz**. Der Bund war eine Zwangsorganisation, aus der man nicht austreten durfte und dessen Majoritätsbeschlüsse bindend waren.

Zu den Aufgaben des Deutschen Bundes gehörten der **Erhalt des Friedens** zwischen den Mitgliedstaaten und die **Verteidigung** gegen Angriffe von außen. Hinzu kamen die Garantie des Besitzes der Mitgliedstaaten und die Aufrechterhaltung der auf dem monarchischen Prinzip aufbauenden politischen Ordnung. Damit sollte der Deutsche Bund nicht nur der **Restauration** und der monarchisch-legitimistischen Herrschaftsform dienen, sondern auch dem Erhalt des europäischen Gleichgewichts. Dem Streben nach Liberalismus, Demokratie und einem Nationalstaat war somit ein bundesrechtlicher Riegel vorgeschoben.

Allerdings bedrohten der **preußisch-österreichische Dualismus**, d. h. der Kampf der beiden deutschen Großmächte um die Vorherrschaft in Deutschland, dieses labile System latent. „Insofern musste der Bund erst untergehen, um den Weg für eine Nationalstaatsgründung nach westeuropäischem Muster frei zu machen“ (W. Siemann). Das machtpolitische Eigengewicht Österreichs und das hartnäckige Streben der österreichischen Eliten, nicht nur zu Deutschland zu gehören, sondern auch die politischen Geschicke dort zu bestimmen, war bis 1866 zu stark, um einen deutschen Nationalstaat zuzulassen. Mithilfe des Deutschen Bundes sollte somit nicht nur Preußen gezähmt, sondern auch der Nationalstaat verhindert werden. Unübersehbar sind deshalb die **Kontinuitäten zwischen** dem **Alten Reich** und dem neuen **Deutschen Bund:**

- Der Deutsche Bund sah sich durchaus als Erbe des Alten Reiches, wie der 1. Artikel der Bundesakte belegt, wo ausdrücklich auf die „vormals zum deutschen Reich gehörigen Besitzungen“ als Territorium des Bundes verwiesen wird. **Völkerrechtlich** blieb das Alte Reich so verbindliche Richtschnur.
- Beiden gemeinsam war der **multistaatliche Charakter** und die Tatsache, dass auch ausländische Herrscher für ihre deutschen Gebiete vollberechtigte Mitglieder waren.
- **Historisches, dynastisches, ständisches und internationales Recht** galten sowohl im Alten Reich als auch im Deutschen Bund. Dies zeigte die Schleswig-Holstein-Frage (s. S. 160 ff., 182 ff.). Schleswig war kein Teil des Alten Reiches gewesen, weshalb es nicht zum Deutschen Bund gehörte. Es war in Personalunion mit Dänemark verbunden und zugleich mit dem Herzogtum Holstein kraft historischen Rechts „unteilbar“ verknüpft. Unter dem nationalstaatlichen Gedanken musste diese Rechtslage zu Konflikten führen.
- Der Deutsche Bund bekannte sich zu Rechtsverpflichtungen gegenüber „den ehemaligen Reichsständen und Reichs-Angehörigen“ (Bundesakte). Er bestätigte den hohen Adel als die „privilegierteste Klasse“ sowie dessen Rechte und Privilegien.
- Der Bund übernahm die Verpflichtungen aus dem Reichsdeputationshauptschluss von 1803 und sicherte den Mitgliedern des Deutschen Ordens und anderen Geistlichen Pensionen für den Verlust ihrer Rechte zu. Auch blieb die Reichspost in den Händen derer von Thurn und Taxis.
- Wie im Alten Reich wurde das politische Handeln ausschließlich den Regierungen zugesichert. Eine **aktive Teilhabe des Volkes wurde strikt verworfen**, was erheblichen Sprengstoff für die weitere Entwicklung barg. Man hielt an der traditionellen Vorstellung fest, dass Politik Sache der fürstlichen Kabinette bleiben müsse und nicht die einer bürgerlichen Öffentlichkeit.

Die Entstehung des deutschen Nationalismus und der „Erweckungsbewegungen"

Im Zusammenhang mit den **Befreiungskriegen** gegen die napoleonische Fremdherrschaft von 1813 bis 1815 kam es in Deutschland zu einer starken Polarisierung des politischen Bewusstseins in nahezu allen gesellschaftlichen Schichten. Es entwickelte sich ein **„deutsches" Nationalgefühl**, das Staat, Volk und Nation gleichsetzte und sich von der im 18. Jahrhundert vorherrschenden „Kulturnation" abgrenzte. So forderte die nationale Bewegung die Herstellung der deutschen Einheit. Zur Grundlage einer Nation erklärte man das in einem Volk herrschende gemeinsame Bewusstsein, einer bestimmten Kultur anzugehören (gemeinsame Sprache, Tradition, Kultur, Lebensart und Lebensauffassung). Ein solches Volk sollte in einem Staat unter einer gemeinsamen Rechts- und Wirtschaftsordnung nach eigenen Regeln und Vorstellungen zusammenleben dürfen. Da der **deutsche Nationalismus** als eine **„Befreiungsideologie"** entstanden war, begründete er die Forderung nach nationaler Einheit mit der Notwendigkeit, sich gegen äußere Feinde – insbesondere gegen die Franzosen – als Gemeinschaft behaupten zu können.

Der deutsche Nationalismus war darüber hinaus eine **„liberale Emanzipations- und Oppositionsideologie"** (H.-U. Wehler), die sich gegen die spätabsolutistischen und partikularistischen Territorialstaaten, gegen die privilegierte Stellung des Feudaladels und gegen das monarchische Prinzip des Gottesgnadentums richtete. Diese Ideologie trat ein für eine allgemeine Staatsbürgerschaft sowie für eine friedliche Zusammenarbeit der Nationalstaaten. Im Laufe des 19. Jahrhunderts entwickelte sich daraus jedoch immer mehr ein die anderen ausgrenzender, intoleranter Chauvinismus, der sich bald mit einem vom Sozialdarwinismus geprägten Rassismus unheilvoll verband.

Schon während der Befreiungskriege gegen Napoleon erhielt die politische Agitation eine neue, bislang unbekannte Qualität und Radikalität. Die Besinnung auf das angeblich Deutsche, die Abgrenzung gegenüber dem vermeintlich verwerflichen „Welschen" wurde zu einer geradezu „religiösen Erfahrung", die sich in einer immer stärker werdenden **Erinnerungskultur** ausdrückte: Zu nennen sind hier zum einen die **Feiern der nationalen Bewegung** zum Jahrestag der Völkerschlacht von Leipzig (1813) in den Jahren 1814 und 1815, die vor allem von den Studenten als Mitglieder der Freikorps und von grenzüberschreitenden Vermittlern der nationalen Idee getragen wurde. Im Oktober 1817 feierte die 1815 von Studenten in Jena gegründete Deutsche Burschenschaft den 300. Jahrestag des Thesenanschlags von Martin Luther und den vierten Jahrestag der Völkerschlacht von Leipzig als großes **Fest auf der Wartburg** zum Gedenken an die politische und geistige Befreiung Deutschlands.

Zu diesen nationalen und liberalen Entwicklungen kamen andere Strömungen. Schon während des 18. Jahrhunderts war im deutschen Protestantismus der **Pietismus** wirksam gewesen, der von großen Teilen des protestantischen Adels als eine Art **Erweckungsbewegung** verstanden wurde. Durch diese sollte die Gesellschaft wieder zu ihren christlichen Werten zurückgeführt werden. Nach Auffassung der Erweckungsbewegung waren Stand und Besitz keine Privilegien, vielmehr bedeuteten sie eine Verpflichtung gegenüber der Gesellschaft, v.a. gegenüber den Benachteiligten. Standesgrenzen waren durch den christlichen Gleichheitsgrundsatz zumindest fragwürdig. So erhielt die politische Verfassungsfrage zu Beginn des 19. Jahrhunderts einen deutlich moralischen Aspekt: Zum einen beinhaltete das christliche Postulat nach Gerechtigkeit die Anerkennung von Menschenrechten. Zum anderen wurde der Patriotismus als Eintreten für die Gemeinschaft definiert; daher galt er als notwendige verbindende Gemeinsamkeit. Da diese Forderungen die bisherige Ordnung bedrohten, wandten sich die alten Eliten und der Staat gegen sie. Der Modernisierungswille, der bei den Herrschenden durchaus vorhanden war, wurde durch eine **restaurative, reaktionäre Politik** während des **Vormärz** gebremst.

Anders verlief die Entwicklung im wirtschaftlichen Bereich: Hier entfaltete sich Deutschland bis zum letzten Drittel des 19. Jahrhunderts von einem wirtschaftlichen „Entwicklungsland" zu einer kraftvollen Industrienation, die um die Jahrhundertwende England als führende Wirtschaftsmacht ablöste.

Die Anfänge des deutschen Frühkonstitutionalismus

Die Bundesakte stellte zwar in Artikel 13 in allen Mitgliedstaaten den Erlass **landständischer Verfassungen** in Aussicht, die Forderungen nach einer deutschen Bundesverfassung blieben aber unerfüllt; darüber hinaus verweigerten Preußen und Österreich eine konstitutionelle Umgestaltung des Regierungssystems. Anders dagegen entwickelte sich die Verfassungspolitik in einigen **süddeutschen Staaten**. Dort zeigten die neuen Verfassungen (Bayern und Baden 1818, Württemberg 1819, Hessen-Darmstadt 1820) bereits Elemente eines Repräsentativsystems **(Zweikammersystem)**. Neben die traditionelle Adels- und Ständevertretung traten Parlamente (Kammern), deren Mitglieder von der wahlberechtigten Bevölkerung gewählt wurden.

Als regionale Beispiele soll hier auf das **Königreich Württemberg** und das **Großherzogtum Baden** eingegangen werden: In beiden Staaten hatten die Regierungen erkannt, dass die nach 1803 neu gewonnenen Territorien dauerhaft in den Staat integriert werden mussten, wollte man die Einheit nicht gefährden. Dies war nicht nur durch administrative Maßnahmen zu erreichen, sondern verlangte die politische Beteiligung der alten und neuen Untertanen

Badische Verfassung von 1818

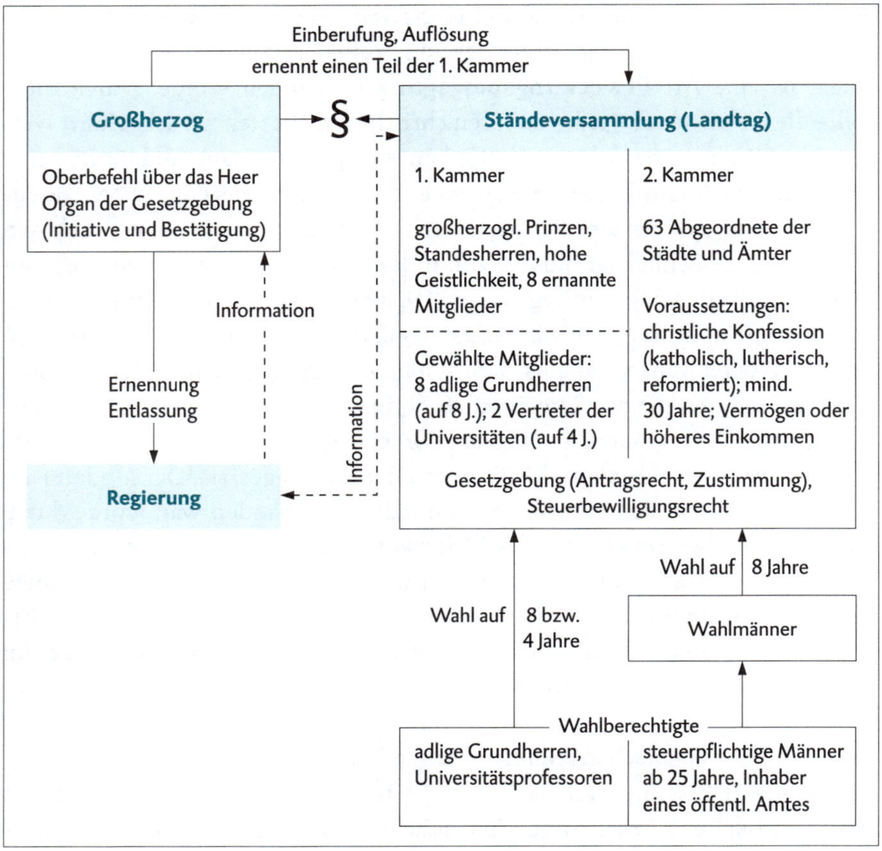

an den öffentlichen Angelegenheiten. Deren Partizipation sollte in den neuen Verfassungen von 1818 bzw. 1819 geregelt werden.

Während die **badische Verfassung** 1818 vom Großherzog **oktroyiert**, also von oben verordnet wurde, wurde die **württembergische** als einzige in Deutschland **mit dem Landtag ausgehandelt**. Sie bedeutete daher eine Rückkehr zum „alten Recht", wie es 1514 im Tübinger Vertrag festgelegt worden war (u. a. Steuerbewilligungsrecht der Stände, Mitwirkung an der Gesetzgebung). Die neuen Verfassungen sollten der schwierigen wirtschaftlichen Lage beider Länder Rechnung tragen, denn die napoleonischen Kriege hatten die Finanzkraft beider Staaten überfordert. Zudem war es 1816/17 als Folge einer globalen Klimakatastrophe durch einen Vulkanausbruch in Indonesien 1815 zu Hungersnöten gekommen. Um den Staatsbankrott abzuwehren, brauchte man neue Kredite, die von den Regierungen nicht einfach verordnet werden konnten.

Beide Verfassungen sprachen alle Rechte der Staatsgewalt allein dem Monarchen zu. Deren Ausübung wurde jedoch nicht nur durch Gesetze und unverletzliche Staatsbürgerrechte beschränkt, sondern auch durch die Mitwirkung der Bevölkerung ergänzt. Der neue Grundgedanke hieß **Repräsentation**. Erstmals gab es im **Königreich Württemberg** eine **zweite Kammer als Vertretung der Gesamtheit des Volkes**, nicht mehr nur der Stände, wie es in Altwürttemberg bisher war. In der zweiten Kammer besaßen aber nicht nur gewählte Abgeordnete Sitz und Stimme, sondern auch 23 privilegierte Abgeordnete: 13 Vertreter der Ritterschaft, 6 evangelische und 3 katholische Prälaten sowie der Kanzler der Universität Tübingen, die kraft ihres Amtes vertreten waren.

Auch in **Baden** saßen in der ersten Kammer die Vertreter des großherzoglichen Hauses, der hohen Geistlichkeit, des Adels und andere vom Großherzog ernannte Personen, während in der **zweiten Kammer 63 gewählte Abgeordnete aus den Städten und Ämtern** Sitz und Stimme hatten.

Beide Verfassungen sahen kein allgemeines und gleiches Wahlrecht vor, wie von den Liberalen gefordert, sondern ein **Zensuswahlrecht**, wodurch das Bildungsbürgertum eindeutig bevorzugt wurde. Das Verantwortungsbewusstsein, die politische Reife, musste durch eine möglichst unabhängige wirtschaftliche Stellung nachgewiesen werden. Das gewerbliche Bürgertum aus Handwerkern und Kleinhändlern mit geringem Steueraufkommen war faktisch ausgeschlossen. **Frauen** besaßen **kein Wahlrecht**, wodurch Politik weiterhin als angeblich gottgewolltes Privileg der Männer festgeschrieben wurde. Darüber hinaus schränkte die **Religionszugehörigkeit** die Rechte ein. Denn gemäß den Verfassungen waren Baden, Württemberg und Hohenzollern-Sigmaringen „christliche" Staaten. Die staatsbürgerlichen Rechte standen allein den Angehörigen der drei christlichen Konfessionen (katholisch, lutherisch, reformiert) zu.

Die Kammern entsprachen ebenfalls nicht demokratischen Parlamenten, denn sie hatten keinerlei Einfluss auf die Regierungsbildung – diese blieb dem Monarchen vorbehalten. Die Gesetzesinitiative lag ausschließlich beim Monarchen. Jedoch besaßen beide Kammern ein Antragsrecht auf ein Gesetz. Für die Verabschiedung eines **Gesetzes** bedurfte es der **Zustimmung beider Kammern** sowie der **Bestätigung durch den Monarchen**.

Ein deutlicher Fortschritt im liberalen Sinne war das **Recht der Kammern, Minister anzuklagen** (eine demokratische Ministerverantwortlichkeit gab es nicht) und über das **Staatsbudget entscheiden** zu dürfen. Letzteres war ein notwendiges Zugeständnis der Monarchen, um angesichts der Wirtschaftsmisere höhere Steuern und neue Kredite zu bekommen.

So wandelte sich die Monarchie in den süddeutschen Staaten im Gegensatz zu Preußen und Österreich von einer absolutistischen zu einer **konstitutionel-**

len Monarchie (an eine Verfassung gebunden). In der Verfassungswirklichkeit verschärften sich die Einschränkungen durch die Politik des Deutschen Bundes und durch das „Metternich'sche System" bereits kurz nach Inkrafttreten der Verfassungen mit den **Karlsbader Beschlüssen** (20. September 1819).

Württembergische Verfassung von 1819

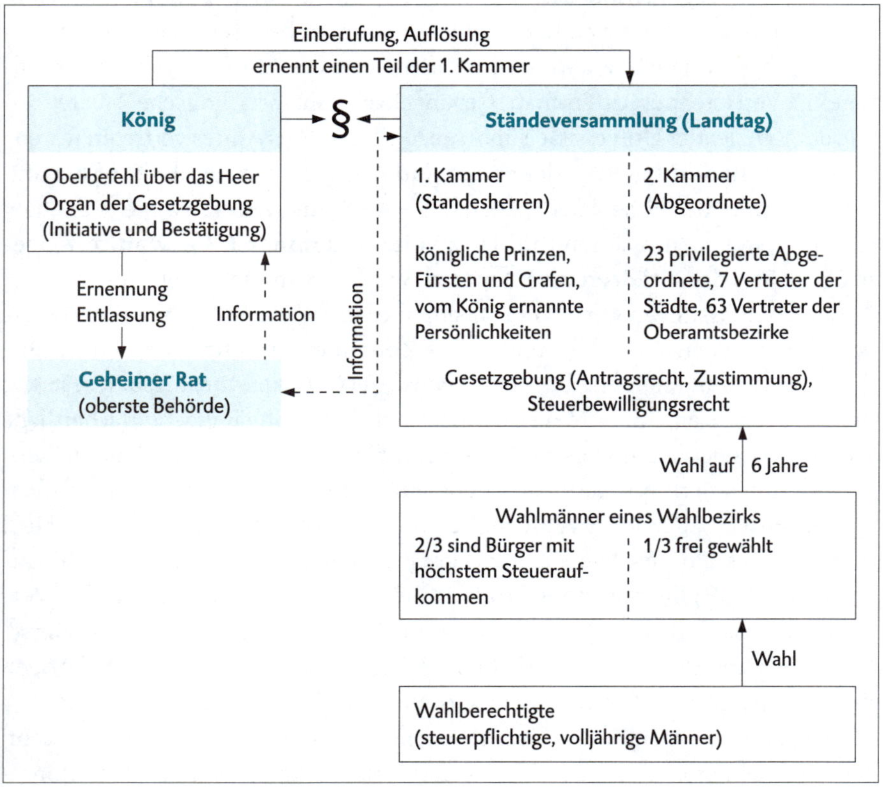

Aufgabe 15 Eine der bekanntesten deutschen Nationalgeschichten beginnt mit den Worten: „Am Anfang war Napoleon." (Thomas Nipperdey, Deutsche Geschichte 1800–1866). Erläutern Sie wesentliche von Frankreich ausgehende Impulse auf den deutschen Raum, indem Sie auf Napoleons Politik gegenüber Deutschland und deren Folgen eingehen.

Aufgabe 16 Erklären Sie, was man unter dem Begriff „Wiener Ordnung" versteht.

Aufgabe 17 Beurteilen Sie die Möglichkeit der Schaffung eines deutschen Nationalstaates im Jahr 1815.

2 Die Zeit des Vormärz (1815–1848)

1811	Gründung der Turnbewegung durch Friedrich Ludwig Jahn
1815–1848	Vormärz
12.6.1815	Gründung der Deutschen Burschenschaft in Jena
18 10.1817	Wartburgfest
1818	Preußisches Zollgesetz
23.3.1819	Ermordung August von Kotzebues durch Karl Ludwig Sand
20.9.1819	Karlsbader Beschlüsse
8.6.1820	Inkrafttreten der Wiener Schlussakte
1830/31	Unruhen als Folge der französischen Julirevolution
27.–30.5.1832	Hambacher Fest
22.3.1833	Gründung des Deutschen Zollvereins (Inkrafttreten: 1.1.1834)
18.11.1837	Protest der „Göttinger Sieben“

Mit dem Begriff **Vormärz** wird im weiteren Sinn die Zeit zwischen dem Ende des Wiener Kongresses 1815 und dem Ausbruch der Märzrevolution 1848 bezeichnet. Im engeren Sinn umfasst der Begriff die Zeit zwischen der Julirevolution in Frankreich 1830 und der Revolution von 1848. In Deutschland ist diese Phase vom **Widerstand weiter Teile des Bürgertums** gegen die restaurative Wiener Ordnung geprägt. Außerhalb des Deutschen Bundes zeigten sich nationale Bestrebungen in Südamerika, Spanien, Portugal, im zersplitterten Italien sowie im Freiheitskampf der Griechen gegen die türkische Fremdherrschaft.

Die Zeit zwischen 1815 und 1848 war wesentlich bestimmt von den Spannungen und Konflikten zwischen den **restaurativen, reaktionären** (auf dem Status quo beharrenden) **Kräften**, die im monarchischen Obrigkeitsstaat die einzige mögliche Organisationsform sahen, und den fortschrittlichen, von den Ideen der Aufklärung und der Französischen Revolution beeinflussten, auf Modernisierung auch im politischen und gesellschaftlichen Bereich drängenden Kräften des **Liberalismus und Nationalismus**.

2.1 Politische Strömungen: Liberalismus, Nationalismus und Konservatismus

Der Liberalismus

Der politische Liberalismus – der Begriff wurde erstmals 1812 im spanischen Freiheitskampf geprägt – ist eine Staats- und Gesellschaftstheorie, in deren Mittelpunkt das **Individuum** und seine **freie Entfaltung** in Politik, Gesellschaft und Wirtschaft steht. Der Liberalismus beruht auf der Vertrags- und Naturrechtslehre der Aufklärung und verlangt daher die Beschränkung der staatlichen Macht durch eine Verfassung **(Konstitutionalismus)**. Grundlage des liberalen Verfassungsstaates ist die persönliche Freiheit des Einzelnen sowie die Selbstständigkeit des Menschen im Denken, Urteilen und Handeln als **mündiger Bürger**. Der Eigennutz des Menschen, vor allem sein Gewinnstreben, ist für die Gemeinschaft nützlich, solange er vernünftig, d. h. verantwortlich, ausgeübt wird und Freiheit, Toleranz und Gleichberechtigung als Gegengewichte hat; Freiheit ist daher immer „gebundene Freiheit". Die Herrschaftsgewalt geht nach liberalen Vorstellungen vom Volk (gemeint sind die besitzenden Bürger) aus **(Volkssouveränität)**, das durch **Wahlen** (meist Zensuswahlen) die Herrschaft legitimiert. Zur Sicherung des Individuums und der Gemeinschaft muss **Rechtsstaatlichkeit** herrschen, durch die das Recht auf Freiheit, Leben und Eigentum geschützt werden soll.

Voraussetzung für die von den Liberalen geforderte bürgerliche Partizipation und für die Entwicklung der Wirtschaft ist eine allgemeine **Volksbildung**. Diese sollte ein politisches Bewusstsein schaffen, um künftig Diktatur und Absolutismus zu verhindern. Notwendig sind dazu **Bürgerrechte** wie Pressefreiheit, Vereins- und Versammlungsfreiheit als sogenannte Schutzrechte. Auf wirtschaftlichem Gebiet verlangen die Liberalen, dass sich der Staat jeglicher Einmischung enthält **(„Nachtwächterstaat")**. Er sollte lediglich für die innere Ordnung und Sicherheit sowie für die Eigentumsfreiheit sorgen.

Der Liberalismus war hauptsächlich die **Ideologie des Besitz- und Bildungsbürgertums**, wobei sich in Deutschland bereits ein Teil des Bildungsbürgertums mit dem Staat arrangiert hatte, indem es als Beamte in seinen Dienst getreten war und ihm loyal diente. Auch bei der akademischen Jugend und den Literaten war das liberale Gedankengut auf fruchtbaren Boden gefallen. In ihrem Handeln und in ihren Schriften drückten sie den scharfen **Protest gegen die Reaktion, den Polizeistaat und den fürstlichen Partikularismus** aus. Viele junge Dichter traten für eine „Politisierung der Literatur" ein. Aber auch in den zahlreichen Turnvereinen entwickelte sich eine Jugendbewegung, die Traditionen wie Gottergebenheit und Gehorsam radikal infrage stellte, nationale Zusammengehörigkeit und Freiheit auf ihre Fahne schrieb und die – oft im Untergrund – Aufklärungsarbeit gegen den Obrigkeitsstaat, die soziale Ausbeutung und den fürstlichen Egoismus leistete.

Zwar entwickelte sich der Liberalismus in Deutschland im Vormärz zur **stärksten politischen Bewegung**, aber die verstärkten Repressalien des Metternich'schen Systems (s. S. 117 f.) führten innerhalb der liberalen Bewegung zu einer Spaltung. Verantwortlich dafür waren die unterschiedliche Interpretation des Gleichheitsprinzips sowie die Frage, wie man auf den Unterdrückungsstaat reagieren sollte. Der **gemäßigte Flügel** lehnte eine radikale Revolution nach französischem Vorbild ab und wollte Reformen durch einen Kompromiss mit den Fürsten erreichen. Die Gemäßigten fürchteten v. a. den wachsenden Einfluss der Arbeiterschaft und deren sozialistische Ideen. Sie verlangten daher, die **politische Partizipation** – z. B. durch ein Zensuswahlrecht – **auf die Bourgeoisie zu beschränken.** Denn in ihren Augen hatten nur die Besitzenden und Steuerzahlenden ein Interesse am Erhalt und Funktionieren des Staates. Eingriffe in das Eigentumsrecht lehnten sie ausdrücklich ab. Nationale Einheit ging für einen Großteil der gemäßigten Liberalen vor Freiheit und Volkssouveränität.

Dagegen verlangte der **radikale Flügel** die **uneingeschränkte Durchsetzung der Volkssouveränität und der sozialen Gleichheit** in einem demokratischen Staat. Nationale Einheit ohne Demokratie war für die Radikalen nicht möglich, da zur äußeren Einheit die Integration aller Menschen in den Staat gehörte. Vor allem südwestdeutsche liberal-demokratische Publizisten, Geheimbünde sowie Emigranten in der Schweiz und in Frankreich vertraten diese Ideen.

Die Spaltung der liberalen Bewegung

gemäßigte Liberale		**Radikale/Demokraten**
	Träger	
• Bildungsbürgertum • Wirtschaftsbürgertum • Beamtentum		• Kleinbürgertum • freiberufliche Intelligenz • Arbeiterschaft
	Ziele • Verfassung • Rechtsstaatlichkeit • Nationalstaat	
	Forderungen	
• konstitutionelle Monarchie • Rechts- und Verfassungsstaat • Mitbestimmungsrechte • Zensuswahlrecht • freie Wirtschaft und einheitlicher Markt • Kompromissbereitschaft gegenüber den alten Mächten aus Furcht vor sozialer Revolution		• demokratische Republik oder parlamentarische Monarchie • soziale Rechte • gleiches Wahlrecht • soziale Bindung des Eigentums und Marktkontrolle • keine Zugeständnisse gegenüber den alten Mächten
Reformen		Revolution

Politische Strömungen und ihre Forderungen

<table>
<tr><th></th><th>Liberalismus</th><th>Nationalismus</th><th>Konservatismus</th></tr>
<tr><td>Ausgangslage</td><td>• Tradition der Aufklärung: individuelle, „gebundene“ Freiheit, Selbstbestimmung, rechtliche Gleichheit
• freie Entfaltung des Individuums</td><td>• moderne Integrationsideologie („Kulturnation“)
• Reaktion auf napoleonische Fremdherrschaft
• Gegenbewegung zum landesfürstlichen Partikularismus</td><td>• antimoderne Kampfideologie
• Gegenbewegung zu Aufklärung und Liberalismus</td></tr>
<tr><td>Träger</td><td>Besitz- und Bildungsbürgertum</td><td>Bildungsbürgertum, Burschenschaften, Turnvereine</td><td>Fürsten, Adel, Teile des Bürgertums (v. a. Beamtentum)</td></tr>
<tr><td>Forderungen</td><td colspan="2">• Konstitutionalismus
• Rechts-/Verfassungsstaat
• deutscher Nationalstaat
• Volkssouveränität (Legitimation der Herrschaft durch Wahlen)
• Menschen- und Bürgerrechte
• freie Marktwirtschaft
• Volksbewaffnung</td><td>• monarchische Herrschaft (Gottesgnadentum)
• Erhalt der traditionellen, von Gott legitimierten Ständeordnung
• Ablehnung der Volkssouveränität und des Nationalstaates
• „Hoheit der Geburt“ statt individuelle Leistung
• Ablehnung des Gleichheitsprinzips
• Wahrung des Eigentumsrechts</td></tr>
</table>

Der Nationalismus

In Frankreich hatte die Begeisterung für die Sache der Revolution und die „Levée en masse“ (Volksaufgebot für den Militärdienst) der Revolutionskriege zu einem Gefühl der Zusammengehörigkeit geführt. Dieses verband sich mit der Idee des Dritten Standes von der „einen, unteilbaren Nation“, die alles selbst leistet und die sich gegenüber anderen abgrenzt, zum Nationalismus. Im Zusammenhang mit der französischen Expansion während der Revolutionskriege entstanden zunächst in Spanien, dann auch in Deutschland als Reaktion auf die französische Fremdherrschaft eine **patriotische Begeisterung** und ein eigenes Bewusstsein der Zusammengehörigkeit. Dieses Nationalbewusstsein

entwickelte sich aus dem Wissen um die gemeinsame Geschichte, Kultur und Sprache **(„Kulturnation")**. Daraus leitete sich schließlich das Streben nach nationaler Einheit und der Herausbildung von **Nationalstaaten** ab. In diesem Sinne war der Nationalismus eng verbunden mit dem Liberalismus, der schon aus wirtschaftlichen Gründen nach einem Einheitsstaat strebte.
Der Nationalismus war eine moderne **Integrationsideologie**, die zugleich eine Antwort auf das Krisenbewusstsein innerhalb der bürgerlichen Gesellschaft beim Übergang von der alten Welt in die Moderne geben wollte. Durch die bewusste **Abgrenzung von anderen Nationen und Völkern** begann man, sich seiner spezifischen Identität bewusst zu werden. Der Nationalstaat wurde zum beherrschenden Bezugspunkt, der zunehmend die vormodernen Orientierungspunkte wie Kirche, Dorf oder Kleinstaat ersetzte. In Deutschland wandte sich der Nationalismus im Bündnis mit dem Liberalismus gegen jede Form der Fremdherrschaft und gegen den Obrigkeitsstaat der partikularen deutschen Fürsten.
Im Laufe des 19. Jahrhunderts veränderte sich der Nationalismus immer mehr zum radikalen **Chauvinismus**, der kämpferisch und intolerant den Interessen der jeweils eigenen Nation diente. Er vertrat die Ansicht, dass das eigene Volk den anderen Völkern überlegen sei und daher besondere Vorrechte besitze. Verbunden war der Chauvinismus zumeist mit dem Rassismus, wonach das eigene Volk den anderen Völkern rassisch überlegen sei und daher ein „Herrenrecht" besitze.

Der Konservatismus

Der Konservatismus (von lat. *conservare* = erhalten) entstand als **Gegenbewegung zur Aufklärung und zum Liberalismus**. Er vertrat ein sich an Traditionen und den überlieferten Hierarchien in Staat und Gesellschaft orientierendes Ordnungsdenken. Trägerschichten waren die **Fürsten**, der **Adel** und das staatlich gebundene **Bildungsbürgertum**.

Die Konservativen lehnten anders als die Reaktionäre Reformen nicht grundsätzlich ab; sie wollten jedoch das Alte erhalten, wenn es sich bewährt hatte. Typisch war der Glaube an ein Walten der göttlichen Vorsehung in der Geschichte. Danach waren politische Probleme vor allem moralische Probleme. Edmund Burke, der „geistige Vater" des Konservatismus, verlangte demzufolge ein Handeln „in der Verantwortung vor den Toten, den Lebenden und den Ungeborenen".

Ausgehend von der „Hoheit der Geburt" anstelle von individueller Leistung lehnten die Konservativen sowohl die Volkssouveränität und den Gleichheitsgrundsatz als auch den Nationalstaat ab, da es dem Volk an politischer

Reife fehle und eine chaotische Pöbelherrschaft drohe. Zudem würde der Nationalstaat die legitimen traditionellen Rechte der Monarchen verletzen. Der Staat wurde als „feudale Grundherrschaft" verstanden, in der der Monarch seine ordnende Aufgabe als Patriarch erfüllen müsse. Die **dynastische Herrschaft der Fürsten** und deren „monarchische Souveränität" gründe sich auf das traditionelle und bewährte **Gottesgnadentum** und kenne daher keine bürgerliche Beteiligung an der Macht. Sie traten somit für die Herrschaft einer Elite ein, wobei der Adel diese Elite repräsentierte. Auch die **traditionelle Ständeordnung** mit ihren abgestuften Rechten und Pflichten galt als von Gott legitimiert und war daher unumstößlich.

Angesichts des tief greifenden Wandels von Wirtschaft und Gesellschaft durch die Industrialisierung verwarfen die Konservativen den Rationalismus, das Fortschrittsdenken und das Individualprinzip als für den Menschen schädlich. Über die Forderung nach uneingeschränkter Wahrung des Eigentumsrechts waren sich Konservative und Liberale einig, eine freie Marktwirtschaft lehnten die Konservativen aber als verantwortungslos gegenüber den Menschen ab. Die Wirtschaft sollte stattdessen im Dienste des Staates und der Gemeinschaft stehen. Die Konservativen standen fest zur Restauration und zur Legitimität der Stände, der Obrigkeit und der Staaten.

2.2 Die Auseinandersetzung zwischen Restauration und liberal-nationaler Opposition (1815–1830)

Gegner der auf dem Wiener Kongress festgelegten territorialen und dynastisch-legitimistischen Ordnung waren nicht nur das Bildungsbürgertum, sondern auch die akademische Jugend. Neben radikalen Gruppen, die eine völlige Neugestaltung des politischen Lebens mit revolutionären Mitteln anstrebten, traten gemäßigte liberal-nationale Gruppen, die in schwärmerischer Weise eine Rückbesinnung auf ein christlich-altdeutsches Wesen anstrebten (u. a. Orientierung an der Religion, Ablehnung ausländischer Einflüsse). Der geografische Schwerpunkt der liberalen und nationalen Bewegung lag im **deutschen Südwesten**, da hier die Ideen der Französischen Revolution am nachhaltigsten wirkten.

Innerhalb der national-liberalen Opposition nahm die um 1811 von **Friedrich Ludwig Jahn** (1778–1852) gegründete **Turnbewegung** einen herausragenden Platz ein. Jahn verband sein Streben nach körperlicher Ertüchtigung der Jugend (für den Kampf gegen Napoleon) mit einem intensiven **Werben für die nationale Einheit** der Deutschen in Freiheit. Schon bald machte sich in dieser Bewegung chauvinistisches Gedankengut breit: Deutschtümelei und die zunehmende Verachtung alles Fremden, insbesondere alles Französischen, bestimmten die Organisation. Der preußische Staat, der anfänglich die Turnbewegung für den Kampf gegen die Franzosen instrumentalisierte, begegnete den Turnervereinen zusehends misstrauischer und sorgte schließlich durch strikte Kontrolle dafür, dass sich die Turnbewegung nicht zu einer staatsgefährdenden Kraft entwickeln konnte. Dennoch blieb die **Turnerschaft** eine **treibende Kraft innerhalb der liberalen Opposition**.

Der wichtigste Träger der nationalen und freiheitlichen Bestrebungen war jedoch die Studentenschaft mit ihren **Burschenschaften**. Auch hier fungierte „Turnvater“ Jahn als ein bedeutender Vorkämpfer. Nach seinen Vorstellungen sollte die Burschenschaft „ein freies Gemeinwesen freier Leute“ sein, das sich **für die nationale Einheit und die politische Freiheit der Deutschen** einsetzt. Die Studenten verstanden sich als Patrioten, deren Aufgabe es war, den Partikularismus in den eigenen, landmannschaftlichen Organisationen (Vereinigungen der Studenten nach regionaler Zugehörigkeit) zu überwinden und die Studenten in einer einheitlichen Burschenschaft zusammenzuführen.

Ausgangspunkt dieser Bewegung war die Universität Jena, deren Studenten einen Großteil der gegen Napoleon kämpfenden Freischaren stellten. Dieses Kriegserlebnis war die Quelle des nationalen Bewusstseins. Im Juni 1815 wurde die **Jenenser Burschenschaft** als sogenannte **Urburschenschaft** gegründet, die anderen studentischen Verbindungen in Jena lösten sich auf. Ein Jahr später gab sich die Burschenschaft ein einigendes Motto: „Ehre, Freiheit, Vaterland“. Auf Vorschlag Jahns wurden die Farben **Schwarz-Rot-Gold** zum **nationalen Symbol** erklärt, in Erinnerung an die Freiheitskriege (Farben der Uniformen des Lützow’schen Freikorps) und die Reichsfahne des Heiligen Römischen Reiches.

Von Jena griff die neue studentische Bewegung rasch auf andere deutsche Universitäten über, wobei sich bisweilen die neuen Burschenschaften programmatische Namen wie „Germania“, „Teutonia“ oder „Arminia“ gaben, um dadurch ihre **deutsch-nationale Gesinnung** zum Ausdruck zu bringen. Das einigende Band der Burschenschaften war das Bekenntnis zur nationalen Einheit Deutschlands sowie die Ansicht, dass weder Preußen noch Österreich in einem deutschen Nationalstaat eine Führungsrolle innehaben sollten. Im Übrigen waren die politischen Vorstellungen uneinheitlich: Neben konservativen, liberalgemäßigten gab es viele demokratisch-republikanische Burschenschaften.

Das **Wartburgfest** der protestantischen Burschenschaften 1817 zum Gedenken an den 300. Jahrestag der Reformation („Thesenanschlag“ Martin Luthers 1517) und den 4. Jahrestag der Völkerschlacht bei Leipzig 1813 wurde ein Fanal des national-freiheitlichen Prinzips. Die protestantischen Studenten – Katholiken und Juden waren ausgeschlossen – formulierten in einer ersten programmatischen Zusammenstellung die **Leitgedanken des liberalen Nationalismus** in Deutschland. Sie forderten:

- die politische und wirtschaftliche Einheit Deutschlands anstelle eines zerstörerischen Partikularismus,
- eine militärische Stärkung Deutschlands,
- liberale Verfassungen mit Ministerverantwortlichkeit,
- Freiheit anstelle eines Polizeistaates,
- Gleichheit aller vor dem Gesetz anstelle der feudalen Gesellschaft und
- Rechtsstaatlichkeit anstelle staatlicher Willkür.

Eine **radikale Minderheit**, die sich mit ihren demokratisch-republikanischen Forderungen nicht durchsetzen konnte, unternahm am ersten Abend des Festes einen demonstrativen politischen Akt in Form einer **Bücherverbrennung**. Sie verbrannten zwanzig Bücher antinationaler und antiliberaler Tendenz, darunter den „Code Napoléon", damals das modernste Gesetzbuch, das in zahlreichen Ländern des Deutschen Bundes immer noch galt. Für die Studenten dagegen war der „Code" Ausdruck der französischen, „undeutschen" Fremdherrschaft. Ferner verbrannten sie Symbole des fürstlichen Militärwesens mit seinem menschenunwürdigen Drill und seinen Unterdrückungsmechanismen: einen Korporalstock, einen friderizianischen Zopf und eine Ulanenuniform. Daneben wurde auf dem Fest der **Antisemitismus** spürbar, denn man verbrannte auch die Schriften des jüdischen Dichters Saul Ascher, während die Menge antisemitische Parolen rief.

Das Wartburgfest hatte eine doppelte Wirkung: Zum einen nahm die Politisierung des akademischen Lebens immer weiter zu, wobei sich zunehmend radikale Gruppen bildeten, z. B. die **„Altdeutschen"**, die sich zum republikanisch-demokratischen Einheitsstaat bekannten und den Tyrannenmord zur Erreichung dieses Ziels für berechtigt hielten. Die Gießener **„Unbedingten"**, die den demokratisch-revolutionären Flügel anführten, wollten gar die deutschen Einzelstaaten auflösen und einen zentralistischen Einheitsstaat schaffen. Dieser sollte völlige Rechtsgleichheit, ein demokratisches Wahlrecht, Verantwortlichkeit von Ministern und Beamten sowie eine allgemeine Dienstpflicht in einer Nationalmiliz gewähren. Das Volk sollte das Staatsoberhaupt auf Lebenszeit wählen. Die Kirchen sollten in einer einheitlichen „deutschen Kirche" zusammengeschlossen werden, wenn nötig durch Zwang.

Zum anderen nahm **Metternich** das Wartburgfest als willkommenen Anlass, unter den Fürsten die Furcht vor einer Revolution zu schüren und seinen **reaktionär-legitimistischen Kurs** zur Stabilisierung der „Wiener Ordnung" durchzusetzen. Doch die meisten deutschen Fürsten, vor allem der preußische

König, folgten seinen Forderungen zunächst nicht. So nahmen die Unruhen an den Universitäten immer weiter zu. Als im März 1819 der Theologiestudent **Karl Ludwig Sand**, Anhänger der radikalen „Unbedingten", in Mannheim den Schriftsteller und russischen Generalkonsul **August von Kotzebue ermordete**, der als Agent der zaristischen Regierung entlarvt worden war, bot dies Metternich die Gelegenheit, seinen polizeistaatlichen Kurs gegen die staatsgefährdenden Bestrebungen durchzusetzen.

Die 1819 erlassenen **Karlsbader Beschlüsse** des Deutschen Bundes beinhalteten die Einrichtung einer zentralen Untersuchungskommission in Mainz, das Verbot der Burschenschaften, die Verfolgung und Amtsenthebung von „Demagogen" sowie die Pressezensur und die Überwachung der Universitäten. Von den Bundesstaaten wurde ein striktes Vorgehen gegen die nationale, liberale und demokratische Opposition erwartet. Doch einige Bundesstaaten reagierten mit Vorbehalten, weil sie ihre Souveränität eingeschränkt sahen.

Die **Wiener Schlussakte**, die die Deutsche Bundesakte ergänzte, verschärfte 1820 den antiliberalen Kurs. Diese legte fest, dass der Herrscher nur in wenigen Fällen an die Mitwirkung des Parlaments gebunden sein sollte. Metternich wollte damit besonders den süddeutschen Liberalismus – waren doch in den Landtagen Süddeutschlands immer wieder Forderungen nach Liberalisierung laut geworden – eindämmen. Das **„System Metternich"**, der **Polizei- und Spitzelstaat**, sollte die liberale und nationale Bewegung in der Bevölkerung unterdrücken und die **alte Ordnung sichern**. So wurde zum Beispiel „Turnvater" Jahn 1819 ohne Gerichtsverfahren für fünf Jahre eingekerkert und danach in einer Kleinstadt unter Polizeiaufsicht gestellt.

Aus Enttäuschung über die nicht zustande gekommene deutsche Einheit zogen sich weite Teile des Bürgertums ins Private zurück. Während des **Biedermeiers** suchten die Menschen die Geborgenheit und Ruhe des eigenen Heims. Gemälde aus dieser Zeit (z. B. von Carl Spitzweg und Moritz von Schwind) zeigen einerseits das gewachsene Selbstbewusstsein des Bürgertums, andererseits den **Rückzug ins Unpolitische**. Die eigene Wohnung sollte in einer unruhigen Zeit Ordnung und Halt bieten. Die Familie wandelte sich von der traditionellen Zweckgemeinschaft zu einem intimen Hort der Geborgenheit. Die **bürgerliche Kleinfamilie**, in der sich Hausherr und Hausfrau in ihren Rollen ergänzten, wurde zur Idealfamilie.

Besonderen Wert legte das Bürgertum auf die **Bildung**. Es entwickelte sich eine eigene Kunst und Kultur des Bürgertums, das sich nun intensiv mit Literatur, Malerei und Hausmusik beschäftigte. Die Menschen entdeckten die Natur als Idylle und Ort der Erholung. In diesem Sinne griff die Kultur des unpolitischen Biedermeiers zurück auf die **Romantik**. Deren Träger waren intellektuelle Rebellen, die Dichtung, Philosophie und Gesellschaftskritik zusammenführen wollten. Sie wandten sich bewusst gegen die Aufklärung und deren Verabsolutierung der Vernunft, deren Glauben an den menschlichen Verstand und deren Nützlichkeitsdenken. Politisch gingen die Romantiker unterschiedliche Wege: Viele beschritten den einer **verträumten Rückbesinnung** auf die angebliche Größe des alten, mittelalterlichen Reiches (z. B. Ludwig Tieck). Dessen Krisen und Fehlschläge führten sie auf die „welsche Tücke" zurück, dem die reine „deutsche Seele" nicht gewachsen war. Die Vertreter der Romantik **verklärten die vorindustrielle Welt** zur Idylle, in der Gemeinsinn noch eine entscheidende Rolle gespielt hätte. Auf der Suche nach dem „Wesen der Deutschen" sammelten sie Sagen und Märchen (Gebrüder Grimm) oder Volkslieder. Der Vernunft stellten sie das Gefühl entgegen und priesen die Natur als Spiegel der Seele des Menschen. Viele Künstler schufen Landschaftsbilder voller Mystik als Ausdruck ihrer Suche nach einer anderen, menschengerechteren Welt (z. B. Caspar David Friedrich).

Trotz der politischen Repressionen, trotz des Rückzugs weiter Teile des Bürgertums ins Private und trotz des Abtauchens der liberalen und nationalen Kräfte in den Untergrund entwickelte sich die bürgerliche Gesellschaft auf einem Gebiet nahezu ungehindert weiter: auf dem des privaten Unternehmertums. Der Staat begünstigte auch in Baden und Württemberg die **Entwicklung einer liberal-kapitalistischen Wirtschaft** und förderte dabei die Privatinitiative (s. S. 56 ff.). Diese Zugeständnisse an das **freie Unternehmertum** dienten nicht nur dem wirtschaftlichen Aufschwung, sondern auch als Ventil für die aufstrebende, aber politisch machtlose Bourgeoisie.

2.3 Der Vormärz (1830/31 bis März 1848)

Die politische Entwicklung in Deutschland und Europa

Zwischen 1820 und 1830 lag eine Art politischer „Friedhofsruhe" über Deutschland und Europa. Doch mit der Zäsur von 1830 begann eine Phase des politischen und gesellschaftlichen Aufbruchs, in der die liberalen, demokratischen und nationalen Kräfte nicht mehr zu unterdrücken waren. Ausgangspunkt dieser neuen **oppositionellen Welle gegen das restaurative System** war Frankreich, wo im Juli 1830 die Herrschaft der Bourbonen durch die **Julirevolution** endgültig beendet wurde. König **Karl X.** hatte eine **kompromisslose Restaurationspolitik** betrieben, die die Abgeordneten veranlasste, der Regierung in einer Adresse an den König das Misstrauen auszusprechen.

Karl X. ließ daraufhin die Abgeordnetenkammer auflösen und Neuwahlen ausschreiben. Zugleich hob er die Pressefreiheit auf und beschränkte das Wahlrecht ausschließlich auf die Grundbesitzer. Im Kampf um eine neue Staatsform forderte die Pariser Arbeiterschaft die Errichtung einer Republik. Sie konnte sich aber nicht gegen die Interessen der Bourgeoisie durchsetzen. Am 2. August 1830 dankte Karl X. schließlich ab. Sieben Tage später wurde der mit den Liberalen sympathisierende Herzog **Louis-Philippe von Orléans** zum **„Bürgerkönig"** gewählt und auf die Verfassung vereidigt. Mit der Errichtung der sogenannten **Julimonarchie** endete in Frankreich die Restaurationszeit. Die neue Monarchie konnte sich nicht mehr auf das Gottesgnadentum und die Tradition berufen, sondern sie war an die Verfassung und die Beschlüsse der Volksvertretung gebunden.

Entflammt durch die französische Julirevolution wurden in anderen Teilen Europas die **liberal-nationalen Bewegungen** wieder belebt:

- In **Belgien** kam es 1830 zum Aufstand katholischer und liberaler Kräfte gegen die niederländische Krone, der mit der **Proklamation der Unabhängigkeit der belgischen Provinzen** endete. 1831 mussten die Niederlande die Unabhängigkeit Belgiens anerkennen. Der neue Staat und seine Neutralität wurden von den europäischen Großmächten garantiert.
- Im November 1830 erhoben sich die **Polen** gegen die zaristische Herrschaft. Unter dem Motto „Für eure und unsre Freiheit" appellierten sie an die Solidarität der europäischen Völker, jedoch vergebens. Trotz aller Hilfsbereitschaft, vor allem der deutschen Liberalen, **scheiterte der Aufstand**. Polen wurde 1832 russische Provinz. Tausende von Freiheitskämpfern flohen ins Ausland. Als sich 1846 die Polen in Krakau erhoben, annektierte Österreich die Stadt.

Auch in Deutschland zeigte die Julirevolution ihre Wirkung. In einigen Staaten (z. B. in Sachsen und Hannover) erzwangen 1830/31 liberale Erhebungen, an denen sich neben Studenten auch Kaufleute, Gastwirte, Handwerker und Arbeiter beteiligten, Verfassungen. Der Druck der öffentlichen Meinung nahm zu. Die Mitglieder der literarischen Bewegung **„Junges Deutschland"** (u. a. Ludwig Börne, Heinrich Heine, Karl Gutzkow) propagierten im Stil des politischen Journalismus die politische Machtübernahme durch das Bürgertum. Sie lehnten den bisherigen Staat und den sozialen Status quo als Unterdrückung und Unrecht ab. Sie verlangten ein Ende jeglicher Bevormundung, auch durch die Kirchen, und eine Abkehr vom Spießbürgertum. Am Beginn der Entwicklung hin zu einer immer breiter werdenden politischen Öffentlichkeit stand eine **„Leserevolution"** infolge der allgemeinen Schulpflicht sowie der Ausweitung der gymnasialen Bildung und der Universitäten. Immer mehr

Menschen waren in der Lage, Tageszeitungen, Zeitschriften, Broschüren und Flugschriften zu lesen und sich an politischen Diskussionen zu beteiligen. Geradezu explosionsartig entwickelte sich das **Vereinswesen**, wenn sich auch die meisten Vereine wenigstens nach außen unpolitisch gaben.

Die **liberale Opposition gegen das Metternich'sche System** formierte sich vor allem im deutschen Südwesten. In den süddeutschen Landtagen wurden erneut Forderungen nach Menschen- und Bürgerrechten sowie nach einer liberalen Verfassungs- und Justizreform laut. Besonders unruhig war es in der **bayerischen Pfalz**, denn König **Ludwig I. von Bayern** (König: 1825–1848), der anfänglich ein liberales Regiment geführt hatte, zeigte sich in zunehmendem Maße **verfassungsfeindlich und reaktionär**. Die Pfälzer aber hatten fast 20 Jahre unter französischer Herrschaft ein relativ liberales Regiment kennengelernt und besaßen enge Verbindungen zu demokratischen Gruppen im französischen Elsass. Im Mai 1832 versammelten sich trotz des Verbots durch die bayerische Regierung über 30 000 Menschen, darunter viele im deutschen Exil lebende Polen, auf dem Hambacher Schloss zur ersten politischen Massendemonstration gegen die Kräfte der Reaktion in Deutschland.

Auf dem **Hambacher Fest** forderten die liberalen, demokratischen und nationalen Kräfte (u. a. Philipp Jacob Siebenpfeiffer und Josef Wirth) in ihren Reden Freiheit sowie die Gründung eines National- und Verfassungsstaates. Den deutschen Fürsten warfen sie ein Festhalten am Partikularismus vor, durch den Deutschland geschwächt würde. Der Deutsche Bund war für die Oppositionsbewegung nichts anderes als ein Mittel der Reaktion zur Verhinderung von Einheit und Freiheit. Als äußeres Zeichen hatten die Beteiligten die Farben **Schwarz-Rot-Gold** gewählt, die von nun an zu den Farben der liberal-demokratischen Bewegung in Deutschland wurden und es bis heute geblieben sind.

Besonders betont wurde die Solidarität mit den Polen und den Franzosen, „der Deutschen Brüder“. Daher begnügte man sich nicht mit Forderungen nach Freiheit und Einheit, nach Vaterland und „Volkshoheit“, sondern man forderte **Solidarität mit allen Völkern** in ihrem Kampf um nationale Selbstbestimmung und Freiheit und man verlangte die Schaffung eines **Völkerbundes**.

Die **Reaktion der alten Mächte**, besonders die Metternichs, blieb nicht aus. Unterstützt von Preußen forderte der österreichische Staatskanzler ein entschiedenes Vorgehen gegen die „Pest der Revolution“, wie er sagte. Metternich war zu allem entschlossen, denn schon die süddeutschen Verfassungen waren für ihn nur der Anfang vom Ende der legitimen monarchischen Ordnung. Daher griffen die noch 1832 in Frankfurt beschlossenen Maßnahmen tief in die Rechte der Landtage in den konstitutionellen Staaten ein und verschärften die Zensur sowie das Versammlungs- und Vereinigungsverbot erheblich.

Auseinandersetzungen zwischen Restauration und liberal-nationaler Opposition

Restauratives Vorgehen		Liberale und nationale Ereignisse
18. September (bis 9. Juni 1815) Wiener Kongress zur Neuordnung Deutschlands und Europas	**1814**	
8. Juni/26. September Gründung des Deutschen Bundes und der Heiligen Allianz als Instrumente der Restauration, Legitimität und Solidarität	**1815**	**12. Juni** Gründung der „Deutschen Burschenschaft" in Jena; Motto: „Ehre, Freiheit, Vaterland"; Farben: Schwarz-Rot-Gold
	1817	**18. Oktober** Wartburgfest der protestantischen Studenten; Verbrennung antinationaler und -liberaler Schriften (u. a. Bundesakte, Code Napoléon)
20. September Karlsbader Beschlüsse: • Verbot der Burschenschaften • Pressezensur • Überwachung der Universitäten • „Demagogenverfolgung"	**1819**	**23. März** Ermordung des russischen Generalkonsuls August von Kotzebues durch den Studenten Karl Ludwig Sand; weitere Attentate
8. Juni Wiener Schlussakte: Verfolgung aller nationalen und liberalen Bestrebungen	**1820**	
	1830/31	revolutionäre Unruhen in mehreren deutschen Staaten und zahlreichen Städten
seit Juni Gesetze und Maßnahmen des Deutschen Bundes zur Unterdrückung der liberal-nationalen Opposition: Verschärfung des Metternich'schen Polizeistaates (Zensur, Verfolgung)	**1832**	**29. Januar** Gründung des Preß- und Vaterlandsvereins **27.–30. Mai** Hambacher Fest; Forderungen: • Verfassungsstaat, Volkssouveränität • Nationalstaat • Menschen- und Bürgerrechte • Freiheitsrechte für alle Völker • Errichtung eines europäischen Völkerbundes
4. Dezember Verhaftung der „Göttinger Sieben"	**1837**	**18. November** Protest der „Göttinger Sieben"

Selbst das Tragen der Farben Schwarz-Rot-Gold wurde verboten. Die bayerische Regierung stationierte Truppen in der Pfalz, um dort für Ruhe und Ordnung zu sorgen. Der **Metternich'sche Polizei- und Überwachungsstaat** kontrollierte das öffentliche Leben im Deutschen Bund, und einige deutsche Regierungen gingen mit Zwangsmaßnahmen gegen die Opposition vor. So wurden 1837 sieben liberale Professoren der Universität Göttingen aus dem Königreich Hannover vertrieben **(„Göttinger Sieben")**, darunter die Gebrüder Wilhelm und Jakob Grimm, die gegen die Aufhebung der Verfassung protestiert hatten. Aber die Repressionen konnten die Opposition und den Protest gegen die Restaurationspolitik nicht unterbinden, zumal einige Länder die Beschlüsse nicht umsetzten. Trotz einer wahren Flut von Polizei- und Gerichtsaktionen, kam es zu einer deutlichen **Politisierung immer größerer Teile der Bevölkerung**.

Die Entwicklung der wirtschaftlichen Einheit Deutschlands: Der Deutsche Zollverein (1833/34)

Hinter der Forderung nach der Schaffung eines einheitlichen deutschen Nationalstaates standen auch ökonomische Motive, denn die **politische Zersplitterung im Deutschen Bund** mit seinen 39 souveränen Staaten behinderte die wirtschaftliche Entwicklung erheblich. Eine Vielzahl von **Binnenzöllen** sorgte für kleine, begrenzte Märkte, für die sich moderne Investitionen kaum lohnten und die den Binnenhandel erschwerten. Eine großräumige Erschließung Deutschlands für den Warenaustausch durch verbindende moderne Verkehrswege war so kaum möglich. **Unterschiedliche Maße und Gewichte** sowie **Währungen** in den einzelnen Ländern hemmten die Wirtschaft beträchtlich. Die Maß- und Gewichtseinheiten galten besonders in den kleineren Territorien als Symbol ihrer staatlichen Souveränität und wurden eifersüchtig gehütet. Angesichts der rückständigen Gesellschaftsstrukturen sowie der Dominanz der großgrundbesitzenden Eliten konnte sich ein modernes, gewinnorientiertes und innovatives Unternehmertum kaum entwickeln und durchsetzen. Kaufleute, gewerbliche Unternehmer und die wenigen Großbankiers traten daher für die Schaffung eines **einheitlichen Binnenmarktes** ohne Zölle und Handelsschranken ein.

Der Reutlinger Ökonom **Friedrich List** (1789–1846) hatte schon früh erkannt, dass die Überwindung der wirtschaftlichen Rückständigkeit der meisten deutschen Staaten für die innere Stabilität notwendig war (s. S. 51 f.). Denn es bestand ein deutliches Missverhältnis zwischen der niedrigen Zahl an Arbeitsplätzen im handwerklichen Gewerbe (und bei den Manufakturen) sowie der hohen Zahl an Arbeitsuchenden, zu der auch die Bauernbefreiung beigetragen hatte. Nach dem Ende der napoleonischen Kontinentalsperre (1806–1814) überfluteten **billige englische Waren** den deutschen Markt. Diese ließen die ohnehin schon niedrigen Erträge im Handwerk und die Löhne, insbesondere im Textilbereich, noch weiter sinken. In vielen Gebieten Sachsens, Westfalens und Schlesiens war die Lage der bürgerlichen Unterschichten katastrophal; immer mehr Menschen lebten in Armut. Massenarmut und Verelendung **(Pauperismus)** wurden zum sozialen Sprengstoff (s. S. 67 ff.).

Voraussetzung für den wirtschaftlichen Aufschwung war ein **einheitlicher nationaler Wirtschaftsraum**, der eine überregionale Wirtschaftsentwicklung ermöglichte. 1818/19 schaffte Preußen alle Binnenzölle innerhalb seines Staatsgebietes ab und wurde damit zum Vorreiter. Aus ökonomischem Interesse (Fehlen eines zusammenhängenden Territoriums) setzte sich Preußen an die Spitze derer, die eine gesamtdeutsche Wirtschaftseinheit forderten. Preußen tat dies aus verschiedenen Gründen: Die Modernisierung des Staates verlangte höhere Staatseinnahmen, die durch Wirtschaftswachstum erreicht werden sollten. Durch die **Bauernbefreiung** setzte eine erste **Landflucht** ein und schuf ein für den Staat gefährliches Armutsproblem, das nur durch neue Arbeitsplätze im Gewerbe zu lösen war. Der Warenaustausch, insbesondere die Versorgung mit Lebensmitteln, verlangte nach einem grenzüberschreitenden Verkehrsnetz.

Preußen versuchte daher, das Problem auf nationaler Ebene im Rahmen des Deutschen Bundes zu lösen, scheiterte aber am Widerstand Österreichs und Bayerns. Daher erhielt der Deutsche Bund in Fragen von Zoll und Handel nur ein unverbindliches Beratungsrecht, während den **Einzelstaaten volle Handels- und Zollhoheit** garantiert wurde. Preußen gelang es, als wirtschaftlich aktivster Einzelstaat im Bund zur führenden Wirtschaftsmacht aufzusteigen.

Während das **preußische Zollgesetz** von 1818 über 100 Zolltarife strich und die verschiedenen Geldsorten innerhalb der preußischen Gebiete abschaffte, gelang eine solche Lösung in Süddeutschland nicht; nur **Bayern** und **Württemberg** bildeten 1828 eine **Zollunion**. Im gleichen Jahr kam auf Betreiben Österreichs der **Mitteldeutsche Handelsverein** zustande, der sich gegen den ebenfalls 1828 gegründeten Preußisch-Hessischen Zollverein richtete.

Die süddeutschen Staaten gerieten durch die Abriegelung des wirtschaftlich und finanziell stärkeren norddeutschen Raums unter Druck. Bayern und Württemberg näherten sich daher Preußen an. 1829 kam es zur Bildung eines gemeinsamen zollpolitischen Blocks, dem sich mit Ausnahme Österreichs die anderen deutschen Staaten nicht mehr entziehen konnten. 1833 entstand so mit Wirkung zum 1. Januar 1834 der **Deutsche Zollverein** unter Führung Preußens. Österreich blieb außerhalb des Zollvereins – auf wirtschaftlichem Gebiet bestand also schon vor 1871 die „kleindeutsche Lösung“.

Der Zollverein verbesserte in erster Linie die Rahmenbedingungen für die aufstrebende preußische Industrie (Ruhrgebiet, Oberschlesien) und die Handelsbourgeoisie. Zudem war er Voraussetzung für die Schaffung einer „Nationalökonomie" und die Herstellung der politischen Einheit. Durch den Zollverein konnten die nationalen Produktivkräfte entwickelt und gefördert werden, sodass sich **Deutschland** zu einer **Industrie- und Handelsnation** entwickeln konnte (s. S. 36 ff.). Von entscheidender Bedeutung für die weitere wirtschaftliche Entwicklung war jedoch der **Eisenbahnbau**, der ein neues Verkehrssystem zwischen den Einzelstaaten entstehen ließ (s. S. 51 ff.).

Aufgabe 18 Beschreiben Sie die wichtigsten politischen Strömungen zwischen 1815 und 1848. Gehen Sie dabei auch auf die Träger und deren Forderungen ein.

Aufgabe 19 Kennzeichnen Sie die Verhältnisse in Deutschland vor der Revolution von 1848 aus der Sicht der Liberalen.

Aufgabe 20 Charakterisieren Sie den Deutschen Bund.

3 Die Revolution von 1848/49 in Deutschland

	Vorgeschichte: Frankreich
22.2.1848	Ausbruch der Februarrevolution in Paris, Barrikadenkämpfe, Flucht des „Bürgerkönigs" Louis Philippe nach London
24.2.1848	Ausrufung der Zweiten Republik in Paris
10.12.1848	Wahl Louis Napoleons (Enkelsohn von Napoleon) zum Präsidenten
	Vorgeschichte: Baden
12.9.1847	Offenburger Programm der Demokraten
10.10.1847	Heppenheimer „Protokoll" der gemäßigten Liberalen
	Die Revolution in Deutschland
27.2.1848	Mannheimer Volksversammlung formuliert die „Märzforderungen"
5.3.1848	Heidelberger Versammlung: Einladung zur Vorbereitung einer verfassunggebenden deutschen Nationalversammlung
13.3.1848	Barrikadenaufstand in Wien: Metternich muss fliehen
18.3.1848	Barrikadenaufstand in Berlin: Zugeständnisse der Regierungen
31.3.–4.4.1848	Frankfurter Vorparlament: Vorbereitung von Wahlen für eine verfassunggebende Nationalversammlung
12.4.1848	Ausrufung der Republik durch Friedrich Hecker in Konstanz und revolutionäre Bewegung in Baden
20.4.1848	Niederschlagung des Heckerzuges durch Bundestruppen bei Kandern und Freiburg; Scheitern des radikalen Umsturzversuchs
18.5.1848	Zusammentritt der verfassunggebenden Nationalversammlung in der Frankfurter Paulskirche
23.8.–3.9.1848	Arbeiterkongress in Berlin: Gründung der „Allgemeinen deutschen Arbeiterverbrüderung"
26.8.1848	Waffenstillstand von Malmö zwischen Preußen und Dänemark
18.9.1848	Septemberaufstand gegen die Nationalversammlung; Scheitern der radikalen Revolution
Okt. 1848	Kaiserliche Truppen erobern das aufständische Wien
Nov. 1848	Preußisches Militär rückt auf Befehl des Königs wieder in Berlin ein
5.12.1848	oktroyierte Verfassung in Preußen
21.12.1848	Verabschiedung der „Grundrechte des Deutschen Volkes" durch die Nationalversammlung
27./28.3.1849	Verkündung der Verfassung und Wahl des preußischen Königs Friedrich Wilhelm IV. zum Deutschen Kaiser
28.4.1849	Ablehnung der Kaiserwürde durch Friedrich Wilhelm IV.
Mai–Juni 1849	„Reichsverfassungskampagne" in Sachsen, der Pfalz und Baden
30.5.1849	Umzug des „Rumpfparlaments" nach Stuttgart
18.6.1849	Auflösung des „Rumpfparlaments" durch württembergische Truppen
23.7.1849	Kapitulation der Festung Rastatt; Rückkehr zur reaktionären Politik

3.1 Voraussetzungen

1844 schrieb der Berliner Journalist Adolf Glassbrenner den ersten Vers von Schillers Ode „An die Freude“ um in „Freiheit, schöner Götterfunken“, denn das sei es, was Schiller wirklich gemeint habe. Diese kleine Episode sagt viel über die damals im Bürgertum herrschende Stimmung aus. Es gärte in Deutschland, und im Gegensatz zu 1789 war man jetzt bereit, für Freiheit, Emanzipation und Partizipation zu kämpfen.

Nicht nur in Deutschland bremste die Bourgeoisie den revolutionären Elan, wenn die unteren Bevölkerungsschichten, die neue Arbeiterschaft mit sozialistischen Ideen, an der Macht beteiligt werden wollten und eine sozial gerechte Wirtschafts- und Gesellschaftsordnung einforderten. Dies war nicht im Sinne der Bourgeoisie, die die soziale Revolution ebenso fürchtete wie die alten Mächte die politische. Denn die von Not und Elend der Frühindustrialisierung betroffenen Bevölkerungsschichten verbanden mit Veränderung und Revolution die Hoffnung auf eine grundlegende Verbesserung ihrer materiellen Notlage, ein Ende des Pauperismus in einer sozial gerechten Welt.

Die **Revolution von 1848/49** war ein **gesamteuropäisches Ereignis**. Ihren Ausgang nahmen die Entwicklungen in Paris im Februar 1848. Barrikadenkämpfe zwischen Aufständischen und königlichen Truppen führten zur Abdankung des französischen Bürgerkönigs Louis-Philippe sowie zur Ausrufung der Zweiten Republik **(„Februarrevolution“)**. Die neue Regierung führte das allgemeine Wahlrecht für Männer ein und verankerte die demokratischen Grundrechte in einer Verfassung. Darüber hinaus sollte die Arbeitslosigkeit durch die Einrichtung von „Nationalwerkstätten“ (berufsbezogene Kooperativen von Handwerkern und Arbeitern) sowie durch öffentliche Arbeitsmaßnahmen bekämpft werden.

Von dieser Euphorie getragen und gefördert durch die neuen Mittel und Wege der Kommunikation, die Eisenbahn und die elektromagnetischen Telegrafenlinien, breitete sich die revolutionäre Bewegung schließlich auch im Deutschen Bund aus.

Geistig-ideologische Voraussetzungen

Zu den geistig-ideologischen Voraussetzungen der Revolution von 1848/49 gehörten die **Naturrechtsphilosophie** des 17. und 18. Jahrhunderts (John Locke, s. S. 23 f., 26 und Charles de Montesquieu) und der **Wirtschaftsliberalismus** (Adam Smith, s. S. 24 ff.). Deren Hauptgesichtspunkte waren:

- die allgemeine Menschenwürde und die Unverletzlichkeit der Person,
- die Unverletzlichkeit des persönlichen Eigentums,

- die Rechtsgleichheit aller Menschen,
- die Idee, dass Herrschaft nicht göttlichen Ursprungs ist, sondern die Folge eines Gesellschaftsvertrages,
- Gewaltenteilung und -kontrolle,
- Volkssouveränität,
- religiöse und geistige Toleranz sowie
- wirtschaftliche Selbstbestimmung und Selbstentfaltung.

Bedeutsam waren ferner die **Emanzipations-, Partizipations- und Menschenrechtsbewegungen in Amerika und Frankreich** im 18. Jahrhundert, die ihren Höhepunkt mit der amerikanischen Unabhängigkeitserklärung von 1776 und der Französischen Revolution von 1789 erreichten. Zu ihren zentralen Forderungen gehörten allgemeine und unveräußerliche Menschenrechte, die staatsbürgerliche Gleichstellung aller Menschen eines Staates, die Garantie der individuellen, gebundenen Freiheit, die Sicherheit vor staatlicher Willkür sowie das Recht auf Leben und Unversehrtheit der Person. Diese Postulate beeinflussten wie auch die durch die Revolutionskriege geförderten politischen Strömungen des Nationalismus und Liberalismus (s. S. 127 ff.) die Emanzipationsbewegungen in Deutschland nachhaltig.

Politische Voraussetzungen

Der seit 1832 verstärkte **Druck der monarchistisch-legitimistischen Kräfte** bewirkte eine deutliche Zunahme der Opposition. Insbesondere in den verfassungslosen Staaten Österreich und Preußen führte die Missachtung der in der Bundesakte von 1815 angekündigten Einführung von landständischen Verfassungen zu einem großen Unruhepotenzial. Aber auch in den Klein- und Mittelstaaten trat die **kompromisslose Repressionspolitik** immer deutlicher zutage.

Zudem belebte die **Rheinkrise** von 1840 den deutschen Nationalismus und verschärfte die Abgrenzung gegenüber Frankreich, in dem man den Hauptgegner eines geeinten Deutschland sah. Frankreich strebte die Aufhebung der auf dem Wiener Kongress abgeschlossenen Verträge von 1815 und die „Rückgewinnung" der Rheingrenze als Kompensation für das Scheitern seiner Orientpolitik an. Letzteres hatte zum Ausbruch eines neuen, militanten Nationalismus in Frankreich geführt („Auf zum Rhein! […] Man setze die nationale Bewegung fort durch den Krieg!"). Dieser wiederum rief einen zunehmend radikaler werdenden Nationalismus in Deutschland gegen die französische Bedrohung hervor. (Nikolaus Becker dichtete dazu: „Sie sollen ihn nicht haben, den freien deutschen Rhein, ob sie gleich gier'gen Raben sich heiser danach schrei'n.")

Sozio-ökonomische Voraussetzungen

Die fortschreitende **Auflösung der Agrargesellschaft** und die immer stärkere **Kapitalisierung der Landwirtschaft** führten zu einer Auswanderungswelle, zur verstärkten Landflucht und in deren Folge zur Urbanisierung mit Wohnungsnot und Slumbildung (s. S. 72 ff.). Der Mangel an Arbeitsplätzen außerhalb der Landwirtschaft verursachte Arbeitslosigkeit und Massenelend.

Durch die Einführung der Gewerbefreiheit (s. S. 47 f.) und die beginnende Industrialisierung kam es zuerst im Handwerk zu einer zunehmenden Verelendung, vor allem bei den Heimwerkern im Textilbereich (Verlagssystem). **Industrialisierung** und Mechanisierung führten so zu einer neuen gesellschaftlichen Schicht: die Lohnarbeiter, das „Proletariat". Ihre Arbeits-, Wohn- und Lebensbedingungen waren äußerst schlecht, die Löhne reichten oft nicht für den Lebensunterhalt, sodass die Arbeiterschaft einen ständig drohenden Unruheherd bildete (s. S. 74 ff.).

Das **Bevölkerungswachstum** zwischen 1800 und 1850 betrug um 50 Prozent (s. S. 15 ff.). Es erhöhte den sozialen Druck und verschärfte die Soziale Frage, da nicht genügend Arbeitsplätze vorhanden waren. Der Verfall der Löhne verstärkte die Proletarisierung vieler Handwerker (50–60 Prozent der Menschen in Deutschland lebten damals am Rande des Existenzminimums).

Zwischen 1844 und 1877 verursachten Missernten Hungersnöte und beschleunigten die Massenverelendung. An vielen Orten führten sie zu **„Brot- und Hungerkrawallen"**. Höhepunkt war das Jahr 1847, als es z. B. in Berlin, Köln, Nürnberg, Stuttgart und Ulm zu erheblichen Unruhen kam.

Als Folge der wirtschaftlichen Entwicklung kam es auf dem Geld- und Kreditsektor zu einer umfassenden Krise, die den Eisenbahnbau, den Leitsektor der Industrialisierung und des wirtschaftlichen Fortschritts gefährdete.

3.2 Die Gesellschaft am Vorabend der Revolution von 1848/49

Der Adel

Trotz der sich abzeichnenden Auflösung der feudalen Strukturen und wirtschaftlichen Bindungen stellte der **Adel** noch immer die **politische und soziale Elite**. Er bildete keine einheitliche Gruppe, sondern unterteilte sich in den Hochadel, den Kleinadel sowie den Hof- und Dienstadel.

Der **Hochadel** setzte sich aus den regierenden Fürsten des Deutschen Bundes sowie den Standesherren mit Privilegien und politischen Vorrechten (u. a. Sitz und Stimme in der ersten Kammer der Landesparlamente und Ausübung der niederen Gerichtsbarkeit) zusammen. Die Standesherren bildeten die Mittelgewalten zwischen Landesherr und Bevölkerung mit eigener Bürokratie. Die soziale Lage der von ihnen Abhängigen war besonders in Baden, Bayern und Württemberg durch Doppelbesteuerung schlecht; dies barg großen sozialen Konfliktstoff.

Der **Kleinadel** (in Preußen die **„Junker“**) stellte die größte Gruppe: Vor allem die ostelbischen Junker waren die Hauptgewinner der Agrarreformen. Sie verloren zwar an politischer Macht, gewannen dafür aber an wirtschaftlichem Einfluss und an sozialem Prestige. Ferner konnte der Kleinadel seine Stellung als lokale Obrigkeit (Polizeigewalt, Patrimonialgerichtsbarkeit) aufrechterhalten. Unter den Kleinadligen gab es auch einige Anhänger der konstitutionellen Monarchie (in Preußen z. B. Heinrich von Gagern; in Österreich die „Konstitutionelle Adelspartei“, die sich im März 1848 hervortat).

Der **Hof- und Dienstadel** widersprach dem bürgerlichen Anspruch auf Gleichberechtigung und freien Zugang zu allen öffentlichen Ämtern. Er war die Stütze der monarchischen Gewalt in Bürokratie, Armee, Diplomatie und Regierung („Gravitationszentrum der Gegenrevolution“), in Preußen auch „Kamarilla“ genannt. Ab 1820 setzte – insbesondere in Preußen – eine zunehmende „Adelsrestauration“ in der Verwaltung ein.

Das Bürgertum

Das Bürgertum war die **aufstrebende Schicht**. Es bildete – wie der Adel – keine einheitliche, geschlossene Schicht, sondern zerfiel in zum Teil widerstreitende Gruppen. Das **Wirtschaftsbürgertum** war zwar zahlenmäßig relativ klein, aber wirtschaftlich führend, wobei es einen starken Drang zeigte, die wirtschaftliche Kraft in politische Macht umzusetzen. Deshalb trat es für Wirtschaftsliberalismus, Freiheit und Freizügigkeit ein. Eine Einschränkung des Eigentumsrechtes und sozialpolitische Veränderungen lehnte es strikt ab. Das Wirtschaftsbürgertum bildete im preußischen Landtag unter den Liberalen die stärkste Gruppe.

Das **Beamten- und Bildungsbürgertum** im Staatsdienst profitierte aufgrund seiner Bildung am stärksten von der staatlichen Modernisierung. Es verdrängte bis in die 1820er-Jahre zunehmend den alten Adel aus der Verwaltung und bildete schon bald die neue Schicht des **Amtsadels** mit dem Prädikat „von“. Das Bildungsbürgertum blieb zwar in seiner Mehrheit gegenüber den alten Eliten kritisch, stand aber zum Großteil in einem Abhängigkeitsverhältnis zum Staat, dem es zur Loyalität verpflichtet war. Diese Gruppe eignete sich daher nicht als Vorkämpfer des Liberalismus.

Ausnahmen gab es vor allem im deutschen Südwesten: z. B. Karl von Rotteck in Baden. Hier gaben Vertreter des Bildungsbürgertums Revolutionszeitungen heraus und waren an revolutionären Programmen beteiligt.

Die **freiberuflich tätige bürgerliche Intelligenz** trennte sich um 1830 von den beamteten Akademikern. Sie war zum größten Teil materiell nicht abgesichert („Proletarier der Geistesarbeit") und besaß daher ein größeres Gespür für die Nöte und das Elend des einfachen Volkes. Die freiberufliche Intelligenz zeichnete sich durch ihre **demokratisch-revolutionäre Gesinnung** aus, für die sie auch die Kleinbürger, Bauern und Arbeiter gewinnen wollte. Sie organisierte im Vormärz **„Preß- und Vaterlandsvereine"** und war an revolutionären Programmen (z. B. dem „Offenburger Programm" von 1847) beteiligt. Bekannte Vertreter waren unter anderen Heinrich Heine, Ludwig Börne, Gustav Struve, Philipp Jakob Siebenpfeiffer, Friedrich Hecker und Julius Fröbel.

Das **Kleinbürgertum** war eine diffuse Gruppe, die hauptsächlich aus Handwerksmeistern, Kleinkaufleuten und Händlern bestand. Es verteidigte mehrheitlich die traditionellen Zunft- und Gewerbeordnungen und wandte sich gegen Zuwanderung bzw. Betriebsansiedlungen. Die Angehörigen dieser Gruppe waren in der Regel **sozial-konservativ** gesinnt und traten für eine „Eigentümergesellschaft" sowie für die Stärkung des gewerblichen Mittelstandes als Stütze von Staat und Wirtschaft ein. Durch die Liberalisierung der Wirtschaft und die Industrialisierung, die zu einer Verschlechterung seiner wirtschaftlichen Lage führte, sah sich das Kleinbürgertum beständig **vom sozialen Abstieg ins Proletariat bedroht**, sodass es politisch **häufig radikaldemokratisch** eingestellt war. Gerade deshalb war es streng darauf bedacht, einen bürgerlichen Lebensstil zu führen, um sich von den Unterschichten abzugrenzen. In den Landtagen war das Kleinbürgertum kaum vertreten, da seine Angehörigen aufgrund ihrer lokalen wirtschaftlichen Tätigkeiten zumeist ortsgebunden waren.

Das Bauerntum

Trotz der fortschreitenden Industrialisierung bildeten die Bauern noch immer die **größte gesellschaftliche Gruppe**. Um 1800 arbeiteten 62 Prozent der Erwerbstätigen in der Landwirtschaft, 1850 waren es immerhin noch 55 Prozent, d. h., 1848 war Deutschland überwiegend ein agrarisch geprägtes Land: Mit dem **Bevölkerungswachstum auf dem Land**, ausgelöst durch eine hohe Geburten- und eine sinkende Sterberate, konnten Produktivität und Produktion nicht Schritt halten (besonders betroffen waren die Realteilungsgebiete im deutschen Südwesten). Dies führte zu Verarmung und massenhafter Landflucht (Emigration ins Ausland oder in die Städte, s. S. 70 ff.). Die Konfliktfreudigkeit der Landbevölkerung war abhängig von der Höhe der jeweiligen Besitzrechte und der Grundbelastungen. Besonders in Preußen war die **Kapitalisierung der Landwirtschaft** durch die Agrarreformen am Beginn des Jahrhunderts weit fortgeschritten. Aus vielen Bauern waren Kleinpächter und Tagelöhner geworden, die nun ein **Landproletariat** bildeten. In Schlesien führte die unvollständige Ablösung des Feudalismus zu Konflikten, die durch die Krise des Verlagswesens im Textilbereich verschärft wurden und erheblichen sozialen Sprengstoff boten. Das mittlere Bauerntum kämpfte beständig mit Problemen bei der Produktivität und den Agrarpreisen.

Dennoch war die **bäuerliche Mittelschicht** trotz ihrer Belastungen **konservativ und königstreu**, wehrte sich aber vor allem in Süddeutschland gegen die alten Standesherren. Missernten bedrohten die Kleinbauern in ihrer Existenz und führten dazu, dass sich der Großgrundbesitz ausweiten konnte; die **soziale Kluft auf dem Land vergrößerte sich** zunehmend.

Das Proletariat – der Vierte Stand

Als Folge der Industrialisierung entwickelte sich eine neue soziale Schicht: der Vierte Stand, das Proletariat (s. S. 74 ff.). Diese Gruppe bildete die **Unterschichten der Gesellschaft** und war alles andere als homogen: Den größten Teil des Volkes bildeten **Handarbeiter und Tagelöhner**. Sie waren nahezu ohne ausreichende Existenzsicherung und daher abhängig von der Arbeit ihrer Frauen und Kinder sowie von der Nahrungsmittelproduktion in Kleingärten. Die **Armen** (Bettler, Vaganten, ehemalige Leibeigene) waren die Hauptopfer der wirtschaftlichen Umwälzungen; unter ihnen verbreiteten sich und dominierten sozialrevolutionäre Ziele.

Das **Gesellenproletariat** war durch die Veränderungen im Gewerbe und Handel in seiner Existenz bedroht und besaß daher ein relativ hohes politisches Bewusstsein, wozu auch die Gesellenwanderungen beitrugen. Die Gesellen organisierten sich in „Gesellenvereinen" und verbündeten sich oft mit der freiberuflichen, bürgerlichen Intelligenz.

Die **lohnabhängigen Heimgewerbetreibenden** waren die sozialen und wirtschaftlichen Absteiger, da ihre Arbeit im Rahmen des Verlagswesens immer unrentabler wurde. Sie waren in hohem Maße Opfer von Ausbeutung durch Verleger, wogegen sie sich letztlich vergebens wehrten (z. B. Weberaufstand in Schlesien 1844).

Die damals noch zahlenmäßig kleinste Gruppe bildeten die **Fabrikarbeiter** (in Preußen 4,2 %). Sie lebten am Rande des Existenzminimums, wurden ausgebeutet und waren ohne jegliche soziale Absicherung.

Insgesamt barg die **Soziale Frage** ein für das politisch-soziale System bedrohliches **Konfliktpotenzial**.

3.3 Die verschiedenen Handlungsebenen der Revolution

Die Revolution von 1848/49 war für die Zeitgenossen nicht nur eine **politische**, sondern auch eine **soziale Revolution**. Der berühmte Historiker Leopold von Ranke glaubte im März 1848, erkennen zu können, dass „aus dem Inneren der europäischen Gesellschaft eine Macht hervor [steige], die Population der Fabrik, um die Gesellschaft umzustoßen" oder sogar – „von der Wut der roten Republik besessen" – die Macht an sich zu reißen.

In der Tat verbanden sich 1848/49 die beiden Revolutionen miteinander, sodass die Ereignisse seit März 1848 von einem **„Pluralismus von Handlungsebenen"** (H.-U. Wehler) gekennzeichnet sind, die sich gegenseitig bedingten. Dabei richtet sich der Blick neben den wechselnden Ereignissen und Schauplätzen auch auf die Schwerpunkte und Träger der Revolution.

1. Handlungsebene – die Revolution auf dem Land („Bauernrevolution")

In ihren Anfängen war die Revolution von 1848 vor allem eine **„agrarsoziale Revolution"**, die zum Teil auch gewaltsam war. Sie wandte sich gegen die Ausbeutung des Landproletariats (Landarbeiter, Tagelöhner) und gegen die Belastungen durch die Ablöseleistungen als Folge der Bauernbefreiung (s. S. 41 ff.).

2. Handlungsebene – die Revolution in den Städten

Träger waren hier die **städtischen Unterschichten** (Gesellen, Arbeiter) und Angehörige der **Mittelschichten** (kleine Kaufleute, Gewerbetreibende, Studenten und einige Bildungsbürger, vereinzelt auch Honoratioren). Diese Gruppen erhöhten den revolutionären Druck bis zu den Straßen- und Barrikadenkämpfen in Wien und Berlin.

3. Handlungsebene – das Vorgehen der Volksversammlungen und Vereine

Ihre Vertreter verfolgten **unterschiedliche Ziele mit friedlichen Mitteln**, aber dennoch unüberhörbar, weil es ihnen gelang, sich schnell und wirkungsvoll zu organisieren (politische Vereine, Parteien und Assoziationen). Sie waren verbunden mit den ländlichen und städtischen Revolutionen, deren Drohpotenzial sie nutzten. Sie forderten Wahlen zu einer allgemeinen Nationalversammlung und die Zulassung von politischen Parteien als Träger des öffentlichen Willens. Sie nutzten unterschiedliche Medien, um auf die Öffentlichkeit und die Herrschenden Druck auszuüben.

4. Handlungsebene – das Vorgehen der politischen Eliten

Schauplätze waren die Hauptstädte verschiedener Staaten, in denen es den Liberalen gelang, in die Regierungen einzuziehen **(„Märzminister")** oder zumindest ihre Forderungen **(„Märzforderungen")** durchzusetzen, und die Frankfurter Paulskirche. Das Geschehen an diesen Orten hing von zwei Faktoren ab: Einerseits von der aggressiven Kraft der Volksbewegungen auf dem Land und in den Städten sowie von der Fähigkeit der Vereine und Verbände, die Massen zu mobilisieren. Andererseits von der Haltung der einzelstaatlichen Regierungen, von ihrer Handlungsfähigkeit, ihrer Kooperationsbereitschaft und ihrem Durchsetzungsvermögen.

5. Handlungsebene – die Reaktion der konservativen und liberalen Regierungen
Die konservativen und liberalen Regierungen waren zunächst geschwächt und in der Defensive. Da die konservativen Staaten Preußen und Österreich als Führungsmächte Deutschlands ihre Handlungsfähigkeit schnell zurückgewannen, bestimmten die **konterrevolutionären Kräfte** in kurzer Zeit wieder das Geschehen. Denn die Säulen des spätabsolutistischen Staates, die Bürokratie, der Landadel und die Armee, hatten ihre Macht nicht eingebüßt. Hinzu kam angesichts der sozialen Revolution die **„Beharrungsmentalität"** in weiten Kreisen des **Bürgertums** aus Angst vor dem „Pöbel" und den radikalen Umsturzkräften. Sie suchten daher die Zusammenarbeit mit den konservativen Kräften **(liberal-konservatives Machtkartell)**.

6. Handlungsebene – die internationale Mächtekonstellation
Das Interesse der **Großmächte** am **Erhalt des Status quo** innerhalb der Pentarchie und der Wiener Ordnung bestimmte die deutsche Frage, d. h. die Frage nach der Gründung eines deutschen Nationalstaates, entscheidend mit.

3.4 Die Phasen der Revolution im Überblick

Vorrevolutionäre Entwicklungen: Offenburg und Heppenheim
Offenburger Programm (12. September 1847): 13 „Forderungen des Volkes" als programmatische Basis der **„republikanischen Demokraten"**, z. B.

- Beseitigung der Karlsbader Beschlüsse;
- Garantie der Menschenrechte;
- Garantie der politischen Freiheiten (Presse-, Gewissens-, Geistes-, Lehr- und Religionsfreiheit, Freizügigkeit auf allen Ebenen);
- Volkssouveränität;
- Demokratisierung der Justiz durch Geschworenengerichte;
- Einführung eines Volksheeres und dessen Vereidigung auf die Verfassung;
- soziale Gerechtigkeit und Beseitigung jeglicher Ausbeutung.

Heppenheimer Programm (10. Oktober 1847): Programm der Vertreter der **Liberalen** der süddeutschen Landtage; dies enthielt u. a. folgende Forderungen:

- Aktivierung der öffentlichen Meinung für eine Ausweitung des Zollvereins als Vorstufe für die notwendige nationale Einheit;
- Verfassungsstaat mit Volkssouveränität (Repräsentativsystem);
- Pressefreiheit;
- Gleichheit vor dem Gesetz und Steuergerechtigkeit;
- öffentliches und mündliches Gerichtsverfahren mit Schwurgerichten und Unabhängigkeit der Justiz von der Verwaltung;
- eigenständige Gemeindeverwaltung;
- Abschaffung noch vorhandener Feudallasten;
- Eintreten für Gespräche mit den Fürsten: Einheit und Verfassung haben Vorrang („Konstitutionelle").

Revolutionäre Entwicklungen (März bis Juni 1848)

1. Phase: die **Märzrevolution** (März bis Juni 1848)

- auf dem Land: Bauernrevolution;
- Erfolge der städtischen Volkserhebungen: Demütigung des Militär- und Obrigkeitsstaates; Einsetzung liberaler Minister **(„Märzminister")** durch die Landesherren (selbst in Preußen);
- die **Verfassungsbewegung** kanalisierte den Nationalismus und die Forderungen nach sozialen Reformen;
- die Mehrheit der Liberalen vertraute auf den fürstlichen Reformwillen und wirkte für den weiteren Verlauf der Revolution bremsend, um eine sozialistisch-jakobinische Republik zu verhindern;
- Wahl und Zusammentreten der **Nationalversammlung in der Frankfurter Paulskirche** (18. Mai 1848); Beginn der Verfassungskampagne;
- der Nationalismus wendete sich gegen äußere Kräfte (Dänemark: Schleswig-Holstein-Frage und Russland).

2. Phase: Bedrohung der liberalen Revolution **durch sozialrevolutionäre und chauvinistische Kräfte** (Juni bis November 1848)

- Enttäuschung der Volksmassen, weil die materielle Not nicht behoben und die Eigentumsfrage nicht behandelt wurde;
- Entstehung von Arbeiter- und Handwerksvereinigungen und einer, wenn auch noch kleinen, kommunistischen Bewegung, vor allem im Rheinland;
- demokratische Kongresse forderten Fortsetzung der Revolution bis zur Herstellung einer sozial-egalitären, demokratischen Republik;
- Zerbrechen der revolutionären, liberalen Bewegung;

- Beschränkung der gemäßigten Liberalen auf eine einheitliche nationale Verfassung („Konstitutionalismus“) und auf die Wirtschaft;
- Fortbestand der fürstlichen Staatsgewalt (Verwaltung, Diplomatie, Armee);
- Bedrohung der deutschen Führungsmächte Preußen und Österreich durch den slawischen und ungarischen Nationalismus;
- Gefährdung des internationalen Mächtegleichgewichts durch den deutschen Nationalismus;
- Nationalversammlung (Paulskirche) ohne eigene Staats- und Exekutivgewalt, daher abhängig von den alten Mächten (z. B. Schleswig-Holstein-Frage).

3. Phase: Beginn der Konterrevolution und Ausbruch einer **zweiten Revolutionswelle** (November 1848 bis März 1849)
- Niederschlagung der revolutionären Erhebungen in Ungarn und Italien durch Österreich, z. T. mit russischer Hilfe;
- Österreich wurde zum Garanten von Partikularismus und Reaktion;
- Verkündung der demokratisch-parlamentarischen Reichsverfassung (Paulskirchenverfassung) am 28. März 1849;
- Anerkennung der **Reichsverfassung** durch 28 deutsche Staaten, nicht aber durch Preußen, Österreich, Bayern, Hannover und Sachsen;
- deutsche Kleinstaaten (v. a. Baden) als revolutionäre Quelle des „Reichspatriotismus“;
- neue Aufstandsbewegungen mit Schwerpunkt in Baden als Mischung von nationalistischen und sozialrevolutionär-demokratischen Bestrebungen.

4. Phase: Sieg der Konterrevolution (April bis Juli 1849)
- **Ablehnung der deutschen Kaiserkrone** durch den preußischen König Friedrich Wilhelm IV., da nicht von den Fürsten angeboten (3. April 1849);
- Verlegung der Nationalversammlung **(„Rumpfparlament“)** nach Stuttgart (30. Mai 1849);
- Auflösung des „Rumpfparlaments“ (18. Juni 1849);
- demokratische Aufstände in Baden, der Pfalz und Sachsen sowie sozialrevolutionäre Bewegungen in Thüringen und im Rheinland („Mairevolution“);
- europäische Großmächte, insbesondere England, Österreich und Russland, stellten sich gegen eine deutsche Einheit;
- Preußen war aus fürstlicher Solidarität und außenpolitischer Rücksichtnahme gegen den Nationalstaatsgedanken und für die Durchsetzung des dynastisch-monarchischen Prinzips;
- Niederwerfung der badischen Revolution durch preußische Truppen: Kapitulation der Bundesfestung Rastatt (23. Juli 1849); **Ende der Revolution**;
- der alte Bundestag nahm in Frankfurt seine Arbeit wieder auf.

3.5 Revolutionäre und konterrevolutionäre Entwicklungen 1848/49

Die Märzrevolution: Sieg der Revolution in Südwestdeutschland, in Berlin und Wien

Durch moderne Kommunikations- und Transportmittel (Zeitungswesen, Telegrafie, Eisenbahn und Dampfschiffe) begünstigt, breiteten sich die revolutionären Ideen und die Nachricht von der **französischen „Februarrevolution"** rasch in ganz Europa aus. Diese **Magnetwirkung** der Ereignisse zeigte sich vor allem in Südwestdeutschland, in Baden und in der Pfalz. Hier war die liberale Verfassungstradition weiter entwickelt als in Preußen oder Österreich. Hinzu kamen die besonderen Beziehungen zu Frankreich, wodurch liberale Ideen unmittelbar im Land verbreitet wurden. Innerhalb kürzester Zeit kam es auch in den anderen Ländern des Deutschen Bundes zu Massendemonstrationen und ländlichen Unruhen. Die revolutionäre Bewegung zeichnete sich anfangs durch schichtenübergreifende Geschlossenheit und ein hohes Maß an Dynamik aus.

Ausgangspunkt der Revolution in Deutschland war das **Großherzogtum Baden**, wo bereits im Vorfeld der Märzereignisse die liberale Diskussion um eine Neugestaltung des politischen Systems am heftigsten geführt worden war. Begünstigt wurde diese Entwicklung durch die weitgehende Redefreiheit in der zweiten Kammer der badischen Ständeversammlung. Zudem war die Organisation der **liberalen Bewegung** weit fortgeschritten, sodass sich hier schon 1847 die **Spaltung in Gemäßigte** („Konstitutionelle") **und Radikale** (Demokraten, Republikaner) zeigte.

Bereits Ende Februar 1848 wurden im Südwesten **„Märzforderungen"** erhoben, die den Massenprotest bündelten. Unter Leitung von **Friedrich Hecker** (1811–1881) fand in Mannheim die erste große Volksversammlung statt, die eine an die Regierung in Karlsruhe gerichtete Eingabe **(„Mannheimer Petition")** verfasste. Nach diesem Vorbild wurden schließlich im ganzen Land Petitionen aufgesetzt, um eine durchgreifende Reform des politischen Systems zu erreichen. Alle Eingaben enthielten die bekannten liberalen Forderungen nach Pressefreiheit, gewählten Schwurgerichten, der Einberufung liberaler Minister, Volksbewaffnung statt stehender „Fürstenheere", nach Menschen- und Bürgerrechten und nicht zuletzt nach Wahlen zu einem gesamtdeutschen Parlament. Begleitet wurden diese Aktionen von **Bauernunruhen** in Baden (Odenwald, Schwarzwald), Bayern, Thüringen und Sachsen, also in den Gebieten, in denen die Bauernbefreiung entweder noch nicht oder nur unvollständig durchgeführt worden war. Der badische Großherzog nahm die Forderungen an und genehmigte ihre Umsetzung durch ein liberales Kabinett **(„Märzminister")**.

Auch im **Königreich Württemberg** kam es zu Unruhen. Um militärische Auseinandersetzungen zu verhindern, stellte König Wilhelm I. zunächst die in der Verfassung garantierte **Pressefreiheit** wieder her. Als es auf dem Land nach badischem Vorbild zu Unruhen kam, lenkte Wilhelm I. ein und berief ein liberales **„Märzministerium"**.

Bis Mitte März 1848 hatten die Monarchen im deutschen Südwesten mit der Gewährung der Pressefreiheit und der Berufung liberaler Ministerien wesentliche Forderungen der liberalen Opposition erfüllt. Hinzu kam, dass das Militär durch die Vereidigung auf die Verfassung der alleinigen Verfügungsgewalt des Monarchen entzogen wurde.

Ähnlich verlief die Entwicklung in den übrigen **Kleinstaaten:** Viele Forderungen der Demonstranten wurden durch kalkulierte Zugeständnisse erfüllt, um der revolutionären Bewegung den Wind aus den Segeln zu nehmen. Durch diese **geschickte Politik der Risikovermeidung** konnten die Fürsten ihre Throne bewahren.

Wichtiger für Deutschland waren die Ereignisse in den Führungsmächten **Preußen und Österreich**. Hier konnten die revolutionären Bewegungen, die wesentlich radikaler und gewaltbereiter waren, nicht so leicht beruhigt werden. In Österreich bedrohte sie zudem den Zusammenhalt des Vielvölkerstaates.

Mitte März wurde die preußische Hauptstadt **Berlin** von den revolutionären Ereignissen erfasst. König Friedrich Wilhelm IV. versuchte, durch Versprechungen die Massen zu besänftigen (u. a. Umwandlung des Deutschen Bundes von einem Staatenbund in einen Bundesstaat; Bildung einer gesamtdeutschen Volksvertretung; rasche Einberufung des Vereinigten Landtages in Preußen; eine neue, moderne Verfassung; Garantie der Pressefreiheit). Gleichzeitig rief er jedoch Truppen nach Berlin, die den Schlossplatz besetzten. Eine Demonstration vor dem Schloss schlug in Gewalt um, als aus ungeklärter Ursache zwei Schüsse fielen. Die Demonstranten errichteten **Barrikaden und Straßenkämpfe** brachen aus. Schließlich gab der König den Truppen den Befehl zum Rückzug. **Friedrich Wilhelm IV.** wurde zur **Ehrung der 230 „Märzgefallenen"** gezwungen. Er zeigte sich mit einer schwarz-rot-goldenen Binde und versprach, die Führung in einem deutschen Nationalstaat zu übernehmen und alle Forderungen zu erfüllen. Ein neues, **liberales Ministerium** wurde gebildet. Aus allgemeinen und gleichen Wahlen ging am 22. Mai 1848 eine **verfassunggebende Versammlung** hervor. Damit schien auch in Preußen die Revolution gesiegt zu haben: Preußen hatte sich dem Liberalismus geöffnet und den bisherigen Widerstand gegen einen deutschen Nationalstaat aufgegeben. Dies bedeutete nicht nur den Verzicht auf die Souveränität, sondern auch auf die Großmachtstellung. Das Nachgeben des Königs war nicht politischer Einsicht geschuldet, sondern lediglich Taktik, um die revolutionäre Bewegung zu bändigen. Als Folge der Ereignisse bildete sich in Preußen eine **konterrevolutionäre adlige Bewegung**, deren politisches Organ die von den Gebrüdern Gerlach herausgegebene „Kreuzzeitung“ war und der auch Otto von Bismarck angehörte.

Auch in **Wien**, der Hauptstadt des Habsburger Reiches, wurden liberale und nationale Forderungen erhoben. Hierzu gehörte unter anderem die Entlassung Metternichs, der für die Revolutionäre die Restauration und das monarchische Prinzip verkörperte. Doch anders als in Preußen und in den süddeutschen Staaten gab es in Österreich mehrere Konfliktebenen:

- Metternich hatte Wien zum Zentrum der antiliberalen und antinationalen Kräfte gemacht;
- Österreich war ein Vielvölkerstaat und daher vom Nationalismus, vor allem in Ungarn und Italien, in seiner Existenz bedroht;
- in Wien wie auch in Berlin waren die sozialen Probleme in den ausufernden Vororten immer drängender geworden.

Im Gegensatz zu den südwestdeutschen Entwicklungen mündeten die Massendemonstrationen in Wien in **blutigen Barrikadenkämpfen**, die zum **Sturz Metternichs** führten, der nach London ins Exil floh. Wie in Berlin versprach der österreichische Kaiser Ferdinand I. die Einberufung einer verfassunggebenden Reichsversammlung, eine Verfassung, die Abschaffung der Zensur, eine bürgerliche Nationalgarde und die Beseitigung der bäuerlichen Leibeigenschaft.

Besonders bedrohlich für den Vielvölkerstaat waren die **Entwicklungen in Italien und Ungarn**, wo Anfang März Lajos Kossuth (1802–1894) die politische Autonomie und die Wahl von Parlamenten für Ungarn und alle anderen Völker der Habsburgermonarchie forderte. In Venetien wurde Ende März die Republik ausgerufen und aus Mailand die österreichische Besatzung vertrieben. Im Juni brach in **Böhmen** ein national-tschechischer Aufstand aus **(„Pfingstaufstand“)**, den österreichische Truppen niederwerfen konnten. Auf einem **„Slawenkongress“** in Prag wurde die Selbstbestimmung aller slawischen Völker innerhalb der Donaumonarchie gefordert. Liberalismus und Nationalismus waren somit Bewegungen, die Österreich nicht dulden konnte, wenn es seine Existenz nicht aufgeben wollte.

Die Akteure der Märzrevolution 1848 in Deutschland

	Bürgertum	Arbeiter/Gesellen	Bauern/Landproletariat
Aktionsformen	Petitionen, Demonstrationen, Gewaltandrohung und -anwendung	Demonstrationen, Gewaltandrohung und -anwendung	Gewaltandrohung und -anwendung gegen Sachen (Urkunden, Pachtlisten etc.)
Ziele/Forderungen	konstitutionelle oder liberal-demokratische Monarchie • Beseitigung des reaktionären, absolutistischen Systems Metternichs • Menschen- und Bürgerrechte (u. a. Gewissens-, Lehr-, Versammlungs- und Pressefreiheit, Gleichheit vor dem Gesetz, Steuergerechtigkeit) • Verfassungs- und Rechtsstaat • Volksheer, vereidigt auf die Verfassung	egalitäre und soziale Republik • freies und gleiches Wahlrecht für alle • Menschen- und Bürgerrechte (u. a. Presse-, Rede-, Versammlungsfreiheit) • soziale Grundrechte (u. a. Schutz vor materieller und politischer Ausbeutung, Arbeitsschutz, gerechter Lohn) • Verstaatlichung der Produktionsmittel • Volksheer mit gewählten Führern	keine gesamtpolitischen Ziele, u. a. • Verminderung von Pachtzahlungen, Abgaben und Steuern • Verringerung der Ablöseleistungen • Verringerung der Gebühren, v. a. des Schulgeldes • Abschaffung der Jagdrechte der Standesherren • Einsetzung ortsansässiger Beamter
Grad der Radikalität	Mischung aus gemäßigtem („Konstitutionalismus“) und radikalem Vorgehen	radikal-demokratisch, gewaltbereit	eigentlich nicht revolutionär, aber gewaltbereit
Bewertung	„ambivalentes“ Verhalten („Doppelgesicht“): • liberal-reformerisch (Ziel: Machtgewinnung und -erhalt der Bourgeoisie) • liberal-demokratisch (Ziel: Beseitigung des alten Systems, breite Beteiligung des Bürgertums an der Macht)	kleine, gewaltbereite Bewegung: • Ziel: revolutionäre Umgestaltung aller Bereiche des öffentlichen Lebens, v. a. des Wirtschaftssystems (Demokratisierung) • antifürstlich und antibürgerlich, da Bürgertum und Kapitalismus für sie Synonyme sind	streben in der Mehrheit keine politische Revolution an, sehen in den Fürsten einen Schutz gegen die Standesherren, Misstrauen gegenüber dem Bürgertum antifeudal, aber nicht antifürstlich

Die Frankfurter Paulskirche: Vorparlament und badische Revolution

Nach dem Erreichen liberaler Reformen in den Einzelstaaten sollten nun gesamtdeutsche Ziele durchgesetzt werden. Daher beschlossen die Liberalen aus Baden für Ende März eine weitere Zusammenkunft in Frankfurt am Main. Dabei ging es um die **Errichtung einer gesamtdeutschen Nationalversammlung**. Hierzu wurden die führenden Liberalen aller deutschen Länder zu einem vorbereitenden „Vorparlament" eingeladen, um auf breiter Basis die zukünftige Form eines deutschen Nationalstaates zu beschließen. Diese Versammlung tagte vom 31. März bis 3. April 1848 in Frankfurt unter der Führung des hessischen Liberalen Heinrich von Gagern. Hier zeigte sich zum ersten Mal die tiefe **Spaltung des Liberalismus:** Die **radikalen Demokraten** unter Führung Gustav Struves forderten die Errichtung einer demokratischen Republik und die Verwirklichung sozialer Rechte. Eine Wahl zu einer verfassunggebenden Nationalversammlung lehnten sie unter den gegenwärtigen Bedingungen ab (Zensuswahl statt demokratisches Wahlrecht). Sie konnten sich jedoch nicht durchsetzen. Die **gemäßigten Liberalen** hielten an der Monarchie fest, forderten aber ihre Einbindung in eine liberale Verfassung mit politischer Partizipation der Bürger. Gemeinsam war beiden Flügeln die Forderung, die deutsche Kleinstaaterei zugunsten eines **deutschen Nationalstaates** zu überwinden.

Daher unternahmen radikale Demokraten unter der Führung des Mannheimers Gustav von Struve (1805–1870) und Friedrich Heckers, Abgeordneter der Badischen Kammer, am 12. April 1848 einen bewaffneten Volkszug **(„Heckerzug")** von Konstanz in Richtung Karlsruhe. Doch der erhoffte Zulauf der Volksmassen blieb aus. Badische Truppen besiegten, unterstützt von Truppen des Deutschen Bundes, die Aufständischen am 20. April 1848 bei Kandern im Südschwarzwald. Viele Anhänger Struves und Heckers flohen in die Schweiz. Ein **zweiter Versuch einer radikalen Revolution** – Struve rief in Lörrach die „deutsche Republik" aus – **scheiterte** im September 1848. Struve wurde 1849 festgenommen und wegen Hochverrats angeklagt. Nach seiner Befreiung floh er in die USA, wo er am Bürgerkrieg auf der Seite der Nordstaaten teilnahm. 1862 kehrte er nach Deutschland zurück.

Die verfassunggebende Nationalversammlung in der Frankfurter Paulskirche

Mit der Niederschlagung der demokratisch-sozialen Revolution war der deutsche „Völkerfrühling", wie man die Freiheitsbewegung hoffnungsfroh bezeichnet hatte, eingedämmt. Dennoch blieb sie nicht ohne positive Wirkung, denn die **Wahlen zur Nationalversammlung** wurden in allen Staaten des Deutschen Bundes nach den Grundsätzen der Persönlichkeitswahl vollzogen; sie waren **frei, gleich, unmittelbar und geheim**, wenn auch nur für Männer.

Am 18. Mai 1848 wurde in der **Frankfurter Paulskirche** die Nationalversammlung als **erstes frei gewähltes gesamtdeutsches Parlament** feierlich eröffnet. Erster Präsident war Heinrich von Gagern, Teilnehmer der Freiheitskriege gegen Napoleon, aktives Mitglied der Burschenschaften und ein angesehener Liberaler. Hauptziele der Paulskirchenversammlung waren die Überwindung der partikularen Einzelstaatlichkeit, die Einsetzung einer gesamtdeutschen Regierung und die Ausarbeitung einer Verfassung für den neuen deutschen Nationalstaat.

Trotz der allgemeinen Volkswahl entstammten die Abgeordneten hauptsächlich dem Bürgertum: Zwei Drittel der Abgeordneten gehörten dem akademischen Bildungsbürgertum (Juristen, Professoren, Lehrer) an; etwa ein Siebtel stellten das Besitzbürgertum, die Bourgeoisie, und der Landadel. Daneben saß eine Handvoll Bauern und Handwerker im Parlament. Arbeiter waren dagegen nicht vertreten. Drei Viertel der Abgeordneten hatten einen Universitätsabschluss – daher der Beiname **Professoren-** oder **Honoratiorenparlament**. Die Gemäßigten besaßen eine deutliche Mehrheit, während der Anteil der Radikalen gegenüber dem „Vorparlament" relativ gering war.

Für den Tagungsort Frankfurt sprachen seine zentrale Lage, die lange bürgerliche Tradition als „Freie Reichsstadt" und die Tatsache, dass die Stadt seit dem 16. Jahrhundert Wahl- und Krönungsort der meisten römisch-deutschen Kaiser sowie seit 1815 Sitz der Bundesversammlung des Deutschen Bundes war.

Im Gegensatz zur Kabinettspolitik des Absolutismus und der Restaurationszeit war die **Arbeit des Parlaments öffentlich** – bis zu 2 000 Besucher nahmen an den Sitzungen teil. Über 5 000 Petitionen aus ganz Deutschland musste die Versammlung bearbeiten. Die Presse berichtete und kommentierte jede politische Entscheidung – die Politik wurde für die Menschen transparenter.

Die Zahl der anwesenden Abgeordneten schwankte zwischen 300 und 500, denn die Abgeordneten hatten in ihren Ländern auch andere Verpflichtungen und das Reisen war noch immer recht beschwerlich. In der **Diskussion über die zukünftige politische und territoriale Struktur Deutschlands** fanden sich die Abgeordneten in lockeren politischen Gruppen, kleinen Zirkeln oder Clubs zusammen, die zunächst – wie die Clubs in der Französischen Revolution – nach ihren jeweiligen Tagungsorten benannt wurden; politische Parteien im heutigen Sinn gab es nicht. Die Sitzordnung in der Nationalversammlung prägte die Bezeichnungen für die politischen Richtungen („Fraktionen"): Die Konservativen als schwächste Gruppe (ca. 40 Abgeordnete) saßen rechts, links die republikanisch gesinnten Demokraten mit etwa 140 Abgeordneten, unter ihnen die Radikalen (etwa 50 Abgeordnete) ganz links. In der Mitte saßen die Liberalen; sie hatten rechnerisch mit etwas mehr als 300 Abgeordneten die Mehrheit, waren aber gespalten in Gemäßigte, fortschrittliche Liberale und ein linkes Zentrum. (Die Zahlen beziehen sich auf die Anwesenden.)

Die **Konservativen** lehnten eine grundlegende Veränderung des Status quo ab und waren lediglich zu einer Reform des Deutschen Bundes bereit. Sie bestanden auf der Beibehaltung der Einzelstaaten und deren weitgehender Souveränität. Die **Demokraten** forderten dagegen ein Ende des Partikularismus zugunsten einer zentralistischen deutschen Republik sowie die Durchsetzung der uneingeschränkten Volkssouveränität. Die **Radikalen** verlangten darüber hinaus soziale Rechte wie das Recht auf Arbeit, soziale Gerechtigkeit und ein Ende jeglicher Ausbeutung. Das **rechte liberale Zentrum** wollte die Bundesstaaten in die konstitutionelle Ordnung einbinden (Föderalismus), während das **linke Zentrum** einen eher zentralistischen Staat anstrebte, um so die Macht des gesamtdeutschen Parlaments zu stärken.

Die Nationalversammlung wählte den Habsburger **Erzherzog Johann als Reichsverweser** zum vorläufigen deutschen Staatsoberhaupt, der ein Reichsministerium unter Heinrich von Gagern berief. Damit war in der Frage, ob sich eine föderative oder eine zentralistische Ordnung durchsetzen würde, noch keine endgültige Entscheidung gefallen, denn weder der Reichsverweser noch die ebenfalls gewählten Minister besaßen wirkliche Exekutivgewalt. Die Wahl Erzherzog Johanns war der liberalen Mehrheit zu verdanken. Demokraten und Radikale lehnten das Wahlergebnis als Verrat an der Revolution strikt ab und nannten Erzherzog Johann spöttisch „Reichsvermoderer".

Der **Reichsverweser** sollte bis zum Inkrafttreten der Verfassung die **provisorische Zentralgewalt** ausüben. Die deutschen Staaten anerkannten Erzherzog Johann und übertrugen ihm die **Befugnisse des bisherigen Bundestags**. Hauptproblem der neuen Reichsregierung war jedoch, dass sie weder über eine ihnen unterstellte Verwaltung noch über eine Armee verfügten. Diese unterstanden weiterhin den Fürsten der Einzelstaaten, sodass dem Reichsverweser und der Nationalversammlung die institutionelle Exekutivgewalt zur Durchsetzung ihrer Beschlüsse fehlte, was sich verhängnisvoll auswirken sollte.

Die Probleme zeigten sich bereits im August 1848 in der **Schleswig-Holstein-Frage**, bei der die alte, noch aus dem Mittelalter stammende Herrschaftsordnung mit dem Nationalstaatsprinzip in Gegensatz geriet. Zugleich wurde den Liberalen deutlich gemacht, dass die deutsche Revolution und die Gründung eines deutschen Nationalstaates nicht nur eine innerdeutsche Angelegenheit war, sondern auch das **Interesse der europäischen Großmächte** betraf.

3.6 Die Paulskirchenverfassung vom 28. März 1849

Verfassungsprobleme und Lösungsversuche

Die Nationalversammlung war weder eine „Quatschbude", als die sie Karl Marx verhöhnt hat, noch ein „Parla-Parla-Parlament, das Reden nimmt kein End", wie der revolutionäre Dichter Georg Herwegh gespottet hat. Auch der Vorwurf, sie sei ein „Professorenparlament" mit zu wenig Bezug zur Realität gewesen, sowie die Behauptung, ihr Schaffen sei letztlich ohne Wirkung gewesen, sind nicht aufrechtzuerhalten. Die Nationalversammlung legte den Grundstein sowohl für die Menschenrechte des Grundgesetzes als auch für die Entwicklung der Demokratie in Deutschland, weshalb man die Revolution von 1848/49 auch als **„Verfassungsrevolution"** bezeichnet. Dabei sahen sich die Abgeordneten von Anfang an großen, zum Teil nur schwer überwindbaren Problemen gegenüber.

Die Regierungen der deutschen Staaten waren nur anfänglich bereit, mit der Nationalversammlung zusammenzuarbeiten. Vor allem Österreich und Preußen waren bestrebt, die Frage der nationalen Einheit für ihre jeweiligen Interessen auszunutzen und die Gruppen in der Nationalversammlung gegeneinander auszuspielen, da sie an grundlegenden Veränderungen des politischen Status quo nicht interessiert waren. Beide Mächte konnten darauf bauen, dass auch die übrigen deutschen Einzelstaaten keine gesamtdeutsche Zentralgewalt wollten.

Die Machtlosigkeit der Nationalversammlung zeigte sich bereits in der **Schleswig-Holstein-Frage**. Seit 1460 standen die Herzogtümer Schleswig und Holstein in Personalunion unter der Herrschaft des dänischen Königs und sollten im Erbfalle „ungeteilt" bleiben. Seit 1815 gehörte Holstein dem Deutschen Bund an, das nördlich gelegene Schleswig dagegen nicht. So erhob die deutsche und die dänische Nationalbewegung Anspruch auf Schleswig, dessen Bevölkerung sich aus Deutschen und Dänen zusammensetzte. Die dänische Regierung entschloss sich schließlich im März 1848, die Herzogtümer Schleswig und Holstein zu trennen und Schleswig in das Königreich Dänemark einzugliedern. Die deutsch-nationale Opposition setzte daraufhin eine eigene provisorische Landesregierung für Schleswig und Holstein ein und lehnte sich somit offen gegen die dänische Herrschaft auf. Die Nationalversammlung anerkannte diesen Akt, war aber militärisch nicht in der Lage, die Herzogtümer vor einer drohenden dänischen Intervention zu schützen. Daher führten **preußische Truppen** im Auftrag des Deutschen Bundes und der Nationalversammlung **Krieg gegen Dänemark**, der jedoch gegen den Grundsatz der Legitimität der Wiener Ordnung verstieß. Dänemark bat daraufhin Russland und England um Hilfe. Beide Großmächte hatten kein Interesse an einem starken deutschen

Nationalstaat, der sich die Kontrolle über die Meerengen zwischen Nord- und Ostsee verschaffen konnte. Deshalb drängten sie Preußen, den Krieg zu beenden.

Am 26. August 1848 wurde in **Malmö** ein **Waffenstillstand zwischen Dänemark und Preußen** geschlossen, den die Nationalversammlung ablehnte. Allerdings fehlten dem Parlament sowohl die eigenen militärischen Mittel als auch die Fähigkeit, auf Preußen Druck auszuüben, um die Wiederaufnahme des Krieges zu erzwingen. Schließlich musste es dem Waffenstillstand zustimmen. Die Demokraten warfen der liberalen Mehrheit Verrat an der nationalen Sache und Zusammenarbeit mit den Fürsten vor. In der Paulskirche kam es zu heftigen Auseinandersetzungen, sodass preußische und österreichische Truppen eingreifen mussten. Dass es diese beiden Mächte waren, welche die Liberalen zu Hilfe rufen mussten, war symbolisch für den Charakter der deutschen Revolution.

Die Ausarbeitung der Verfassung

Die Nationalversammlung begann im Oktober 1848 mit der Ausarbeitung der Verfassung. Ihre Arbeit war begleitet vom fortschreitenden Erfolg der Gegenrevolution in Österreich und Preußen. Sie stand daher unter Zeitdruck, denn die Handlungsmöglichkeiten der Abgeordneten wurden durch die beiden deutschen Führungsmächte in zunehmendem Maße beschnitten.

Hinzu kam, dass die Interessen und Vorstellungen der Abgeordneten in der Frankfurter Nationalversammlung sehr unterschiedlich und von landsmannschaftlichen Vorurteilen geprägt waren; Kompromisse ließen sich daher nur schwer finden. So traf die Nationalversammlung die Grundsatzentscheidungen über die politische Neugestaltung Deutschlands erst, als die Kräfte der Reaktion bereits wieder auf dem Vormarsch waren.

Die wichtigste Frage war die nach der **Ausdehnung des** neu zu schaffenden **deutschen Nationalstaates**. Hier standen sich zwei Auffassungen gegenüber: Das großdeutsche Lager befürwortete den Einschluss der mehrheitlich deutsch besiedelten Gebiete Österreichs **(großdeutsche Lösung)**. Damit hätte nur ein Drittel der Habsburger Monarchie zum Deutschen Reich gehört. Der übrige Teil hätte von den Habsburgern in Personalunion regiert werden müssen. Dazu aber war die Regierung in Wien nicht bereit.

Das kleindeutsche Lager hingegen forderte den Ausschluss des Vielvölkerstaates Österreich und trat für einen Bundesstaat unter preußischer Führung ein **(kleindeutsche Lösung)**. Damit hätte sich Österreich entweder ganz aus Deutschland zurückziehen oder seine deutschen Gebiete an Deutschland abtreten müssen. Auch diesen Plan lehnte man in Wien strikt ab, zumal dadurch der **preußisch-österreichische Dualismus** um die Führung in Deutschland zugunsten Preußens entschieden worden wäre.

Die Nationalversammlung war zunächst von einem Auseinanderbrechen des habsburgischen Vielvölkerstaates ausgegangen, doch der Sieg der Gegenrevolution in Österreich sicherte noch einmal die staatliche Einheit des Habsburgerreiches. Österreich verlangte die Aufnahme seines gesamten Staates in den Deutschen Bund. Dies aber hätte dazu geführt, dass statt eines deutschen Nationalstaates ein neuer, größerer Vielvölkerstaat entstanden wäre, was für die Nationalstaatsbewegung völlig inakzeptabel war.

Doch auch Preußen war kein rein deutscher Staat und in den Ostprovinzen, besonders in Westpreußen, bestand eine große polnisch sprechende Bevölkerungsgruppe; hinzu kamen Kaschuben und Masuren in Ostpreußen. Ihr Einbezug in einen deutschen Staat hätte gegen das von den Liberalen vertretene nationale Selbstbestimmungsrecht verstoßen.

Problematisch war schließlich die Reaktion der übrigen europäischen Großmächte, die einem deutschen Nationalstaat kritisch gegenüberstanden.

Neben diese „Schicksalsfragen" traten **Fragen nach der inneren Ordnung** des Deutschen Reiches:

- Welche **Staatsform** – Republik oder Monarchie – sollte das zukünftige Reich erhalten?
- In welchem Verhältnis sollten die Zentralgewalt und die einzelnen Bundesstaaten zueinander stehen **(zentralistische oder föderative Ordnung)**?
- Welche **Regierungsform** und welches **Wahlrecht** (allgemeines oder Zensuswahlrecht) sollten in Zukunft gelten?

Die demokratische Minderheit in der Nationalversammlung legte auf den Grundsatz der Gleichheit aller Bürger und damit auf ein allgemeines und gleiches Wahlrecht Wert. Das liberale Bürgertum dagegen trat traditionell für hierarchisch abgestufte Staatsbürgerrechte ein, die sich an Besitz und Bildung orientierten, und wollte deshalb ein Zensuswahlrecht, gebunden an die Steuerleistung, in der Verfassung verankern.

Ein nicht zu unterschätzendes Problem der Nationalversammlung war die **geringe politische Erfahrung der Abgeordneten** und bei vielen der Mangel an Realitätssinn, was ausländische Beobachter der Diskussionen kritisch anmerkten. Viele liberale Abgeordneten bemerkten gar nicht oder zu spät, in welchem Umfang es den reaktionären Kräften außerhalb der Paulskirche bereits gelungen war, wieder die Oberhand zu gewinnen. Die Liberalen fürchteten sich in zunehmendem Maße vor einer sozialen, demokratischen Revolution, die die wirtschaftliche Stellung der Bourgeoisie bedrohen würde. Die Tatsache, dass die **deutsche Frage eine gesamteuropäische** war, wurde entweder nicht gesehen oder man antwortete mit einer Kriegseuphorie. So erklärte der angesehene liberale Abgeordnete Friedrich Christoph Dahlmann unumwunden: „Wir werden ein blutiges und völliges Kriegsleben zu führen haben." Vor allem aber verrechneten sich die Abgeordneten in der Haltung ihres revolutionären Vorbilds Frankreich, das kein Interesse an einem deutschen Nationalstaat hatte und diesen zu verhindern suchte.

Angesichts der sich deutlich abzeichnenden Annäherung der Besitzbourgeoisie an die konservativen Kräfte und Regierungen verlor die demokratische Linke ihr Vertrauen auf eine Zusammenarbeit mit den Liberalen und ging auf Konfrontationskurs, was das revolutionäre Lager erheblich schwächte.

Grundzüge des Verfassungsentwurfes von 1849

Am 28. März 1849 verkündete die in der Frankfurter Paulskirche tagende Nationalversammlung die **Verfassung des Deutschen Reiches** und schuf damit die Grundlage für den deutschen Parlamentarismus. Diese erste gesamtdeutsche Verfassung war eine **Kompromisslösung:** Sie verband nationalstaatliche, liberale, rechtsstaatliche und demokratische Forderungen. Sie fand sogar einen Kompromiss zwischen dem Verlangen nach einer handlungsfähigen, die Einheit repräsentierenden Zentralgewalt und der historisch gewachsenen föderalistischen Struktur. Im April 1849 nahmen 28 deutsche Staaten die Verfassung an, nicht aber die beiden bedeutenden Großstaaten Preußen und Österreich sowie wichtige Mittelstaaten wie Bayern, Württemberg, Sachsen und Hannover.

Kernstück der Verfassung bildete der **Grundrechtskatalog**, der bereits im Dezember 1848 in einem gesonderten Gesetz verkündet worden war. Dessen rechtliche Verbindlichkeit war das Hauptanliegen der Liberalen. Die Grundrechte garantierten jedem Deutschen das Recht, „an jedem Orte des Reichsgebietes seinen Aufenthalt und Wohnsitz zu nehmen"; die Gleichheit vor dem Gesetz; die Freiheit der Person; die Abschaffung der Todesstrafe; die Unverletzlichkeit der Wohnung; das Recht, „durch Wort, Schrift, Druck und bildliche Darstellung seine Meinung frei zu äußern"; die uneingeschränkte Pressefreiheit; die Freiheit von Forschung und Lehre; das Recht auf freie Berufswahl und Ausbildung; die Unverletzlichkeit des Eigentums; die Unabhängigkeit der Justiz und den Schutz vor staatlicher Willkür.

Wesentliche Teile dieses Grundrechtskatalogs fanden 1919 Eingang in die Weimarer Verfassung und in das Grundgesetz der Bundesrepublik Deutschland von 1949.

Die Paulskirchenverfassung von 1849

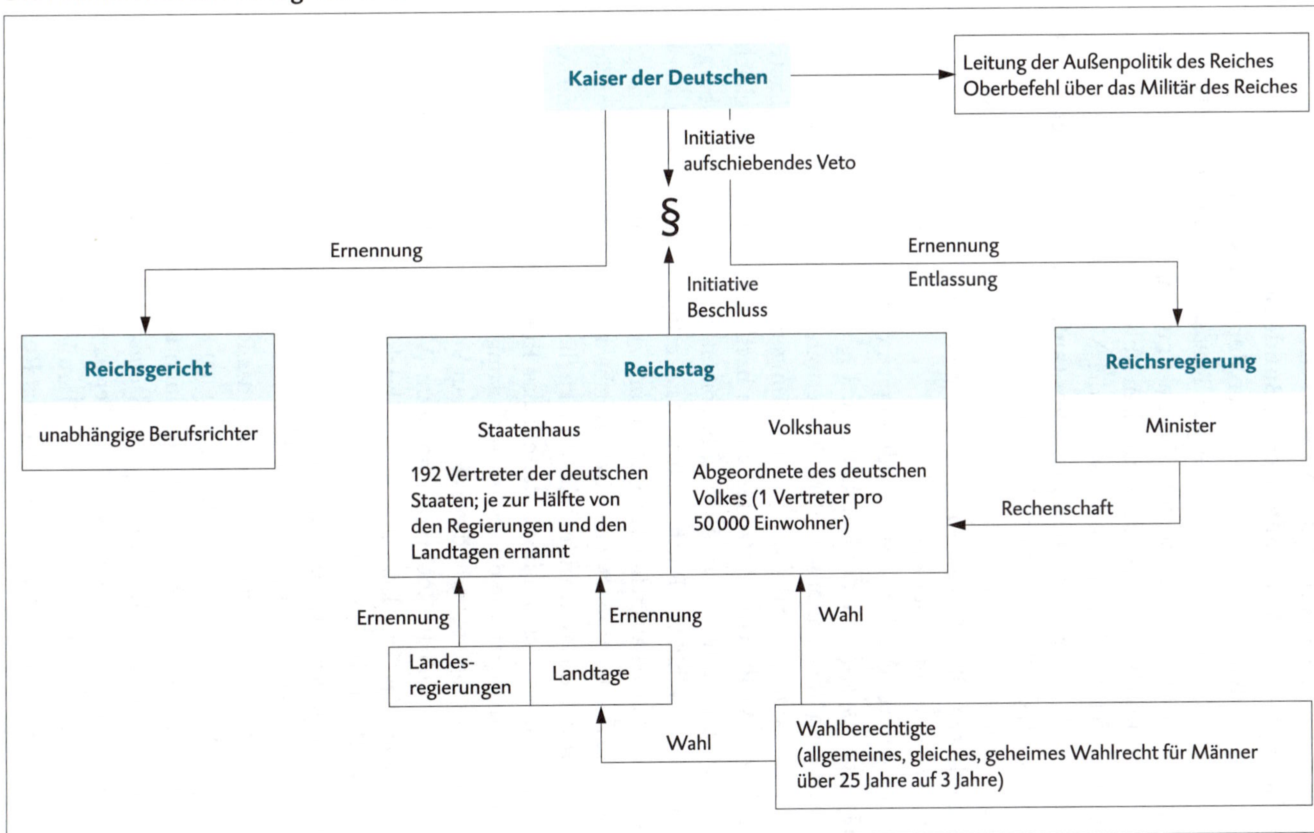

Eine knappe Mehrheit der Abgeordneten (267 gegen 263 Stimmen) entschied sich für einen **kleindeutschen Bundesstaat** mit einem von der Nationalversammlung gewählten **Erb-Kaiser der Deutschen**, der die Spitze der Exekutive und des Reiches bildete. Der Titel sollte ausdrücken, dass der Kaiser sein Amt nicht durch fürstliche Übereinstimmung erhalten hatte, sondern auf Wunsch und im Interesse des deutschen Volkes. Entgegen der ursprünglichen Absicht der „Kleindeutschen" wurde die Macht des Kaisers deutlich eingeschränkt: Er erhielt nur ein **suspensives (aufschiebendes) Vetorecht** gegen Beschlüsse des Reichstages, sodass das parlamentarisch-demokratische Element deutlicher in den Vordergrund trat. Dem Kaiser verblieb aber weiterhin der **Oberbefehl** über das Heer, über die Diplomatie und das Recht, die Reichsregierung zu ernennen oder zu entlassen.

Im Zentrum der Verfassungsordnung stand, dem Grundsatz der Volkssouveränität entsprechend, der **Reichstag** als Legislative. Er bestand aus zwei Kammern, dem **Staatenhaus**, in dem die Vertreter der Einzelstaaten (50 % wurden von den Landtagen, 50 % von den Regierungen ernannt) saßen (Föderativorgan), und dem **Volkshaus**. Letzteres wurde nach dem allgemeinen, gleichen und geheimen Wahlrecht vom Volk, d. h. von allen männlichen Staatsbürgern über 25 Jahre, gewählt. Der Reichstag hatte das Recht der Gesetzgebung, der Bewilligung des Staatshaushaltes (Etatrecht) und zur Kontrolle der Reichsregierung, denn die Reichsminister waren dem Reichstag gegenüber verantwortlich.

Als erste Verfassung führte die Paulskirche das Institut der **Verfassungsbeschwerde** ein. Jeder Bürger konnte das **Reichsgericht** anrufen, wenn die Staatsgewalt gegen die durch die Verfassung gewährleisteten Rechte verstieß. Erst das Grundgesetz griff dieses Recht auf Verfassungsbeschwerde wieder auf.

Zwar verblieb die **Rechtsprechung** im Wesentlichen bei den Einzelstaaten, aber es galt der Grundsatz „Reichsrecht bricht Landesrecht". Das Reichsgericht, dessen Richter unabhängig und nur dem Gesetz verpflichtet waren, sollte laut Verfassungsbeschluss dazu dienen, das „Verfassungsleben" zu schützen. Es sollte dafür sorgen, dass bei Konflikten „weder Gewalt, noch Willkür, noch Sonderinteressen entscheiden, sondern das Recht". Das Reichsgericht war ferner für Streitigkeiten zwischen den Ständen und der Regierung zuständig oder wenn es zu Konflikten zwischen einzelnen Bundesstaaten kommen sollte. Es konnte selbst gegen die „Reichsgewalt" einschreiten, wenn diese ihre verfassungsmäßigen Befugnisse überschritt. Ferner konnte das Reichsgericht auf Antrag die Beschlüsse des Parlaments auf ihre Verfassungsmäßigkeit überprüfen. Das **Reichsgericht** sollte **„ein Hort des Rechts und der Verfassung"** sein. Seine Richter waren unabhängig und nur dem Recht und den Gesetzen verpflichtet.

Die Verfassung von 1849 war ein **Kompromiss** zwischen zentralistischem (unitarischem) und föderalistischem Prinzip, der die Monarchie mit den Grundsätzen einer demokratischen Ordnung **(parlamentarische Monarchie)** verband. Der starken Stellung des Kaisers in der Exekutive und dem Vorrang des Reichsrechtes vor dem einzelstaatlichen Recht stand der Einfluss der Bundesstaaten auf die Gesetzgebung über das Staatenhaus gegenüber. Die Monarchie wurde zwar durch das erbliche Kaisertum gefestigt, aber sein nur suspensives Veto erhöhte das Gewicht des Parlaments. Beide Gewalten, Exekutive und Legislative, waren an Recht und Verfassung gebunden.

3.7 Probleme der Revolution und Gründe für ihr Scheitern

Das Ende der Paulskirchenverfassung

Am 28. März 1849 wählte die Mehrheit in der Paulskirche den preußischen König Friedrich Wilhelm IV. zum „Kaiser der Deutschen". Am 3. April bot eine Delegation dem König in Berlin die Krone förmlich an. Doch zur Überraschung der Delegierten **lehnte Friedrich Wilhelm IV. die Krone ab**, die er als „Hundehalsband", als einen „imaginären Reif, aus Dreck und Letten gebacken" bezeichnete, an dem noch der „Ludergeruch der Revolution" hafte. Wenn er Kaiser werden würde, dann nur durch die Übertragung der Krone durch die deutschen Fürsten. Denn nur diese seien legitimiert, die deutsche Einigung herbeizuführen. Damit war das **Verfassungswerk der Paulskirche gescheitert**. Die bis dahin gezeigte Solidarität des preußischen Königs mit den Zielen der Revolution hatte sich als äußerer Schein entpuppt; an ihre Stelle trat eine offen reaktionäre, legitimistische Politik.

In **Österreich** bahnte sich bereits im Juni 1848 eine langsame **Konsolidierung der kaiserlichen Macht** an, als ein Aufstand der böhmischen Nationalisten und der radikalen Demokraten in Prag niedergeschlagen werden konnte. Am 31. Oktober 1848 besiegten die kaiserlichen Truppen unter General Windischgrätz schließlich die demokratischen Revolutionäre in Wien und verhalfen so der Gegenrevolution zum Sieg. Dem folgenden Strafgericht fiel auch der wichtigste demokratische Abgeordnete der Paulskirche Robert Blum zum Opfer. Mit der Ernennung des Fürsten Felix Schwarzenberg zum neuen Ministerpräsidenten im November 1848 hatten die restaurativen Kräfte endgültig gesiegt. Auf Drängen Schwarzenbergs wurde der gerade 18-jährige **Franz Joseph I. neuer Kaiser** (1848–1916). Dieser verdankte seine Stellung der Armee, was er ihr zeit seines Lebens nicht vergaß.

In **Preußen** waren die reaktionären Kräfte seit Ende Juni wieder deutlicher in Erscheinung getreten. König **Friedrich Wilhelm IV.** konnte sich dabei auf eine stärker werdende Gruppe von konservativen, monarchisch gesinnten Adligen stützen, zu denen auch Otto von Bismarck gehörte. Es gelang den Reaktionären um den Ministerpräsidenten Friedrich Wilhelm Graf von Brandenburg und General von Manteuffel, die Nationalversammlung von Berlin nach Brandenburg zu verlegen. Kaum war dies geschehen, wurde Berlin von königstreuen Truppen besetzt, der **Belagerungszustand** verhängt und die **preußische Nationalversammlung aufgelöst**.

Nachdem Wien und Berlin die Paulskirchenverfassung abgelehnt hatten, folgten die anderen deutschen Regierungen, welche die Verfassung unter dem Vorbehalt der preußischen Zustimmung angenommen hatten, dem Beispiel Preußens und zogen ihre Abgeordneten aus Frankfurt ab. Lediglich Württemberg, wo der König durch eine Volksbewegung gezwungen wurde, und Baden standen zum Verfassungswerk der Nationalversammlung. Auch die Kleindeutschen unter Führung Heinrich von Gagerns verließen die Nationalversammlung.

Die noch verbliebenen Abgeordneten der Linken, das **„Rumpfparlament"**, das zur Fortsetzung der Revolution entschlossen war, zogen sich vor den anrückenden preußischen Truppen am 30. Mai 1849 nach Stuttgart zurück, wo es am 18. Juni von württembergischen Truppen aufgelöst wurde. Das war zwar das Ende der Paulskirche, aber noch nicht der Revolution.

Das Ende der deutschen Revolution

Der Misserfolg der liberalen Paulskirche setzte neue, radikalere Kräfte frei, die bereit waren, für Einheit, Freiheit und Demokratie zu kämpfen. So brach im Mai 1849 im Zusammenhang mit der **„Reichsverfassungskampagne"** eine zweite Revolution aus **(„Mairevolution")**, bei der die Linken die gestaltenden Kräfte waren. Sie forderten die Errichtung einer deutschen Republik, wollten zugleich aber auch für die Durchsetzung der Paulskirchenverfassung eintreten. Nachdem der preußische König die Kaiserkrone abgelehnt hatte, kam die Stunde der Republikaner. In Sachsen, Baden und in der bayerischen Pfalz kam es zu demokratischen Aufständen, die von den **Märzvereinen** vorbereitet worden waren.

Auch im **Großherzogtum Baden** wehrten sich diese Vereine gegen die Regierung **(„Offenburger Versammlung")** und gegen die von Preußen ausgehende militante Reaktion; man befände sich in einer „Notwehrsituation", in der man der Reaktion mit Waffengewalt entgegentreten müsse. Am 12. Mai kam es in der Bundesfestung Rastatt zum Aufstand des Militärs. Die Führer der badischen Revolution, **Lorenz Brentano** und **Amand Goegg**, erreichten die Entlassung der Regierung und verlangten die Einberufung einer verfassunggebenden Landesversammlung mit dem Ziel einer demokratischen Ordnung Badens.

Großherzog Leopold floh mit seiner Familie erst nach Koblenz, dann nach Frankfurt. Gegen die neue Revolutionsregierung formierte sich weder vonseiten des Militärs noch vonseiten der Beamtenschaft Widerstand. Die neue Regierung führte Wahlen durch, aus der die demokratischen Kräfte als Sieger hervorgingen. Das Volk wurde auf Staatskosten bewaffnet. Baden wurde in der Folgezeit zum Sammelpunkt für Linke, Republikaner und Demokraten. Viele Emigranten kamen aus Frankreich und der Schweiz zurück. Unter den Revolutionären waren so bekannte Leute wie Carl Schurz, Friedrich Hecker, der polnische General Ludwig Mieroslawski, der das Revolutionsheer befehligte, und Friedrich Engels.

Der Großherzog von Baden, der sich unter preußischen Schutz begeben hatte, rief schließlich nach einigem Zögern preußische Truppen zu Hilfe. Unter Führung des späteren ersten deutschen Kaisers Wilhelm warfen preußische Truppen, unterstützt von „Reichstruppen", den Aufstand nieder. Am 23. Juli 1849 musste die **Bundesfestung Rastatt** nach dreiwöchiger Belagerung **kapitulieren**. Wie in der Pfalz und in Sachsen fällten preußische Standgerichte zahlreiche Todesurteile oder verhängten hohe Zuchthausstrafen, die dem moralischen Ansehen Preußens langfristig sehr schadeten. Eine Emigrationswelle suchte Deutschland heim: Allein aus Baden wanderten mehr als fünf Prozent (etwa 80 000 Menschen) der Gesamtbevölkerung aus.

Der **Sieg der Gegenrevolution** führte schließlich zur **Wiederherstellung des Deutschen Bundes**. Der alte Bundestag nahm in Frankfurt seine Arbeit wieder auf. Mit dem Sieg der vereinten österreichischen und russischen Truppen über die ungarischen Nationalisten im August 1849 hatten die alten Mächte endgültig über die Revolution gesiegt.

Gründe für das Scheitern der deutschen Revolution

Die Gründe für das Scheitern der Revolution lassen sich auf ein Geflecht von Ursachen **(Multikausalität)** zurückführen:

- Die **Abgeordneten** in der Paulskirche waren **politisch unerfahren**, sodass sie die machtpolitischen Verhältnisse in Deutschland und in Europa falsch einschätzten.
- Das scheinbare Nachgeben der Fürsten im März und April 1848 wurde zu schnell als Erfolg gewertet, sodass die Machtstrukturen nicht angetastet wurden. Die Revolutionäre hielten weiterhin an der **Monarchie** fest und beließen dieser sogar die **Stützen ihrer Macht**, das Beamtentum und das Militär – zumindest in den größeren Staaten wie Preußen und Österreich. Dies sollte sich zum Nachteil der Revolution erweisen.

- Die revolutionäre Bewegung war geprägt von tief greifenden **Interessengegensätzen** zwischen Liberalen und Demokraten sowie zwischen Konstitutionellen und Republikanern. Die liberale Mehrheit war gewillt, die Ziele auf dem Verhandlungsweg zu erreichen, Gewalt lehnte sie ab. Hinzu kam bei der Bourgeoisie die **Furcht vor sozialen Umwälzungen**, vor einer Gefährdung ihrer wirtschaftlichen Stellung und vor dem Terror der Volksmassen nach dem Vorbild der Jakobinerherrschaft in Frankreich 1793/94. Dies veranlasste die Liberalen zum Kompromiss mit den alten Mächten, den diese aber für sich nutzten.
- Selbst die anfänglich erfolgreiche politische Revolution bedeutete nur einen Machtwechsel und **keine Veränderung der sozialen und wirtschaftlichen Verhältnisse**, durch die den alten Eliten die Machtbasis entzogen worden wäre.
- Der deutschen Revolution **mangelte es an geeigneten politischen Führern**, die den Pathos der Revolution und die revolutionäre Kraft zu gemeinsamen Aktionen hätten bündeln können.
- Anders als Frankreich besaß Deutschland keine zentrale Hauptstadt, in der eine Revolution hätte entschieden werden können. Außerdem unterschätzten die Revolutionäre die Stärke des traditionellen **Partikularismus**.
- Die offenkundige **Machtlosigkeit der Paulskirche** trug viel zum Scheitern der Revolution bei. Der Nationalversammlung fehlte das Militär zur Durchsetzung ihrer Ziele. Besonders drastisch zeigte sich ihre Abhängigkeit von den Fürsten in der Schleswig-Holstein-Frage.
- Das **Wiedererstarken der reaktionären Kräfte** verhinderte die Durchsetzung der Verfassung schon in ihren Ansätzen.
- Die Nationalversammlung benötigte für die Beratung der Grundrechte zu viel Zeit, sodass das **Parlament** bei der Verabschiedung der Verfassung **viel an Autorität verloren** hatte.
- In den **Einzelstaaten**, unter anderem in Preußen, wurden 1848 **Verfassungen oktroyiert**, die mit der neuen zentralen Reichsverfassung konkurrierten. Die Fürsten akzeptierten letztlich nur die eigenen Verfassungen, die daher das reale politische Leben der Bürger bestimmten. Die Paulskirchenverfassung blieb so für die meisten Menschen eher ein abstraktes Produkt.
- Der **preußisch-österreichische Dualismus** erschwerte eine nationalstaatliche Einigung, da diese zulasten des Vielvölkerstaates Österreich gehen musste. Die nationale deutsche Einheit war nur gegen Österreich durchzusetzen.

- In diesem Zusammenhang ist auch die **Haltung der europäischen Großmächte** zu sehen. Die deutsche Frage war nie eine rein deutsche Angelegenheit, denn sie betraf das europäische Mächtegefüge. Mit Ausnahme Preußens waren alle Großmächte im Interesse des europäischen Mächtegleichgewichts gegen die deutsche Einheit.

Folgen und Wirkung der Revolution

Die unmittelbaren Folgen der Revolution waren eine **Rückkehr zur reaktionären Politik** der alten Mächte, weshalb man auch vom „Reaktions-Jahrzehnt" (1849–1859) spricht, und die Abwendung eines großen Teils des deutschen Bürgertums von der Politik. Die Bourgeoisie war von den sozialen und demokratischen Erhebungen aufgeschreckt worden und suchte verstärkt den Kontakt zu den alten Mächten, die ihnen zwar die Partizipation verweigerten, ihnen aber **Ordnung und Sicherheit** versprachen. Den Schwerpunkt der bürgerlichen Interessen bildete fortan die Entwicklung der Wirtschaft. Denn die zwei Jahrzehnte vor der Reichsgründung 1871 waren bestimmt von der Industrialisierung in Deutschland. Die Mehrheit der deutschen Liberalen sah von nun an ihr Hauptziel in der Herstellung der nationalen Einheit, weniger in der Sicherung von politischer Freiheit; wirtschaftliche Freiheit genügte vielen. In dieser Hinsicht entsprach das von Bismarck 1871 geschaffene Deutsche Reich ihren reduzierten Ansprüchen. Das Werk Bismarcks begünstigte, zunächst gestützt von den Nationalliberalen, die Festigung der Strukturen eines Obrigkeitsstaates und die „Reformen von oben", besonders auf sozialem Gebiet (s. S. 98, 241 f.).

Viele enttäuschte Demokraten wanderten nach **Amerika** aus, wo sie die politische Freiheit fanden, für die sie in Deutschland vergebens gekämpft hatten. Die nationalen, liberalen und demokratischen Kräfte erlebten durch **Emigration** einen erheblichen Aderlass. Anderen, nun im Untergrund arbeitenden Radikalen, diente das Scheitern der Paulskirche als Beweis für die Macht- und Erfolglosigkeit des bürgerlichen Parlamentarismus.

Da es die „Sieger" waren, die die Geschichte der Revolution nach 1848 und vor allem im späteren Kaiserreich schrieben, wurden Republik und Demokratie mit Pöbelherrschaft, Anarchie und Unordnung gleichgesetzt. Dennoch blieb die Revolution im Gedächtnis, und die Verfassungsordnung der Bundesrepublik Deutschland ruht im Wesentlichen auf dem von der Paulskirche geschaffenen Fundament. 1949 ist ohne 1849 nicht denkbar, und das gilt besonders für den Grundrechtskatalog, der damals für ganz Europa vorbildlich war.

Erstmals in der deutschen Geschichte war die Herstellung der nationalen Einheit mit einer parlamentarischen Verfassungsordnung angestrebt worden, wodurch die **Paulskirche** in Deutschland eine **neue demokratische Tradition**

begründete; die Revolution hatte die Idee von der „Einheit in Freiheit" populär gemacht. Selbst Mächte wie Preußen oder Österreich konnten nicht mehr einfach zum Absolutismus zurückkehren. Der preußische König oktroyierte 1850 eine neue Verfassung. Diese orientierte sich zwar am monarchisch-legitimistischen Grundsatz, band aber die Regierung an eine Verfassung und an das Gesetz. Das gewählte Abgeordnetenhaus wurde an der Gesetzgebung und damit am Staatsetat beteiligt (s. S. 167 ff.).

Aufgabe 21 Nennen Sie wichtige Ursachen der Revolution von 1848/49.

Aufgabe 22 Erläutern Sie zentrale Probleme der Verfassungsdiskussion der Paulskirchenversammlung sowie deren Lösung in der Verfassung von 1849.

Aufgabe 23 Nehmen Sie Stellung zu der These, die Revolution sei an der Unfähigkeit der Nationalversammlung gescheitert.

Aufgabe 24 Stellen Sie wichtige, von der 1848er-Revolution angestoßene Entwicklungen in Deutschland dar.

4 Der Weg zur Reichsgründung (1849–1871)

20.3.–29.4.1850	Tagung des Erfurter Unionsparlaments
31.3.1850	Inkrafttreten der preußischen Verfassung
2.9.1850	Wiedereröffnung des Bundestags in Frankfurt
29.11.1850	Olmützer Punktation zwischen Preußen, Österreich und Russland
15./16.9.1859	Gründung des Deutschen Nationalvereins
6.6.1861	Gründung der Deutschen Fortschrittspartei
18.10.1861	Regierungsantritt König Wilhelms I. von Preußen
1862	Konflikt um die preußische Heeresreform
23.9.1862	Berufung Bismarcks zum preußischen Ministerpräsidenten
18.11.1863	Dänische Novemberverfassung: Annexion Schleswigs
1864	Deutsch-Dänischer Krieg
30.10.1864	Frieden von Wien zwischen Preußen, Österreich und Dänemark
14.8.1865	Vertrag von Gastein: Teilung der Verwaltung Schleswigs (Preußen) und Holsteins (Österreich)
1866	Deutscher Krieg: Entscheidung bei Königgrätz (3.7.1866)
23.8.1866	Prager Frieden: Auflösung des Deutschen Bundes
3.9.1866	Indemnitätsvorlage Bismarcks
1.7.1867	Inkrafttreten der Verfassung des Norddeutschen Bundes
1870/71	Deutsch-Französischer Krieg
13.7.1870	Emser Depesche
19.7.1870	Französische Kriegserklärung an Preußen
1./2.9.1870	Niederlage Frankreichs in der Schlacht bei Sedan; Gefangennahme Napoleons III.
18.1.1871	Gründung des Deutschen Reiches in Versailles
10.5.1871	Frieden von Frankfurt: Abtretung Elsass-Lothringens an das Deutsche Reich

4.1 Das Wiedererstarken der monarchischen Herrschaft nach 1849

Die Wiedererrichtung des Deutschen Bundes

Nach dem Ende der Revolution in Deutschland versuchten die Regierungen, wieder eine **reaktionäre „Unterdrückungs- und Stabilisierungspolitik"** (R. Rürup) durchzusetzen. Besonders **Österreich** vollzog 1851 eine Wende zum **Neoabsolutismus**. Repräsentant dieser reaktionären Politik war nach dem Tod des Fürsten Schwarzenberg der junge Kaiser Franz Joseph I. selbst. Österreich kehrte zurück zu einer Regierung ohne Verfassung, die allein getragen war vom Gottesgnadentum. Kennzeichen dieses Systems war ein **bürokratischer Zentralismus** ohne jede parlamentarische Beteiligung des Bürgertums oder gar des ganzen Volkes. Auch in **Preußen** war die **Reaktion** allgegenwärtig. Errungenschaften wie Presse-, Vereins- und Versammlungsfreiheit wurden drastisch eingeschränkt; das Wahlrecht wurde zugunsten der konservativen Großgrundbesitzer verändert (s. S. 177). Lediglich in den **Klein- und Mittelstaaten** fiel die Reaktionspolitik weniger hart aus: Bayern und seit 1852 auch Baden setzten sogar eine relativ liberale Gesetzgebung fort.

Das Scheitern der Nationalversammlung, einen demokratischen Nationalstaat zu schaffen, ebnete den Weg zur **Wiederherstellung des Deutschen Bundes**. Dabei wurde die weitere Entwicklung maßgeblich durch den **preußisch-österreichischen Dualismus** bestimmt. Denn die unterschiedlichen politischen Ziele der beiden deutschen Führungsmächte prallten immer wieder unvereinbar aufeinander. Auf der einen Seite stand das liberalkonservative kleindeutsche Konzept einer von Preußen betriebenen Unionspolitik, auf der anderen Seite die von den Habsburgern verfolgte großdeutsche Lösung, die eine Aufnahme des gesamten österreichischen Staatsgebietes in den Deutschen Bund vorsah.

Preußen strebte mit seinem bereits 1849 vorgelegten **Unionsplan** nach der Hegemonie in Deutschland. Es sollte ein kleindeutscher Staatenbund unter preußischer Führung und unter Ausschluss Österreichs geschaffen werden. Im März 1850 beriet ein **„Unionsparlament" in Erfurt** einen von Preußen vorgelegten Verfassungsentwurf. Doch Österreich widersetzte sich dem preußischen Vorhaben und lud im April 1850 alle deutschen Staaten zur Bildung eines neuen provisorischen Bundestags nach Frankfurt ein. An der Wiedereröffnung des Bundestags am 2. September 1850 nahmen schließlich zwölf Staaten teil. Dieser **„Rumpfbundestag"** beanspruchte alle Kompetenzen der 1848 aufgelösten Bundesversammlung. Der Konflikt zwischen Österreich und Preußen spitzte sich immer weiter zu, ein Kriegsausbruch stand unmittelbar bevor. Erst unter dem Druck der Großmächte, besonders Russlands, lenkte Preußen ein und gab im November 1850 seine Einigungspolitik auf **(„Olmützer Punktation")**. Österreich dagegen konnte den Vorsitz im Deutschen Bund beibehalten und hatte somit die österreichisch-preußische Rivalität zunächst für sich entscheiden können. Diese Entwicklung wurde von den nationalliberalen und ultrakonservativen Kräften in Preußen übereinstimmend als Schmach empfunden.

Doch der Konflikt zwischen Österreich und Preußen war nur vertagt worden. Es zeigte sich rasch, dass der politische Spielraum innerhalb des Deutschen Bundes für zwei Großmächte zu klein war, zumal sich die beiden Staaten nicht nur wirtschaftlich, sondern auch politisch unterschiedlich entwickelten. Angesichts des Ringens der beiden deutschen Großmächte gewannen die **Klein- und Mittelstaaten** an Bedeutung, denn sie versuchten, **als dritte Kraft in Deutschland** die Politik mitzugestalten und ihre partikularen Interessen zu wahren. Bayern, Württemberg und Sachsen sollten nach den Vorstellungen des bayerischen Königs Maximilian II. eine **„Trias-Politik"** zugunsten eines Mächtegleichgewichts in Deutschland betreiben. Allerdings standen die drei Staaten Österreich näher als Preußen, dessen Militarismus und Junkertum in den süddeutschen Staaten unpopulär waren. Von diesem Weg, der auf der Souveränität der Einzelstaaten beruhte, wichen Bayern, Württemberg und Sachsen erst nach der Niederlage Österreichs 1866 gegen Preußen ab, als sie erkennen mussten, dass es keine Alternative zu Preußen mehr gab. Des Weiteren wurde spätestens zu Beginn der 1860er-Jahre deutlich, dass die Wirtschaft der Klein- und Mittelstaaten von den norddeutschen Märkten und vom preußischen Kapital abhängig war. Hier war das immer wieder von Finanzkrisen heimgesuchte Österreich ebenfalls keine echte Alternative.

Die Entwicklung der liberalen Bewegung nach 1849

Im Vormärz und während der Revolution von 1848/49 war das liberale **Besitz- und Bildungsbürgertum** die gestaltende Kraft der Freiheits- und Nationalstaatsbewegung gewesen. Deren Scheitern zwang die Bourgeoisie zu einem Überdenken ihrer bisherigen Strategien und Ziele. Bei einem großen Teil der Liberalen wuchs die **Bereitschaft zur Zusammenarbeit mit dem Staat**, um so zu geeigneten Kompromisslösungen zu gelangen und einen Neoabsolutismus wie in Österreich zu verhindern. Viele hofften dadurch auf günstige staatliche Rahmenbedingungen für die immer rascher voranschreitende Industrialisierung. Denn wirtschaftlicher Fortschritt, Wirtschaftsliberalismus und nationalstaatliche Einheit gehörten für das Bürgertum notwendigerweise zusammen. Für das Zustandekommen dieser nationalen Einheit war das Bürgertum bereit, auf andere Freiheitsrechte und auf Demokratie zu verzichten. Dabei kam ihnen die Finanznot der Regierungen entgegen, die angesichts des Geldmangels auf finanzkräftige Steuerzahler angewiesen waren.

Auftrieb erhielt die nationale Bewegung in Deutschland durch die Italienischen Unabhängigkeitskriege und die Einigung Italiens 1861. Angesichts des immer stärker werdenden Frankreichs gründeten deutsche Liberale und gemäßigte Demokraten 1859 den **Deutschen Nationalverein**, der eine starke deutsche Zentralregierung und eine gewählte Nationalversammlung anstrebte. Die Anhänger des Vereins wollten die **Herstellung der nationalen Einheit** in Form der **kleindeutschen Lösung** und unter preußischer Führung verwirklichen. Für dieses Ziel waren sie zu Kompromissen in Verfassungsfragen bereit. 1861 formierte sich in Preußen die **Deutsche Fortschrittspartei**, die ebenfalls die Einheit unter preußischer Führung anstrebte. Im Gegensatz zu den Nationalliberalen bekämpfte die Fortschrittspartei alle absolutistischen und feudalen Tendenzen. Freiheit und Machtteilhabe gehörten zu ihren Hauptzielen. Anfang der 1860er-Jahre waren die Liberalen zwar organisatorisch und politisch gespalten, aber der Liberalismus lebte weiter und organisierte sich in Parteien, die statt auf Revolution auf **„Realpolitik“** setzten.

4.2 Die Entwicklung in Preußen – „Neue Ära“ und Heereskonflikt

Die oktroyierte Verfassung von 1850

In Preußen hatte **Friedrich Wilhelm IV.** im Herbst 1848 den entscheidenden Schlag gegen die Revolution gewagt: Er entließ das liberale Ministerium und ersetzte es durch ein konservatives, beorderte Truppen nach Berlin, löste die preußische Nationalversammlung auf und erließ schließlich im Dezember von sich aus eine Verfassung.

Die von Friedrich Wilhelm IV. im Dezember 1848 oktroyierte Verfassung trat am 31. Januar 1850 in revidierter Form in Kraft. Auf den ersten Blick war die Verfassung liberal, denn sie gewährte den Bürgern wesentliche **Freiheiten:** Gleichheit vor dem Gesetz, Freiheit der Person, Religionsfreiheit, das Recht auf freie Meinungsäußerung und das Versammlungsrecht. Daher fand die Verfassung bei der großen Mehrheit der Liberalen Zustimmung, aber auch bei den gemäßigten Konservativen, die das **monarchische Prinzip** bestätigt sahen, denn der König regierte weiterhin nahezu unumschränkt.

Die **Exekutivgewalt** lag ausschließlich beim **König**. Er ernannte und entließ die Minister, die allein ihm verantwortlich waren. Alle Regierungsakte des Königs bedurften zu ihrer Gültigkeit der Gegenzeichnung eines Ministers, der damit die Verantwortung übernahm. Allein der König war befugt, Notverordnungen sowie das Kriegsrecht zu erlassen. Ferner konnte er gegen jede Gesetzesvorlage sein Veto einlegen. Der König entschied über Krieg und Frieden und führte den Oberbefehl über die Armee, die auf ihn und nicht auf die Verfassung vereidigt wurde. Dadurch wurde ein **persönliches Treueverhältnis** zum König und nicht zu einer Institution wie Staat oder Verfassung hergestellt.

Die **Legislative** teilte sich der König mit den **zwei Kammern** des Landtags. In der ersten Kammer **(Herrenhaus)** saßen die volljährigen Prinzen des Königshauses, die Häupter der ehemals reichsunmittelbaren Geschlechter von Preußen, vom König erblich oder auf Lebenszeit ernannte Personen sowie 90 direkt gewählte Vertreter der höchsten Steuerklasse und 30 von den Räten der größten Städte des Landes gewählte Mitglieder. Insgesamt durften die gewählten Mitglieder in der Zahl von den anderen nicht übertroffen werden. Alle 180 Kammermitglieder hatten sich als Vertreter des ganzen Volkes und nicht eines Standes oder einer anderen Interessengruppe zu verstehen.

Die 350 Abgeordneten der zweiten Kammer **(Abgeordnetenhaus)** wurden nach dem **Dreiklassenwahlrecht** ermittelt. Es handelte sich dabei um ein **indirektes Zensuswahlrecht**. Sogenannte Urwähler bestimmten Wahlmänner und diese in einem eigenen Wahlakt erst die Abgeordneten. Zudem lag diesem Wahlrecht das Steuerprinzip zugrunde. Urwähler waren alle steuerzahlenden männlichen Bürger vom vollendeten 25. Lebensjahr an. Jeder gehörte einer der drei Wählerklassen an, die je nach einem Drittel des Gesamtsteueraufkommens und nach der Steuerleistung der Einzelbürger gebildet wurde. Durch diese Einteilung begünstigte das Wahlrecht die Wähler der ersten und zweiten Steuerklasse (die Stimmen standen etwa im Verhältnis 84:14:4). Die drei **Wählerklassen** waren **zahlenmäßig sehr unterschiedlich besetzt**, weil es für ein Drittel des Steueraufkommens relativ weniger starker, aber vieler schwacher Steuerzahler bedurfte. Da jede Wählerklasse gleich viele Wahlmänner bestimmte, hatten die Stimmen der reichen Bürger ein deutlich stärkeres Gewicht. Durch dieses Zensuswahlrecht wurde die alte adlige Elite zunehmend ergänzt durch die des Besitzbürgertums. Darüber hinaus begünstigte die **Wahldistrikteinteilung** die beiden ersten Klassen erheblich, denn durch die Größe der Wahlkreise konnten die Wahlergebnisse zusätzlich manipuliert werden – gab es viele konservative Wähler, waren die Kreise kleiner; gab es viele Arbeiter, wurden die Wahlkreise größer. Dadurch konnten die beiden ersten Klassen mehr Abgeordnete stellen, als es ihrem tatsächlichen Anteil an der Bevölkerung entsprach. Hinzu kam, dass die Wahlen öffentlich waren, also unter den Augen des Staates und, auf dem Lande, der Großgrundbesitzer stattfanden, die alles unternahmen, die Wählerschaft einzuschüchtern.

Für ein Gesetz bedurfte es der Zustimmung der beiden Kammern und des Königs. Über das **Budgetrecht** besaß das Abgeordnetenhaus ein wichtiges Mittel, die Politik im Land mitzubestimmen, da die Abgeordneten den Haushalt blockieren konnten. Nicht ausdrücklich geregelt wurde in der Verfassung die Frage, was geschehen würde, wenn die drei an der Gesetzgebung beteiligten Institutionen nicht übereinstimmten.

Fortschrittlich waren die **Unabhängigkeit und Unabsetzbarkeit der Richter**. Allerdings wurden diese vom König ernannt, was deren Unabhängigkeit wiederum einschränkte.

Die Verfassung Preußens von 1849/1850

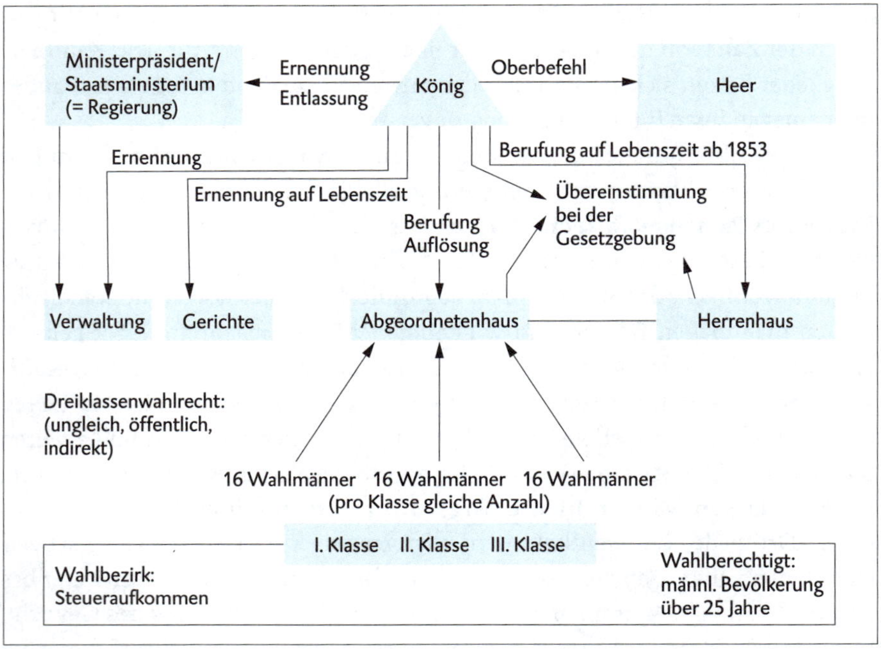

Entscheidend für die Macht des preußischen Königs und späteren Kaisers war die militärische Stellung des **Königs als oberster Kriegsherr** und seine Verfügungsgewalt über die Armee, die weitgehend der parlamentarischen Kontrolle entzogen war. Lediglich über das Budgetrecht konnte das Abgeordnetenhaus Einfluss auf die Stärke und Ausrüstung der Armee nehmen. Daneben wurde das **Gottesgnadentum als Legitimation der monarchischen Ordnung** festgeschrieben und die Verfassung selbst als „provisorisch" bezeichnet; sie war daher leicht zu ändern.

Die Verfassung von 1850 blieb in ihren wesentlichen Bestimmungen bis 1918 in Kraft. Auch wenn sie hinter den demokratischen Elementen der Paulskirchenverfassung zurückblieb und die **Herrschaft einer Elite** aus Junkern und Besitzbourgeoisie **(Plutokratie)** zementierte, sicherte sie doch der Volksvertretung weitaus mehr Rechte zu, als es die neoabsolutistischen Verfassungen in den meisten süd- und mitteldeutschen Staaten taten. Daher stieß die Verfassung auf größeren Widerstand bei den reaktionären und konservativen Kreisen, während die meisten Liberalen sie begrüßten. Ihre Hoffnungen in Hinblick auf einen deutschen Nationalstaat richteten sich auf Preußen. Allerdings war die **liberale Bewegung** in ihrer Haltung zur deutschen Einheit **gespalten**, denn die süddeutschen Liberalen fürchteten eine Dominanz Preußens in einem kleindeutschen Nationalstaat. Sie lehnten vor allem den preußischen Militarismus und das oft arrogante Auftreten preußischer Beamter ab. Verstärkt wurde der Widerstand durch den Heeres- und Verfassungskonflikt in Preußen ab 1861.

Heeresreform und Verfassungskonflikt

In den späten 1850er-Jahren kam neue Bewegung in die Politik in Deutschland: Im Oktober 1858 übernahm trotz des Protestes der Ultrakonservativen in **Preußen** anstelle des nach mehreren Schlaganfällen handlungsunfähigen Königs Friedrich Wilhelm IV. dessen Bruder Kronprinz Wilhelm zunächst als Regent, dann ab 1861 als König die politischen Geschicke. Im Gegensatz zu seinem Bruder ließ **Wilhelm I.** seine Regentschaft durch die vereinigten Kammern, vor denen er den **Eid auf die Verfassung** ablegte, bestätigen. Diese Geste schien in Preußen einen Politikwechsel anzukündigen. Mit der Aufnahme zweier gemäßigter Liberaler in das Kabinett glaubte man die Zeit der Reaktion überwunden; eine neue Politik **(„Neue Ära“)** war eingeleitet.

Auch in **Österreich** begann eine **Phase der vorsichtigen Liberalisierung**. Am eindeutigsten war der Wandel im **Großherzogtum Baden**. Hier berief der ohnehin liberal gesonnene Großherzog Friedrich ein Ministerium aus Vertretern der liberalen Parlamentsmehrheit und folgte damit dem **Grundgedanken des parlamentarischen Prinzips**.

Anfang der 1860er-Jahre erfuhr die **preußische Innenpolitik** eine Wende, als aus den Auseinandersetzungen um die Vergrößerung und Neustrukturierung des Heeres ein tief greifender **Verfassungskonflikt** wurde, dessen Entwicklung und Ausgang die deutsche Geschichte nachhaltig beeinflusste.

Die Kriege der 1850er-Jahre, der Krimkrieg (1854–1856) und der italienische „Nationalkrieg“ (1859), hatten gezeigt, dass die preußische Armee zu schwach und in ihrer Bewaffnung und Struktur nicht mehr modern genug war. Die Liberalen verlangten zudem eine größere Wehrgerechtigkeit. Die Zahl der jährlich einberufenen Rekruten betrug konstant 40 000, obgleich sich die Einwohnerzahl des Landes seit 1800 nahezu verdoppelt hatte. Die liberale Mehrheit war auch aus nationalen Erwägungen an einer Vergrößerung der militärischen Stärke Preußens interessiert. Dass eine umfassende **Heeresreform** notwendig war, war also mehrheitlich unumstritten. Dennoch war die Militärfrage brisant, denn die Regierung wollte die Armee vom parlamentarischen Einfluss unabhängig halten. Die Armee sollte ausschließliches Instrument des Königs sein. Jede Beeinflussung von außen würde die Sicherheit des Staates gefährden.

Die Vorlage des Königs sah eine **Verdoppelung der Friedensstärke des Heeres** durch eine umfassendere Einberufung und eine Verlängerung der

Dienstzeit von zwei auf drei Jahre vor. Zugleich sollte das Heer eine **neue, modernere Struktur** erhalten, die an die Stelle des bisher in „Linie“ (reguläre Truppen), „Landwehr“ und „Landsturm“ gegliederten Heeres treten sollte. Die als politisch unsicher geltende Landwehr sollte drastisch eingeschränkt werden. Die **Landwehr** war eine Art Miliz, die aus Reservisten zwischen zwanzig und dreißig Jahren bestand. Sie bildete eine **starke bürgerliche Komponente** in dem ansonsten vom Adel beherrschten Militärwesen. Die Liberalen sahen in der Landwehr ihr **Ideal von der Volksbewaffnung** („Volk in Waffen“) gegen eine „Fürstenarmee“ verwirklicht. Daher wehrten sie sich gegen den geplanten Abbau. Die liberale Mehrheit sah in der dreijährigen Dienstzeit den Versuch der Krone, die Soldaten mit konservativen und militaristischen Werten zu indoktrinieren **(Armee als „Schule der Nation“)**. Aus dem Streit darüber entwickelte sich ein grundsätzlicher Konflikt um die Rolle der Politik im militärischen Bereich sowie über die Stellung des Abgeordnetenhauses in der preußischen Staatsordnung.

Da der König kompromisslos an der Reform festhielt, verschärfte sich der Konflikt und wurde zu einer Verfassungskrise. In dieser standen sich das **Recht des Königs auf Entscheidungs- und Befehlsgewalt im militärischen Bereich** und das Budgetrecht des Landtages gegenüber. Der Konflikt drohte, das preußische Verfassungssystem lahmzulegen und den Staat handlungsunfähig zu machen. Reaktionäre Kräfte waren daher sogar zum Militärschlag gegen die Opposition bereit und der König wollte abdanken.

In dieser Situation berief Wilhelm I. **Otto von Bismarck** (1815–1898) zum neuen Ministerpräsidenten, der auch ohne Finanzbewilligung des Abgeordnetenhauses zur Durchführung der Heeresreform bereit war, selbst wenn dadurch die Rechte des Landtages verletzt werden müssten; das Funktionieren des Staates und die Rechte der Krone hatten für ihn Vorrang. Der Konflikt wurde endgültig zum **Verfassungskonflikt**. Bismarcks Ernennung und seine Einstellung als **„Konfliktminister“** war für die liberalen und demokratischen Kräfte eine offene Provokation, galt Bismarck doch als stockkonservativer Junker und Verteidiger des „monarchischen Prinzips“.

Bismarck versuchte, den Verfassungskonflikt durch die **„Lückentheorie“** zu lösen, was auf einen Verfassungsbruch hinauslief. Diese Theorie ging von der Behauptung aus, dass die Verfassung nicht durch einen Vertrag zwischen König und Volk zustande gekommen sei, sondern vom König durch Erlass „oktroyiert“ worden sei. Daher komme dem König das Recht zu, die Verfassung in ungewissen Fragen zu interpretieren. Das Regieren ohne ein vom Parlament genehmigten Etat sei ein **staatliches „Notrecht“**, damit das Staatsleben nicht zum Stillstand komme. Außerdem sage die Verfassung nichts darüber aus, was zu geschehen habe, wenn Herrenhaus und Abgeordnetenhaus in Bezug auf den Etat unterschiedlicher Auffassung seien – das Herrenhaus hatte nämlich dem Heeresetat zugestimmt. Daher müsse der König im Staatsinteresse aufgrund seines Interpretationsrechts ohne beschlossenes Budget regieren. Verhängnisvoll war, dass dem militärischen Sektor damit Priorität vor dem zivilen eingeräumt wurde.

Im Innern war Bismarcks Strategie schließlich erfolgreich: Als am Tag des Sieges von Königgrätz am 3. Juli 1866 in Preußen gewählt wurde, verschoben sich die politischen Gewichte. Die Zahl der konservativen Mandate stieg von 38 auf 142, während die der Liberalen von 253 auf 148 fiel. Der preußische Landtag nahm nach dem gewonnenen Krieg das von der Regierung eingebrachte **Indemnitätsgesetz** gegen die Stimmen der Ultrakonservativen an, die im Antrag Bismarcks eine Kapitulation der Regierung und des Königs vor dem Parlament sahen. Angesichts des großen militärischen Triumphes stimmten Abgeordneten- und Herrenhaus trotz Bedenken der Liberalen dem Antrag der Regierung zu. In diesem bestätigte Bismarck das Budgetrecht des Landtages, der dafür das Verhalten der Regierung im Verfassungskonflikt nachträglich billigte.

Die Annahme der Vorlage führte zur **Spaltung der Liberalen:** Die 1867 in Hannover neu gegründete **Nationalliberale Partei** stimmte wegen der militärischen Erfolge zu. Sie wollte mit Bismarck den deutschen Staat schaffen, nicht gegen ihn. Die 1861 gegründete bismarckfeindliche **Deutsche Fortschrittspartei** lehnte die Vorlage dagegen ab. Sie bekämpfte weiterhin Bismarcks offenkundigen Verfassungsbruch und forderte eine Parlamentarisierung. „Einheit ohne parlamentarische Mitbestimmung" war für sie nicht denkbar. Immerhin war der Verfassungskonflikt beigelegt, und Bismarcks Popularität stieg.

4.3 Die Lösung der deutschen Frage und die Einigungskriege (1864–1871)

Die Verschärfung des preußisch-österreichischen Dualismus

Die Verbindung von bürgerlicher Nationalbewegung und staatlicher Politik, die 1861 zur italienischen Einigung führte, wurde zum Vorbild für den europäischen und besonders für den deutschen Nationalismus. Mit der **deutschen Frage** aber trat der innerdeutsche Dualismus zwischen Österreich und Preußen wieder in den Vordergrund. Da Österreich 1859 im Zweiten Italienischen Unabhängigkeitskrieg dem Königreich Sardinien-Piemont und dessen Verbündeten Frankreich unterlag, war seine Position geschwächt. Preußen dagegen gelang es, unter Bismarck seine Machtstellung geschickt zugunsten einer kleindeutschen, von Preußen dominierten Einigungspolitik zu nutzen.

Die deutsche Nationalbewegung anerkannte mehrheitlich den innerdeutschen **Führungsanspruch Preußens**, das aufgrund seiner wirtschaftlichen und militärischen Stärke eher in der Lage war, Frankreich – dessen Hegemonie in Europa man fürchtete – in seine Schranken zu weisen. Jedoch schreckte der **antiliberale Kurs der Regierung Bismarck** die Liberalen und die süddeutschen Staaten ab. Dieser zeigte sich unter anderem bei der **polnischen Erhebung** gegen das Zarenreich, die von den Liberalen begeistert begrüßt wurde. Für Bismarck bedeutete diese dagegen eine Bedrohung für den Zusammenhalt des preußischen Staates, in dem es eine polnische Minderheit gab. Des Weiteren befürchtete er ein Zusammengehen der beiden europäischen Flügelmächte Russland und Frankreich, wenn sich Preußen gegen Russland stellen würde. Hier deutete sich Bismarcks Angst vor einer Preußen bzw. Deutschland bedrohenden Zangenkoalition an, die 1892/93 schließlich Wirklichkeit wurde. So bildete Bismarcks Politik 1863 die Grundlage für eine folgenreiche preußisch-russische Annäherung. Bestärkt wurde die Abneigung der Liberalen durch Bismarcks Vorgehen in der **Krise um Schleswig** von 1863, das ausschließlich von preußischer Staats- und Machträson geprägt war.

Die Auseinandersetzung mit Österreich war für Bismarck ein unausweichlicher und notwendiger **Hegemonialkampf**. Denn im **Deutschen Bund** sah er eine Organisation, die allein dazu diente, Österreich in seinem Bestand zu schützen und seine Führungsrolle zu sichern. Daher lehnte er eine von Österreich angestrebte Bundesreform, die die Exekutive des Bundes durch ein Fürstengremium stärken und darüber hinaus ein „Delegiertenparlament" (bestehend aus Vertretern der einzelstaatlichen Kammern) bilden sollte, ab. Bismarck wertete die Reform lediglich als Versuch Österreichs, die eigenen Interessen gegen Preußen zu wahren, denn die süddeutschen Staaten würden in dem Kollektivgremium eher auf der Seite Wiens stehen. Bismarck aber wollte den Rivalen Österreich aus Deutschland verdrängen. Dazu bot sich bald die Gelegenheit.

Der Deutsch-Dänische Krieg (1864)

Wie bereits 1848 stellten die **Herzogtümer Schleswig und Holstein** den Brennpunkt der nationalen Politik dar (s. S. 161 f.). Das Prinzip des europäischen Gleichgewichts war eng mit ihrer Zugehörigkeit zu Dänemark verbunden. Dieses Gleichgewichtsdenken war schon früher mit den revolutionären Forderungen der deutschen Nationalbewegung in Konflikt geraten. 1863 wurde die Erb- und Autonomiefrage der beiden Herzogtümer aktuell. König Friedrich VII. von Dänemark wollte die Sonderstellung Schleswigs aufheben und das Herzogtum von Holstein trennen. Kurz darauf starb er jedoch unerwartet ohne männlichen Erben. Sein Nachfolger, **Christian IX.** aus dem Haus Sonderburg-Glücksburg, unterschrieb im November 1863 das sogenannte Gesamtstaatsgesetz **(dänische Novemberverfassung)**, das Schleswig in den dänischen Staat eingliederte. Eine Landesversammlung beider Herzogtümer leistete dem Erbprinzen Friedrich aus der Linie Augustenburg den Treueid, was internationale Regelungen verboten. Denn die fünf europäischen Großmächte (Großbritannien, Frankreich, Russland, Preußen und Österreich) sowie Schweden und Dänemark hatten sich 1850 und 1852 auf die sogenannten **Londoner Protokolle** geeinigt. In diesen garantierte der dänische König Österreich und Preußen die Selbstständigkeit und Zusammengehörigkeit der beiden Herzogtümer.

Die nationale deutsche Öffentlichkeit wehrte sich entschieden gegen die Novemberverfassung und verlangte die Trennung der beiden Herzogtümer von Dänemark und ihren Anschluss an den Deutschen Bund. Vor allem die deutschen Mittelstaaten und die liberal-nationalistische Bewegung unterstützten diese Forderung.

Von dieser nationalen Erregung ließ sich Bismarck nicht anstecken. Er setzte sich vielmehr für die Aufrechterhaltung der Londoner Protokolle ein. Sein Ziel war es einerseits, eine Intervention der Großmächte, wie sie 1848 gedroht hatte, zu verhindern. Andererseits wollte er Österreich an Preußen binden, um gemeinsam gegen Dänemark vorgehen zu können. Auf diese Weise wollte Bismarck letztlich sein Maximalziel, die Herzogtümer Schleswig und Holstein zu annektieren, durchsetzen. Ein unabhängiges Schleswig-Holstein, d.h. ein zusätzlicher deutscher Mittelstaat, lag nicht im Interesse Bismarcks. Denn es hätte die Gefahr bestanden, dass das politische Gewicht in Deutschland vollends zugunsten Österreichs verschoben worden wäre.

Österreich durchschaute Bismarcks Spiel nicht und ließ sich für ein gemeinsames Vorgehen gewinnen. Beide Staaten stellten Dänemark am 16. Januar 1864 ein Ultimatum, das die dänische Regierung zurückwies. Im nachfolgenden **Deutsch-Dänischen Krieg** unterlagen die Dänen. Am 30. Oktober 1864 unterzeichneten Preußen, Österreich und Dänemark den **Frieden von Wien**. Dänemark musste auf die Herzogtümer Schleswig, Holstein und Lauenburg verzichten, die unter gemeinsame preußische und österreichische Herrschaft **(Kondominium)** gestellt wurden – in den Augen der Nationalbewegung ein fragwürdiges Provisorium.

Damit war das bislang internationale Problem Schleswig-Holstein zu einem innerdeutschen Problem geworden, das die preußisch-österreichischen Beziehungen in der Folgezeit schwer belastete. 1865 vereinbarten Preußen und Österreich im **Vertrag von Gastein** eine **getrennte Verwaltung der Herzogtümer:** Preußen verwaltete Schleswig, Holstein ging in österreichische Verwaltung über.

Preußen war es letztlich zwar nicht gelungen, die Herzogtümer zu annektieren, wohl aber konnte es die von der Öffentlichkeit geforderte Anerkennung des Herzogs Friedrich von Augustenburg als regierenden Fürsten verhindern. Zugleich konnte durch diese Regelung der Deutsche Bund in Bezug auf die Schleswig-Holstein-Frage ausgeschaltet werden.

Der Deutsche Krieg (1866)

Bismarcks Ziel war es in der Folgezeit, die **Mächteverhältnisse in Deutschland zugunsten Preußens zu verändern**, ohne dabei das europäische Mächtegleichgewicht zu beeinträchtigen. Dennoch zielte die preußische Politik nicht direkt auf eine kleindeutsche Lösung hin. Bismarck erwog vielmehr die unterschiedlichsten Möglichkeiten: eine Teilung Deutschlands an der Main-Linie, zeitweise sogar eine gemeinsame Herrschaft mit Österreich in Deutschland, aber auch das Hinausdrängen Österreichs aus Deutschland. Dabei war er sich im Klaren, dass eine Konfrontation unvermeidlich war. Zur Durchsetzung seiner gegen Österreich gerichteten Interessen instrumentalisierte Bismarck nicht nur die preußische Wirtschaftspolitik und die preußische Vormachtstellung im Deutschen Zollverein, sondern auch die deutsche Nationalbewegung.

Seine Politik war daher einerseits **revolutionär**, andererseits **konservativ**. Revolutionär an Bismarcks Vorgehen war die geplante Allianz mit der Nationalbewegung, die Österreichs Machtstellung beseitigen und zu einer Neugestaltung Deutschlands führen sollte. Diese Allianz war möglich, da viele Liberale wie der Historiker Heinrich von Treitschke von Bismarck die Lösung der deutschen Frage durch Annexionen oder zumindest militärisch nach italienischem Vorbild forderten. Denn für die Nationalliberalen ging es um die Frage, ob Deutschland – mithilfe Preußens – ein Nationalstaat werden konnte oder nicht. Konservativ war Bismarcks Streben, die deutsche Frage „von oben“ zu lösen, nicht durch eine aktive Beteiligung des Volkes.

Im April 1866 forderte Bismarck eine grundlegende **Änderung der Bundesverfassung**. Er stellte im Bundestag den Antrag, „eine aus direkten Wahlen und allgemeinem Stimmrecht der ganzen Nation hervorgegangene Versammlung“ einzuberufen. Aus der bisherigen Bundesversammlung sollte so ein **direkt gewähltes Parlament** werden. Österreich konnte auf diese Forderung nicht eingehen. Die Mittelstaaten standen mehrheitlich auf der Seite Österreichs.

Die Spannungen zwischen Preußen und Österreich verschärften sich weiter, als die Regierung in Wien den Deutschen Bundestag mit der Lösung der schleswig-holsteinischen Frage beauftragte. Preußen sah dies als Provokation. Es erklärte daraufhin, Österreich habe den Vertrag von Gastein gebrochen, und besetzte Teile Holsteins. Im Gegenzug mobilisierte Österreich einen Teil der

Bundesarmee (u. a. Bayern, Württemberg, Sachsen und Hannover) gegen Preußen. Preußen wiederum reagierte nicht nur mit dem rechtswidrigen Austritt aus dem Deutschen Bund, sondern erklärte diesen für aufgelöst. Damit war ein Krieg praktisch unvermeidlich geworden.

Offiziell handelte es sich zwar um einen **Krieg des Deutschen Bundes** gegen eines seiner Mitglieder, nämlich Preußen, **zur Durchsetzung von Bundesrecht**. In Wahrheit aber ging es um die gewaltsame Lösung des preußisch-österreichischen Dualismus zugunsten einer der beiden deutschen Großmächte. Aus einer Rechtsfrage (Einhaltung der internationalen Verträge von 1852) war eine Machtfrage geworden.

Auf der Seite Österreichs standen die zwölf größeren Bundesstaaten, auf der Seite Preußens 17 kleinere Staaten. Trotz der zahlenmäßigen Überlegenheit Österreichs und seiner Verbündeten entschied bereits nach zwölf Tagen die **Schlacht bei Königgrätz** in Böhmen (3. Juli 1866) den Krieg zugunsten Preußens. In der Frage, wie man mit dem besiegten Österreich umgehen sollte, konnte sich Bismarck mithilfe des Kronprinzen Friedrich Wilhelm noch einmal gegen die Militärs und den preußischen König Wilhelm I. mit maßvollen Forderungen, d. h. den Verzicht auf die Annexion österreichischer Territorien, durchsetzen – 1871 gelang ihm dies nicht mehr. Bismarck konnte dadurch Frankreich neutralisieren, das sich für sein Stillhalten Kompensationen erhoffte. Auch Russland hatte sich zur Neutralität bereit erklärt.

Am 23. August 1866 wurde in **Prag** der endgültige **Friedensvertrag** zwischen Preußen und Österreich unterzeichnet. Beide Staaten versprachen für die Zukunft einen **„beständigen Frieden“** und dauernde Freundschaft. Bismarck wollte damit den anderen Großmächten seinen Willen zur Verständigung und zum Frieden in Europa verdeutlichen.

Österreich, das außer der Abtretung Venetiens an Preußens Verbündeten Italien keine Gebiete verlor, stimmte der **Auflösung des Deutschen Bundes** und der Gründung eines Norddeutschen Bundes durch Preußen zu, der später eine Verbindung mit den süddeutschen Staaten eingehen sollte. Damit hatte Österreich die **kleindeutsche Lösung** akzeptiert und war praktisch aus Deutschland hinausgedrängt worden.

Preußen annektierte die Kriegsgegner Hannover, Kurhessen (Hessen-Kassel), Hessen-Nassau, die Freie Stadt Frankfurt sowie Schleswig-Holstein; die südlichen Kriegsgegner wurden hingegen geschont. Bei den preußischen Konservativen erregte dieser Schritt Bismarcks erbitterten Widerstand – sie nannten Bismarck sogar einen „Revolutionär und Bonapartisten“ –, denn die Annexionen beraubten legitime Herrscher ihres Throns und stellten daher einen eklatanten Verstoß gegen das monarchische Prinzip und die Legitimität zugunsten eines rein machtstaatlichen Handelns dar.

1867 schlossen sich die verbliebenen Staaten nördlich des Mains (v. a. Oldenburg, Mecklenburg und die thüringischen Staaten) unter Führung Preußens zum **Norddeutschen Bund** zusammen, während die süddeutschen Staaten und Luxemburg diesem Bund nicht beitraten. Ihre Annexion oder Aufnahme in den Norddeutschen Bund verhinderte der Widerstand dieser Länder und der Einspruch Frankreichs, das an einem Nationalstaat in der Mitte Europas nicht interessiert war.

Der 1867 geschaffene Norddeutsche Bund umfasste 22 Mitgliedstaaten mit etwa 30 Millionen Einwohnern. Von diesen lebten rund 24 Millionen im erweiterten Preußen, das als Hegemonialstaat die Führung in diesem Bund innehatte, sodass man mit Recht von einem „Groß-Preußen" (E. Jäckel) sprechen kann.

Der Norddeutsche Bund

Im April 1867 nahm der Reichstag die Verfassung an, die in ihren wesentlichen Bestandteilen die **Verfassung des Deutschen Reiches bis 1918** war – 1871 wurde sie lediglich durch einige Sonderrechte der Länder ergänzt. Die Verfassung des Norddeutschen Bundes war eine Mischung aus Elementen der Deutschen Bundesakte von 1815 und der Frankfurter Paulskirchenverfassung von 1849, sie vereinigte sowohl feudal-konservative als auch einige liberal-bürgerliche Elemente in sich. Trotzdem wurden 1866/67 die Weichen nicht zu einem bürgerlich-liberalen Staat gestellt, sondern zu einem aristokratisch-feudalen Staat, in dem weiterhin die alten Eliten an den Schalthebeln der Macht saßen.

Rückblickend bedeuteten die **Ereignisse von 1866** eine **Niederlage des deutschen Liberalismus**. Die Nationalliberalen räumten der Einheit Vorrang vor der Freiheit ein und begnügten sich mit dem demokratischen Wahlrecht für Männer zum Norddeutschen Reichstag.

Bismarck hatte die **wirtschaftlichen und nationalen Forderungen der Liberalen erfüllte**, verweigerte aber die Umsetzung der politischen. Damit gab sich ein Teil der Bourgeoisie zufrieden, und auch die öffentliche Meinung war mehrheitlich auf Bismarcks Seite. Zwar führte der Sieg Preußens und der Ausschluss Österreichs zur Spaltung der Nation, aber die Alternative wäre der Fortbestand des ungeliebten Status quo gewesen, der nicht im Interesse der Liberalen lag. Darüber hinaus hätte die Gefahr bestanden, dass ein erneuerter Deutscher Bund in den verhängnisvollen Strudel der sich abzeichnenden Nationalitätenkonflikte in der Donaumonarchie geraten wäre.

Bismarck und die gesamteuropäische Mächtekonstellation in den 1860er-Jahren

Zu glauben, Bismarck habe die Mainlinie, die den Norddeutschen Bund von den süddeutschen Staaten trennte, nur als vorübergehend angesehen, ist falsch. Bismarck dachte angesichts des süddeutschen Partikularismus und mit Rücksicht auf die Interessen der europäischen Großmächte in langen Fristen. Vor allem musste er mit einem Eingreifen Frankreichs rechnen, das erkannt hatte, dass es 1866 nicht um eine Umverteilung der innerdeutschen Machtverhältnisse gegangen war, sondern um die Lösung der deutschen Frage.

Für den Erfolg von Bismarcks Politik und das fehlende Eingreifen des Auslands waren verschiedene Faktoren der gesamteuropäischen Mächtekonstellation verantwortlich: **Englands Blick** war **weniger auf Europa gerichtet** als auf die Vorgänge in Amerika, wo es sich im Bürgerkrieg auf die Seite der Südstaaten gestellt hatte, von deren Baumwolle die englische Textilindustrie abhängig war (s. S. 26 ff.). Im Land selbst brach eine Ära großer Reformen an, wodurch bis 1874 fast alle politische Energie in Anspruch genommen wurde.

Russland leitete eine Politik ein, die imperiale Expansion und innere Reformen verband. Das Land verhielt sich daher **gegenüber den europäischen Entwicklungen** der 1860er-Jahre **passiv**. Die durch die Niederlage im Krimkrieg (1853–1856) eingeleiteten Reformen bewirkten einen tiefen Einschnitt in der sozialen und politischen Entwicklung Russlands (Aufhebung der Leibeigenschaft) und lenkten von den europäischen Problemen ab. Zugleich war deutlich geworden, dass mit Ausnahme Preußens alle europäischen Großmächte ein Vordringen Russlands auf dem Balkan und in Richtung der türkischen Meerengen nicht hinnehmen würden. Finanziell geriet das Zarenreich mit seinen Erwerbungen in Zentralasien und im Fernen Osten an seine Grenzen und zugleich erhöhten sich die Spannungen mit England.

Frankreich war wegen der gemeinsamen Grenze mit Deutschland von einer Veränderung der Mächtekonstellation in Mitteleuropa direkt betroffen. Ferner benötigte das Regime Napoleons III. für seine innere Stabilität außenpolitische Erfolge. Zwar wollte Frankreich diese in erster Linie auf diplomatischem Weg erringen, es schreckte letztlich jedoch auch vor Gewaltanwendungen nicht zurück. So unterstützte Frankreich Piemont 1859 im Einigungskrieg gegen Österreich und garantierte gleichzeitig Rom als Kirchenstaat. Einen **deutschen Nationalstaat lehnte Frankreich strikt ab**. Bismarck musste daher alles tun, um Frankreich von einer Parteinahme zugunsten Österreichs abzuhalten. Schließlich war Napoleon III. 1866 zur Neutralität bereit, allerdings verlangte er als Gegenleistung territoriale Kompensationen im Rheingebiet, zumindest aber das Saargebiet und Landau. Bismarck ließ den Kaiser in dieser Frage, aber auch in Bezug auf seine wirklichen Ziele im Unklaren. Ihm war jedoch bewusst, dass Frankreich gegen eine Vergrößerung der deutschen Mittelstaaten und gegen die Bildung eines unabhängigen Staates im Rheinland („Trias-Deutschland“) nichts einzuwenden hatte.

Der Deutsch-Französische Krieg 1870/71 als „deutscher Nationalkrieg“

Nach dem preußischen Sieg 1866 verweigerte Bismarck Frankreich die erhofften territorialen Gewinne. Zugleich konnte er die süddeutschen Staaten zum Abschluss eines Defensivbündnisses **(„Schutz- und Trutzbündnisse“)** mit dem Norddeutschen Bund gegen Frankreich bewegen.

Nach dem Fehlschlag seiner Bemühungen schlug Napoleon III. einen neuen Kurs zur **Eindämmung Preußens** ein. Er strebte eine Zusammenarbeit mit Österreich an, um „Preußen im Süden auszumanövrieren“ (Th. Nipperdey). 1869 wollte Napoleon III. einen antipreußischen Dreibund zwischen Frankreich, Österreich und Italien ins Leben rufen, der jedoch an den Interessengegensätzen der einzelnen Staaten scheiterte.

Die Gefahr einer feindlichen Koalition unter Führung Frankreichs war damit aber nicht gebannt. Dennoch hielt er an seinem mittelfristigen Ziel, der deutschen Einheit, fest – in diesem Sinne war der **Norddeutsche Bund** ein **Provisorium**, eine **Etappe** auf dem Weg **zum deutschen Nationalstaat** unter preußischer Führung. Ein Krieg aller deutschen Länder gegen einen äußeren Feind, allen voran gegen Frankreich, würde – so Bismarck – die deutsche Einigung vorantreiben. Gleichwohl arbeitete Bismarck nicht bewusst auf einen Krieg hin, denn in der Reaktion der anderen europäischen Großmächte sah er ein erhebliches Risiko.

Wieder kam Bismarck die europäische Lage zu Hilfe: England betrieb wegen seiner inneren Reformen und dem Umbau seines Empires eine Politik der „splendid isolation". Österreich, auf das Napoleon gesetzt hatte, musste auf seine deutsche Bevölkerung Rücksicht nehmen und wandte sich unter dem Einfluss der Ungarn verstärkt dem Balkan zu, wo man auf die Interessen Russlands stieß; eine Konfrontation mit Preußen konnte man sich zu diesem Zeitpunkt nicht leisten. Russland strebte nach einem Bündnis mit Preußen und hielt sich deshalb zurück. Allein Frankreich wollte eine weitere Expansion Preußens auf keinen Fall dulden.

Anlass für den Krieg mit Frankreich war die 1869 und 1870 diskutierte **Kandidatur** des Erbprinzen Leopold von Hohenzollern-Sigmaringen, einer katholischen Seitenlinie der preußischen Hohenzollern, für den seit 1868 freien **spanischen Thron**, die auch von Bismarck unterstützt wurde. Zwar war damit keinesfalls eine Provokation Frankreichs beabsichtigt, aber angesichts der antipreußischen Stimmung in Frankreich – man sprach offen von einer preußischen Intrige – musste die Kandidatur auf den entschiedenen Widerstand Frankreichs treffen, das bewusst das Bild der habsburgisch-spanischen Umklammerung aus dem 16. Jahrhundert heraufbeschwor und mit Krieg drohte.

Um den bevorstehenden Krieg zu vermeiden, veranlasste König Wilhelm I. Leopold zum Thronverzicht, doch der französische Botschafter Benedetti drängte Wilhelm I. in Bad Ems zu einer weiteren, auch für die Zukunft gültigen Verzichtserklärung, die dieser höflich zurückwies. In einem regierungsinternen Telegramm vom 13. Juli 1870, der sogenannten **Emser Depesche**, berichtete er Bismarck über die Aufdringlichkeit des französischen Botschafters. Bismarck veröffentlichte die Depesche in verkürzter, Napoleon III. bloßstellender Form, woraufhin Frankreich Preußen am 19. Juli 1870 den Krieg erklärte.

Der Norddeutsche Bund und die süddeutschen Staaten, für die nun der Bündnisfall eintrat, kämpften auf der Seite Preußens. Aus dem preußisch-französischen Konflikt war ein **deutscher Krieg gegen den französischen Erbfeind** geworden. Frankreich dagegen fand bei den anderen europäischen Großmächten keine Verbündeten.

Am 2. September 1870 gelang den unter preußischem Oberbefehl stehenden vereinigten **deutschen Armeen bei Sedan der entscheidende Sieg** über die Armee des kaiserlichen Frankreich. Napoleon III. geriet in Gefangenschaft und dankte ab. Zwei Tage später wurde in Paris die Republik ausgerufen. Im **Frieden von Frankfurt** (Mai 1871) verpflichtete sich Frankreich zur Zahlung von fünf Milliarden Goldfrancs Kriegsentschädigung sowie zur Abtretung der Grenzgebiete Elsass und Lothringen, dessen vorwiegend deutschsprachige Bevölkerung 200 Jahre lang in den französischen Staat eingegliedert gewesen war. Deutschland hatte damit zwei Gebiete zurückerobert, die Frankreich im 16. und 17. Jahrhundert „widerrechtlich" annektiert hatte. Für Frankreich bedeutete der territoriale Verlust eine tiefe Verletzung seines nationalen Selbstbewusstseins und seiner Ehre. Dies schuf ein **Konfliktpotenzial**, das das deutsch-französische Verhältnis in der Zukunft erheblich belastete und das den **Frieden** zwischen beiden Staaten dauerhaft **gefährdete**.

Die Gründung des Deutschen Reiches

Im November 1870 verhandelte der Norddeutsche Bund mit den süddeutschen Staaten Bayern, Württemberg, Baden und Hessen über einen Beitritt zum bestehenden Bund. Am 15.November 1870 kam schließlich ein Vertrag zwischen dem Norddeutschen Bund sowie Baden und Hessen-Darmstadt zustande, der den Beitritt beider Staaten zum Bund unter Beibehaltung der Bundesverfassung vorsah. Württemberg und Bayern hatten dagegen erhebliche Vorbehalte. Der bayerische König Ludwig II. lehnte eine Preisgabe der bayerischen Souveränität strikt ab. Erst am 23. November (Bayern) und 25. November 1870 (Württemberg) konnten die Vorbehalte vertraglich beseitigt werden. Die beiden Länder setzten eine Stärkung des föderalen Elements und zahlreiche „Reservatrechte" durch, ansonsten anerkannten sie die Verfassung des Norddeutschen Bundes. Der deutsche Nationalstaat wurde somit nicht durch eine konstituierende Nationalversammlung geschaffen, sondern durch Verträge zwischen dem Norddeutschen Bund und den süddeutschen Staaten, welche dann vom Norddeutschen Reichstag und den süddeutschen Länderparlamenten ratifiziert wurden.

Ende November 1870 trug der bayerische König in einem von Bismarck initiierten Brief dem preußischen König die Kaiserwürde an **(Kaiserbrief)**. Am 18. Januar 1871 wurde der preußische König Wilhelm I. schließlich zum Kaiser ausgerufen. Um die Form der Proklamation hatte es bis zuletzt einen erbitterten Streit gegeben. Ludwig II. von Bayern hatte in „seinem" Brief den Titel „Deutscher Kaiser" gewählt. Doch Wilhelm I. lehnte diesen ab, weil dadurch das preußische Königtum in den Hintergrund treten würde. Andere Titel wie „Kaiser der Deutschen" oder „Kaiser von Deutschland" wurden von den Fürsten abgelehnt, weil sie eine Oberhoheit des Kaisers über das Reich und seine Fürsten ausgedrückt bzw. die „Nation" zum tragenden Element des Staates erklärt hätten. Daher wählte der badische Großherzog als Kompromiss die Worte:

„Seine Kaiserliche und Königliche Majestät, Kaiser Wilhelm I.“ Der im März 1871 gewählte erste deutsche Reichstag beschloss dann auf Vorschlag Bismarcks und auf Vorlage des Bundesrates den offiziellen Titel **„Deutscher Kaiser“** für das Oberhaupt des **Deutschen Reiches**.

Datum und Ort der Kaiserproklamation waren bewusst gewählt, denn der 18. Januar war der Jahrestag der Krönung des Kurfürsten Friedrichs III. zum ersten König von Preußen (1701), wodurch der preußische Charakter des neuen Reiches und seiner Monarchie herausgestellt werden sollte. Mit dem Schloss verband man in Deutschland die „Reunionspolitik“ Ludwigs XIV., die den Verlust Straßburgs, des Elsass und Lothringens gebracht hatte. Dass Wilhelm I. an diesem Ort und an diesem Tag zum Kaiser erhoben wurde, sollte auch den Triumph Preußen-Deutschlands über den Erbfeind Frankreich symbolisieren.

Im In- und Ausland wurde die **Reichsgründung** mit gemischten Gefühlen aufgenommen. Natürlich war in Deutschland die **patriotische Begeisterung** groß, und die überwiegende Mehrheit der Deutschen verband die Reichsgründung mit Hoffnungen auf eine bessere Zukunft und mehr Wohlstand. Eher partikularistische Kreise vor allem in Süddeutschland empfanden den Sieg über Frankreich als Rechtfertigung für die Führerschaft Preußens.

Aber es gab auch **oppositionelle Stimmen:** Viele **Katholiken**, nicht nur in Bayern, befürchteten ein Übergewicht des protestantischen Preußen, ein „protestantisches Reich“, in dem sie lediglich eine Minderheit darstellten. **Linksliberale Kreise**, vor allem in den süddeutschen Bundesstaaten, ängstigten sich vor dem preußischen Militarismus, vor der autoritären monarchistischen Staatsauffassung Preußens und seiner hegemonialen Stellung. In **Norddeutschland** kritisierte man besonders die „Reservatrechte“ der süddeutschen Staaten, die der Einheit abträglich wären.

Im **Ausland** waren die kritischen Stimmen nicht zu überhörbar, und dies wirkte sich maßgeblich auf Bismarcks Außenpolitik aus. Die Herstellung der **deutschen Einheit**, eines mächtigen Staates in der Mitte Europas, hatte das **europäische Mächtegleichgewicht** und die „Wiener Ordnung“ grundlegend **verändert**. An die Stelle Preußens als kleinster Großmacht war mit dem Deutschen Reich die auf dem Kontinent führende Großmacht getreten, deren militärische Stärke von enormer Schlagkraft war und dessen wirtschaftliches Potenzial auch England gefährlich werden konnte. Gefürchtet wurden eine preußisch-deutsche Hegemonie auf dem Kontinent und ein vom preußischen Militarismus und Nationalismus ausgehendes Expansionsstreben. Der Oppositionsführer im englischen Unterhaus, Benjamin Disraeli, erklärte, die „Deutsche Revolution“ sei viel bedeutender als die Französische Revolution, und man werde in England die Folgen noch in 400 Jahren spüren.

Aufgabe 25 Erläutern Sie die Entwicklung Preußens während der „Neuen Ära“.

Aufgabe 26 Stellen Sie die außenpolitische Entwicklung ab 1866 bis zur Gründung des Deutschen Reiches 1871 dar.

Aufgabe 27 Beurteilen Sie die deutsche Einigung durch Preußen 1871.

Aufgabe 28 (materialgestützt) Erläutern Sie die einzelnen Abschnitte des „Reichsprognostikons“ (M 1) und kennzeichnen Sie die Sichtweise des Karikaturisten.

M 1: Karikatur: „Reichsprognostikon“, 1866

Kladderadatsch, humoristisch-satirisches Wochenblatt vom 9. Sept. 1866, Nr. 41, S. 164

fgabe 29 material- gestützt)

a) Erläutern Sie, wie in M 1 die Ereignisse der Revolution von 1848/49 in Wort und Bild dargestellt werden.
b) Überprüfen Sie die Position des Verfassers in M 1 zum Ausgang der Revolution und gehen Sie dabei auf die historische Bedeutung der Revolution ein.

M 1: Vor den Zelten

1847.

Vor den Zelten! Vor den Zelten!
Wo die Kindermädchen schelten,
Wo die Cour manch Füsiliere[1]
Machet alle Tag' um Viere,
Wo der Bettler liegt auf Lauer,
Wo die Weiße oft ist sauer,
Wo die Musik klingt so schöne
Lockt in's Auge uns die Thräne
Wo herab von der Tribüne
Oft die Polka klingt so kühne,
Wie so schön es manches Jahr
Doch vor diesen Zelten war!!

1848.

Vor den Zelten! Vor den Zelten!
Wie sie da so schön rebellten,
Wie man Abends gegen Achte
Droschken sachte fahren machte!
Wie herab von der Tribüne
Sie mit Jakobinermiene
Riefen: „Kehrt er dennoch wieder,
Nieder mit Ihm! nieder! nieder!"
Wo man mit direkten Wahlen
Dem Camphausen[2] machte Qualen,
Wie so schön es jenes Jahr
Doch vor diesen Zelten war!!

Vor den Zelten! Vor den Zelten!
Wieder Kindermädchen schelten,
alles ist wie sonst geblieben,
Essen thut man, trinken, lieben
Nur Constabler[3] statt Gensdarmen[4]
Jetzt sich mit dem Volk umarmen!
Und nur eines ist verschwunden,
Eins allein thut es bekunden,
Daß das Volk von Wrangels[5] wegen
Bajonetten unterlegen,
Vor den Zelten, welch Malheur!
Die Tribüne ist nicht mehr!

Kladderadatsch, humoristisch-satirisches Wochenblatt vom 24. Juni 1849, Nr. 24, 2. Jg., Berlin

Rechtschreibung und Zeichensetzung folgen der Vorlage

Anmerkungen:
1 wo manche Infanteristen den Kindermädchen den Hof machten
2 setzte sich als preußischer Ministerpräsident für ein eingeschränktes Wahlrecht ein
3 Mitglied der von der preußischen Regierung aufgestellten Polizeitruppe
4 reguläre Polizisten
5 Vertreibung der preußischen Nationalversammlung durch Militär unter Führung von General Wrangel

Das deutsche Kaiserreich 1871–1918: Spannung zwischen autoritärem Nationalstaat und politischer Mobilisierung

Das zweite deutsche Kaiserreich (nach dem 1806 aufgelösten Heiligen Römischen Reich deutscher Nation) wurde 1871 gegründet und fand in der Revolution von 1918/19 sein Ende. Es umfasste als „kleindeutsche" Lösung alle deutschen Einzelstaaten mit Ausnahme Österreichs. Als Reichsgründer lässt sich der preußische Ministerpräsident und erste Reichskanzler (1871–1890) Otto von Bismarck bezeichnen, unter dessen Führung Preußen in mehreren Einigungskriegen gegen Dänemark (1864), Österreich (1866) und Frankreich (1870/71) die Reichsgründung militärisch „mit Eisen und Blut" erzwang.

Die gesellschaftliche Entwicklung des Kaiserreichs wurde durch den schnellen Aufstieg Deutschlands zu einem der führenden Industriestaaten der Welt bestimmt. Dieser Wandlungsprozess wurde von großen Teilen der Bevölkerung als eine tief verunsichernde **Modernisierungskrise** empfunden, auf die man mit einem tief greifenden gesellschaftlichen Wertewandel reagierte:

- Für die neue Klasse der Industriearbeiter bot sich das **marxistische Modell** der klassenlosen sozialistischen Gesellschaft an,
- in der bürgerlichen und ländlichen Bevölkerung entwickelte sich ein aggressiver, sich gegen andere Länder und Kulturen abgrenzender **Nationalismus**,
- der **Antisemitismus** wurde in einer modernen Form wiederbelebt: Die Klischees des ausbeutenden Unternehmers wurden mit den frühneuzeitlichen antijüdischen Klischees des „parasitären Schädlings" verknüpft.
- Besonders verbreitet – nicht nur in Deutschland – war der rassistische **Sozialdarwinismus**, der die Evolutionstheorie Darwins vereinfachend auf das Vorhandensein unterschiedlicher menschlicher Rassen übertrug: Diese Rassen befänden sich demnach in einem Überlebenskampf, in dem das Recht des Stärkeren gelte.

Die verfassungs- und innenpolitische Entwicklung Deutschlands konnte jedoch nicht mit dem wirtschaftlichen und gesellschaftlichen Wandlungsprozess Schritt halten: Die traditionellen Eliten in Adel, Militär, Bürokratie und Justiz verhinderten eine Demokratisierung des Reiches, die einer modernen Industriegesellschaft (wie in den westlichen Industriestaaten Großbritannien, Frankreich und USA) entsprochen hätte. In einem **„deutschen Sonderweg"** erhielt sich nach 1890 eine fast neoabsolutistische konstitutionelle Monarchie.

Zuletzt lässt sich die wilhelminische Gesellschaft in ihrem Kern als gespalten beschreiben: Einer hochmodernen, technologisch führenden Wirtschaft mit der entsprechenden gesellschaftlichen Schichtung standen ein überholtes politisches System und feudale kulturelle Muster gegenüber, die die innere Dynamik des Landes nicht kanalisieren und bändigen konnten.

1 Die Konsolidierung des Obrigkeitsstaates

18.1.1871	Kaiserproklamation in Versailles
3.3.1871	Erste Reichstagswahl
16.4.1871	Inkrafttreten der Verfassung des Deutschen Reiches
1873	„Gründerkrach“
7.5.1874	Einführung der Pressefreiheit durch das „Reichspreßgesetz“
1877–1879	Reichsjustizgesetze
11.1.1891	Gründung der Kaiser-Wilhelm-Gesellschaft zur Förderung der Wissenschaften
Okt.–Dez. 1913	„Zabern-Affäre“

1.1 Die Verfassung: Monarchischer Obrigkeitsstaat mit demokratischen Elementen

Die Verfassung des Deutschen Reiches von 1871 ist im Wesentlichen die leicht modifizierte Verfassung des föderalistisch organisierten Norddeutschen Bundes von 1867. Nach der **Kaiserproklamation** in Versailles am 18. Januar 1871 und der ersten Reichstagswahl am 3. März 1871 trat die neue Verfassung des **Deutschen Reiches** am 16. April 1871 in Kraft.

Schon 1871 hat der Historiker Heinrich von Sybel treffend geschrieben: „Wir haben eine konstitutionelle Monarchie, aber wir haben keine parlamentarische Regierung.“ Nach der Verfassungsurkunde war das Deutsche Reich ein **Bundesstaat**, die Staatsgewalt lag nicht bei einer „Nation“ oder beim Volk, sondern beim Bund der 22 Monarchen (vier Königreiche, sechs Großherzogtümer, fünf Herzogtümer und sieben Fürstentümer, die alle ein Recht auf eigene Gesandtschaften hatten), drei Freien Städten und dem Reichsland Elsass-Lothringen.

Die Reichsgründung war eine **„Revolution von oben“**, die von den deutschen Fürsten unter der Führung Preußens ohne Mitwirkung des Volkes vollzogen wurde; die Verfassung spiegelte dieses Machtverhältnis wider.

Das staatsrechtliche Verhältnis zwischen Reich und Bundesstaaten war **föderalistisch**. Letzteren blieben wichtige staatliche Kompetenzen erhalten: so die Staatshoheit über die eigene Verwaltung, Justiz und Kultur. Bayern und Württemberg bekamen darüber hinaus **Reservatrechte** im Militär- und Postwesen zugesprochen. Die Bundesstaaten behielten des Weiteren ihre eigene politische Ordnung. Ihre Länderverfassungen waren meist konstitutionell geprägt, mit zwei Kammern, einem gewählten Abgeordnetenhaus und einer zweiten Kammer aus berufenen Mitgliedern. Das Wahlrecht war beschränkt und ungleich, wie beim vorherrschenden Dreiklassenwahlrecht, das die Stimmengewichtung vom Einkommen der Wähler abhängig machte.

Das **Reich** hatte die Verfügungsgewalt über die Streitkräfte, das Zollwesen, den Handel, den Verkehr und das Postwesen, soweit dem nicht Reservatrechte entgegenstanden. Die daraus anfallenden Einkünfte flossen dem Reich zu. Da diese aber dessen Ausgaben, vor allem für die Streitkräfte, nicht deckten, leisteten die Bundesstaaten **„Matrikularbeiträge"**. Das Reich war deswegen finanziell von den Bundesstaaten abhängig; es war **„Kostgänger der Länder"**.

Die Verfassung wies **vier Verfassungsorgane** auf: Bundesrat, Kaiser, Reichskanzler und Reichstag.

Der Bundesrat

Entsprechend der zentralen Rolle der Bundesstaaten war der **Bundesrat** verfassungsrechtlich das **oberste Reichsorgan**. Dieser wurde von den Bundesstaaten mit weisungsgebundenen Vertretern beschickt, sodass die Länderfürsten direkten Einfluss auf die Politik des Reiches behielten. Im Sinne des föderalistischen Prinzips standen den 17 preußischen Stimmen 41 der anderen Bundesstaaten gegenüber, obwohl etwa zwei Drittel der Bevölkerung und der Landfläche des Deutschen Reiches zu Preußen gehörten. Da der Bundesrat aber mit 14 Stimmen Änderungen der Reichsverfassung ablehnen konnte, verfügte Preußen ebenso wie Bayern, Württemberg und Sachsen zusammen in diesem wichtigen Bereich über eine **Sperrminorität**.

Der Bundesrat konnte Gesetzesvorschläge beim Reichstag einbringen. Alle vom Reichstag beschlossenen Reichsgesetze bedurften der Zustimmung des Bundesrats, ebenso die Auflösung des Reichstages sowie Kriegserklärungen und Friedensschlüsse durch den Kaiser. Ferner kontrollierte der Bundesrat die Einhaltung der Reichsgesetze und der von ihm selbst beschlossenen Reichsverwaltungsvorschriften durch die Exekutive.

In der Praxis verwirklichte der Bundesrat seine starke Stellung kaum; vielmehr wurde er durch Kaiser und Reichskanzler in den Hintergrund gedrängt.

Der Kaiser

Als **Staatsoberhaupt** des Reiches fungierte der Deutsche Kaiser. Dieses Amt hatte der jeweilige König von Preußen inne. Er vertrat das Reich außenpolitisch, und er konnte ohne Zustimmung anderer Verfassungsorgane Verträge, darunter auch Bündnisse, mit anderen Staaten schließen. Er erklärte, sofern der Bundesrat zustimmte, im Namen des Reiches Krieg und Frieden. Er führte den Oberbefehl über das Bundesheer und die Reichsflotte. Ohne Mitwirkung von Bundesrat und Reichstag konnte er Offiziere und Reichsbeamte sowie den Reichskanzler ernennen und entlassen; diese Gruppen waren ihm persönlich verpflichtet.

Reichsverfassung von 1871

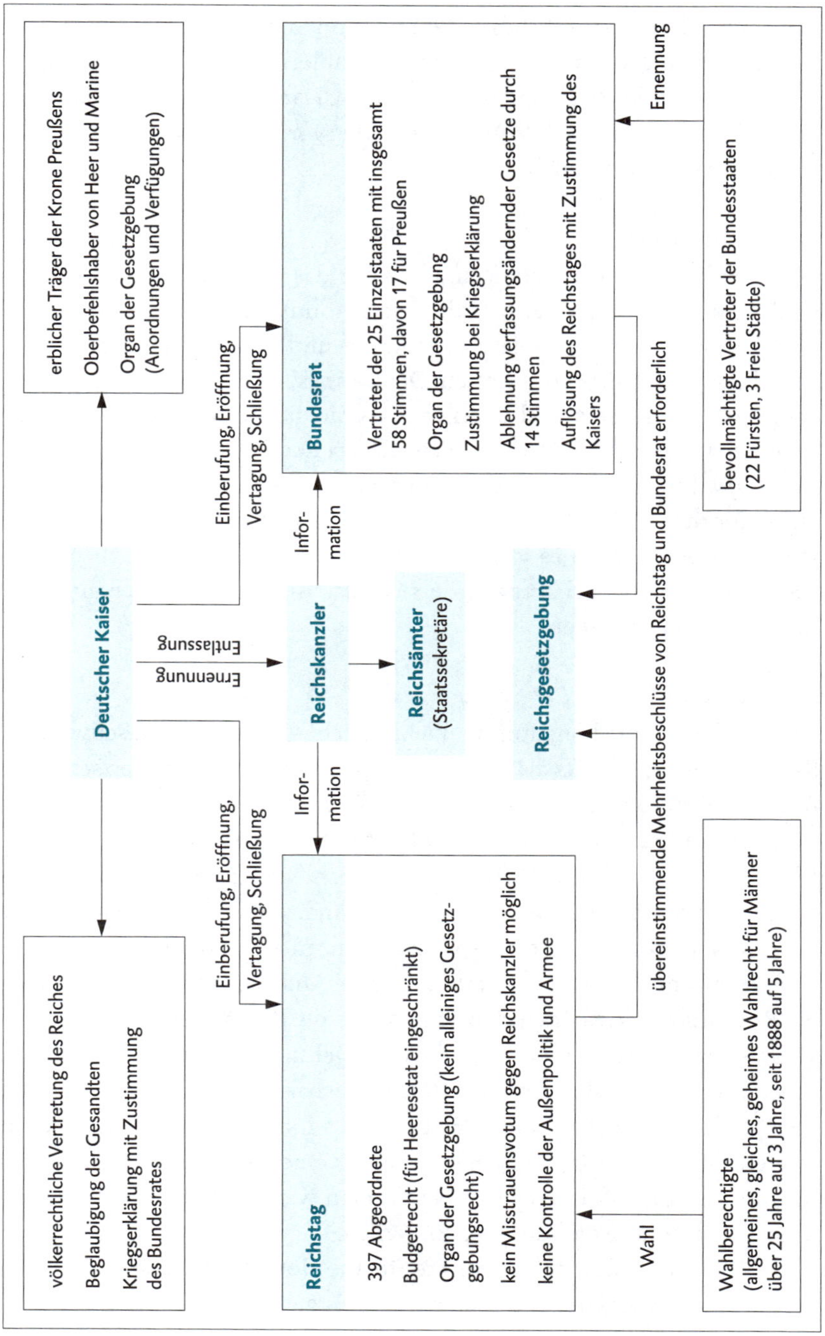

Gegenüber dem Reichstag besaß der Kaiser mit dem Recht der vorzeitigen Parlamentsauflösung mit anschließenden Neuwahlen ein wichtiges Druckmittel, um eigene Gesetze im Parlament durchzusetzen. Damit verfügte der Kaiser über die stärkste Stellung im Reich, zumal er als König von Preußen auch den mächtigsten Bundesstaat kontrollierte.

Der Reichskanzler

Der **Reichskanzler** stützte sich allein auf das Vertrauen des Kaisers. Er war weder dem Reichstag verantwortlich noch konnte er von diesem entlassen werden. Die Verfassung legte fest, dass Kaiser und Reichskanzler gemeinsam die Richtlinien der Politik bestimmten. Der Reichskanzler unterzeichnete die Regierungsakte des Kaisers und übernahm damit die **politische Verantwortung** gegenüber Reichstag und Öffentlichkeit. Da der Reichskanzler den Vorsitz im Bundesrat führte, konnte er dort unerwünschte Gesetzesvorhaben des Reichstages blockieren lassen. Gleichzeitig war er aber auch auf die Mehrheit im Reichstag angewiesen, wenn es galt, Regierungsvorlagen als Gesetz zu beschließen. Insofern war der Reichskanzler de facto das Bindeglied zwischen den einzelnen Verfassungsorganen.

Der Reichstag

Das Reich war eine konstitutionelle Monarchie, entsprechend schwach war die Stellung des Parlaments als Kontrollorgan der vom Kaiser beherrschten Exekutive. Der **Reichstag**, das demokratische Element der Reichsverfassung, wurde durch eine **allgemeine, gleiche und geheime Wahl** (Mehrheitswahl) auf drei Jahre, ab 1888 auf fünf Jahre gewählt. Wahlberechtigt waren alle deutschen Männer über 25 Jahre. Dem Reichstag standen die **Gesetzesinitiative** und Beschlussfassung über Gesetzesvorlagen zu; in Kraft traten Gesetze aber erst nach Zustimmung des Bundesrats. Alleinige Angelegenheit des Reichstages war die **Bewilligung des Staatshaushalts**, den die Reichsregierung jährlich vorlegen musste. Ausgenommen von dieser Regelung waren jedoch die Militärausgaben, die etwa vier Fünftel des Reichshaushalts ausmachten. Sie wurden bis 1887 für jeweils sieben, ab 1893 für jeweils fünf Jahre festgelegt. Dies bedeutete eine empfindliche Einschränkung des Budgetrechts. Zur Auflösung des Reichstages mit anschließenden Neuwahlen war ein Beschluss des Bundesrats unter Zustimmung des Kaisers erforderlich.

Der Reichstag war die wichtigste **Bühne der öffentlichen Meinung** und der Opposition gegenüber der Monarchie. Es gelang den Demokraten (Liberale, Zentrum, Sozialdemokraten) im Reichstag jedoch nicht, den Parlamentarismus auf dem Weg der Reform durchzusetzen, z. B. das Recht zu erkämpfen, den

Reichskanzler bzw. die Reichsregierung zu berufen und abzusetzen. Das hatte zur Folge, dass die politischen Spitzenpositionen nicht von den Parteien, sondern von der vom Kaiser abhängigen Bürokratie besetzt wurden. Daher war ein wesentliches Kennzeichen der Verfassung das **Übergewicht des monarchischen Prinzips**. Darin bestand der Hauptunterschied zwischen der Verfassung des deutschen Kaiserreiches und jener der west- und nordeuropäischen Industrieländer sowie Italiens. Man bezeichnet diese **gescheiterte Parlamentarisierung** als verfassungspolitischen „Sonderweg" Deutschlands.

Grundrechte

Die Reichsverfassung enthielt **keine Bestimmungen über die Grundrechte**, sodass sie auch in diesem Punkt hinter der Paulskirchenverfassung und selbst hinter der 1850 oktroyierten preußischen Verfassung zurückblieb. Allerdings waren die Grundrechte in den Verfassungen der Einzelländer, die weiterhin existierten, enthalten. Bemerkenswert war, dass es ein hohes Maß an persönlicher Freiheit gab, denn es gab eine Anzahl von Einzelgesetzen, die wichtige Grundrechte sicherten. So herrschte grundsätzlich Freizügigkeit beim Reisen. Die Presse unterlag keiner Zensur („Reichspreßgesetz" 1874). Zwar konnte die **Pressefreiheit** unter dem Deckmantel der angeblichen **Majestätsbeleidigung** eingeschränkt werden, aber es fanden sich auch viele Richter, deren für die Presse positive Urteile viele Zeitungen ermutigten, an Übergriffen des Staates Kritik zu üben, wie etwa im Zusammenhang mit der „Zabern-Affäre" im Jahr 1913 (s. S. 212 f.). 1877 wurde die **Unabhängigkeit der Justiz** garantiert. Die **Gewerbefreiheit**, **die Glaubens- und Gewissensfreiheit**, **der Schutz der Wohnung und des Besitzes** waren ebenfalls gesichert, Eingriffe waren nur durch vom Parlament verabschiedete **Ausnahmegesetze** (so z. B. durch das Sozialistengesetz; s. S. 239 ff.) möglich.

Bewertung

Das **Deutsche Reich**, wie es 1871 geschaffen wurde, hat auch in Bezug auf seine Verfassung schon bei den Zeitgenossen eine unterschiedliche Beurteilung erfahren: Dem größten Teil des **Bürgertums** bedeutete die Reichsgründung die Erfüllung seiner alten Forderung nach der Errichtung eines Nationalstaates. Auch sah es in der Verfassung des Kaiserreiches einen bedeutenden Fortschritt gegenüber dem dynastisch-partikularistischen Prinzip des Deutschen Bundes. Aber die Verfassung erfüllte eben nicht alle Forderungen des Bürgertums und seiner liberalen Vorstellungen. Vielmehr zeigte die Verfassung deutlich, dass die Reichsgründung das Ergebnis einer **„Revolution von oben"** war, die von den deutschen Fürsten unter der Führung Preußens ohne Mitwirkung des Volkes vollzogen wurde. In diesem Sinne erscheint das Deutsche Reich als ein **Fürstenbund** mit föderalistischer Struktur, entstanden durch den souveränen Akt der deutschen Fürsten; in ihnen und dem Kaiser allein verkörperte sich das Reich.

Den **Konservativen** und vor allem den preußischen Reaktionären erschienen Reichsgründung und Reichsverfassung als **Bruch mit der Tradition** und damit als revolutionärer Rechtsbruch. Die „Altpreußen", besonders der Kaiser selbst, sahen in der Reichsgründung das Ende des alten Preußen. In anderen Bundesländern gab es dagegen Vorbehalte gegen die offensichtliche **hegemoniale Stellung Preußens**.

Die an Bedeutung gewinnenden **Sozialdemokraten** sahen im deutschen Kaiserreich und seiner Verfassung trotz des allgemeinen Wahlrechts nur die Zementierung der bestehenden, als ungerecht erkannten „Klassenherrschaft" von Junkertum und Großkapital, eine neue Organisation zur Ausbeutung der Arbeiterschaft. Den vom größten Teil des politischen Bürgertums erkannten Fortschritt in der verfassungsmäßigen Ordnung taten die radikale Linke und die bürgerlichen Demokraten als bloße Verschleierung des monarchischen Obrigkeitsstaates ab, der in ihren Augen beherrscht wurde von der alten junkerlichen Militär- und Beamtenkaste und durch die neue Elite aus Industrie- und Finanzbourgeoisie. Die Liberalen hatten in den Augen der Sozialdemokraten die Ideen von 1848 verraten.

Die heutige Forschung betont vor allem die Ambivalenz der Verfassung. So trafen zum einen der föderative Reichsbund der Klein- und Mittelstaaten und die preußische Hegemonie aufeinander. Durch diesen „hegemonialen Föderalismus" (H.-P. Ullmann) gelang es Preußen, die Verfassung zu sichern und zugleich das eigene Übergewicht zu verschleiern. Zum anderen gab es trotz der Kontinuität absolutistisch-monarchischer Elemente (Militär, Bürokratie, Außenpolitik) mit dem Wahlrecht und dem Mitbestimmungsrecht des Reichstages auch demokratische Elemente, die eine autoritäre Herrschaft erschweren, wenn auch nicht ganz verhindern konnten. Daher galt die **Verfassung damals in Europa** als **vergleichsweise liberal**.

Als verhängnisvoll sollte sich aber erweisen, dass die Verfassung von 1871 im Grunde auf ein funktionierendes Wechselspiel von Kaiser und Reichskanzler zugeschnitten war. Das Fehlen von eigenverantwortlichen Reichsministern machte den Reichskanzler zu der neben dem Kaiser dominierenden Kraft, was dadurch verstärkt wurde, dass der Reichskanzler als preußischer Ministerpräsident Regierungschef des größten deutschen Bundeslandes und zugleich Vorsitzender des Bundesrates war. Der **Kanzler als Leiter der Reichspolitik** war nur dem Kaiser verantwortlich, hing aber damit von dessen politischem Willen ab. Das politische System konnte nur dann funktionieren, wenn der Kanzler einen gestaltenden Einfluss auf den Kaiser ausüben konnte und sich Letzterer den zivilen, politischen Anforderungen unterwarf; dies war bei Wilhelm II. nicht mehr der Fall. Dieser nahm vielmehr die Politik selbst in die Hand, sodass der notwendige Konsens zwischen Bismarck und dem Kaiser fehlte; Bismarck wurde entlassen, seine Nachfolger waren vom Kaiser abhängig und zu einer eigenständigen, gestaltenden Politik kaum in der Lage (**„persönliches Regiment“** des Kaisers). Während der Regierungszeit Wilhelms II. war das Kaisertum für den Regierungsapparat bestimmend, und auch große Teile des Volkes identifizierten das Reich mit dem Kaisertum und der Person des Kaisers.

1.2 Der besondere Nationalismus: Chauvinismus als Reichspatriotismus

Das Deutsche Reich war mit seiner Gründung nicht automatisch auch zu einer inneren Einheit geworden; insbesondere die **konfessionelle Spaltung** des Reiches war ein großes Hindernis. Noch 1881 sprach der Führer der Nationalliberalen im Reichstag, Rudolf von Bennigsen, von der „erbitterten Feindschaft, welche in Rom herrscht und geherrscht hat über die Errichtung eines evangelischen Kaisertums“, und Bismarck beharrte auch nach seiner Entlassung darauf, dass das deutsche Kaisertum der Hohenzollern protestantischen Charakter trage. Ziel dieser Formel vom „evangelischen“ oder **„protestantischen Kaisertum“** war es, eine neue nationale Identität zu stiften, indem sie den Unterschied zum Alten Reich vor 1806 und zugleich zum katholischen Österreich deutlich machte. Denn die Berufung auf die gemeinsame Sprache, Geschichte und Kultur reichte nicht aus, um den kleindeutschen Staat zu einem Nationalstaat zu machen, er bedurfte vielmehr einer **ideellen Legitimation**. Aber die Betonung der reformatorischen Tradition wirkte einigend und spaltend zugleich: Auf der einen Seite verband sie evangelische Liberale und evangelische Konservative, evangelische Süddeutsche und evangelische Norddeutsche, andererseits spaltete sie Katholiken und Protestanten und erklärte die Katholiken sogar zu Reichsfeinden, die es mit allen Machtmitteln des Staates in diesen zu integrieren galt (vgl. Kulturkampf ab 1871, s. S. 236 ff.).

1871 trat die Nationalstaatsbildung in ein neues Stadium: die **nationale Bewusstseinsbildung**. Aus der bisherigen deutschen **Kulturnation** sollte die **kleindeutsche Staatsnation** entstehen. Zudem sollten liberaler Nationalismus und monarchisches Prinzip des Obrigkeitsstaates miteinander verknüpft werden. Dabei wusste der Reichsgründer nur zu gut, dass der einzelstaatliche Patriotismus, dem auch die föderative Struktur der Verfassungsordnung Rechnung trug, niemals von einem Reichspatriotismus ausgeschaltet und ersetzt werden konnte.

Aber nicht nur der einzelstaatliche Patriotismus sollte durch einen **Reichspatriotismus** ergänzt werden. Auch die Konservativen mussten für das neue Reich gewonnen werden, da sie in der Einigung einen Verstoß gegen die fürstliche Souveränität sahen. Besonders die preußischen Konservativen und Reaktionäre waren entsetzt darüber, dass „ihr" Preußen nunmehr Teil eines größeren Verbundes war, dass „Preußen in Deutschland aufgegangen" war. Erst 1876, angesichts ihrer schweren Niederlage in den Reichstagswahlen, gab sich die Konservative Partei ein neues, nationales Image und einen neuen Namen: **Deutschkonservative Partei**. Jetzt sprangen große Teile des konservativen Lagers auf den nationalen Zug auf, indem sie die Sache Deutschlands mit der Sache Preußens gleichsetzten. In der Reichsgründung von 1871 sahen sie die Erfüllung einer angeblichen preußischen Mission unter dem Segen Gottes.

Bis zur Gründung des Deutschen Reiches hatte Nationalismus bedeutet, sowohl gegen den Partikularismus der Einzelstaaten als auch gegen das monarchische Prinzip und für den bürgerlichen Nationalstaat einzutreten. Doch 1870/71 war Deutschland durch einen konservativen Partikularstaat, nämlich Preußen, geschaffen worden, und nun begann in Deutschland eine Auseinandersetzung um das richtige Verständnis des Begriffs „Nation", an dem nicht nur Liberale und Konservative beteiligt waren, sondern auch erklärte Katholiken. 1874 verbot z. B. der Mainzer Erzbischof Wilhelm Emmanuel von Ketteler in einem Erlass an die Geistlichen seiner Erzdiözese die kirchliche Beteiligung an den alljährlichen Sedanfeiern, weil diese nicht vom Volk, sondern allein von der Nationalliberalen Partei, der Hauptgegnerin des Katholizismus, initiiert worden seien. Für Ketteler und viele Katholiken feierten die Nationalliberalen nicht nur den Sieg über Frankreich, sondern auch den des Liberalismus über die katholische Kirche. So belastete die Auseinandersetzung zwischen Liberalismus und politischem Katholizismus die innere Entwicklung des Reiches bis in die Neunzigerjahre.

Die „Großmacht ohne Staatsidee"

Im Grunde war das Deutsche Reich eine „Großmacht ohne Staatsidee" (Helmuth Plessner, 1935). An die Stelle der auf Toleranz, Freiheit und Emanzipation beruhenden weltbürgerlichen Ideen aus der ersten Hälfte des 19. Jahrhunderts trat im Deutschen Reich ein Denken, das dem Machtstaat verpflichtet war und dem sich auch die Liberalen unterwarfen, indem sie den aggressiven Kampf Bismarcks gegen die katholische Kirche und die Sozialisten unterstützten. Das Schlagwort von der **„negativen Integration"**, das heißt, mithilfe von Feindbildern oder durch Schüren von Ängsten die innere Einheit herzustellen und zu bewahren, ist für die politische Kultur des Kaiserreiches so prägend gewesen, dass seine Definition bis in die Weimarer Republik in verhängnisvoller Weise weiterwirkte, indem Patriotismus und Vaterlandsliebe Hand in Hand gingen mit der Abgrenzung gegenüber anderen und der Ausgrenzung von anderen. Da die Sozialdemokraten nach Demokratie strebten und diese ihrer Meinung nach nur in einer Republik zu verwirklichen war, hatten sie in den Augen der Eliten kein nationales Bewusstsein und standen somit außerhalb der Nation.

Das Kaiserreich war auch in Bezug auf die **Zusammensetzung seiner Einwohnerschaft** kein wirklicher Nationalstaat. 1880 gab es neben den nahezu 42 Millionen deutschsprachigen Untertanen etwa 3,3 Millionen nicht deutschsprachige, nationale Minderheiten. Die größte Gruppe stellten die Polen und Tschechen mit 2,5 Millionen Menschen. Daneben lebten noch Sorben, Litauer, Dänen, Franzosen, Kaschuben und Wallonen innerhalb der Grenzen des Deutschen Reiches. Bismarck hat in dieser **mangelnden Homogenität** eine Gefahr für den inneren Zusammenhalt des Reiches gesehen. Vor allem die katholischen Polen galten als Bedrohung.

Daher betrieb Bismarck eine **rigorose Sprachpolitik**, die Deutsch zur einzigen Amts-, Schul- und Gerichtssprache erklärte, um dadurch die Identität der jeweiligen Minderheit zu zerstören. Diese Form einer „negativen Integration" durch Gewalt gelang aber nicht.

Zusammenfassend kann man sagen, dass sich mit der äußeren, der politischen Reichsgründung noch keine innere Reichseinheit ergeben hat, zu groß waren die traditionellen Unterschiede. Vielmehr waren die Jahre nach 1871 ein stetes Ringen um diese innere Einheit – man spricht von der sogenannten **zweiten Reichsgründung**. Wichtige Elemente dieser „zweiten Reichsgründung" waren der **Reichspatriotismus**, ein übertriebener, das Reich überhöhender und die anderen Nationen herabsetzender Nationalismus **(Chauvinismus)** und die Herausbildung von inneren und äußeren Reichsfeinden **(„negative Integration")**.

1.3 Bürokratie und Justiz als staatstragende Herrschaftsinstrumente

Bürokratie und Justiz waren bis in die Zeit der Weimarer Republik Garanten eines hohen Maßes an **politischer und ideologischer Kontinuität**, unbeschadet aller Veränderungen im wilhelminischen Reich, vor allem durch die Revolution von 1918. So war es nicht verwunderlich, dass der kaiserliche Staatsapparat im Laufe der Zeit ein spezielles **Selbstbewusstsein** entwickelte und versuchte, auch gegenüber dem Reichskanzler seinen Einfluss geltend zu machen. Den Parteipolitikern gegenüber fühlte sich die Beamtenschaft ohnehin überlegen, zumal sie vorgab, eine allein dem gesamten Reich verpflichtete Stellung und Gesinnung zu haben, während Parteien in den Augen der Beamten Träger des Partikularismus und damit Ursache für mögliche Schwächen des Reiches waren – gerade diese politische Gesinnung erschwerte nach 1918 eine Integration des Staatsapparates in die Weimarer Republik. Vor allem die **Justiz** verstand sich im Kaiserreich und in der Weimarer Republik als **„Kampfmittel" des Staates** oder des angeblichen Staatsinteresses gegen alle Reichsfeinde.

Ein besonderes Kennzeichen des deutschen Staatsapparates war, dass er nicht bloßes ausführendes Organ der Regierung war: Er war auch an der Vorbereitung und Formulierung von Regierungsentscheidungen maßgeblich beteiligt; zudem konnte er die Umsetzung von Entscheidungen auf dem Verordnungswege verzögern, verändern oder gar verhindern. Dies war umso bedeutsamer, als der Staatsapparat eng mit den herrschenden Schichten, besonders aber mit dem Adel, zusammenarbeitete. Die Bürokratie berief sich auf die bei ihr akkumulierte Sachkenntnis und auf ihre Erfahrung, was ihr Selbstbewusstsein gab und ihre Bedeutung im Staat heraushob, und das System unterstützte diese Ansicht im eigenen Interesse. Daher standen aber die meisten Beamten später der Weimarer Republik negativ gegenüber, da sie mit ihrem traditionellen Ordnungsverständnis nicht übereinzustimmen schien.

Besonders ab 1878/79 setzte mit Bismarcks **„konservativer Wende"** eine **„Säuberungswelle" innerhalb der Justiz** ein. Zahlreiche als liberal geltende Juristen wurden zur Disposition gestellt. Die Zugehörigkeit zu einer konservativen Studentenverbindung sowie das Reserveoffizierspatent wurden zu wichtigen Wegbereitern für die Karriere. Durch die Referendarsausbildung und die lange Assessorenzeit – man war noch kein Beamter auf Lebenszeit – konnte der Staat eine ihm genehme Auswahl unter den Kandidaten treffen und so zumindest ihr Verhalten in seinem Sinne beeinflussen. Materiell schwach gestellte oder aus unteren Schichten stammende Bewerber kamen für den Staatsdienst nicht infrage – man wollte unter sich bleiben. Wichtig war auch, dass der Beamte und seine Familie **unbedingte Staatstreue** bewiesen. Liberale Juristen wurden so in die Tätigkeit als freiberufliche Anwälte gedrängt, während sich im Staatsapparat eine **hochkonservative Richtergruppe** entwickelte, die extrem **obrigkeitsgläubig** war und über 1918 hinaus blieb.

Das Beamtentum

Die **Bürokratie** war eine **einseitige Interessenvertretung zugunsten der alten Eliten**, mit denen sie personell eng verbunden war. In Preußen und im Reich musste der Beamte eine „zuverlässige Gesinnung" aufweisen, die sich an konservativ-autoritären Werten orientierte. Eine Liberalisierung des Staates, wenn man sie vor 1918 gewollt hätte, wäre daher wohl am konservativen

Staatsapparat gescheitert. Graf Lerchenfeld, der bayerische Gesandte in Berlin, stellte fest, dass „im eisernen Netz" der Bürokratie eine Liberalisierung der Politik völlig unmöglich sei, zuvor müsste man „den gesamten Beamtenorganismus" ändern – dies haben die Revolutionäre von 1918 und die demokratischen Regierungen nach 1919 jedoch versäumt.

Nach dem „Gründerkrach" von 1873 vollzog Bismarck die Wende vom liberalen Wirtschafts- zum **Interventionsstaat**. Dadurch wuchs der Einfluss der Bürokratie erheblich, da staatliche Hilfe und Planung zunehmend an Bedeutung gewannen. Trotz seiner Größe war der Staatsapparat im Kaiserreich bemerkenswert leistungsfähig. Dies lag zum einen an der tradierten Erfahrung und der Differenzierung der Aufgabenbereiche, zum anderen aber auch an der fachspezifischen Ausbildung von Beamten als Spezialisten.

Der Beamtenapparat stand unter ständiger Kontrolle, Selbstkontrolle und Kontrolle von außen, allerdings weniger durch den Kaiser als durch die alten Eliten. Der Beförderungsmechanismus band den Beamten zwar eng an den Staat und seine Politik, aber eine besonders ausgeprägte **konservative Gesinnung** oder **Beziehungen** zu Vertretern der alten Eliten konnten den Beförderungsvorgang entscheidend beschleunigen und damit Gehalt und Prestige erhöhen. **Privilegien** (krisensicheres Gehalt auf Lebenszeit, Beihilfen im Krankheitsfall, Pensionen) und ein besonderes **Loyalitäts- und Fürsorgeverhältnis** machten die Beamten zu willfährigen Instrumenten der Herrschaft und der sie tragenden Schichten. Eine gesonderte Gerichtsbarkeit – die Verwaltungsgerichte – grenzte die Beamten von den anderen sozialen Gruppen ab und förderte einen systemkonformen, sich vor allem von den unteren Volksschichten abgrenzenden **Korpsgeist**, der sich auch in der Weimarer Republik negativ auswirkte.

Die herrschenden Eliten waren sehr daran interessiert, die höchsten und hohen Beamtenränge möglichst allein zu besetzen, um so die Zuverlässigkeit und die Identifikation mit dem bestehenden politischen und sozialen System zu gewährleisten. Daher war der Anteil des Adels an diesem Teil der Beamtenschaft besonders groß. Die führenden Eliten konnten sich auf den Verwaltungsapparat und das Heer voll und ganz verlassen. Aber schon vor der Jahrhundertwende zeigte sich, dass es immer schwieriger wurde, geeignete Beamte für den höheren Dienst zu gewinnen. Das Kaiserreich konservierte eine überholte soziale Klassenstruktur. Für die Beamtenlaufbahn kamen Freisinnige, Sozialdemokraten, Katholiken und Juden kaum infrage, da ihre Loyalität zur Nation angezweifelt wurde.

Deutschland war vor allem in der Zeit Wilhelms II. zu einem **Beamtenstaat** geworden, gegen den sich allerdings, wie sich 1918 zeigte, wegen der Reglementierungen und des oft schikanösen Verhaltens der Beamten enormer Groll aufstaute. Politisch hat der Staatsapparat mit seiner engen Verbindung zum Adel und mit seiner konservativen Ausrichtung nach 1918 keinen Beitrag zur Demokratisierung sowie zur Stabilisierung der Demokratie beigetragen, im Gegenteil: Parlamentarisierung, Revolution, Versuch des sozialen Kompromisses 1919, der verlorene Krieg und der Verlust der Weltmachtstellung wurden als Folge von Verrat durch die Reichsfeinde, insbesondere durch die Arbeiterbewegung, nicht als Ergebnis des eigenen Versagens gewertet.

1.4 Die Rolle von Adel und Bürgertum

Das deutsche Kaiserreich war ein moderner Wirtschafts- und Wissenschaftsstaat, zugleich aber auch ein rückständiges Gebilde mit strikten gesellschaftlichen Abgrenzungen und einer schichtspezifischen Kultur. Denn trotz der **ökonomischen Modernität** des Kaiserreiches glich die Gesellschaft des wilhelminischen Deutschland eher der **alten Ständepyramide** (s. S. 210). Wie in vorindustrieller Zeit wurde man in eine bestimmte soziale Schicht hineingeboren; soziale Mobilität gab es fast nur innerhalb dieser Schichten.

Der alte **Adel** war über seine personalen **Verflechtungen** mit dem **Offizierskorps, der Diplomatie und der Bürokratie** besonders eng mit der Macht im Reich verbunden. Allerdings blieb sein Führungsanspruch nicht unangefochten, da die Bourgeoisie ihm diese Rolle zunehmend streitig machte. Aber noch 1913 war der Adel im aktiven Offizierskorps überrepräsentiert. 52 Prozent der Offiziere vom Oberst aufwärts entstammten dem Adel. Bei der Kavallerie, der Elitetruppe des Heeres, waren es sogar 80 Prozent. Bei den Pionieren als technischer Truppe und in der Marine sah die Sache anders aus: Bei Ersteren war der adlige Anteil nur sechs, bei letzterer lediglich 13 Prozent. Vor allem in Preußen prägte der Adel die gesellschaftliche und politische Elite. Mit seinem **Standesdünkel, seinem Militarismus und hierarchischem Denken** verteidigte der Adel zäh den sozialen Status quo gegen die aufstrebende Bourgeoisie („Kofmichs“) sowie gegen alle Emanzipations- und Partizipationsbestrebungen von unten. Wirtschaftlich gesehen sank dagegen die Bedeutung des grundbesitzenden Adels. Ihm fehlte es zumeist an Kapital, um angesichts der Globalisierung der Agrarmärkte konkurrenzfähig zu bleiben; viele waren daher schon vor der Agrarkrise der späten Weimarer Republik hoch verschuldet, gar überschuldet. Der überlieferte Lebensstil war gefährdet; viele Adlige flüchteten sich daher in eine „unstandesgemäße“ Heirat mit einer reichen Bürgerstochter. Auf diese Weise verlor selbst das Offizierskorps seine Exklusivität als „Adelsklub“.

So war das 19. Jahrhundert trotz des zähen Festhaltens an adligen Privilegien auch in Deutschland ein **bürgerliches Zeitalter**. Allerdings bildete das Bürgertum keine soziale Einheit, und auch die Interessen der einzelnen Gruppen waren unterschiedlich. Nur in der Abgrenzung nach unten, vor allem zur Arbeiterschaft, und in der Furcht vor der eigenen Proletarisierung war man sich einig. **Bürgerlich** wurde im Kaiserreich zu einem **politischen Verhalten** und zu einem **Lebensstil**, der sich von dem der Arbeiter scharf abzugrenzen suchte, auch wenn dies vielen Vertretern des Kleinbürgertums materiell schwerfiel.

Wie der Adel achtete auch die bürgerliche Gesellschaft streng auf ihre **Hierarchie**. Im reich gewordenen **Großbürgertum**, bei den Großkaufleuten, den Großindustriellen und den Generaldirektoren der großen Aktiengesellschaften, wurde der Wunsch nach Aufstieg in den Adel oder Aufnahme in die Adelskreise, z. B. durch Verheiratung einer Tochter mit einem verarmten adligen Großgrundbesitzersohn, immer größer. Auch wenn der Einzug in den Adelsstand nicht gelang, so passte man doch seinen Lebensstil an; die **Aristokratisierung** wurde zu einem Kennzeichen der Bourgeoisie des Kaiserreiches. Man umgab sich mit Dienstpersonal und Luxus, man pflegte das dem höfischen Leben nachempfundene repräsentative Ritual. Der tatsächliche oder oft auch nur vorgetäuschte Reichtum und damit die Zugehörigkeit zu den „besseren Kreisen", zur nationalen Elite, sollten durch besondere Verhaltensweisen bewiesen werden. Kleinbürger oder gar Arbeiter hatten in dieser Welt keinen Platz, ebenso wenig Gleichheitstheorien, Demokratie und Sozialstaat. Vom ursprünglichen Liberalismus hatten sich große Teile des Bürgertums längst verabschiedet; nur das wirtschaftsliberale Denken blieb. Statt Liberalität und Redlichkeit dominierten Durchsetzungsvermögen und Materialismus; aber die Angst vor sozialem Abstieg, oder gar vor einer Proletarisierung, verließ das Bürgertum nie.

Dem **Bildungsbürgertum** fehlte oft der materielle Reichtum, deshalb entwickelte es einen wahren „Kult der Bildung". Man fühlte sich als **kultureller Träger der Nation** allen anderen überlegen, vor allem den Junkern, über deren häufig mangelhafte Bildung man spottete, und den Arbeitern, die sich höhere Bildung nur selten leisten konnten. Auf die industriellen Neureichen schaute man mit mildem Hochmut herab. Ideologisch gab man sich freisinnig, **linksliberal, aber streng nationalistisch**.

Auch das **Freizeitverhalten unterschied das Besitz- und Bildungsbürgertum** von den anderen sozialen Gruppen, denn Freizeit war knapp und kostete Geld. Für Arbeiter und Handwerker war Freizeit der Abschnitt zwischen den Arbeitszeiten, Zeit zum Ausruhen oder für einen Zusatzverdienst. Urlaub gab es für die Arbeiter und Angestellten kaum. Für die Bourgeoisie dagegen war die Freizeit Zeit der Zerstreuung, und wer es sich leisten konnte und gesellschaftlich oben stand, tat dies in den vielen exklusiven Bädern, und man tat alles, um andere soziale Schichten fernzuhalten (Diskriminierung).

Gesellschaftspyramide im deutschen Kaiserreich

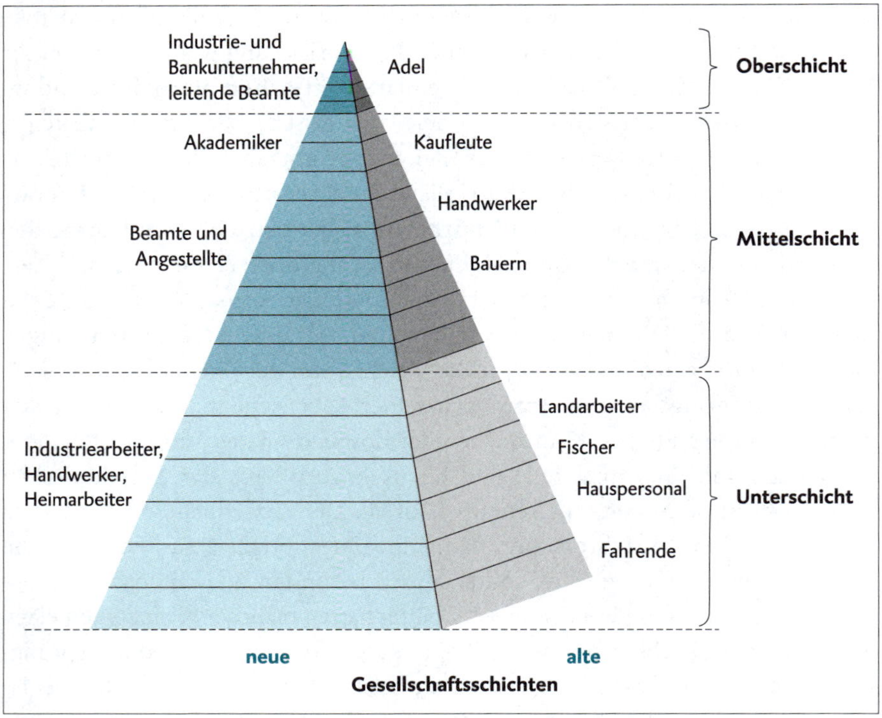

1.5 Die Militarisierung der Gesellschaft

Die **deutsche Einigung** auf militärischem Wege **stärkte das Prestige und die Stellung des Militärs**, vor allem des Offizierskorps, in der Gesellschaft des Kaiserreiches. Dies trug wesentlich dazu bei, dass der Primat der zivilen gegenüber der militärischen Führungsspitze während der Wilhelminischen Zeit (ab 1890) immer mehr schwand, bis dann ab 1916/17 die Oberste Heeresleitung de facto die Macht im Staat ausübte.

Die Militärpolitik und die enormen Rüstungsanstrengungen waren wichtige Aspekte der Außenpolitik. Sie galten als notwendige Basis für die Sicherheit des Reiches, die infolge der europäischen Mittellage und des französischen Revanchismus als bedroht galt. Unter Wilhelm II. wurde das Heer aber auch zu einem Kampfinstrument gegen innere Feinde und daher zum Garanten der bestehenden politischen und gesellschaftlichen Ordnung.

Der preußisch-deutsche **Militarismus** trug zwei besondere Charakterzüge: Zum einen beanspruchte und erhielt das Militär ein besonderes Mitspracherecht in Fragen der zivilen Reichspolitik, zum anderen wurden die maßgeblichen gesellschaftlichen Gruppen militarisiert. So entstand ein **„sozialer Militarismus"** (H.-U. Wehler). Das Militär, die höheren Offiziere, standen in ihrem Ansehen an der Spitze der Gesellschaft. Als Begleiterscheinung dieser Entwicklung strebten die führenden Schichten der Gesellschaft nach Uniformen, Titeln und Orden. Wie sehr der Bürger den Respekt vor der Uniform verinnerlicht hatte, zeigte der Fall des Schuster Voigt 1906, der als „Hauptmann von Köpenick" die Stadtverwaltung drangsalierte, ohne dass nach einer Berechtigung seines Auftretens gefragt wurde, trotz seines an sich unmilitärischen Aussehens; es genügte die Uniform.

Wert- und Ehrvorstellungen des Militärs, vor allem Disziplin, Gehorsam, Hierarchie und Unterordnung sowie Ordnungsliebe, wurden zur Richtschnur des gesellschaftlichen Denkens und Handelns. Das „Soldatische", mit dem man bis 1945 Tapferkeit, Opferbereitschaft, Pflichterfüllung und Treue verband, verlieh dem **Militär** eine von vielen beneidete **Sonderstellung**, wenn auch Auftreten und Sprache des preußischen Leutnants immer wieder Anlass zu Spott waren. Das Heer war im Kaiserreich die **„Schule der Nation"**.

Zusammen mit der Armee erfassten die paramilitärischen Jugendverbände 1914 etwa ein Sechstel aller deutschen Männer und erzogen sie im Geiste von Chauvinismus und Militarismus.

Von der Sonderrolle des Heeres als tragende Säule der Monarchie wurde auch die Personalpolitik bestimmt. Da der Adel trotz seines rückwärtsgewandten und egoistischen Denkens als besonders staatstragend galt, wurde er bei der Besetzung der Offizierstellen bevorzugt. Schon 1877 fassten führende Militärs den Plan, auf die allgemeine Wehrpflicht zu verzichten, um die Armee in eine berufsmäßige „Kriegerkaste" umzuwandeln und damit zu einem bedingungslosen Instrument des Obrigkeitsstaates zu machen.

Zudem existierte im Heer auch ein **latenter Antisemitismus**, der bis ins Dritte Reich weiterwirkte.

1913 erreichte die Diskussion um die soziale Zusammensetzung des Offizierskorps einen Höhepunkt, denn es gab einen akuten Mangel an qualifizierten Offizieren. Der Generalstab verlangte angesichts dieser Tatsache und den neuen strategisch-taktischen Anforderungen die Öffnung für fähige Bürgerliche, während der preußische Kriegsminister das Heeresoffizierskorps als wichtigste Bastion des Adels mit Erfolg verteidigte. So unterblieb die als notwendig erachtete Vergrößerung des Heeres, was sich in der Marneschlacht als Fehler erwies – hier fehlten drei Armeekorps. Es ist ein Kuriosum: Nicht der Reichstag verhinderte die Vergrößerung des Heeres, sondern die Adelsclique aus standespolitischen Gründen. Auch die allgemeine Wehrpflicht wurde vom Adel unterlaufen.

Die „Zabern-Affäre"

Die Sonderstellung der Armee wird besonders in der „Zabern-Affäre" des Jahres 1913 deutlich. Nirgendwo im Reich war so viel Militär stationiert wie im **Reichsland Elsass-Lothringen**, das von preußischen Beamten verwaltet wurde und an dessen Spitze ein direkt dem Kaiser unterstellter Statthalter stand. Die meisten Offiziere und Beamten ließen die Bevölkerung spüren, dass sie Repräsentanten einer Besatzungsmacht waren. Am 6. November berichtete der „Zaberner Anzeiger" über einen Vorfall, der sich Ende Oktober zugetragen hatte.

Ein gerade zwanzigjähriger Leutnant hatte seine Soldaten über das Verhalten gegenüber der Zivilbevölkerung belehrt und dabei erklärt: Sollten die Soldaten bei einem ihrer Ausgänge einmal von Zivilisten belästigt oder gar angegriffen werden, sollten sie die „Wackes" einfach mit der Waffe „niederstrecken". Er hatte damit gegen einen Regimentsbefehl aus dem Jahr 1903 verstoßen, nach dem die Bezeichnung „Wackes", was etwa „Strolch" bedeutete, auf die Bevölkerung nicht angewendet werden durfte. Hätten die Vorgesetzten des jungen Leutnants vernünftig gehandelt und ihn wegen Missachtung eines Befehls strafversetzt und hätten sie dies über die Presse mitteilen lassen, wären die Wogen geglättet worden. Doch der kommandierende, stockkonservative General von Deimling lehnte schroff ab; er wollte es den „schlaffen Zivilisten" zeigen und patriotische Stärke demonstrieren. Daher wurde der Leutnant sehr milde mit sechs Tagen Stubenarrest bestraft, was als innere Angelegenheit des Heeres geheim gehalten wurde. Der Leutnant war der meistgehasste Mann in Zabern und Gegenstand von Spott und Hohn geworden. Seine Vorgesetzten sahen dadurch das Militär verunglimpft. Die Spannungen verschärften sich zusehends. Ende November **ging das Militär mit Gewalt gegen jugendliche Demonstranten vor**; die Soldaten nahmen sogar einen zufällig vorbeikommenden Landgerichtsrat fest und sperrten ihn sowie einige Demonstranten ein. Damit hatte das Militär aber **Rechtsbruch** begangen, denn nur die Polizei hatte das Recht, Personen zu verhaften und festzusetzen, und dies auch nur auf richterlichen Befehl hin. Doch Oberst von Reuter lehnte die Freilassung mit der Bemerkung ab, er habe das Kommando, und er sei es der Armee schuldig, ihr „Respekt zu verschaffen". Ein weiterer Zwischenfall verschärfte die Lage. Nun erregte sich auch die deutsche Presse, und die Angelegenheit wurde im Reichstag verhandelt. Linksliberale und Sozialdemokraten erklärten, im Reichsland Elsass-Lothringen herrsche wohl eine **„Militärdiktatur"**. Ein Abgeordneter des Zentrums rief aus: „Auch das Militär untersteht dem Gesetz und dem Recht!" Eine überwältigende **Mehrheit im Reichstag** (293 : 54 Stimmen) **missbilligte das Vorgehen des Militärs** und des Reichskanzlers Bethmann Hollweg, der sich auf die Seite des Militärs gestellt hatte. Das Votum hatte jedoch keinerlei Auswirkungen. Das

Oberkriegsgericht sprach den Leutnant und auch seine Vorgesetzten frei, wobei sich die Gerichte auf eine preußische Kabinettsorder aus dem Jahr 1820 beriefen, deren Inhalt insgeheim 1899 in die Dienstvorschriften des Militärs aufgenommen worden war, obgleich sie verfassungswidrig war.

Die Zabern-Affäre zeigte zum einen, dass die **Zivilbehörden gegenüber dem Militär** auch dann **machtlos** waren, wenn das Handeln des Militärs eindeutig rechts-, ja sogar verfassungswidrig war – das Militär war ein **„Staat im Staate"**. Zum andern wurden die wahren Machtverhältnisse im wilhelminischen Deutschland deutlich sichtbar. Zwar hatte der Reichstag das Verhalten von Militär und Reichskanzler missbilligt, doch vor einer echten Machtprobe mit der Regierung war er zurückgeschreckt und hatte damit eine Chance vertan, das System in Richtung auf eine parlamentarische Regierung umzugestalten. Aber auch die **Schwäche der zivilen Führung** war deutlich geworden, denn Reichskanzler Bethmann Hollweg musste sich wider besseres Wissen dem allmächtigen Militärapparat beugen und dessen Verhalten verteidigen. Das Kriegsgericht, so die „Frankfurter Zeitung" damals, habe „das Recht der unbeschränkten Herrschaft [der Militärgewalt] gegenüber dem Bürgertum statuiert", aber auch gegenüber der zivilen Reichsführung.

1.6 Schule, Wissenschaft und Forschung

Das Schulwesen

Das Schulwesen spiegelte die gesellschaftliche Ungleichheit im Kaiserreich wider. Es war geprägt von einer scharfen Trennung von höherer und niederer Bildung, die den Unterschichten kaum Aufstiegschancen bot. Die **Volksschule** war die Schule des einfachen Volkes. Knapp 90 % der schulpflichtigen Kinder besuchten diese, sodass die Zahl der Analphabeten auf ein Minimum schrumpfte. Dadurch nahm Deutschland auch international einen Spitzenplatz ein.

Was den Leistungsstand und die Einteilung in Klassen anging, herrschte ein deutliches Stadt-Land-Gefälle, denn noch 1911 war die Mehrzahl der ländlichen Volksschulen einklassig. Die **Rückständigkeit der Landschulen** lag vor allem an der Haltung der dortigen Machteliten, die kein großes Interesse hatten, dass den Schülern außer den Elementarkenntnissen weiteres Wissen vermittelt wurde. Auch unterstanden die Landschulen der **kirchlichen Schulaufsicht**, die auf die Lehrpläne erheblichen Einfluss nahm. Vom höheren, modernen Bildungswesen blieben die Volksschulen weitgehend abgekoppelt, da sie nur Arbeiter heranbilden sollten. Daher war auch die Ausbildung der Volksschullehrer nicht akademisch, und der Beruf war wenig angesehen und zudem schlecht bezahlt. Deshalb herrschte an den Volksschulen ein chronischer Lehrermangel, dem auch mit der Einstellung von Lehrerinnen nicht abgeholfen werden konnte. Diese durften zudem in der Regel nur die unteren Klassen unterrichten und mussten sich verpflichten, nicht zu heiraten. Erst nach 1900 vollzog sich eine grundlegende Änderung, sodass der Lehrerberuf wegen des gesicherten Beamtenstatus auch für Angehörige des Mittelstandes attraktiv wurde. Verstärkten Wert legte man auf die naturwissenschaftliche Bildung.

Politisch bildete die Gruppe der Volksschullehrer trotz ihres Beamtenstatus keine Einheit. Auf dem Land waren sie dem erheblichen Druck der konservativen Grundbesitzer ausgeliefert und mussten sich entsprechend verhalten; in den Städten dagegen tendierte die Mehrzahl zum Linksliberalismus, und in Großstädten mit einer ausgeprägten Arbeiterschaft gab es auch SPD-Anhänger unter den Volksschullehrern. Dies durfte aber nicht offen gezeigt werden, da sonst die Entlassung aus dem Dienst drohte. Der Staat gab der Volksschule die „vaterländische Erziehung" als Leitbild, um so ein einheitliches Reichsgefühl zu fördern. In der Schule wurde daher auf **national-monarchische Gesinnung** Wert gelegt. Es wurden militärische Werte wie Gehorsam, Disziplin und Respekt vor der Obrigkeit vermittelt. Vor allem seit den 1890er-Jahren wuchs unter den Volksschullehrern die Tendenz, sich den neuen „völkisch-rassistischen" Gruppen anzuschließen, da diese ihnen eine höhere Wertschätzung versprachen.

Das **Gymnasium** war die „älteste und traditionsreichste höhere Schule" (V. Ullrich). Es war dem **klassischen humanistischen Bildungsgut** verpflichtet, das den Vorstellungen der bürgerlichen Eliten entsprach. Die Bildungsabschlüsse öffneten die Türen zum Studium sowie zum mittleren oder höheren Staatsdienst. Allerdings geriet das traditionelle Gymnasium schon in den 1870er-Jahren in die Kritik, da das vermittelte Bildungsgut (Alte Sprachen dominierten) nicht mehr den Anforderungen einer expandierenden, modernen Industriegesellschaft zu entsprechen schien. So entstanden **Realgymnasien** (mit Latein und ohne Griechisch) und **Realschulen** (ohne Alte Sprachen), die ihren Schwerpunkt auf die mathematisch-naturwissenschaftlichen Fächer legten. Erst 1900 wurden die Abschlüsse der drei höheren Schulen als gleichwertig anerkannt. Dennoch behielt das Gymnasium seine Stellung als prestigeträchtige Eliteschule, von der Arbeiterkinder nahezu ausgeschlossen waren.

Das Gymnasium wurde vor allem von Schülern aus dem Bildungsbürgertum besucht, während Realgymnasium und Oberrealschule ihre Schüler aus dem Wirtschaftsbürgertum und dem Mittelstand rekrutierten.

An den höheren Schulen entstand bis zum Beginn des 20. Jahrhunderts mit dem **Oberlehrer** ein akademisch gebildeter Berufsstand, der sich selbst zur Elite der Nation zählte und sich arrogant von den Volksschullehrern abgrenzte. Die

Oberlehrer bildeten eine angepasste Gruppe, die sich nahezu vorbehaltslos mit dem monarchischen Obrigkeitsstaat identifizierte und in seinem Sinne die Schüler erzog. Ein großer Teil der Oberlehrer gehörte daher auch nationalistischen Verbänden an, vor allem dem Alldeutschen Verband oder dem Flottenverein. Reformpädagogische Bewegungen spielten für das Bildungswesens vor 1918 keine Rolle, von Privatschulen abgesehen.

Wissenschaft und Forschung

In keinem Bereich kam der Zwiespalt von Modernität und konservativem Staat so stark zum Ausdruck wie in der Wissenschaft und Forschung. Auf diesem Gebiet war das Kaiserreich innerhalb und außerhalb der Universitäten in der Welt führend und stand an der Spitze. Das deutsche Universitätswesen mit seiner Mischung aus Forschung und Lehre war damals für viele Länder Vorbild, denn an den deutschen Universitäten galten – und gelten bis heute – die **Freiheit von Forschung und Lehre** sowie die **Einheit von Forschung und Lehre** als Grundprinzipien (erstmals 1810 für die Berliner Universität aufgestellt).

Hatten an den Universitäten noch bis ins letzte Drittel des 19. Jahrhunderts die Geisteswissenschaften dominiert, führte die Gründung und der Ausbau von acht anwendungsorientierten **Technischen Hochschulen** dazu, dass die Naturwissenschaften auch an den Universitäten an Bedeutung gewannen. So brachten die Forschungsergebnisse, z. B. in der Chemie, die deutsche **Chemieindustrie** an die Weltspitze. Zwischen 1901 und 1918 erhielten sieben deutsche Wissenschaftler den Nobelpreis für Chemie. In der **elektrotechnischen Industrie** verschaffte die enge Zusammenarbeit von Industrie und Forschung dem Kaiserreich einen deutlichen Vorsprung vor den anderen Nationen. Bei der Entwicklung synthetischer Farben besaß die deutsche **Farbstoffindustrie** sogar eine weltweite Monopolstellung.

Zwischen 1890 und 1914 entstanden zahlreiche **Großforschungseinrichtungen** wie das „Königlich Preußische Institut für Infektionskrankheiten" (1891), das heutige „Robert-Koch-Institut", ferner das „Königliche Institut für Serumforschung und Serumprüfung" (1896), seit 1899 „Institut für experimentelle Therapie", und vor allem die weltberühmte „Kaiser-Wilhelm-Gesellschaft zur Förderung der Wissenschaften" (1910/11), das heutige „Max-Planck-Institut", mit verschiedenen fachspezifischen Instituten.

Neben den Naturwissenschaften stand die **Medizin** im Mittelpunkt der Forschung, die sich das Ziel setzte, Seuchen wie Cholera und Diphtherie oder Infektionskrankheiten wie Tetanus zu bekämpfen. **Robert Koch** entdeckte 1882 den Tuberkelbazillus und 1883 den Choleraerreger, in dessen Folge **Paul Ehrlich** Medikamente und Impfstoffe entwickelte. 1901 erhielt **Wilhelm**

Conrad Röntgen den Nobelpreis für Physik, weil er 1895 die Röntgenstrahlung entdeckt hatte, wodurch die Diagnostik und die Therapiemöglichkeiten revolutioniert wurden.

Aufgabe 30 Im Ausland wurde nach dem Zweiten Weltkrieg der preußisch-deutsche Militarismus für die Kriege und die Hitler-Diktatur verantwortlich gemacht. Erläutern Sie die Merkmale dieser Form des Militarismus. Gehen Sie dabei auch darauf ein, inwiefern dieser das politische Verhalten der Deutschen geprägt hat.

Aufgabe 31 Begründen Sie anhand eines Beispiels die Behauptung, das deutsche Militär habe im Kaiserreich eine Sonderstellung eingenommen.

2 Die Formierung politischer Interessen

6.6.1861	Gründung der Deutschen Fortschrittspartei
23.5.1863	Gründung des Allgemeinen Deutschen Arbeitervereins (ADAV)
Okt. 1865	Gründung des Allgemeinen Deutschen Frauenvereins (ADF)
1866	Entstehung der Freikonservativen Partei durch Abspaltung von der preußischen Konservativen Partei (ab 1871 Deutsche Reichspartei)
1867	Entstehung der Nationalliberalen Partei durch Abspaltung von der Deutschen Fortschrittspartei
1869	Gründung der Hirsch-Dunckerschen Gewerkvereine
8.8.1869	Gründung der Sozialdemokratischen Arbeiterpartei Deutschlands
13.12.1870	Gründung der katholischen Zentrumspartei
22.–27.5.1875	Gothaer Kongress: Bildung der Sozialistischen Arbeiterpartei (SAP)
1876	Gründung des Centralverbandes deutscher Industrieller (CDI)
7.6.1876	Gründung der Deutschkonservativen Partei
5.3.1884	Gründung der Deutsch-Freisinnigen Partei
19.12.1887	Bildung der Deutschen Kolonialgesellschaft
1890	Umbenennung der SAP in Sozialdemokratische Partei Deutschlands
9.4.1891	Gründung des Alldeutschen Verbandes
18.2.1893	Gründung des Bundes der Landwirte (BdL)
28./29.3.1894	Gründung des Bundes Deutscher Frauenvereine (BDF)
30.4.1898	Gründung des Deutschen Flottenvereins
1902	Gründung des Vereins für Frauenstimmrecht
6.3.1910	Gründung der Fortschrittlichen Volkspartei
28.1.1912	Gründung des Deutschen Wehrvereins
Juli 1919	Bildung des Allgemeinen Deutschen Gewerkschaftsbundes (ADGB)

In der Verfassung des Deutschen Reiches waren die Interessenvertreter des Volkes, die **Parteien**, nicht erwähnt. Die grundlegenden Fragen der deutschen Politik vor 1914 wurden nicht im Reichstag und nur in geringem Maß von Parteien und Interessenverbänden entschieden, sondern vor allem in den von Preußen beherrschten zivilen und militärischen Gremien um Reichskanzler und Kaiser, häufig ohne das Parlament einzubeziehen. Dennoch spielten Parteien zusammen mit den **Verbänden als „pressure groups“** eine beachtliche Rolle in der Reichspolitik. Diese war durch den Versuch Bismarcks gekennzeichnet, die konservativen und liberalen Parteien des Bürgertums zu rein wirtschafts- und sozialpolitischen Interessenvertretungen zu degradieren und sie durch einen Wechsel zwischen Regierungsbeteiligung und Opposition zu spalten oder existenziell zu gefährden. Immer aber drohte die Regierung mit dem „Gespenst“ des Sozialismus, um Konservative und Nationalliberale auf Kurs zu halten.

Negativ wirksam war die Tatsache, dass die Parteien nie gezwungen waren, ihre Programme in aktive Regierungspolitik umzusetzen, und dass sie nie zu

Koalitionen mit der notwendigen Kompromissfindung genötigt waren. Die kaiserliche Verfassungsrealität hielt sie mit voller Absicht **„im Vorhof der Macht“** (H.-U. Wehler) gefangen. So entwickelte sich in Deutschland keine für Demokratien kennzeichnende und notwendige produktive Streitkultur mit einem abschließenden Kompromiss, der die Interessen aller Beteiligten berücksichtigte. Hinzu kam, dass es im Kaiserreich **keine verfassungsmäßige Opposition** gab. Damit wurden parlamentarische Veränderungs- und Reformwünsche nur dann als legitim anerkannt, wenn sie dem Interesse der Regierung nicht widersprachen. Die Fraktionen im Reichstag konnten die Regierung nur unterstützen oder, zum Beispiel in der Haushaltsfrage, gegen sie opponieren. Doch Letzteres war vor allem für die Liberalen und die Konservativen schwierig, da Opposition unablässig als Beweis dafür galt, dass man zu den Reichsfeinden gehörte. Die **Diskriminierung jeglicher Opposition** als Reichsfeinde gehörte zu den wesentlichen Merkmalen der politischen Kultur des Kaiserreiches.

Man hat den bürgerlichen Parteien des Kaiserreiches vorgeworfen, sie hätten auch in der Weimarer Republik ein schwieriges Verhältnis zur politischen Macht gehabt und sich gegen ihre Ohnmacht nicht wirklich gewehrt. Eine Ursache dafür war die mangelnde innerparteiliche Polarisierung, die Mischung aus Prinzipientreue und Doktrinarismus einerseits sowie Anpassungsbereitschaft und Opportunismus andererseits. Eine zweite Ursache liegt in der historischen Prägung der Parteien durch den Partikularismus vor der Einigung 1871, der dazu geführt hatte, dass auch noch im Kaiserreich Liberale und Konservative ein Konglomerat aus z. T. divergierenden Gruppen darstellten; Parteien waren daher hauptsächlich **Gesinnungsgemeinschaften**.

Durch ihre Entfernung von den Schalthebeln der Macht waren die Parteien keine Motoren des politischen Systems, und als sie ab Oktober 1918 diese Funktion und die Macht übernahmen, lag dies weniger an ihnen selbst als an der Abdankung der alten Mächte.

2.1 Die politischen Parteien

Das bis in die 20er-Jahre des 20. Jahrhunderts bestehende **„Fünfersystem“** (H.-U. Wehler) der politischen Parteien in Deutschland (Konservative, Katholiken, Rechtsliberale, Linksliberale, Sozialisten), das sich zu drei Lagern gruppieren konnte, hatte sich schon während der Revolution 1848/49 herausgebildet. Zwischen den Konservativen auf der rechten und den Sozialisten auf der linken Seite, wozu allmählich auch radikale Kräfte des bürgerlichen Lagers stießen, befand sich das katholische Zentrum.

Auf der rechten Seite standen die **Konservativen**, die auch nach 1871 an den Schalthebeln der Macht in Armee und Bürokratie saßen. Sie waren loyal gegenüber Kaiser und evangelischer Kirche. Aber sie bildeten längst keine Einheit mehr. In der Auseinandersetzung mit Bismarck und seiner Politik hatten sie sich gespalten. So hatte sich die **Freikonservative Partei** schon 1866 von den reaktionären Altkonservativen getrennt. 1871 änderte sie ihren Namen in **Deutsche Reichspartei**, um der neuen politischen Entwicklung Rechnung zu tragen. In ihr waren vor allem evangelische Geistliche, höhere Beamte und Offiziere sowie Großindustrielle und Großagrarier vertreten. Sie wollte den Protestantismus in Preußen und im Reich stärken – im Kulturkampf stand die Partei daher vorbehaltlos auf der Seite Bismarcks – und diente den ostelbischen Agrariern als „pressure group". Den Konstitutionalismus betrachtete sie mit Misstrauen, da ihre Mitglieder überzeugte Anhänger der preußischen Monarchie und des mit ihr verbundenen **„monarchischen Prinzips"** waren. In Bezug auf die immer drängendere Soziale Frage vertrat die Partei einen christlich geprägten Patriarchalismus; das Recht auf Eigentum verband die Partei mit der Pflicht, das Eigentum verantwortlich zu verwenden.

1876 wurde die **Deutschkonservative Partei** gegründet. Ihre Mitglieder rekrutierte die Partei hauptsächlich aus dem ostelbischen Junkertum, aber auch aus der Bourgeoisie des Ostens. Besonders stark vertreten war die Partei bei den Landräten und bei Berufspolitikern, welche die Parteiarbeit als Honoratioren übernahmen. Hinzu kam eine enge Verbindung zum 1893 gegründeten Bund der Landwirte (BdL) (s. S. 224 f.), der von da an die Basis der Deutschkonservativen bildete. Selbstverständnis und Ziele deckten sich weitgehend mit denen der Freikonservativen, doch in ihrem **Partikularismus** und ihrem Misstrauen gegenüber der Reichseinigung sowie ihrer Furcht vor einem „Aufgehen Preußens" in Deutschland, verbunden mit dem Verlust einer preußischen Identität, unterschieden sie sich stark von den Freikonservativen; Bismarck wurde von ihnen als vermeintlicher „Überläufer" zu den Liberalen stets mit Vorbehalt betrachtet.

Die **Mitte** des Parteienspektrums bildete das katholische **Zentrum**. Diese konfessionell gebundene Partei war im Dezember 1870 im preußischen Landtag als Zusammenschluss der katholischen Abgeordneten unter Führung des ehemaligen hannoverschen Justizministers **Ludwig Windthorst** (1812–1891) gegründet worden und vertrat bewusst eine Minderheit im protestantisch-preußisch geprägten Kaiserreich. Um die katholischen Interessen wirksam vertreten zu können, schuf sich die Partei eine straffe Organisation, die sich auf ein Netz von katholischen Vereinen stützte, die zumeist von Geistlichen geleitet wurden. Hauptziel der Partei war die „unversehrte Aufrechterhaltung der durch die preußische Verfassungsurkunde gewährleisteten **Selbstständigkeit der**

[katholischen] Kirche", wie es im Programm vom Februar 1871 heißt. Die Partei sprach sich gegen Liberalismus und Sozialismus – von der katholischen Kirche als „Irrtümer" diffamiert (s. „Syllabus errorum", S. 236 f.) – aus, forderte aber den Staat zur Beseitigung der sozialen Missstände auf. In Bezug auf Erziehung und Bildung verlangte das Zentrum eine „gesunde christliche" Einstellung. Damit wurde die Partei zu einer „Abwehrorganisation" gegenüber einer als feindlich definierten Umwelt. Lange Zeit prägte **ein latenter Antisemitismus** die Partei, der auf kirchlichen Vorurteilen gegenüber den Juden beruhte. Anders als die evangelische Deutschkonservative Partei nahm das Zentrum den Antisemitismus aber nicht in ihr politisches Programm auf und lehnte auch die Forderung nach einer Rücknahme der Judenemanzipation ab. Gegenüber dem rassistisch fundierten Antisemitismus blieb das Zentrum meist auf Abstand.

Im Reichstag verfügte das Zentrum bis in die 1880er-Jahre über etwa ein Drittel der Mandate; der Anteil der Partei sank aber bis 1912 auf 16 Prozent, was auch daran lag, dass vor allem in den großen Städten die Bindung der Menschen an die Kirche und ihre Sozialmoral deutlich abnahm.

Ende des 19. Jahrhunderts vollzog auch das Zentrum eine **Wende zur Nation**. 1898 stimmte die Partei dem ersten Flottengesetz zu. Sie erhoffte sich durch ein regierungsfreundliches Verhalten in Fragen des nationalen Prestiges, die Anerkennung der deutschen Katholiken zu erhalten.

Der bürgerliche **Liberalismus** hatte in den 1860er-Jahren des 19. Jahrhunderts bereits viel an Kraft verloren; seine Honoratiorenkomitees waren für die Volksmassen ebenso wenig attraktiv wie der von ihm vertretene Wirtschaftsliberalismus; der Sozialliberalismus blieb eine Randerscheinung. Mit Beginn der 1860er-Jahre führten inhaltliche Differenzen zur Spaltung des politischen Liberalismus. Mit dem linken Flügel der Fortschrittlichen, der jungen politischen Arbeiterbewegung, hatte der Liberalismus ein Wählerreservoir verloren, durch das er eine im Volk verankerte Massenbewegung hätte werden können. So war der Liberalismus auf eine soziale Schicht begrenzt, das **Bürgertum**.

1861 war von Berliner Liberalen die **Deutsche Fortschrittspartei** gegründet worden, die nach 1871 vor allem die Interessen von Besitz- und Bildungsbürgertum vertrat. Sie begrüßte zwar die kleindeutsche Lösung von 1871 und die Einführung des allgemeinen, gleichen, direkten und geheimen Reichstagswahlrechts für Männer, forderte dies aber auch für die Länder. Darüber hinaus trat sie für eine parlamentarische Kontrolle der Regierung und für einen **„verfassungsmäßigen Rechtsstaat"** (Wahlprogramm 1861) ein, wie sie in England existierten. Sie war ein Gegner der Politik Bismarcks. Gegen staatliche Eingriffe in die Wirtschaft wehrte sich die Partei.

1867 hatten sich die **Nationalliberalen** von der Fortschrittspartei abgespalten und eine eigene Partei gegründet. Diese vertrat vor allem die Interessen der Bankiers, des Handelskapitals und der Großindustrie sowie des protestantischen Bildungsbürgertums. Getragen von der Euphorie der Reichseinigung und dem folgenden wirtschaftlichen „Gründerboom“ (s. S. 62 f.) wurde die Partei unter Führung von **Rudolf von Bennigsen** zu der im Bürgertum dominierenden Kraft. Sie war eine Sammelpartei, welche die **Einheit über Freiheit** stellte. Sie lehnte aber staatliche Eingriffe in die Wirtschaft, vor allem die von den Konservativen verlangten und nach 1879 durchgesetzten Schutzzölle, ab. Bismarcks „negative Integrationspolitik“ gegen Zentrum und Arbeiterbewegung unterstützte die Partei. 1880 aber entstand durch Abspaltung des linken Flügels die Liberale Vereinigung, die sich 1884 mit der Fortschrittspartei zur **Deutsch-Freisinnigen Partei** vereinigte.

1881 errangen die Linksliberalen in Deutschland ihren letzten großen Wahlerfolg: Sie gewannen 23 Prozent der Stimmen und 115 von 397 Reichstagsmandaten. Danach begann ein unaufhaltsamer Niedergang: Bis 1887 sank die Zahl der Mandate auf 37. Während sich aber der Nationalliberalismus auf seinem geschrumpften Niveau bis 1918 hielt, zerfiel der Linksliberalismus 1893 in die **Freisinnige Volkspartei und die Freisinnige Vereinigung**. Erst 1910 konnte die **Fortschrittliche Volkspartei** beide Flügel des Linksliberalismus wieder zusammenführen. Aber im Kaiserreich fehlte eine geschlossene liberale Partei, die zwischen Konservatismus und Sozialismus das Bürgertum hätte sammeln können. Unter diesem Dilemma litt auch die Weimarer Republik.

In den 1860er-Jahren hatte sich mit der Arbeiterbewegung eine echte Emanzipationsbewegung gebildet, der es nicht nur um politische Partizipation wie den Liberalen ging, sondern auch um die Umgestaltung des gesamten sozioökonomischen Systems (s. S. 94 ff.). Demokratie hieß für die Sozialdemokratie von Anfang an auch wirtschaftliche Demokratie durch Beseitigung des Privatbesitzes an den Produktionsmitteln.

Die Vorläufer der SPD als sozialistischer Arbeiterpartei waren die 1869 von Wilhelm Liebknecht und August Bebel in Eisenach (Eisenacher Programm, s. S. 94 ff.) gegründete **Sozialdemokratische Arbeiterpartei Deutschlands** und der **Allgemeine Deutsche Arbeiterverein** (ADAV), gegründet bereits 1863 durch Ferdinand Lassalle. 1875 schlossen sich beide Parteien in Gotha (Gothaer Programm, s. S. 95) zur **Sozialistischen Arbeiterpartei Deutschlands** (SAP) zusammen. Die Partei vereinigte strenge Marxisten mit revolutionärem Anspruch und Reformer. Allerdings wurde die Partei während der zwölfjährigen Verfolgung durch Bismarcks Sozialistengesetze der Jahre 1878 bis 1890 (s. S. 239 ff.) zunehmend marxistisch-revolutionär, forderte sie doch die Abschaffung des Privateigentums an den Produktionsmitteln und deren Überführung in gesellschaftliches – nicht staatliches – Eigentum und letztlich die Errichtung einer republikanischen „klassenlosen Gesellschaft“ ohne Ausbeutung.

Trotz der Unterdrückungsmaßnahmen durch den Staat wurde die **SAP** schon **1878 zur viertstärksten Partei** im Reichstag. Spätestens seitdem fürchtete sich das Bürgertum vor dem „roten Gespenst“ (A. Schäffle). Vor allem Bismarck hat die „Kommunistenfurcht“ in Adel und Bürgertum skrupellos instrumentalisiert. Für Konservative und Bürgerliche blieben Sozialisten / Sozialdemokraten „vaterlandslose Gesellen“, weil sie den chauvinistischen Nationalismus (s. S. 203 f.), die Staatsidee des wilhelminischen Kaiserreiches, ablehnten und die bestehende Staats- und Gesellschaftsordnung umstürzen wollten.

Nach 1890 entwickelte sich schließlich die SPD unter dem Zeichen des **Revisionismus** angesichts der verbesserten sozialen Bedingungen zu einer **„legalistischen“ Reformpartei**. Dennoch blieb der Partei die Anerkennung als gleichberechtigte politische Kraft versagt, blieben ihre Mitglieder gesellschaftlich geächtet. Daher entwickelte die Arbeiterbewegung eine eigene **Subkultur**, eine „Parallelkultur“ zur bürgerlichen. Zahlreiche Arbeitervereine (Gesangs-, Turn- und Sportvereine) entstanden ebenso wie Parteischulen, Arbeiterbibliotheken und eine Konsumgesellschaft zur Versorgung der Arbeiter. Aber die Außenseiterstellung von SPD und Freien Gewerkschaften blieb bestehen und wurde durch diese eigene Kultur noch verstärkt, trotz der enormen Leistungen, die innerhalb dieser Subkultur vollbracht wurden.

Die dauernde Anfeindung und die Ausgrenzung, welche die Sozialdemokratie im Kaiserreich erfuhr, führte innerhalb der SPD zu einer Überschätzung des inneren Aufbaus der Partei, der als Basis effektiver Opposition für absolut notwendig angesehen und der alles andere untergeordnet wurde. Am Ende der Weimarer Demokratie erwies es sich dabei als verhängnisvoll, dass dieses hierarchische Denken die SPD im Kampf gegen Hitler lähmte.

Das von den herrschenden Eliten an die Wand gemalte „rote Gespenst“ eignete sich dafür, notwendige Reformen zu verzögern, um nur nicht in die Nähe der sozialdemokratischen Reichsfeinde zu geraten. Daran scheiterte auch bis Oktober 1918 eine Allianz von Linksliberalen und SPD, eine sozial-liberale Koalition, für die sich unter anderem der berühmte Historiker Theodor Mommsen vehement eingesetzt hatte – auch die Linksliberalen wollten sich nicht dem Vorwurf einer antinationalen Gesinnung aussetzen; die Sozialdemokraten gehörten bis 1914 eben nicht zur deutschen Reichsnation. Erst mit ihrer Zustimmung zu den Kriegskrediten wurden sie in diese notgedrungen aufgenommen, allerdings weiterhin misstrauisch beäugt, und die Zugehörigkeit von Beamten zur SPD war undenkbar.

Die politischen Parteien

Parteiname	Politische Zielsetzung	Anhängerschaft
Freikonservative Partei (1866)	• monarchisch gesinnt • Stärkung der nationalen Einheit unter preußischer Führung • verstärkte Berücksichtigung agrarischer und industrieller Interessen in der Politik	• adlige und „aristokratisierte" Bürger, vor allem in der Bürokratie
Deutschkonservative Partei (1876)	• monarchisch gesinnt • Wahrung bzw. Ausbau der preußischen Eigenständigkeit im Reich • Beibehaltung des preußischen Dreiklassenwahlrechts • Einschränkung des demokratischen Wahlrechts im Reich • Stärkung der Armee • Schutzzölle und Schutz der Landwirtschaft • Stärkung der Stellung der Großagrarier • Antisemitismus	• zunächst ostelbischer Adel (Junker), • dann Vorstoß in die anderen agrarischen Schichten mithilfe des BdL („Bund der Landwirte")
Zentrum (1870)	• Vertretung des politischen Katholizismus gegen protestantische Vorherrschaft • gegen Liberalismus und Sozialismus • für soziale Reformen zugunsten der Arbeiter, für Minderheiten	• akademisch gebildete kath. Bürger • katholischer Adel
Deutsche Fortschrittspartei (1861; ab 1884: Deutsch-Freisinnige Partei)	• für eine parlamentarische Monarchie • für Wirtschaftsliberalismus mit sozialer Komponente • politische Freiheit und Rechtsstaatlichkeit • gegen hohe Militärausgaben	• Freiberufler • Handwerker • Intellektuelle
Nationalliberale Partei (1867)	• für nationale Einheit unter preußischer Führung • für Ausbau parlamentarischer Rechte • Stärkung der Armee • für Kolonien, Weltmachtpolitik, konstitutionelle Monarchie, Wirtschaftsliberalismus	• industrielles Großbürgertum • protestantisches Bildungsbürgertum
SPD (1890)	• volle Demokratisierung von Staat und Gesellschaft, Armee und Wirtschaft • demokratisches Wahlrecht, auch in den Ländern Parlamentarismus • soziale Gerechtigkeit • Abbau des Militarismus, Antiimperialismus • Völkerverständigung	• Proletariat • Intellektuelle (Klassenpartei des Proletariats)

2.2 Interessenorganisationen der Landwirtschaft und Industrie

Heute zählen Verbände selbstverständlich zu unserer demokratisch-pluralistischen Gesellschaft und sind an der sozialen oder politischen Gestaltung unseres Staatswesens legal und legitim beteiligt. Im Kaiserreich waren die Verbände und ihre Tätigkeit ebenso wenig erfasst wie die Parteien, in deren Gefolge sich die meisten Verbände zu neuen „organisierten gesellschaftlichen Mächten" entwickelten (Th. Nipperdey). In ihrer Einflussnahme auf die Politik waren Parteien und Verbände gleichwertig, und seit 1878 bildeten sich verbandspolitisch orientierte „Überfraktionen" im Reichstag, wodurch eine **Verfilzung von Parteien und Verbänden** immer deutlicher wurde.

Die Verbände im Kaiserreich waren jedoch kein Anzeichen für einen modernen Pluralismus oder gar für eine einsetzende Demokratisierung. Vielmehr stützten sie das bestehende soziale System. Das galt nicht nur für den **Bund deutscher Landwirte** oder für die zahlreichen Verbände der Rechten, für den **Kolonial-, den Flotten- oder den Wehrverein**. Die Verbände verkörperten den reinen **Gruppenegoismus**, zu dem es lange Zeit kein wirksames Gegengewicht gab, da sie mit den staatstragenden Eliten verflochten waren.

Ein wesentlicher Grund für die verstärkte Gründung von Verbänden nach 1871 waren die großen Wirtschaftskrisen zwischen 1873 und 1896. Die Verbände verschafften sich durch ihren Lobbyismus direkten Zugang zu den Entscheidungsträgern im Staat, sodass deren **informelle Machtausübung** zunahm. Besonders deutlich wurde dies, als das Reich zur Schutzzollpolitik überging.

Unter den zahlreichen Verbänden war der **Bund der Landwirte (BdL)** besonders erfolgreich. Seine Gründung 1893 war die Folge einer andauernden Strukturkrise der deutschen, besonders der preußischen Landwirtschaft. Der BdL war zudem eine konservative Antwort auf die Umschichtungsprozesse während der Hochindustrialisierung (s. S. 62 ff.), die zu einem erheblichen **Bedeutungsverlust** der Landwirtschaft führten. Ziel des Bundes war es deshalb, die führende Stellung der Landwirtschaft in Wirtschaft und Politik zu bewahren. In enger Verflechtung mit dem Militär, der Bürokratie und den Deutschkonservativen stand der BdL in radikaler Opposition zu Liberalismus, Demokratie und Sozialismus. Er vertrat vor allem die Interessen der adligen ostelbischen Großgrundbesitzer, forderte **Schutzzölle** zugunsten der deutschen Landwirtschaft und **staatliche Subventionen** zur Stützung der Agrarpreise. Der Staat sollte die Landwirte auch gegenüber der Industrie, den Banken und dem Großhandel schützen; letztlich verlangte der BdL den Übergang zur landwirtschaftlichen Autarkie. Sein militanter Nationalismus und sein Antisemitismus lassen einen **„Präfaschismus“** (H.-J. Puhle) erkennen, der die Grundlage für die spätere „Blut-und-Boden-Ideologie“ des Nationalsozialismus bildete.

1876 wurde der **Centralverband deutscher Industrieller (CDI)** gegründet, um die Interessen der Großindustrie zu vertreten und durchzusetzen. 1895 entstand der **Bund der Industriellen (BdI)**, dessen Hauptziel es war, die klein- und mittelständischen Unternehmen, die sich vom CDI nicht genügend vertreten sahen, politisch aufzuwerten. Der BdI setzte sich vor allem für die Exportwirtschaft ein und lehnte daher die vom CDI mitgetragene Schutzzollpolitik strikt ab. Auch in der Preispolitik gab es zwischen den beiden liberalen Verbänden Unterschiede, da der BdI an günstigen Preisen für Kohle und andere Rohstoffe interessiert war.

1913 schlossen sich CDI und BdI zur **Vereinigung Deutscher Arbeitgeberverbände** zusammen. Dennoch war die Einflussnahme der **liberalen und industriellen Verbände** auf die Politik schwieriger als die durch den BdL.

Die strukturelle Agrarkrise und ihre Folgen

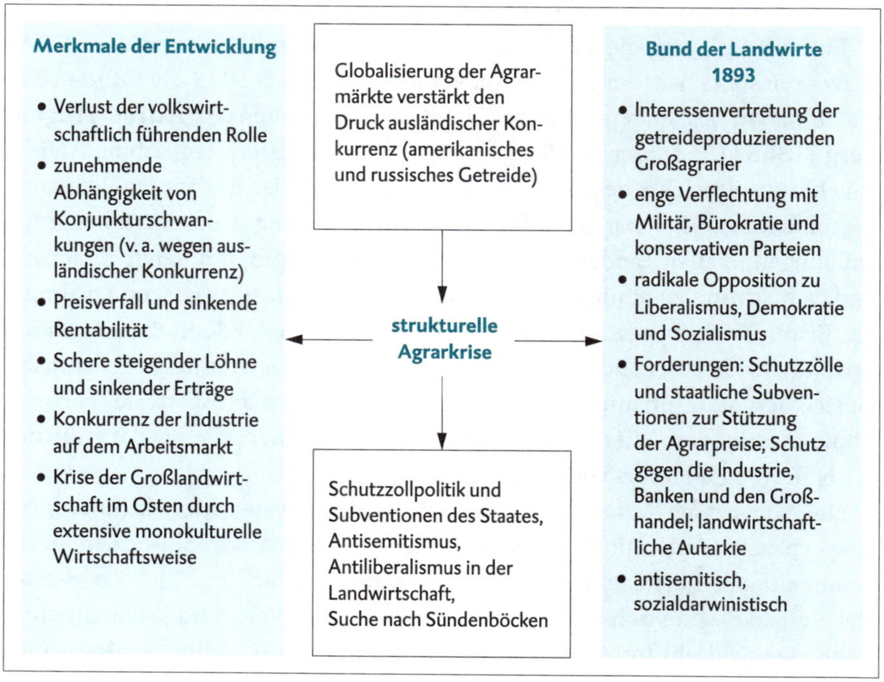

2.3 Politische Interessenverbände

Andere Verbände dienten der Durchsetzung konkreter politischer Ziele, z. B. der Mobilisierung plebiszitärer Zustimmungen für bestimmte reichspolitische Entscheidungen. Der **Deutsche Flottenverein** (1898–1934) wurde 1898 unter tatkräftiger Mithilfe des Alldeutschen Verbandes und mit kräftiger Finanzhilfe von Friedrich Alfred Krupp gegründet. Er warb für den Flottenbau, durch den nicht nur die Weltgeltung des Reiches gestärkt, sondern auch die schlechte Wirtschaftslage der Achtziger- und Neunzigerjahre überwunden werden sollte. Es gelang dem Verein, den Flottenbau in der Bevölkerung populär zu machen. Im Bürgertum bestand zeitweise geradezu eine Flottenschwärmerei, sodass der Matrosenanzug zum beliebtesten Kleidungsstück, vor allem der Knaben, wurde. Viele Mitglieder des Vereins zog es später in die NSDAP, wo sie den „Kolonialflügel" bildeten.

Auch die **Deutsche Kolonialgesellschaft** (1887–1936) war eine bedeutende und einflussreiche „pressure group", die den Zusammenbruch des Kaiserreiches überlebte und nach 1919 gegen die Weimarer Republik agitierte.

Eine Vereinigung, die später direkt oder indirekt auf Hitler und die NSDAP einwirken sollte, war der **Alldeutsche Verband** (1891–1939). Er wurde 1891 auf Initiative des späteren Krupp-Direktors und Medienzars **Alfred Hugenberg** (1865–1951), der ab 1933 als Wirtschaftsminister dem Kabinett Hitler angehörte, angesichts des politischen Wandels nach der Entlassung Bismarcks gegründet. Sein Ziel war „die Pflege und Unterstützung deutschnationaler Bestrebungen in allen Ländern", in denen es Deutsche gab, um deren „Eigenart" und Deutschtum zu schützen, wie es im Gründungsaufruf hieß. Schon während des Ersten Weltkrieges war München als Zentrum der alldeutschen Agitation gewählt worden. Besonders das Münchner Verlagshaus von Julius F. Lehmann tat sich hervor. Lehmann war sowohl Mitglied der Vaterlandspartei als auch der Thule-Gesellschaft. Hier traf er mit Männern zusammen, die für den Aufstieg der NSDAP und Hitlers von großer Bedeutung waren.

Der Alldeutsche Verband verlangte unter anderem eine nationale Innen- und eine expansive Außenpolitik. Vor allem forderte er die Ausschaltung der Sozialdemokratie als Reichsfeinde und „undeutsche Gesellen" und des Pazifismus. Der Verband setzte sich besonders für die deutsche Welt- und Kolonialpolitik sowie den Schlachtflottenbau ein. 1894 forderten die Alldeutschen **Raum im Osten** und Südosten Europas, „um der germanischen Rasse diejenigen Lebensbedingungen zu sichern, deren sie zur vollen Entwicklung ihrer Kräfte bedarf, selbst wenn darüber solch minderwertige Völkchen wie Tschechen, Slowenen und Slowaken ihr für die Zivilisation nutzloses Dasein einbüßen sollten. Nur den großen Kulturvölkern kann das Recht auf Nationalität zugestanden werden". Deshalb lehnten die Alldeutschen Juden und Slawen aus rassischen Gründen ab. Selbst Wilhelm II. blieb von Kritik nicht verschont, nicht nur wegen der Entlassung Bismarcks. Vor allem nach dem Fehlschlag der deutschen Marokkopolitik auf der Konferenz von Algeciras 1906 und dem Wahlsieg der SPD 1912 radikalisierte sich der Verband. **Heinrich Claß** (1868–1953), der Verbandsvorsitzende und späteres Mitglied der NSDAP, warnte offen vor einer „undeutschen" Demokratisierung. Er forderte die Stärkung des gewerblichen Mittelstandes und der Bauernschaft als tragende Säulen eines gesunden Staates – von hier war es nicht mehr weit bis zur „Blut-und-Boden-Ideologie" der Nationalsozialisten; er verlangte eine streng nationalistische Erziehungspolitik, die Ausschaltung der Juden auf allen Gebieten und die Ausweisung aller „volksfremden" Einwanderer. Claß wollte dies sogar durch einen Staatsstreich oder eine nationale Diktatur erreichen; der Krieg war für ihn ein Mittel zur Durchsetzung dieser Ziele. Der Staat habe für die „körperliche Gesundheit der deutschen Rasse" zu sorgen und alles zu tun, ein gesundes Bauerntum zu erhalten. Frauen seien von der Politik fernzuhalten und auf ihre Aufgaben in der Familie hin zu erziehen. Claß drückte auch die Sehnsucht nach einem starken Führer aus, denn nur durch ihn könne der Krieg – er galt den Alldeutschen als „heilig" – siegreich beendet werden. Er entwickelte erstmals die Idee eines autoritären Führerstaates, wie ihn sich später auch Hitler vorstellte. Dem Verband gehörten in den ersten Jahren nach seiner Gründung 1890/91 rund 20 000 Personen an; 1914 zählten sich immerhin 60 Reichstagsabgeordnete zu den 18 000 Alldeutschen.

1912 entstand der **Deutsche Wehrverein**, der sich innenpolitisch aggressiv gegen die Sozialdemokraten verhielt, deren Internationalismus man als Verrat an der Nation diffamierte. Gemäß der Bismarck'schen These, dass „die großen Fragen der Zeit durch Blut und Eisen entschieden" würden, verlangte der Wehrverein die erhöhte Wehrbereitschaft des Volkes und eine noch **stärkere Militarisierung der Gesellschaft**, vor allem des Erziehungswesens. Der Verein entsprach dem Wunsch der nationalistischen Kreise nach einer stärkeren Beeinflussung der Jugend, die sonst in die Hände der SPD fallen und so für die Nation verloren gehen würde. Daher bemühte sich der Verein besonders um die Lehrer an den Realoberschulen und Gymnasien und fand dort nachhaltigen Anklang.

Selbst die **Pfadfinderbewegung**, 1907 in England von Robert Baden-Powell gegründet, war in Deutschland streng nationalistisch, und sie bekannte sich zum Militarismus. Wie die „Bündische Jugend" waren auch die Pfadfinder eine Jugendbewegung, die der Vermassung in den großen Industriezentren ein alternatives Leben gegenüberstellte. Wandern ohne die sonst übliche Geschlechtertrennung „aus grauer Städte Mauern" in die scheinbare Freiheit der Natur,

Körperertüchtigung und gesunde, natürliche Ernährung sowie die Überwindung der Klassengrenzen sollten eine positive Gegenwelt zu den verkrusteten, spießigen bürgerlichen Strukturen schaffen, aber auch zur Arbeiterbewegung, der man fehlendes Nationalbewusstsein vorwarf.

Jugendbünde und die Erziehung an den Schulen haben erheblich zur Militarisierung und Nationalisierung der bürgerlichen deutschen Jugend beigetragen.

Daneben entwickelten sich unzählige Organisationen, die sich unter dem Oberbegriff **völkische Radikale** zusammenfassen lassen und die in verhängnisvoller Weise bis in die Weimarer Republik hineinwirkten und so den Boden für Hitler und den Nationalsozialismus ideologisch und personell bereiteten.

2.4 Die Gewerkschaften als Interessenverbände der Arbeiter

Ab Mitte des 19. Jahrhunderts und verstärkt ab den 1860er-Jahren gründeten sich in Deutschland Gewerkschaften (s. S. 96 ff.). Während die Industrieverbände (s. S. 226 f.) die Interessen der Arbeitgeber und Unternehmer vertraten, setzten sich die Gewerkschaften für die **Rechte und Anliegen der Arbeitnehmer** ein. Sie bildeten – neben den politischen Parteien – die zweite Organisationsform der Arbeiterbewegung. Im Gegensatz zu den Arbeiterparteien strebten die Gewerkschaften jedoch keine allgemeine Reform des Staates, sondern eine **Veränderung der beruflichen und wirtschaftlichen Situation ihrer Mitglieder** an.

In der Auseinandersetzung mit den Arbeitgebern versuchten sie Löhne, Arbeitszeiten, Urlaubsregelungen, Arbeitsbedingungen und innerbetriebliche Rechte zugunsten der Arbeitnehmer zu verbessern. Mittel hierzu waren der **Zusammenschluss der Arbeiter** und die Drohung mit Produktionsausfällen infolge von **Streiks**. Viele ihrer Forderungen waren jedoch nur durch gesetzliche Regelungen zu erreichen. Deshalb setzten sich die Gewerkschaften auch über die ihnen nahestehenden Parteien für die Verwirklichung ihrer wirtschaftspolitischen Ziele im Parlament ein. Zwar waren die Gewerkschaften **nicht explizit politisch**, doch standen sie meist in einer weltanschaulichen Nähe zu bestimmten politischen Strömungen.

Die Initiative zur Gründung einer Gewerkschaft ging meist von gebildeten Facharbeitern mit Organisationserfahrung und hohem berufsständischen Bewusstsein aus. Nicht selten waren die Gründer auch politisch in Parteien aktiv. Im Laufe der zweiten Hälfte des 19. Jahrhunderts bildeten sich in der Gewerkschaftsbewegung folgende Richtungen heraus:

- **Liberale Gewerkschaften** wie die Hirsch-Dunckerschen Gewerkvereine (s. S. 97), die auf dem liberalen Weg des Interessenausgleichs und der Kooperation das kapitalistische System reformieren wollten;
- **sozialistische Gewerkschaften** (s. S. 97 f.), die sich unter dem Dach der „Freien Gewerkschaften" zusammenschlossen und die langfristig durch staatliche Reformen den Sozialismus verwirklichen wollten sowie mittelfristig eine Wirtschaftsdemokratie anstrebten;
- **christliche Gewerkschaften** mit vorwiegend katholischen Mitgliedern, die in Fronstellung gegen den Sozialismus die Grundsätze der christlichen Gesellschaftslehre wie Subsidiarität, Gemeinwohlorientierung und Solidarität betonten. Beispiele sind der Gewerkverein Christlicher Bergarbeiter oder der Christliche Metallarbeiterverband.

Als mitgliederstarke Interessenverbände der Arbeiterschaft verfügten die Gewerkschaften im Kaiserreich insbesondere ab 1890 über großen Einfluss auf wirtschaftlicher, politischer und gesellschaftlicher Ebene. Ein hoher Anteil der Arbeitnehmer war in ihnen organisiert.

2.5 Antisemitismus und Rassismus im Kaiserreich

Der „Gründerkrach" von 1873 führte nicht nur zum Erstarken der Arbeiterbewegung, sondern förderte auch den Antisemitismus, der sich nach der Aufhebung des Sozialistengesetzes 1890 weiter verstärkte. Teile des Adels und des einflussreichen Offizierskorps, der Beamtenschaft, der protestantischen Geistlichkeit und vor allem des alten Mittelstandes betrieben eine zunehmend antisemitische und nationalistische Propaganda, da sie die Wirtschaftskrise vor allem der Bereicherungssucht der Juden zuschrieben und den Einfluss der Juden in Staat, Gesellschaft und Wirtschaft zurückdrängen wollten. Zudem sollte eine bewusst aggressive Außenpolitik eine parteiübergreifende nationale Identität schaffen. In diesem Umfeld entstanden zahlreiche Organisationen, die sich fast alle das Ziel setzten, eine **nationale und soziale Erneuerung des deutschen Volkes** herbeizuführen. Zwar waren die Mitgliederzahlen dieser Verbände und Vereine nicht sehr groß, aber durch ihren Aktionismus trugen sie ihre Ideen, insbesondere den Antisemitismus, in die großen bürgerlichen Verbände und in das deutsche Bildungswesen hinein.

Ferner entstanden im letzten Drittel des 19. Jahrhunderts Ideen zur **„Rassenhygiene"**, das heißt Pläne zur Aussonderung körperlich und geistig Kranker. Radikale verlangten die Sterilisierung oder sogar die Tötung von Erbkranken. Selbst Himmlers späteres Projekt „Lebensborn" und die geplante „Züchtung" von „rassereinen“ Menschen wurden schon im kaiserlichen Deutschland propagiert. Willibald Hentschel wollte ländliche Siedlungen gründen, in denen Frauen und Männer zeitlich begrenzte Ehegemeinschaften allein zur Zeugung von Kindern, vor allem von Söhnen, eingehen sollten. Körperliche Ertüchtigung sollte oberstes Erziehungsziel sein. Mit seinen Ideen beeinflusste Hentschel unter anderem Heinrich Himmler, den späteren Reichsführer-SS. Paul de Lagarde (eigentlich Paul Bötticher) ging sogar so weit, alle nichtdeutschen Völker als bloßes „Menschenmaterial“ zu diffamieren. Er forderte die Deutschen auf, anstatt nach Amerika auszuwandern, im von slawischen „Untermenschen“ besiedelten Osten ihren Lebensraum zu suchen, der ihnen zustände. Vor allem die Juden galten ihm und seinen zahlreichen Anhängern, insbesondere in der deutschen Lehrerschaft, nicht als Menschen, sondern als „Trichinen und Bazillen“, die man zur Rettung des deutschen Volkes vernichten müsse. Der auf dem Sozialdarwinismus basierende **Rassenantisemitismus**, der das **Leben als permanenten Rassenkampf** definierte, entstand im Kaiserreich. Die Rassenantisemiten forderten die Deportation, einige sogar die Vernichtung der Juden. Zahlreiche **antisemitische Vereinigungen** wie die 1886 gegründete Deutsche Antisemitische Vereinigung oder die Deutsch-Soziale Antisemitische Partei (1889) entstanden. Sie zerfielen zwar meistens rasch wieder, fanden aber immer wieder Nachfolgeorganisationen, deren führende Köpfe später Hitler zu seinen geistigen Vätern zählte. Besonders wirksam war der 1912 gegründete **Germanenorden**, der eng verbunden war mit dem Deutsch-Nationalen Handlungsgehilfen-Verband und viele Anhänger unter der Beamtenschaft besaß.

Nach dem Ersten Weltkrieg verschmolzen die völkischen Gruppen im **Deutsch-völkischen Schutz- und Trutzbund**, mit dessen aktiver Beteiligung 1919 auch die DAP/NSDAP gegründet wurde. Alle diese **chauvinistischen und antisemitischen Vereinigungen** traten auch nach 1918, wenn auch unter anderen Namen, wieder in Erscheinung, jetzt aber viel radikaler.

2.6 Organisationen der Frauenbewegung

Die Gesellschaft des Kaiserreiches war eine **Männergesellschaft**, von einer Gleichberechtigung der Frauen war man weit entfernt. Vielmehr wurde die **Ungleichheit** im Bürgerlichen Gesetzbuch, das 1900 in Kraft trat, festgeschrieben. Zwar hatten die Frauen einen vollgültigen Rechtsstatus, dennoch genoss der Ehemann als Haupt der Familie gewichtige Vorrechte: So entschied er laut BGB allein „in allen das gemeinschaftliche eheliche Leben betreffenden Angelegenheiten“; juristisch war er der Vormund der gemeinsamen Kinder, und daher gab er in allen Erziehungsfragen den Ausschlag. Auch verfügte er über das

Vermögen, selbst über das, welches die Frau in die Ehe eingebracht hatte, und er konnte seiner Frau jegliche Erwerbstätigkeit untersagen, wenn dadurch die „ehelichen Interessen“ verletzt würden. Das **Scheidungsrecht** war rückständig und ging hinter die Bestimmungen des „Preußischen Allgemeinen Landrechts“ von 1794 zurück, denn es wurde vom **Verschuldungsprinzip** ausgegangen; eine Zerrüttung der Ehe wurde nur in Ausnahmefällen anerkannt. Die Unterhaltsregelungen waren für Frauen ungünstig. Letztlich stand die Frau, wie die Kinder, unter der Vormundschaft des Mannes.

Von der Politik waren Frauen ausgeschlossen. Die Betätigung in Parteien oder Vereinen war ihnen untersagt – Ausnahmen gab es lediglich im Großherzogtum Baden und seit 1893 in der Freien Hansestadt Hamburg. Damit herrschte im Reich ein „männliches Politikmonopol“ (V. Ullrich), denn man verweigerte den Frauen auch das aktive und passive Wahlrecht.

Der **Zugang zum Studium** wurde Frauen ebenfalls **lange Zeit verweigert**, und erst allmählich vollzog sich hier ein Umdenken. Allerdings sprach sich nur eine Minderheit von deutschen Hochschulprofessoren für die Zulassung von Frauen zum Studium aus. Dazu gehörte unter anderem der Physiker Max Planck. Bis zur Jahrhundertwende erhielten Frauen aber lediglich den Status von Gasthörerinnen. 1899 wurde Frauen in Baden das Studium an den Universitäten Heidelberg und Freiburg erlaubt; 1903 folgten Bayern, 1904 Württemberg, 1906 Sachsen und 1908 Preußen. 1914 betrug der Frauenanteil an den Studierenden etwa 6,7 Prozent. Doch noch lange blieb den Frauen nach Abschluss ihres Studiums der Zugang zu vielen akademischen Berufen versagt, woran nicht selten die Ehemänner schuld waren.

Charakteristisch für das **Familienleben im gehobenen Bürgertum** war eine strikte **Rollenteilung** zwischen Mann und Frau, die Ernst Werner von Siemens so beschrieb: „Im Hause soll die Frau gebieten, im Geschäft = Null sein, sonst ist es ein Pantoffelregiment, was weder ihr noch dem Manne Ehre macht.“ Besonders im Bürgertum hatte die Frau für den berufstätigen Mann zu Hause für eine entspannende Atmosphäre der Geborgenheit, Gemütlichkeit und Harmonie zu sorgen, sich aber von geschäftlichen Dingen fernzuhalten.

In der adligen und auch in der bürgerlichen Gesellschaft spielten bei der Eheschließung ökonomische oder soziale Gründe eine weitaus größere Rolle als die Liebe. Erst um die Jahrhundertwende begannen auch die Töchter, bei der Eheschließung mitzusprechen. Ein Bürgersohn heiratete in der Regel erst nach Abschluss seiner Berufsausbildung, wenn er eine Familie ernähren konnte. Dies war frühestens mit Ende 20, Anfang 30 der Fall. Die Bräute waren jedoch zumeist wesentlich jünger; zehn oder fünfzehn Jahre Altersunterschied waren keine Seltenheit.

Der Mann widmete sich seinem Beruf, fand Anerkennung als Offizier oder Reserveoffizier und entwickelte daraus sein Selbstbewusstsein; seiner Frau blieb dagegen kaum etwas anderes übrig, „als sich mit dem Beruf des Mannes zu identifizieren. Sie durfte [seinen] Titel und Rang in ihrem Namen führen" (V. Ullrich). Ansonsten hatte sie die Rolle als **Hausfrau und Mutter** zu spielen, wobei Letztere besonders wichtig war.

Die **Erziehung** war in der Regel nicht nur in der Schule **autoritär**. Auch in der Familie standen **militärische Werte** wie Gehorsam, Pflichterfüllung, Ehre, Pünktlichkeit an erster Stelle.

In der **Arbeiterschaft** wurde früher geheiratet als im Bürgertum oder im Adel, da die jungen Männer früher im Berufsleben standen. In der Regel blieb man auch unter sich; ein Milieuwechsel oder ein sozialer Aufstieg kam nur selten vor. Besitz und Mitgift spielten keine so große Rolle wie im Bürgertum oder im Adel, wohl aber waren ungewollte Schwangerschaften wichtigstes Heiratsmotiv.

Wie in den bürgerlichen Familien herrschte auch in den Arbeiterfamilien theoretisch das **Patriarchat**. Es ging autoritär zu, und die Bedürfnisse des Mannes hatten Vorrang vor allen anderen. So hieß es 1908 in einer Gewerkschaftsschrift: „In einer Arbeiterfamilie ist es nun einmal so: Der Mann, der ja arbeiten muss, bekommt von der Nahrung den größten Anteil, auch die Kinder erhalten so viel wie möglich. Übrig bleibt in den meisten Fällen die Mutter; sie begnügt sich mit Schmecken, wenn zu wenig da ist, und lebt von Brot, Kaffee [-ersatz] und Kartoffeln. Die Frau des Arbeiters bringt sich der Familie täglich zum Opfer."

Auch in der Arbeiterfamilie kümmerte sich der Familienvater um den Erwerb und die Politik, der Haushalt, die Kindeserziehung und die Geburtenplanung waren Sache der Frau. Selbst in diesen Kreisen sahen es die Männer nur ungern, wenn die Frau einem Broterwerb nachging. Aber meistens waren die Familien auf den Zuverdienst der Frauen angewiesen. Sie machten Heimarbeit, arbeiteten als Putzfrauen oder Wäscherinnen in den „besseren Kreisen" oder als schlecht bezahlte Arbeitskraft in der Fabrik. Überbeanspruchung war die Folge: Angesichts der Mehrbelastung und der häufigen Geburten. Der starke Zuzug vom Lande verschärfte besonders die Lage der Dienstmädchen, die bis zu 16 Stunden am Tag für zumeist kargen Lohn arbeiten mussten.

Der Anteil der Frauen in der Arbeitswelt stieg zwischen 1882 (5,52 Millionen) und dem ersten Jahrzehnt des 20. Jahrhunderts stark an (1907: 9,49 Millionen). Fast die Hälfte von ihnen war in der Landwirtschaft tätig, mehr als ein Fünftel in der Industrie, etwa zehn Prozent im Handel und Dienstleistungsgewerbe, z. B. als Sekretärinnen oder Verkäuferinnen, über 13 Prozent arbeitete in häuslichen Diensten, vor allem als Köchinnen und Dienstmädchen – in Berlin zählte man um 1900 mehr als 100 000 Dienstmädchen –, drei Prozent waren in freien Berufen und im öffentlichen Dienst tätig, z. B. als Kindergärtnerinnen und Lehrerinnen, denen das Heiraten untersagt war.

Seit den 60er-Jahren des 19. Jahrhunderts begann sich, nach ersten Versuchen in der 48er-Revolution, eine bürgerliche **Frauenbewegung** zu organisieren, deren Ziel die Verbesserung von Bildung und Berufstätigkeit war. So entstand in Leipzig 1865 der **Allgemeine Deutsche Frauenverein (ADF)** unter der Leitung von **Louise Otto-Peters**, dem bald weitere Vereine folgten. Allerdings waren diese Vereine an einer „Emanzipation der Frauen auf sozialem oder gar politischem Gebiet“ nicht interessiert, wie es in einem Rechenschaftsbericht hieß. Doch rasch änderte sich dies. Hauptsächlich Lehrerinnen waren hier aktiv, unter anderem **Helene Lange**. 1890 entstand der Allgemeine Deutsche Lehrerinnenverband, und 1894 schlossen sich die verschiedenen Vereine und Organisationen im **Bund Deutscher Frauenvereine (BDF)** zusammen, der 1914 mehr als 2 000 Vereine mit fast 500 000 Mitgliedern umfasste. Allerdings bildete die Frauenbewegung keine Einheit: Die Mehrheit der Frauen war wie die Männer vom Unterschied im Wesen zwischen Mann und Frau überzeugt und betonte die Mutterrolle sowie die von ihr ausgehende zivilisatorische und friedliche Kraft. Diesen Frauen ging es nicht um politische Emanzipation, sondern um die Anerkennung der weiblichen Tätigkeit und der Frauenrolle als gleichwertig. Auch wollten sie die Rechtsgleichheit, vor allem beim Scheidungsrecht. Letztlich setzte man auf die Einsicht der Männer.

Eine radikale, lautstarke Minderheit (Verein Volkswohl, Verband Fortschrittlicher Frauenvereine) forderte dagegen die volle politische, rechtliche und soziale Emanzipation der Frauen. 1902 gründeten sie den **Verein für Frauenstimmrecht**, der das aktive und passive Wahlrecht auch für die Frauen forderte. Allerdings war diese politische Frauenbewegung trotz zahlreicher Aktionen nicht so militant wie die englische Bewegung der Suffragetten.

Auch in der Arbeiterschaft entwickelte sich eine **sozialdemokratische Frauenbewegung**. **August Bebel** hatte dafür den Weg gewiesen. Er erklärte 1879, die Frauen seien in der kapitalistischen Gesellschaft gleich zweimal unterdrückt: durch das Patriarchat und durch die ökonomische Abhängigkeit des Proletariats. Die Lösung der Frauenfrage sei daher nur im Rahmen der allgemeinen Lösung der Sozialen Frage und durch Beseitigung des Kapitalismus möglich. 1891 nahm die SPD das Wahlrecht auch für Frauen in ihr Erfurter Programm auf, ohne diese Forderung aber offensiv zu vertreten.

Schwierig war es für die Arbeiterfrauen, eigene Vereine zu gründen, denn sie unterlagen besonderen Schikanen durch die Polizei. Dennoch gelang es in den 1890er-Jahren, eine proletarische Frauenbewegung aufzubauen, zu deren herausragenden Vertreterinnen **Clara Zetkin und Rosa Luxemburg** gehörten. Die sozialistische Frauenbewegung lehnte eine Zusammenarbeit mit der bürgerlichen ab. Erst nach 1908 wurde diese Haltung aufgeweicht. Aber das Eintreten für die Frauenemanzipation war in der Arbeiterklasse eine Sache, eine andere die harte Realität des Familienlebens.

Aufgabe 32 Parteien und Verbände sind wesentliche Elemente einer pluralistischen Gesellschaft. Erläutern Sie Funktion, Zielsetzungen und Möglichkeiten von Parteien und Verbänden im deutschen Kaiserreich.

Aufgabe 33 Das 19. Jahrhundert war das Zeitalter des Nationalismus. Stellen Sie den spezifisch deutschen Nationalismus im Kaiserreich dar.

Aufgabe 34 Erläutern Sie die Stellung der Frau in der Gesellschaft im kaiserlichen Deutschland und stellen Sie dar, wie Frauen auf diese Stellung reagierten.

3 Konflikte und politische Kultur

23.5.1863	Gründung des Allgemeinen Deutschen Arbeitervereins (ADAV)
8.12.1864	Veröffentlichung der Enzyklika „Syllabus errorum" Papst Pius' IX.
1870	Verkündung des Unfehlbarkeitsdogmas durch Papst Pius IX.
10.12.1871	Erlass des „Kanzelparagraphen"
11.3.1872	Einführung der staatlichen Schulaufsicht
4.7.1872	„Jesuitengesetz"
Mai 1873	„Maigesetze"
6.2.1875	Einführung der Zivilehe
22.4.1875	„Brotkorbgesetz"
22.–27.5.1875	Gothaer Kongress: Bildung der Sozialistischen Arbeiterpartei (SAP)
21.10.1878	Gesetz gegen die gemeingefährlichen Bestrebungen der Sozialdemokratie
15.6.1883	Krankenversicherungsgesetz
27.6.1884	Unfallversicherungsgesetz
24.5.1889	Gesetz über die Invaliditäts- und Altersversicherung
1890	Umbenennung der SAP in Sozialdemokratische Partei Deutschlands

Die Reichsgründung war v. a. ein Ergebnis der Strategie und Ziele Bismarcks:

- Als preußischer Patriot wollte er die latente Schwäche Preußens als kleinste europäische Großmacht durch die Schaffung eines preußisch geführten Deutschen Reiches überwinden.
- Als Monarchist versuchte er, den strukturellen inneren Konflikt zwischen Monarchie und wirtschaftlich erstarkendem Bürgertum durch ein nationales Kaisertum zugunsten des monarchischen Prinzips zu lösen.
- Als dem protestantischen Pietismus nahe stehender Politiker bewegte er sich in den Vorstellungen eines protestantischen Kaisertums.

Das neu gegründete Reich erschien Bismarck als instabiles Gebilde, dessen Festigung **(„innere Reichsgründung")** zum Hauptziel seiner Innenpolitik wurde. Seine wichtigste Methode zur inneren Stabilisierung war die Definition einzelner politischer oder gesellschaftlicher Gruppen als **Reichsfeinde**, gegen die Bündnisse im Reichstag geschmiedet wurden, um sie verfassungsgemäß mit rechtlichen Mitteln bekämpfen zu können. Diese systematische Ausgrenzungspolitik gegen missliebige Gruppen nennt man **„negative Integration"**.

Bismarck arbeitete in der ersten Phase seiner Innenpolitik eng mit den bürgerlichen Liberalen zusammen, der zunächst stärksten politischen Gruppe im neuen Reichstag. Die Liberalen sahen mit der Reichseinheit eine ihrer wesentlichen Anliegen erfüllt und glaubten an eine Demokratisierung des Reiches durch Reformen. Bismarck kam ihnen aber nur auf der wirtschaftspolitischen Ebene entgegen: Es wurde ein an liberalen Prinzipien (Vereinheitlichung der Währung, Schaffung einer Zentralbank, Abbau der Außenzölle, einheitliches Strafgesetzbuch und -ordnung) orientiertes Wirtschaftssystem eingeführt.

3.1 Der Kulturkampf gegen die katholische Kirche und den politischen Katholizismus

Für Bismarck persönlich spielte der konfessionelle Gegensatz zwischen Protestanten und Katholiken bei seiner antikatholischen Politik keine Rolle. Ausschlaggebend war vielmehr die Gründung der **Zentrumspartei**, die im Reichstag zur zweitstärksten Kraft geworden war. Bismarck sah in diesem Sammelbecken des politischen Katholizismus einen Reichsfeind, der eine **Gefahr für die innere Stabilität des Reiches** darstellte, auch weil diese Partei nicht nur bei vielen süddeutschen Katholiken, sondern auch bei Polen, Elsässern und Welfen Anklang fand. Bismarcks politisches Konzept orientierte sich allein am **Primat des staatlichen Machtinteresses**; an einer Integration durch Beteiligung am Staatswesen waren weder er noch die Eliten in Staat und Gesellschaft interessiert.

In der Auseinandersetzung mit Aufklärung und Liberalismus im 19. Jahrhundert orientierten sich viele aktive Katholiken am Papsttum in Rom; man nannte diese politische Bewegung deshalb **Ultramontanismus** („ultra montes").

1864 hatte **Papst Pius IX.** (1846–1877) in seiner Enzyklika „Syllabus errorum", in einem Verzeichnis von Irrtümern, vor denen die katholische Kirche warnte, unter anderem auch den Nationalismus und den Liberalismus zu „Irrlehren" erklärt und die **Unterordnung von Staat und Wissenschaft** unter die Kirche gefordert. Die offenkundige Säkularisierung von Staat und Gesellschaft sowie die Moderne lehnte der Papst entschieden ab. Auf dem Vatikanischen Konzil 1870 wurde diese Politik durch die Verkündung des Dogmas der **Unfehlbarkeit** des Papstes, auch wenn es nur in geistlichen Fragen galt, noch verschärft. Doch selbst innerhalb der katholischen Kirche war dieses Dogma heftig umstritten, bekräftigte es doch die strenge Kirchenhierarchie mit dem Papst an der Spitze, in dem nicht nur die Liberalen, sondern auch viele Katholiken Zeichen eines rückständigen absolutistischen Regiments sahen, dessen Anspruch mit wesentlichen Hoheitsrechten des Staates kollidieren konnte. Viele Katholiken trennten sich daher von der offiziellen **„Papstkirche"** und vereinten sich in der „Altkatholischen Kirche". Die katholischen Behörden entzogen daraufhin „altkatholischen" Geistlichen die kirchliche Lehrerlaubnis, und sie forderten vom Staat die Entlassung „altkatholischer" Universitätsprofessoren, Religionslehrer und Militärgeistlicher. Darin sah Bismarck einen unzulässigen Eingriff der Kirche in allein dem weltlichen Staat vorbehaltene Hoheitsrechte. Die Liberalen hat besonders das **Unfehlbarkeitsdogma** herausgefordert. Für sie war allein die **Nation** das Maß aller Dinge; eine übernationale Bindung, und sei es eine religiöse, konnte es für sie nicht geben.

Das Zentrum war damit zu einer die Reichseinheit gefährdenden Partei geworden, die viel dazu beitrug, dass dieses Gefühl der Bedrohung bei Bismarck, den Liberalen und den Protestanten zu Gegenmaßnahmen führte, wie sie im Übrigen auch in anderen europäischen Staaten ergriffen wurden. Die Forderung des Zentrums nach mehr Föderalismus gegen die preußisch-protestantische Führungsmacht im Reich schien zu beweisen, dass den deutschen Katholiken an einer Einheit des deutschen Nationalstaates nichts gelegen war.

Dennoch wurde der **Kulturkampf** nicht auf Reichsebene, sondern nur in einzelnen Bundesländern, vor allem in **Preußen** und **Baden**, ausgetragen, wenn auch einzelne Regelungen zu Reichsgesetzen wurden.

- 1871 wurde im Bundesrat auf Vorschlag Bayerns eine Gesetzesvorlage, der sogenannte **Kanzelparagraph**, eingebracht. Das Reichsgesetz war ein **Ausnahmegesetz** und verbot Geistlichen, „Angelegenheiten des Staates" in einer „den öffentlichen Frieden gefährdenden Weise zum Gegenstand einer Verkündigung oder Erörterung" zu machen. Damit war es den Geistlichen praktisch untersagt, sich über Politik kritisch zu äußern. Das Gesetz entsprach der Auffassung Bismarcks und der Nationalliberalen von der strikten **Trennung von Staat und Kirche**.
- 1872 wurde mit dem **„Jesuitengesetz"** der **Jesuitenorden**, wiederum auf bayerische Initiative, im Reich **verboten** und alle seine Einrichtungen, Schulen und Hochschulen, eingezogen; seine Mitglieder wurden ausgewiesen. Im selben Jahr wurden die **Schulen** zur Verminderung des kirchlichen Einflusses **unter staatliche Aufsicht** gestellt.
- 1873 griff der Staat mit den **„Maigesetzen"** unmittelbar in kirchliche Belange ein: Er schrieb für das Priesteramt das Gymnasium und ein Hochschulstudium vor. Zudem mussten die angehenden Priester ein Zusatzstudium („Kulturexamen") in Philosophie, Geschichte und deutscher Literatur absolvieren (Baden hatte dies schon 1867 eingeführt). Ohne die Zustimmung des Staates durfte kein Geistlicher mehr eingestellt werden. Auch konnten unbotmäßige Geistliche ausgewiesen werden („Expatriisierungsgesetz").
- 1874/75 wurde die **Zivilehe** als für die Rechtsgültigkeit einer Eheschließung obligatorisch eingeführt.
- Den Höhepunkt stellte das **„Brotkorbgesetz"** von 1875 dar, das die Einstellung aller finanziellen Zuwendungen an die Kirche vorsah, sollte sie die Anerkennung der staatlichen Gesetze – auch der „Kampfgesetze" – verweigern.

Eine Welle von Verhaftungen unbotmäßiger Geistlicher durchzog das Land, sodass die liberale Frankfurter Zeitung befürchtete, Deutschland werde bald „ein einziges großes Gefängnis“. Bis 1876 wurden alle katholischen Bischöfe in Preußen entweder verhaftet oder ausgewiesen, und ein Viertel aller katholischen Gemeinden war ohne Priester. Doch der Widerstand der Katholiken war unerwartet stark:

- Der Papst antwortete mit dem Kirchenbann für alle, welche die Gesetze durchsetzten und befolgten; in den zum Reich gehörenden polnischen Gebieten verschärfte sich der antideutsche Nationalismus;
- die Katholiken im Reich schlossen sich enger zusammen und entwickelten ein Zusammengehörigkeitsgefühl, das später auch für die Nazis zum Problem wurde. Bei den Wahlen 1873 zum preußischen Abgeordnetenhaus konnte das Zentrum seinen Stimmenanteil stark erhöhen (von 52 auf 88 Mandate), ebenso bei den Reichstagswahlen 1874 (von 63 auf 91). Zahlreiche Vereine und kulturelle Organisationen entstanden.

Angesichts des **Fehlschlags seiner Politik** musste Bismarck nach Wegen zur Entspannung suchen. 1878/79 beendete Bismarck seine Zusammenarbeit mit den Liberalen und näherte sich den Konservativen an; zur Bildung einer neuen Reichstagsmehrheit benötigte er aber das Zentrum. Mit dem versöhnlichen Papst Leo XIII. (1878–1903) einigte sich das Reich deswegen auf die Zurücknahme der meisten „Kampfgesetze“ bis auf den „Kanzelparagraphen“, die staatliche Schulaufsicht, die Zivilehe und das „Jesuitengesetz“. In Süddeutschland wurden kirchlich geführte Bekenntnisschulen erlaubt.

Doch der Kulturkampf hatte erheblichen Schaden angerichtet und die **innere Reichseinheit eher gefährdet** als gefestigt:

- Das Verhältnis zwischen Protestantismus und katholischer Kirche belastete das innenpolitische Klima über das Ende des Kaiserreiches hinaus;
- noch lange fühlten sich Katholiken als Bürger zweiter Klasse; sie entwickelten daher ein eigenes Bewusstsein, das sie einerseits vom Protestantismus abgrenzte, andererseits aber totalitären Machtansprüchen des Staates gegenüber weitaus weniger anfällig machte als die deutschen Protestanten; dennoch: Nach den Erfahrungen der Ausgrenzung in den 70er-Jahren des 19. Jahrhunderts wandte sich auch der deutsche Katholizismus hin zum Nationalismus.
- Für die **Liberalen** bedeutete die Abwendung Bismarcks von ihren wirtschaftspolitischen Prinzipien einen entscheidenden Machtverlust, der zu einer **Spaltung der Bewegung in Linksliberale und Nationalliberale**

führte: In der Folge lehnten die Linksliberalen die Sozialistengesetze ab und bemühten sich verstärkt um eine Demokratisierung des Reiches, die Nationalliberalen unterstützten weiter Bismarck und versuchten so, die Interessen der Industrie gegen Arbeiterbewegung und konservative Landwirtschaft zu sichern. Diese Spaltung in einen linksliberalen und einen wirtschaftsliberalen Flügel schwächte die liberale Bewegung in der Folge; der Gegensatz dieser Parteiflügel ist bis heute ein Kennzeichen der Liberalen.

3.2 Der Kampf gegen die deutsche Sozialdemokratie (Sozialistengesetze)

Fast zeitgleich mit der Deeskalation im Kulturkampf begann Bismarck einen anderen innenpolitischen Konflikt anzuheizen und eine andere Bevölkerungsgruppe als Reichsfeinde zu stigmatisieren, um eine **Stabilisierung des Reiches im konservativen Sinne** zu erreichen: Die Sozialdemokraten, die in den Augen des Adels und des nationalen Bürgertums ohnehin „vaterlandslose Gesellen" waren, nicht nur wegen der internationalen Ausrichtung der Arbeiterbewegung, sondern auch deshalb, weil sie gegen die Annexion von Elsass-Lothringen gewesen waren und weil sie gegenüber der französischen Republik, besonders gegenüber der Arbeiterbewegung dort, Sympathien zeigten.

Die Entstehung der Arbeiterbewegung

Die sich dynamisch beschleunigende Industrialisierung Deutschlands ließ auch die Arbeiterbewegung als Interessenvertretung der neuen Klasse der Industriearbeiter erstarken; sie wurde von allen etablierten Gesellschaftsgruppen wegen ihres revolutionären Charakters zunehmend als Bedrohung empfunden.

- 1863 gründete Ferdinand Lassalle (1825–1865) den **Allgemeinen Deutschen Arbeiterverein (ADAV)**
- 1875 erfolgte der Zusammenschluss mit der Sozialdemokratischen Arbeiterpartei in Gotha unter Wilhelm Liebknecht (1826–1900) und August Bebel (1840–1913) zur **Sozialistischen Arbeiterpartei (SAP)**; 1890 wurde sie in Sozialdemokratische Partei Deutschlands (SPD) umbenannt.

In ihrem **Gothaer Programm** von 1875 formulierten die Sozialisten marxistische, revolutionäre Grundsätze. Die Partei erklärte, sie wolle den freien Volksstaat und die sozialistische Gesellschaft durch Vergesellschaftung erreichen. Damit standen die Sozialdemokraten zu allen anderen politischen Kräften im Reich im Widerspruch:

- zu den Liberalen wegen der Forderung nach sozialistischen Produktionsgenossenschaften und der Propagierung des Klassenkampfes gegen die bürgerlichen Unternehmer;
- zu den Konservativen und den Monarchisten wegen der revolutionären (marxistischen) und radikaldemokratischen Ausrichtung der Partei;
- zu den nationalen Kreisen wegen des von der Partei vertretenen „proletarischen Internationalismus“, in dem sich die Arbeiter aller Länder zur bestimmenden politischen Kraft vereinigen sollten;
- zu den religiösen Kräften, vor allem zum Zentrum, wegen der im Marxismus verankerten Religionsfeindlichkeit („Religion ist Opium für das Volk“).

Angesichts des Widerspruchs der SAP zu den anderen politischen Parteien eignete sich gerade der Kampf gegen die Sozialdemokratie besonders für Bismarcks Politik der **„negativen Integration“**. Diese wirkte bis in die Weimarer Republik nach und erschwerte dort eine dauerhafte Zusammenarbeit zwischen der SPD und den demokratischen bürgerlichen Parteien.

Obgleich die neue Partei mit gerade 30 000 Mitgliedern relativ schwach war, gingen die staatlichen Behörden gegen sie vor – 1876 wurde die SAP in Preußen verboten, die Parteiführung musste nach Hamburg ausweichen, wo ein liberaleres Klima herrschte.

Als die SAP 1877 zwölf Reichstagsmandate gewann, nahm Bismarck zwei Attentate auf Kaiser Wilhelm I., mit denen die Partei nachweislich nichts zu tun hatte, zum Anlass, den Druck auf die SAP durch eine schon längere Zeit vorbereitete Gesetzgebung zu verschärfen. Durch das **„Gesetz gegen die gemeingefährlichen Bestrebungen der Sozialdemokratie“**, das am 21. Oktober 1878 in Kraft trat, wurden alle sozialdemokratischen, sozialistischen oder kommunistischen Versammlungen und Vereinigungen ebenso verboten wie sozialistische Druckschriften. Den Behörden wurde die Möglichkeit eingeräumt, sozialistische Agitatoren aus Ortschaften, Kreisen oder Bezirken auszuweisen, und die einzelnen Bundesstaaten konnten bei angeblicher Gefährdung der öffentlichen Sicherheit den Belagerungszustand ausrufen. Betroffen waren von dem Gesetz auch die Freien Gewerkschaften. Damit war die ganze **Arbeiterbewegung** der **Willkür von Justiz und Polizei** ausgeliefert. Die Partei- und Gewerkschaftsarbeit wurde so lahmgelegt, ohne die Sozialdemokratie als Ganzes zu verbieten. Die Partei durfte sich auch weiterhin an den Reichstagswahlen beteiligen, aber ohne Möglichkeit des Wahlkampfes; weiterhin durften ihre Abgeordneten in den Parlamenten reden, nur ihre Schriften waren verboten. Dadurch bestand bis 1890 ein **„Zustand der Halblegalität“** (V. Ullrich) mit weitgehender **Entrechtung** der Arbeiterbewegung. Die Parteiführung ging in den **Untergrund**, um den zahlreichen Verhaftungen und Ausweisungen zu entgehen – hier lernte die Partei die Bedeutung einer selbst im Untergrund gut funktionierenden Parteiorganisation, auf die sie nach 1933 bauen konnte.

Auf sozialdemokratischer Seite führte die **Repressionspolitik** zu einem engen Zusammenhalt und zu einer starken **Solidarität** zugunsten der von staatlichen oder betrieblichen Maßnahmen Betroffenen. Auch entwickelte man Gegenstrategien: Ausflüge ins Grüne wurden ebenso zu politischen Aktionen wie Beerdigungen. In Zürich, unerreichbar von polizeilichem Zugriff, wurde eine Parteizeitung geschaffen, der „Sozialdemokrat", dessen erste Nummer am 28. September 1879 erschien. Mithilfe eines engen, geheimen Vertriebsnetzes („Rote Feldpost") wurde die Zeitung im Reich verteilt. Die aggressive, revolutionäre Sprache zeigte die angesichts der staatlichen Unterdrückung zunehmende **Radikalisierung der Partei**, die im Gegensatz zur notgedrungen vorsichtig taktierenden Haltung der Reichstagsfraktion stand. Ende 1880 mussten die Behörden feststellen, dass der „Mut der deutschen Sozialdemokratie noch immer ungebrochen ist, dass die Bewegung [...] einen neuen Aufschwung genommen hat". Damit schien **Bismarcks Strategie gescheitert** zu sein.

3.3 Bismarcks Sozialgesetzgebung

Der konservative Reichskanzler Bismarck reagierte auf die Wirkungslosigkeit der Repression gegen die Sozialdemokratie (Sozialistengesetze, s. S. 239 ff.) mit einer **staatlichen Sozialpolitik**. Um die Sozialisten zu schwächen, aber auch um die Arbeiter an den Staat heranzuführen, begann er 1883 mit der Einführung des weltweit ersten staatlichen Sozialversicherungssystems (s. auch S. 98). Dieses umfasste die folgenden Bereiche:

- 1883 Einführung der **gesetzlichen Krankenversicherung**,
- 1884 Einführung der **Unfallversicherung** und
- 1889 Einführung der **Alters- und Invaliditätsversicherung**.

Diese Sozialgesetze galten trotz ihrer relativ geringen Leistungen als richtungsweisend für jede staatliche Sozialpolitik; ihr politisches Ziel, den Einfluss der Sozialdemokratie zu mindern, konnte Bismarck aber nicht erreichen. Das politische Selbstbewusstsein der Arbeiter war schon zu stark.

Zwischen 1877 und 1890 konnte die SAP ihren Stimmenanteil trotz aller Unterdrückung und Verfolgung verdreifachen. Die Sozialdemokratie hatte trotz der Sozialgesetzgebung ihre Anziehungskraft für die Arbeiter nicht verloren, im Gegenteil: Der Verstoß gegen die Grundrechte der Versammlungs- und Meinungsfreiheit während des „Ausnahmezustands" wurde zunehmend auch von den liberalen Kräften, selbst von den Nationalliberalen, abgelehnt.

Bestimmend für die Zukunft der Sozialdemokratie war,

- dass in der Arbeiterbewegung eine **„Parallelkultur"** entstand, verbunden mit einer eigenen Abgrenzungsmentalität gegenüber dem Bürgertum;
- dass der Staat als **„Klassenherrschaft"** gesehen wurde, in der sich Junkertum und Kapitalismus gegen die Arbeiterschaft verbunden hatten;
- dass die Partei eine **„Oppositionskultur"** entwickelte, die sie in der Weimarer Republik in der eigenen Regierungsarbeit behinderte; man war Opposition gewöhnt, nicht aber das Regieren;
- dass die Partei eine Vorliebe für den **inneren Aufbau und die Untergrundarbeit** gewann, die vor und nach Hitlers Machtübernahme den Widerstand der Sozialdemokratie nachteilig beeinflusste.

Aufgabe 35 Erklären Sie die wichtigsten Ziele Bismarcks nach 1871 und leiten Sie davon den Begriff „negative Integration" ab.

Aufgabe 36 Ein Problem des Bismarck-Reiches war die mangelnde innere Einheit als Basis der inneren Stabilität. Erläutern Sie anhand von zwei Beispielen, wie Bismarck versuchte, diese „innere Reichsgründung" durchzusetzen.

Aufgabe 37 (materialgestützt)

a) Erschließen Sie die wesentlichen Inhalte, die historischen Bezüge, die Aussageabsicht und die politische Position der Karikatur (M 1)!

b) Beurteilen Sie – auch im Blick auf die Entwicklung der deutschen Sozialpolitik nach Bismarck (bis heute) –, ob die Einschätzung der Karikatur zutrifft!

M 1: Karikatur aus der Zeitschrift „Der wahre Jakob“, 1891

Merkwürdige Frage.

Engländer: Was ist das?
Der wahre Jacob: Das ist Bismarck's Sozialreform.

Lösungen

Prozesse der Modernisierung in Wirtschaft und Gesellschaft durch die Industrialisierung

Aufgabe 1 Begriff „Zäsur“:
Zäsur bedeutet eigentlich „Einschnitt“. Im historischen Kontext versteht man darunter Ereignisse, die nachhaltigen Einfluss auf die weitere Entwicklung eines Landes genommen haben (z. B. die Französische Revolution).

Begriff „langes 19. Jahrhundert“:
Für das 19. Jahrhundert hat sich in der Geschichtswissenschaft die Bezeichnung „langes 19. Jahrhundert“ etabliert. Sie drückt aus, dass die historische Epoche nicht 1801 begann und auch nicht 1900 endete, sondern die Französische Revolution und der Ausbruch des Ersten Weltkrieges entscheidende Wendepunkte waren, die die Zeit nach den jeweiligen Ereignissen stark prägten.
Die Französischen Revolution realisierte die Ideen der Aufklärung, vor allem Freiheit, Gleichheit vor dem Gesetz, Volkssouveränität und Partizipation, Konstitutionalismus und soziale Emanzipation. Von Frankreich aus verbreiteten sie sich über Europa und konnten langfristig nicht unterdrückt werden.
Der Erste Weltkrieg beendete die europäische Vorherrschaft auf der Welt, deren Höhepunkt der Imperialismus seit dem letzten Drittel des 19. Jahrhunderts war („Enteuropäisierung“). An die Stelle der bisher führenden europäischen Großmächte Großbritannien und Deutschland traten die USA als dominierende politische und wirtschaftliche Macht. Mit dem Ersten Weltkrieg brach auch die traditionelle bürgerliche Ordnung zusammen, nun herrschten v. a. radikale Alternativen (Kommunismus, Faschismus, Nationalsozialismus) vor.

Aufgabe 2 Unter Modernisierung versteht man die Umgestaltung eines bestehenden Zustands nach neuesten technischen, philosophischen oder anderen wissenschaftlichen Erkenntnissen; Modernisierung bedeutet also Fortschritt. In Bezug auf die neuzeitliche Geschichte beschreibt der Begriff den nachhaltigen Wandel Europas im „langen 19. Jahrhundert“. Dieser war gekennzeichnet durch

- die Technisierung der Produktionsprozesse und des Transportwesens im Rahmen der Industrialisierung; statt Handwerksbetrieben mit Handarbeit entstehen nun Fabriken als mechanisierte Großbetriebe;
- den Übergang von der feudalen, ständisch geordneten Agrargesellschaft zur liberalen, differenzierten und leistungsbezogenen Industriegesellschaft;
- die Emanzipation des Rechts und der Wissenschaft von der bindenden Autorität der Religion;
- die Emanzipation des Bürgers und die Dynamisierung der Gesellschaft (Leistungsdenken, soziale Differenzierung mit Aufstiegschancen und Abstiegsrisiken);
- die Partizipation der Bürger am wirtschaftlichen und politischen Leben.

Aufgabe 3 Die Industrialisierung war in allen Staaten kein spontanes Ereignis, sondern vollzog sich in Form eines evolutionären Prozesses mit unterschiedlicher Geschwindigkeit. Die Auswirkungen dieses Prozesses waren allerdings revolutionär, denn er verwandelte etwa seit 1750 die Gesellschaft in West- und Mitteleuropa von einer Agrar- zu einer Industriegesellschaft mit völlig neuen Lebensbedingungen. Diese Entwicklung war vielschichtig und vereinte verschiedene revolutionäre Prozesse:

- demografische Revolution
- wissenschaftlich-technische Revolution
- Agrarrevolution
- Produktionsrevolution
- Verkehrsrevolution
- politisch-soziale Revolution

Herausragend ist vor allem der „qualitative Wandel" in den Produktionstechniken, der durch den Einsatz von Maschinen und die zunehmende Rationalisierung der Arbeitsabläufe gekennzeichnet war. Da die Massenproduktion eine überregionale, globale Marktorientierung erforderte, änderten sich die Marktstrukturen nachhaltig. Dieser Wandel war für die Zeitgenossen revolutionär. Aber er kam nicht plötzlich, vielmehr stützte er sich auf Vorläuferentwicklungen seit dem ausgehenden Mittelalter.

Aufgabe 4 Kennzeichen der Industrialisierung:

- langdauernder evolutionärer Entwicklungs- und Modernisierungsprozess
- Wandel der Bedeutung der Wirtschaftssektoren zugunsten des sekundären Sektors (verarbeitendes Gewerbe)
- Durchsetzung des ökonomischen Prinzips („Zweck-Mittel-Relation")
- Einsatz künstlich erzeugter Kraft wie Dampf, Gas, Elektrizität

- Rationalisierung und Mechanisierung des Produktionsprozesses
- Fabrik als mechanisierter Großbetrieb mit arbeitsteiliger Produktionsweise
- Arbeitsdisziplin, präzise Zeitmessverfahren (Unterordnung unter die Uhr)
- neue Wege der Kapitalbeschaffung: Finanz- und Aktienkapital
- ein profitorientiertes, innovationsfreudiges Unternehmertum
- räumliche Ausdehnung der Märkte
- Orientierung der Produktion am Markt
- Ablösung der alten Ständegesellschaft durch eine Klassengesellschaft mit zunehmender Binnendifferenzierung und starker Mobilität
- Binnenmigration und Urbanisierung
- Wandel der Familienstruktur

ufgabe 5 Grundannahme: Grundlage der Wirtschaft ist das freie Zusammenspiel der drei Produktionsfaktoren (Boden, Kapital, Arbeit); der Faktor „Arbeit" ist dabei der eigentliche Wertschöpfer. Den Antrieb der Wirtschaft bilde der „natürliche Eigentumstrieb" des Menschen, der ein Recht auf Akkumulation von Kapital habe. Jeder Mensch müsse frei sein und das Recht haben, seinem eigenen Interesse gemäß zu handeln. Dieser Eigennutz sei produktiv, denn er bewirke Innovationen und sei daher auch für die Gemeinschaft nützlich. Notwendig sei ein freies Spiel der Kräfte auf allen Märkten, eine freie Konkurrenz (Markt- und Konkurrenzprinzip) und ein freies Unternehmertum. Der freie Wettbewerb und die Marktorientierung förderten die Versorgung aller Menschen und bewirkten einen ständigen Modernisierungsprozess, der wiederum allen nütze. Der Staat dürfe weder durch Subventionen noch durch Preisfestlegungen oder andere hemmende Bestimmungen in das Marktgeschehen eingreifen, vielmehr habe er für die innere und äußere Sicherheit sowie das Funktionieren des Wettbewerbs zu sorgen.

Im Zentrum steht der freie und von seiner natürlichen Vernunft geleitete Mensch, der seine Abhängigkeit von der Gemeinschaft erkennt und verantwortlich für sich und die anderen handelt. Freiheit sei nicht nur ein individuelles politisches, sondern auch ein wirtschaftliches Naturrecht; aber sie sei stets an die Freiheit der anderen gebunden. Der gemeinschaftliche Nutzen entstehe allein aus den rationellen individuellen Leistungen.

ıfgabe 6

- Bevölkerungswachstum (steigende Nachfrage nach Kleidung und Arbeitsplätzen)
- Kapitalbedarf des Staates (Steuern) für Flottenbau und Kriege
- die Seenähe der Wirtschaftszentren (relativ kurze Transportwege; günstige Anbindung an die Überseemärkte)

- die verkehrsgünstige Lage der Rohstofflager und der Produktionsstätten unweit von Seehäfen und Flüssen
- Dominanz als Welthandels- und Kolonialmacht, v. a. Beherrschung der globalen Baumwoll- und Textilmärkte
- Kolonien als Rohstoff- und Absatzmärkte
- funktionierender nationaler Binnenmarkt ohne störende Binnenzölle
- die leichte Erschließung des Landes durch schiffbare Flüsse und Kanäle
- reichhaltige Rohstoffvorkommen (v. a. Steinkohle, Eisenerz)
- weitgehendes Fehlen unternehmerischer Hemmnisse wie Zunftschranken und andere Marktbeschränkungen
- Vorhandensein eines freien privaten Unternehmertums mit der Bereitschaft zu industriellen Investitionen (Risikobereitschaft, Gewinnorientierung)

Aufgabe 7 Für die frühe Industrialisierung im Textilbereich waren verantwortlich:

- die günstigen konjunkturellen Bedingungen: Nachfragesog durch eine ständig wachsende Bevölkerung
- die leichte Ersetzbarbeit traditioneller Geräte durch mechanische und die Möglichkeit der Koppelung von traditioneller Hausindustrie mit dem neuen Fabriksystem
- die Verfügbarkeit von Wasserkraft und die damit verbundene Technisierung der Produktion
- das Fehlen von Zünften mit ihren Hemmnissen, d. h. die starke Marktorientierung
- das Gewinnstreben der Textilfabrikanten und ihre Bereitschaft zur marktgerechten Innovation
- Beherrschung der globalen Baumwollmärkte, Baumwolle aus den Kolonien in Amerika (bis 1783)

Aufgabe 8 Gründe für den verspäteten Beginn der wirtschaftlichen Modernisierung in Deutschland:

- Der politische Partikularismus behinderte durch zahlreiche Zollschranken den überregionalen Handel und die Bildung von Handelskapital. Die kleinen, regional beschränkten und relativ autarken Märkte boten keine großen Gewinnchancen und daher keine Innovationsanreize. Uneinheitliche Maße, Gewichte, Währungen sowie Steuer- und Rechtssysteme hemmten den überregionalen Handel, der zudem unter einer unterentwickelten Infrastruktur litt.
- Das Beharren der alten Eliten auf ihren Privilegien sowie das Festhalten an der ständischen „Berufssperre“ für Adlige machten eine Modernisierung

der Wirtschaft uninteressant. Die vielfältigen Abgaben erschwerten zudem die Kapitalbildung und bremsten die Nachfrage. Hinzu kam, dass die für eine Modernisierung notwendige soziale Mobilität erheblich eingeschränkt war (feudale Ständegesellschaft).

- Die reaktionären Herrschaftsverhältnisse führten dazu, dass der für die Modernisierung notwendige Liberalismus und jede Form sozialer Veränderungen als staatsfeindlich bekämpft wurden.
- Es mangelte an Investitionskapital, weil die deutschen Staaten kaum Anteil am Übersee- und Kolonialhandel hatten; auch fehlte es wegen der allzu vielen Kleinbetriebe an Handwerkskapital. Da zudem das Bankwesen unterentwickelt war, mangelte es an Finanzkapital.
- Das Zunftwesen mit seinen Qualitäts-, Quantitäts- und Zugangsbeschränkungen stand einer Modernisierung im Wege und musste erst überwunden werden.

ufgabe 9 Voraussetzungen:

- Reichsgründung: wirtschaftliche und politische Einigung Deutschlands
- Bereitstellung des notwendigen Investitionskapitals durch die Rückzahlung der staatlichen Kriegskredite und die französischen Reparationen (Gründerboom)
- Optimismus und die damit verbundene Risikobereitschaft

Merkmale:

- Entstehung neuer Wachstumsindustrien (Elektro-, Chemieindustrie)
- fortschreitende Mechanisierung und Rationalisierung
- verstärkte Unternehmenskonzentration; Bildung von Großbetrieben vornehmlich als Aktiengesellschaften
- Gründung von Großbanken zur Deckung des Kapitalbedarfs der Unternehmen; verstärkte Aktienspekulation
- konjunkturelle Phasen (Boom, Rezession, Depression)
- Zunahme sozialer Probleme (u. a. Wanderungswellen in die Industriezentren, Wohnungsnot)

gabe 10 Ursachen des Pauperismus:

- starkes Bevölkerungswachstum seit 1750 (verbesserte Existenzbedingungen für die Unterschichten bis 1830, Aufhebung der Heiratsbeschränkungen in den Gesellschaftsreformen)
- wirtschaftliche Sättigungskrise nach 1830 mit einem Stagnieren der landwirtschaftlichen Produktion, einer Krise des Heimgewerbes und einem Überangebot an Arbeitskräften

- Auflösung der sozialen Netze in Stadt und Land durch die Agrar- und Gewerbereform; sozialpolitisches Versagen der liberalen Reformregierungen

Auswirkungen:
- Verlassen des ländlichen Raumes (Landflucht) durch Auswanderung (v. a. in die USA) und Binnenwanderung in die neu entstehenden Industriezentren
- teilweise „nomadisierende Arbeitsmigration“ innerhalb der deutschen Staaten, vor allem in Preußen

Aufgabe 11 „Soziale Frage“:
- Der Begriff „Soziale Frage“ bezeichnet soziale Missstände, die mit dem gesellschaftlichen und wirtschaftlichen Modernisierungsprozess der Industriellen Revolution einhergingen. Betroffen war insbesondere die neue „Klasse“ der Industriearbeiter, die unter miserablen Arbeits- und Lebensbedingungen zu leiden hatten
- fürsorgliche Unternehmer (Harkort, Krupp, Abbe): Einrichtung von Betriebskrankenkassen (Erstattung von Arzt- und Arzneikosten, Krankengeld, Sterbegeld), auch mit Teilung der Beiträge zwischen Unternehmern und Arbeitern, Invaliditäts- und Altersschutz; Errichtung von genossenschaftlichen Konsumvereinen und Arbeitersparkassen, Bau von Werkswohnungen, in den weitestgehenden Fällen Einführung der Arbeitnehmer-Mitbestimmung und Gewinnbeteiligung der Arbeiter (Ernst Abbe)
- Kirchen (Wichern, Ketteler, Papst Leo XIII., Kolping): Streben nach einer religiösen Erneuerung der Gesellschaft, Entwicklung einer katholischen Soziallehre mit Verantwortung von Unternehmern und Staat für die Arbeiter, Forderung nach Arbeiterrechten und Sozialgesetzen, Organisation der „Inneren Mission“ (Wichern) als Einrichtung der evangelischen Kirche
- Marxismus (Karl Marx, Friedrich Engels): wissenschaftlicher Sozialismus mit der Theorie des durch Kapitaleinsatz und Arbeit erwirtschafteten Mehrwerts des Unternehmers; Verelendungstheorie (Entwertung der Lohnarbeit, Lohndruck, Anwachsen der industriellen „Reservearmee“); Entfremdungstheorie (Entfremdung des Proletariers vom Produkt seiner Arbeit, Selbstentfremdung durch den inhumanen Arbeitsprozess, Entfremdung von der Gesellschaft); „Historischer Materialismus“ und Klassenkampftheorie (Geschichte als dialektischer Ablauf von revolutionären Klassenkämpfen zwischen Besitzern von Produktionsmitteln und aufstrebenden unterdrückten Klassen; Endpunkt einer durch die Revolution gegen die Kapitalisten erkämpften „Diktatur des Proletariats“; Aufbau einer eigentumslosen sozialistischen Gesellschaft; kommunistische Utopie einer nach der Phase des Sozialismus einsetzenden freien Gemeinschaft von Gleichen als Ziel der Geschichte)

Tragweite der Ansätze:

- Milderung von Auswüchsen der Industrialisierung durch Unternehmer und kirchliche Hilfsmaßnahmen
- religiöse Erneuerung der sittlichen Grundlagen der in der Industrialisierung zerfallenen kirchlichen Gemeinschaften
- Anstreben einer evolutionären Entwicklung hin zu einer durch wirtschaftliche und soziale Reformen ausgleichenden Gesellschaft durch einige Unternehmer (Abbe) und kirchliche Vertreter (Ketteler, Papst Leo XIII.); in diesem Sinn Aufforderung zu staatlicher Sozialpolitik
- revolutionär-systemüberwindender Ansatz bei Marx/Engels mit egalitärer Utopie und großen Risiken: Kaderdiktatur im Leninismus und Stalinismus, Liquidierung konkurrierender Klassen (Großgrund-, Unternehmens-, Kapitalbesitzer, grundbesitzende Bauern nach Gründung der Sowjetunion 1917)

ufgabe 12 Auch aus marxistischer Sicht kann kaum bestritten werden, dass die konkreten Maßnahmen z. B. Krupps die Lage der Arbeiter verbesserten. Aber diese sozialen Zugeständnisse brachten doch hauptsächlich dem Unternehmer Vorteile, denn er band durch sie seine Arbeiter an den Betrieb und schränkte deren Recht auf Mobilität erheblich ein. Auch dienten die Maßnahmen vor allem der Sicherung und Steigerung der Produktivität und damit ausschließlich der Gewinnmaximierung für den Kapitalisten; statt gerechter Beteiligung am Ertrag der Arbeit, die dem Arbeiter aufgrund seiner Arbeitsleistung zustand, profitierte allein der Unternehmer vom „Mehrwert". Der grundsätzliche Klassengegensatz und die Ausbeutung wurden so nicht aufgehoben, nur verschleiert und letztlich sogar zementiert. Nur mittels einer revolutionären Überwindung der kapitalistischen Ausbeutergesellschaft durch die Beseitigung des Privateigentums an den Produktionsmittel und deren Übertragung in die Hände der Proletarier konnte die Soziale Frage gelöst werden. Soziale Verbesserungen, wie sie einige Unternehmer gewährten, waren dagegen keine Lösung, sondern nur der Versuch, die Arbeiter daran zu hindern, selbst die Lösung ihrer Probleme durch eine Revolution in die Hand zu nehmen.

ufgabe 13 Zu den grundlegenden Elementen der wirtschaftlichen Entwicklung in den USA gehörten das System des „big business", d. h. die Konzentration auf wenige Großbetriebe, Trusts und Monopole, und die massive Einflussnahme der Wirtschaft auf die Politik (Lobbyismus). Geprägt war die Industrie von einer stetigen Rationalisierung der Produktionsprozesse, von einer enormen und über den Bedarf weit hinausgehenden Produktion. Dies führte zu einer aggressiven Außenhandelspolitik und mündete schließlich in eine Deflation. Der enorme Kapitalbedarf wurde von den Banken befriedigt, was deren Einfluss erheblich stärkte.

Die Gesellschaft spaltete sich in zunehmendem Maße: Es bildete sich eine kapitalkräftige und politisch sehr einflussreiche Unternehmerschicht heraus, deren Gewinnzuwächse beträchtlich waren. Dagegen wuchs die soziale Notlage der Armen; selbst der Mittelstand profitierte nicht so sehr, wie es die Produktion erwarten ließ, da die Löhne weit hinter den Gewinnen zurückblieben. Viele Farmer gerieten infolge niedriger Lebensmittelpreise in Not; Bankrotte und Landflucht waren die Folge. Dadurch verschärften sich die sozialen Probleme in den großen Städten. Dort waren die Arbeiter in totaler Abhängigkeit von ihren Arbeitgebern; sie litten unter überlangen Arbeitszeiten und der fehlenden sozialen Absicherung.

Aufgabe 14 a) Thesen des Verfassers:

- Die Industrialisierung in Deutschland erfolgte aufgrund des durch den Zollverein erst spät geschaffenen Binnenmarktes verzögert;
- die Reichsgründung gab der Wirtschaft die entscheidende Schubkraft für die wirtschaftliche Expansion auf den Weltmarkt;
- in der Industrie vollzog sich eine starke Konzentration und eine enge Bindung an das Finanzkapital der Banken; wenige Großbetriebe beherrschten die jeweilige Branche;
- dieser Konzentrationsprozess war der Garant für ein hohes Produktionsniveau und die herausragende Stellung auf dem Weltmarkt;
- die Großbetriebe wandelten sich von „Unternehmerbetrieben" zu anonymen Aktiengesellschaften; dadurch hat sich beim Kapital und seiner Verwendung ein „Demokratisierungsprozeß" vollzogen;
- die Soziale Frage ist durch Abbau der sozialen und politischen Gegensätze infolge einer Kooperation von Bevölkerung und Regierung entschärft worden.

Politische Position des Verfassers:

Der Verfasser argumentiert vom Standpunkt eines Vertreters des bürgerlichen Liberalismus aus, der die bestehende wirtschaftliche Ordnung anerkennt. Er sieht die Dynamik der industriellen Entwicklung, z. B. durch die Konzentrationsprozesse in der Wirtschaft, nicht als gefährdet, sondern sogar als gefördert an. Diese Dynamik und die Politik der Regierung hätten die Soziale Frage entschärft und würden sogar Chancen zu deren Überwindung bieten.

b) Gemeinsamkeiten:
- Die Industrialisierung setzte in beiden Staaten spät, dafür aber umso beschleunigter ein (hohe Mobilität, schnelle Expansion der industriellen Produktion, Eisenbahn und Stahlindustrie als Motoren);
- beide Länder gehörten ab 1900 zu den führenden Industriemächten und überholten bis 1914 England;
- die Verstädterung und Bildung von industriellen Ballungszentren führte zu erheblichen sozialen Problemen.

Unterschiede:
- Im Gegensatz zu Deutschland kannten die USA zunächst keine aktive Wirtschaftspolitik des Staates, vielmehr war die Industrialisierung in den USA ausschließlich das Ergebnis des freien Spiels der Marktkräfte in einer streng liberalen Gesellschaft (Laissez-faire-Prinzip).
- Die amerikanische Gesellschaft war ausschließlich leistungsorientiert und ließ dem Einzelnen weitgehend freie Hand. Eine ständisch-kooperative Tradition gab es nicht.
- Das freie Spiel der Kräfte führte in den USA zu einem über deutsche Verhältnisse weit hinausgehenden Konzentrationsprozess in der Wirtschaft.
- In den USA existierte das System des „big business", d. h. eine nachhaltige Beeinflussung der Politik durch die Wirtschaft (Lobbyismus), während in Deutschland staatspolitische Interessen bei aller Rücksichtnahme v. a. auf agrarische Interessen überwogen.
- Die Binnenwanderung bot den USA größere Möglichkeiten, den sozialen Druck in den Industrieregionen abzubauen.
- Die USA besaßen günstigere wirtschaftliche Voraussetzungen: viel größere Ressourcen, ein weitaus größerer Binnenmarkt, die Einwanderung vieler motivierter, leistungswilliger junger Menschen sowie ein großes Maß an Individualismus, Liberalismus und Mobilitätsbereitschaft.
- Dafür gab es in den USA nicht einmal in Ansätzen eine Sozialgesetzgebung wie in Deutschland; in Amerika galt die Eigenverantwortlichkeit des Individuums; hier galt das schrankenlose liberal-kapitalistische System mit der fast uneingeschränkten Freiheit des Besitzes und seiner Nutzung.
- In Deutschland gab es viel früher eine organsierte Arbeiterbewegung mit wirtschaftlichem und politischem Charakter und einer revolutionären Zielsetzung. In den USA hingegen entwickelten sich zunächst reine Arbeitervereine mit bloßen wirtschaftlichen Zielen; eine einheitliche Arbeiterbewegung mit einem revolutionären Bewusstsein entstand in den USA trotz aller sozialen Spannungen nicht.

c) Unterschiede der Sozialpolitik von Bismarck und Roosevelt:
Anders als Roosevelt reagierte Bismarck nicht auf eine konkrete Wirtschaftskrise und auf die offenkundigen Schwächen des Laissez-faire-Kapitalismus, sein Ziel war also kein Krisenmanagement, sondern die Abwehr einer von ihm befürchteten Bedrohung der inneren Ordnung des Staates durch die Sozialdemokratie (Systemstabilisierung). Zugleich wollte er auch der konservativ-patriarchalischen Verantwortung der Obrigkeit für die Menschen gerecht werden und die Arbeiterschaft durch Linderung der Not in den Staat und seine Gesellschaft integrieren. Auf eine aktive staatliche Konjunkturpolitik verzichtete Bismarck weitgehend.
Roosevelt dagegen stand angesichts einer weltweiten Wirtschaftskrise vor der Aufgabe, das liberale Wirtschaftsmodell durch angemessene Reformen zu retten und die soziale Not im Land zu beheben. Dies sollte im Rahmen und mit Mitteln der Demokratie erfolgen. Daher unterschieden sich Inhalt und Zielsetzung seiner Reformen von denen Bismarcks. Zu Roosevelts Politik des New Deals gehörte einerseits eine aktive staatliche Konjunkturpolitik mit Arbeitsbeschaffungsmaßnahmen, Unterstützung der notleidenden Landwirtschaft, Aufträge zugunsten der Bauwirtschaft usw. mit dem Ziel, die Arbeitslosigkeit und die damit verbundene soziale Not zu bekämpfen; andererseits sollten soziale Reformen den bislang in den USA vorherrschenden Laissez-faire-Kapitalismus „humanisieren“. Daher wollte Roosevelt ein Mindestmaß an sozialer Absicherung einführen. Zur sozialen Aufwertung der „working class“ wurden die Gewerkschaften als Tarifpartner anerkannt, blieben aber im Gegensatz zu den deutschen schwach. Wenn auch Roosevelt bis zum Ausbruch des Zweiten Weltkriegs eine grundlegende und nachhaltige Stabilisierung der sozialen und wirtschaftlichen Verhältnisse nicht gelang – dies erfolgte erst durch die Rüstung im Krieg –, so hat er doch erste Schritte auf dem Weg zum Sozialstaat unternommen, ohne das wirtschaftsliberale Modell der USA grundsätzlich zu verändern.

Die demokratische und nationale Bewegung in der Auseinandersetzung mit dem Obrigkeitsstaat

gabe 15 Kennzeichen der Politik Napoleons gegenüber Deutschland:

- einerseits bestimmt durch Macht- und Eroberungspolitik: Krieg und Militärbündnisse, Gebietsabtretungen, Besatzung und Einforderung von Kriegsentschädigungen,
- andererseits ging vom revolutionären Frankreich auch erheblicher Modernisierungsdruck aus, der sich in fundamentalen Reformen in Staat, Wirtschaft und Gesellschaft niederschlug.

Auswirkungen:

- Ende des deutschen Partikularismus durch französische Annexionen, Auflösung des Alten Reiches und territoriale „Flurbereinigung“: Schaffung einer abhängigen Klientel von Rheinbund-Fürsten als „Drittes Deutschland“ neben den Großmächten Österreich und Preußen
- „defensive Modernisierung“ in den Einzelstaaten: Aufbau moderner bürokratischer Verfassungsstaaten, Auflösung der Ständegesellschaft
- Wunsch nach „nationaler Befreiung“ von der französischen Fremdherrschaft, Befreiungskriege 1813 bis 1815

gabe 16 Der Begriff „Wiener Ordnung“ beschreibt zum einen die 1815 auf dem Wiener Kongress getroffene territoriale Neuordnung vor allem Mitteleuropas auf der Basis von Kompromissen (Beispiel eines „positiven Friedens“), zum anderen die Etablierung eines politischen Systems, das durch die Leitprinzipien Restauration, Legitimität und Solidarität geprägt war. Durch diese Neuordnung sollten das gesamteuropäische Kräftegleichgewicht (Pentarchie) wiederhergestellt und die Errungenschaften der Französischen Revolution, wie z. B. Verrechtlichung und politische Freiheit, rückgängig gemacht werden.

gabe 17 Auf dem Wiener Kongress war eine Aufhebung der zwischen 1803 und 1815 erfolgten territorialen Veränderungen (Säkularisation, Mediatisierung), die man auch als „Flurbereinigung“ bezeichnet, nicht beabsichtigt; an eine territoriale Restauration dachte niemand.

- Schaffung eines deutschen Nationalstaates in der Mitte Europas für Großmächte kein Thema
- Rückkehr zur beschränkten Kleinstaaterei und Stabilisierung der Fürstenherrschaft als zwei wichtige Elemente der Gleichgewichtspolitik der europäischen Großmächte

- Deutscher Bund (lockerer Staatenbund: 35 Fürsten, 4 freie Städte) als äußerstes Entgegenkommen gegenüber der nationalen Bewegung; Ziel: Bollwerk gegen die Ideen des Liberalismus und des Nationalismus, nicht Vorstufe zur nationalen Einheit
- Ablehnung des Deutschen Bundes durch die Bevölkerung („Die Nation ist betrogen!")
- deutsche Frage nicht nur deutsche, sondern stets gesamteuropäische Angelegenheit: weder 1815 noch 1848/49 hatten die europäischen Großmächte – mit Ausnahme Preußens – Interesse an einer deutschen Einheit (Störung des Mächtegleichgewichts in Europa); zudem Ablehnung eines deutschen Einheitsstaates durch Frankreich aus sicherheitspolitischen Gründen

Aufgabe 18 Die wichtigsten politischen Strömungen zwischen 1815 und 1848:

Liberalismus:

- in der Tradition der Aufklärung: individuelle Freiheit, Selbstbestimmung und rechtliche Gleichheit als Kerngedanken;
- Trägerschicht: vor allem Besitz- und Bildungsbürgertum, in Deutschland zunächst eine „Jugendbewegung" (Turnerschaft, Studenten); später Abspaltung des demokratischen Flügels und Entstehung der Arbeiterbewegung: Liberalismus nun bürgerliche Klassenpartei, Verlust des Anspruchs, das Volk (als Staatsbürgergesellschaft) zu vertreten
- Forderungen nach Menschen- und Bürgerrechten (Gewissens-, Meinungs-, Presse-, Religionsfreiheit, Volksbildung, Partizipation), nach einem Rechts- und Verfassungsstaat (Rechtsgleichheit, Bindung des Staates an das Recht, Gewaltenteilung und -kontrolle), nach freier Marktwirtschaft, nach Volksbewaffnung etc. (im Vormärz gab es bereits eine kleine Gruppe Demokraten).

Nationalismus:

- moderne Integrationsideologie, als Antwort auf das Krisenbewusstsein beim Übergang in die Moderne entstanden;
- Bewusstwerdung einer spezifischen Identität („Wir-Gefühl") durch Abgrenzung von anderen Nationen oder Völkern („Kulturnation");
- Nationalstaat als Bezugspunkt; daher überregional und schichtenübergreifend (Ersatz zu vormodernen Bezugspunkten wie Kirche, Dorf, Kleinstaat);
- in Deutschland vor allem als Reaktion auf die napoleonische Fremdherrschaft und den Absolutismus der partikularen Fürsten entstanden (gepaart mit Fremdenhass, Abgrenzung, Feindbildern);
- Träger: Teile des Bildungsbürgertums, Burschenschaften und Turnvereine

Konservatismus:
- entstanden als Gegenbewegung zur Aufklärung und zum Liberalismus
- an Tradition und Hierarchien orientiertes Ordnungsdenken
- Fürsten, Adel und staatlich gebundene Bildungsbürger als Trägerschichten
- Kernprinzipien:
  - Erhalt des traditionellen Ständestaates
  - „Hoheit der Geburt" statt individuelle Leistung
  - Ablehnung des Gleichheitsgedankens, der nur zum Chaos führe
  - Staat als „feudale Grundherrschaft" mit patriarchalischer Stellung des Monarchen
  - „monarchische Souveränität" (Gottesgnadentum) statt bürgerliche Partizipation
  - Ablehnung des Rationalismus, des Fortschrittsdenkens und des Individualprinzips
  - Ablehnung der freien Marktwirtschaft; Wirtschaft im Dienst des Staates und der Gemeinschaft
  - Betonung des Rechts des Adels als Elite; gegen staatliche Omnipotenz
  - Legitimität der Stände und Staaten

fgabe 19 Verhältnisse in Deutschland vor der Revolution von 1848 aus der Sicht der Liberalen:
- Deutschland als geografischer Begriff: kein einheitlicher deutscher Nationalstaat, sondern nur Deutscher Bund als loser Bund der souveränen deutschen Fürsten
- deutsche Einzelstaaten obrigkeitsstaatlich organisiert: keine bürgerlichen Freiheiten und keine Machtbeteiligung; Unterdrückung der nationalen und liberalen Opposition mit polizeistaatlichen Mitteln (Karlsbader Beschlüsse: „Demagogenverfolgungen", Pressezensur, Verbot der Burschenschaften)
- keine freien Wahlen zu unabhängigen Parlamenten
- eingeschränkte politische Mitwirkung nur in Staaten mit Verfassungen (z. B. Baden, Württemberg), aber auch landständische Verfassungen ohne wirksame Gewaltenteilung und -kontrolle, vielmehr nur eingeschränktes Gesetzgebungsrecht der Kammern

gabe 20 Charakteristika des Deutschen Bundes:
- loser Staatenbund aus 30 souveränen Einzelstaaten und vier freien Städten
- Gründung durch die Bundesakte am 8. Juni 1815; Auflösung 1866 als Ergebnis des österreichisch-preußischen Dualismus

- ausländische Monarchen als Mitglieder des Deutschen Bundes: der König von Dänemark für Holstein und Lauenburg, der englische König für Hannover sowie der niederländische für Luxemburg und Limburg
- Österreich und Preußen: Zugehörigkeit zum Deutschen Bund nur mit den Staatsgebieten, die bis 1806 Bestandteil des Reiches waren
- keine gemeinsame Verfassungsordnung
- Bundesversammlung („Bundestag") als einziges Organ; Tagungsort: Frankfurt am Main; Vorsitz: Österreich als Präsidialmacht
- Ziele: Durchsetzung der Grundsätze des Wiener Kongresses (Restauration, Legitimität, monarchisches Prinzip), Bekämpfung nationaler und liberaler Bewegungen sowie die Sicherung der Außengrenzen
- Prägung des Deutschen Bundes durch preußisch-österreichischen Dualismus; dadurch keine Weiterentwicklung des Bundes möglich

Bewertung des Deutschen Bundes:

- Chance zur Gründung eines deutschen Nationalstaates vergeben; Hoffnungen und Erwartungen der Deutschen enttäuscht
- Gründung eines deutschen Einheitsstaates wegen der Gleichgewichtspolitik der europäischen Großmächte kaum möglich
- Bund als Garant für die deutsche und europäische Friedensordnung, aber auch effektive Institution gegen die national-liberalen Bestrebungen; widersetzte sich der Partizipation der Bürger ebenso wie der Erfüllung der Forderungen nach Freiheit und Gleichheit

Aufgabe 21 Ursachen der Revolution von 1848/49:

- der Nationalismus, d. h. das Streben nach Überwindung des Partikularismus durch einen Nationalstaat
- die Restauration der z. T. absolutistischen Fürstenherrschaft (Restauration, Legitimität)
- die obrigkeitsstaatliche Unterdrückungspolitik durch das „System Metternich" (Überwachungs- und Polizeistaat)
- Verhinderung von bürgerlicher Emanzipation und Partizipation durch Unterdrückung liberaler, nationaler und demokratischer Bewegungen
- weitgehendes Festhalten am Feudalsystem (adlige Großgrundbesitzer als Elite)
- die durch die Industrialisierung auftretenden sozialen Probleme wie ungerechte Verteilung des Wohlstandes; Entstehung eines Handwerker- und Arbeiterproletariats; Pauperismus (Massenverelendung)

- Leiden der Landbevölkerung unter der Last der Zahlungen für die Bauernbefreiung
- Hungersnot 1846/47 und konjunkturelle Krise 1848
- Februarrevolution 1848 in Paris als Auslöser

fgabe 22 Hauptprobleme der Verfassungsdiskussion waren
- die Grundrechte, d. h. die Frage nach sozialen Rechten im Sinne einer neuen, gerechteren Gesellschaftsordnung
- angesichts des preußisch-österreichischen Dualismus die Frage nach dem Staatsgebiet: kleindeutsch – großdeutsch oder kleindeutsch mit Zollunion mit Österreich
- das Problem der Staatsorganisation: föderalistisch – zentralistisch
- die Frage nach der Staats- und Regierungsform: Republik – konstitutionelle oder parlamentarische Monarchie; Erbmonarchie – Wahlmonarchie.

Ergebnisse der Verfassungsdiskussion:
- keine Verabschiedung einer neuen Sozialordnung, aber Einführung anderer Grundrechte (Gleichheit vor dem Gesetz, Presse-, Glaubens-, Meinungs- und Gewissensfreiheit, Eigentumsrecht)
- Grundsatz der Rechtsstaatlichkeit sowie Gewaltenteilung und -kontrolle
- bezüglich der Fragen nach der Staatsorganisation sowie der Staats- und Regierungsform war die Verfassung eine Kompromisslösung:
  - knappe Mehrheit der Abgeordneten entschied sich für einen kleindeutschen Bundesstaat
  - monarchisch-legitimistische Elemente: u. a. Erbkaisertum und starke Stellung des Kaisers (suspensives Vetorecht; Ernennung der Regierung; Recht zur Auflösung des Volkshauses; Oberbefehl über die Armee; Entscheidung über Krieg und Frieden; Abschluss außenpolitischer Verträge)
  - liberal-demokratische Elemente: Grundrechtskatalog; Gewaltenteilung und -kontrolle; Gesetzgebung durch den aus zwei Kammern bestehenden Reichstag mit Übergewicht des Volkshauses bei der Festsetzung des Budgets; Ministerverantwortlichkeit gegenüber dem Reichstag; demokratisches Wahlrecht für Männer
  - zentralistische (= unitaristische) Elemente: Übertragung von Souveränitätsrechten auf das Reich (Außenpolitik, Zollrecht, Außenhandel, Münzrecht, Maße usw.) sowie der Grundsatz „Reichsrecht bricht Landesrecht“
  - föderative Elemente: Staatenhaus als Vertretung der Länder, seine gleichberechtigte Mitwirkung an der Gesetzgebung sowie der Fortbestand der Einzelstaaten mit Sonderrechten bei Finanzen, Justiz und Kultur

Aufgabe 23 Für die Behauptung der Unfähigkeit der Paulskirche sprechen folgende Aspekte:

- Die Nationalversammlung arbeitete zu langsam, sodass die Reaktion Zeit gewann und sich wieder sammeln konnte.
- Die Interessen der politischen Gruppen waren zu unterschiedlich (großdeutsch – kleindeutsch, Monarchie – Republik, parlamentarische – konstitutionelle Monarchie usw.).
- Der Nationalversammlung fehlten die Machtmittel (Militär, Verwaltung), die von ihr verabschiedete Verfassung durchzusetzen.
- Die Nationalversammlung, aber auch die übrigen Revolutionäre versäumten es, sich des Staatsapparates, vor allem der Armee zu versichern, die in den Händen der Fürsten blieben.
- Das Fortbestehen der Einzelstaaten war ein Hemmnis für eine einheitliche Meinungs- und Willensbildung sowie für eine wirkliche Machtausübung durch die Paulskirche.
- Die Nationalversammlung und die übrigen Revolutionäre unterschätzten den Widerstand der alten Mächte.

Gegen die Unfähigkeit der Paulskirche sprechen folgende Aspekte:

- In Deutschland fehlte im Gegensatz zu Frankreich ein einheitliches Zentrum, sodass die Revolution regional und ideologisch zersplittert war; es gab keine einheitliche Organisation und Führung (Pluralismus der Ziele).
- Es herrschten erhebliche Spannungen zwischen den revolutionären Gruppen, denn die liberale Mehrheit der Besitz- und Bildungsbourgeoisie wollte keine radikalen Veränderungen (Ordnungsdenken, Angst vor sozialen und wirtschaftlichen Umwälzungen); durch sie machte die Revolution „vor den Thronen halt". Dem Bürgertum war das Eigentum letztlich wichtiger als Freiheit und Selbstbestimmung.
- Das Industrieproletariat war noch wenig entwickelt und kaum organisiert. Die meisten Menschen lebten auf dem Land; ihnen ging es nicht um politische Ziele, weswegen sie keine Stützen der Revolution waren („Beharrungsmentalität"). Zudem war 1848 kein Hungerjahr.
- Hemmend wirkten auch der preußisch-österreichische Dualismus und die Ablehnung eines Nationalstaates durch Österreich.
- der Widerstand der europäischen Großmächte (Frankreich, Russland), die einen deutschen Nationalstaat ablehnten; Russland half Österreich, die Revolution militärisch niederzuwerfen.

gabe 24 1849 waren die Kräfte des politischen Fortschritts und der sozialen Modernisierung gescheitert; die Reaktion hatte gesiegt. Dennoch konnten die Monarchen das Rad der Geschichte nicht einfach zurückdrehen. Selbst in Preußen wurden Grundforderungen der Liberalen nicht rückgängig gemacht:

- Das Streben nach nationaler Einheit blieb als zentraler Wunsch des deutschen Bürgertums wirksam, und der Weg dazu war vorgezeichnet (kleindeutsche Lösung unter Führung Preußens).
- Der Konstitutionalismus hatte gesiegt, eine absolutistische Herrschaft war nicht mehr möglich (Ausnahme: Österreich).
- In Deutschland entwickelten sich politische Parteien und damit eine organisierte politische Öffentlichkeit.
- Die Paulskirchenverfassung beeinflusste die nachfolgenden deutschen Verfassungen, besonders die von 1919 und 1949 (Grundrechtskatalog, Wahlrecht, Machtbeschränkung).

gabe 25 Die Politik der „Neuen Ära" in Preußen ist eng verknüpft mit dem preußischen „Verfassungskonflikt". Zunächst vollzog Prinzregent Wilhelm, seit 1861 König, 1858 eine Abkehr vom Polizeistaatssystem der vorangegangenen Regierung. Dieser Schritt wurde als Beginn einer liberalen Politik missverstanden, weil Wilhelm seine Regentschaft durch die vereinigten Kammern des Parlaments bestätigen ließ und sogar einen Eid auf die Verfassung ablegte. Zudem nahm er zwei gemäßigte liberale Minister in das Kabinett auf; damit schien die Zeit der Reaktion überwunden.
Eine Wende in der preußischen Innenpolitik wurde zu Beginn der 1860er-Jahre eingeleitet, als sich die Auseinandersetzungen um die Heeresreform zu einem Verfassungskonflikt ausweiteten: Die mit der „Neuen Ära" begonnene vorsichtige Liberalisierung fand rasch ein Ende.

gabe 26 Die außenpolitische Entwicklung von 1866 bis 1871:

- Zuspitzen der Rivalität im Deutschen Bund zwischen Preußen und Österreich um die Vorherrschaft in Deutschland 1866; Eskalation wegen Meinungsverschiedenheiten in der Schleswig-Holstein-Frage
- nach dem preußischen Sieg bei Königgrätz 1866: rascher Friedensschluss, der die Weichen für eine Neuordnung Deutschlands stellte:
  - Schonung Österreichs, um es vom Bündnis mit Frankreich abzuhalten.
  - Im Norden bekam Preußen freie Hand zur Eingliederung der norddeutschen Staaten und zur Errichtung des Norddeutschen Bundes 1867.
  - Sachsen und die süddeutschen Staaten blieben erhalten; Letztere schlossen gegen Frankreich gerichtete militärische Schutzbündnisse mit Preußen ab.

  - Als Folge der Niederlage wurde der österreichische Staat zur österreichisch-ungarischen Doppelmonarchie umgestaltet.
  - Keine Wiederherstellung des Deutschen Bundes.
  - Ende des deutschen Dualismus zwischen Preußen und Österreich durch die Lösung der deutschen Frage; Machtgewinn Preußens in Deutschland und Übergewicht Preußens gegenüber den kleineren und mittleren Staaten („Preußen wuchs nach Deutschland hinein, Österreich aus Deutschland hinaus").
- Einigung Deutschlands im Innern stellte auch außenpolitisch ein Machtproblem dar: Nach Auffassung Bismarcks sollte Deutschland stärker sein als Frankreich, weil es sich in einer europäischen Mittellage zwischen zwei starken Großmächten zu behaupten hatte.
- Anlass für den Krieg mit Frankreich war die 1869/70 diskutierte Kandidatur des Erbprinzen Leopold von Hohenzollern-Sigmaringen für den seit 1868 freien spanischen Thron. Zwar verzichtete Leopold letztlich, aber Frankreich forderte eine Garantie, dass dies auch zukünftig so bleibe. Bismarck veröffentlichte die sog. Emser Depesche, in der Wilhelm I. ihn über die Aufdringlichkeit des französischen Botschafters informierte, in verkürzter und dadurch verschärfter Form. Frankreich empfand dies als diplomatische Demütigung und erklärte daraufhin Preußen am 19. Juli 1870 den Krieg.
- Sieg der vereinigten deutschen Armeen unter preußischer Führung bei Sedan am 2. September 1870; Gefangennahme Napoleons III.
- Nach Verhandlungen mit den süddeutschen Fürsten Erweiterung des Norddeutschen Bundes zum Deutschen Reich; Ausrufung des Königs von Preußen im Spiegelsaal von Versailles zum Deutschen Kaiser am 18. Januar 1871; im Frieden von Frankfurt (Mai 1871) musste Frankreich Elsass-Lothringen abtreten und 5 Milliarden Goldfrancs Kriegsentschädigung zahlen.

Aufgabe 27 Die Herstellung der Einheit erfolgte durch Kriege, die integrierend wirkten. Dass sie aber in so kurzer Zeit verwirklicht werden konnte, erschien vielen Zeitgenossen als Wunder.

Für eine Einigung sprachen:

- ökonomische Gründe (einheitliches Wirtschaftsgebiet und nicht nur ein einheitlicher Zollraum)
- traditionelle Gründe (Wiederherstellung eines romantisch verklärten alten Reiches, Vorstellungen von der „Kulturnation")
- ideologische Gründe (Nationalstaatsgedanke, Liberalismus)
- politische Gründe (Lösung des innerdeutschen Dualismus zwischen Preußen und Österreich)

Gegen eine Einigung sprachen:

- die Furcht vor dem preußischen Militär- und Obrigkeitsstaat
- die fürstliche Solidarität und das „monarchische Prinzip"
- das traditionell partikularistische Denken in Deutschland
- die Ablehnung durch den österreichischen Vielvölkerstaat aus Gründen der Selbsterhaltung
- das Gleichgewichtsdenken vor allem Englands und Russlands
- die Ablehnung durch Frankreich, das an einem schwachen Deutschland interessiert war

Erleichtert wurde die Einigung durch

- die Störung des europäischen Mächtesystems vor allem durch die französische Kolonial- und Rheinpolitik,
- die russische Niederlage im Krimkrieg und die preußische Hilfe im Kampf gegen die Polen 1863,
- die italienische Einigung, die für Deutschland Modellcharakter besaß,
- die Industrialisierung, die Preußen stärkte und die meisten deutschen Staaten in wirtschaftliche Abhängigkeit von Preußen brachte.

Herbeigeführt wurde die Einheit durch

- den „Dänischen Krieg" 1864, der einen Prestigegewinn für Preußen brachte und viele Liberale auf die Seite Preußens führte und
- den Deutschen Krieg 1866, der den Dualismus zugunsten Preußens löste.

Mit der Gründung des Norddeutschen Bundes 1867 wurde eine Verfassung geschaffen, die dann zur Verfassung des Reiches umgewandelt werden konnte. Die Einheit entsprach zwar den nationalliberalen Forderungen, aber sie erfolgte durch einen Akt von oben – durch Preußen und durch einen Willensakt der deutschen Fürsten – und beruhte nicht auf der Willensbildung des Volkes. An der Wiege des Reiches standen militärische Auseinandersetzungen, keine friedliche Lösung. Zudem bedeutete die Gründung des Reiches eine Revolutionierung des Mächtesystems in Europa.

ufgabe 28 Die einzelnen Abbildungen des „Reichsprognostikons" von 1866 geben eine Einschätzung der politischen Situation in Deutschland bzw. eine Vorhersage, eine Prognose, über die zukünftige Entwicklung:

- Der erste Abschnitt zeigt, wie die deutschen Bundesstaaten von Preußen im 1834 gegründeten Deutschen Zollverein zusammengehalten werden. Österreich sitzt abseits, da Kaiser Franz eine Mitgliedschaft abgelehnt hatte. Preußen, dargestellt durch einen Mann in Uniform und Pickelhaube, mit überlegter, zielbewusster Haltung, bildet einen Gegensatz zu dem „aufgeregten" ziellosen „Kinderhaufen" der übrigen Mitgliedstaaten.

- Der zweite Abschnitt zeigt die Lage nach dem Deutschen Krieg 1866. Der Deutsche Bund besteht nicht mehr, die deutschen Mittel- und Kleinstaaten laufen in alle Richtungen auseinander. Österreich ist von der weiteren Gestaltung der deutschen Staatlichkeit ausgeschlossen und kehrt daher dem Geschehen den Rücken zu. Preußen bemüht sich, die übrigen Staaten neu im Norddeutschen Bund zu organisieren, hier dargestellt als Versuch, die auseinanderrennenden Kinder festzuhalten und einzufangen.
- Im dritten Abschnitt umfasst Preußen Kurhessen, Nassau, Hannover und Frankfurt am Main, die jetzt schon eine Pickelhaube tragen. Dies ist als Hinweis auf die Annexion dieser Verbündeten des Habsburgerreiches durch Preußen infolge des Krieges von 1866 zu verstehen. Es wird prognostiziert, dass auch die anderen norddeutschen Staaten in diesen Einflussbereich geraten werden, denn im Hintergrund verteilt stehen weitere Pickelhauben.
- Im vierten Abschnitt sieht man die Klein- und Mittelstaaten unter preußischer Vormacht in eben diesem Norddeutschen Bund vereinigt. Es wird vorausgesagt, dass die süddeutschen Staaten (Württemberg, Baden, Bayern und Darmstadt) sich „von selbst" anschließen werden. Die Schutz- und Trutzbündnisse werden hier also schon vorweggenommen.

Die Sichtweise des Karikaturisten kann folgendermaßen gekennzeichnet werden: Nach der Schlacht von Königgrätz (1866) stellt der Karikaturist fest, dass Preußen die Entwicklung bisher dominierte und künftig lenken wird. Eine Alternative sieht der Zeichner nicht. Schätzt er auch den Ablauf als zwangsläufig ein, wahrt er doch eine gewisse Distanz: Preußen wird als eine Art Dompteur dargestellt, die Pickelhauben flößen wenig Vertrauen ein. Aber auch die deutschen Klein- und Mittelstaaten werden kritisch bewertet. In der aktuellen Lage ohne Erfolg versprechendes Konzept liegen sie dann zufrieden in den Armen des „Übervaters" bzw. streben dorthin, d. h. sie arrangieren sich mit der preußischen Vorherrschaft im neuen Deutschland.

Aufgabe 29 a) Der Karikaturist zeigt in Wort und Bild (M 1) das Verhalten des Volkes vor, während und nach der Revolution. Anhand dreier Bildausschnitte und mit jeweils zwölf Versen beschreibt er die Szenerie im Berliner Stadtteil Tiergarten:

- Der erste Bildausschnitt (1847) stellt das Volk dar, wie es sich bei Musik, Tanz und Trinken amüsiert und Kontakte knüpft. Im Hintergrund spielt eine Musikkapelle die damals beliebte „Polka". Im Vordergrund kümmern sich Kindermädchen um ihre Schützlinge, und Infanteristen flirten mit ihnen. Einer trinkt eine oft „sauer" schmeckende Berliner Weiße. Am rechten Bildrand liegt ein Bettler „auf der Lauer", eine Andeutung auf soziale Missstände. Hinweise auf politische Aktivitäten sind nicht zu erkennen.

- Im zweiten Bildausschnitt (1848) hat sich die Szene gewandelt: Das Volk befindet sich in Aufruhr. Die Polizei steht noch beobachtend abseits. Am rechten Bildrand wird eine Droschke angehalten; Redner bedrohen „mit Jakobinermiene“ den Fahrgast. Im Text werden politische Forderungen (direkte Wahlen) erhoben, was dem preußischen Ministerpräsidenten „Qualen“ bereitet. Der Karikaturist findet auch das Jahr 1848 „schön“.
- Der dritte Bildausschnitt (1849) gleicht scheinbar dem des Jahres 1847: scheltende Kindermädchen (eine verprügelt ihren Zögling), im Vordergrund „umarmt“ ein Bürger einen allerdings widerstrebenden Mann mit Kokarde (Abzeichen). Doch dieses Idyll erweist sich als Schein: Polizei und Militär beherrschen die Szene und die Staatsmacht geht gewaltsam gegen Bürger vor – das Volk ist den „Bajonetten unterlegen“; statt der Tribüne sieht man nun ein festes Gebäude, vermutlich ein Gefängnis.

Der Karikaturist beleuchtet die politische und gesellschaftliche Szenerie von 1847 bis 1849 an einem zentralen Ort in Berlin. Er kontrastiert die unbekümmerte Fröhlichkeit und das unpolitische Verhalten der Bürger (Biedermeieridylle) 1847 mit dem in seinen Augen ungeregelten Aufruhr 1848, der 1849 durch die Gewalt „von oben“ beendet wird. Der Karikaturist wirft einen distanzierten, ironischen Blick auf die Szenerie. Er stellt oberflächlich betrachtet fest, „alles ist wie sonst geblieben“. In Wahrheit aber ist nichts mehr so wie vor dem Aufruhr. Die reaktionäre Staatsmacht sei nun allgegenwärtig, selbst bei bloßen Vergnügungen.

b) Die Sicht des Verfassers der Karikatur zum Ausgang der Revolution ist sehr subjektiv und stellt das deutsche Bürgertum einerseits als politisch unerfahren, andererseits als unfähig dar, selbstständig „Politik zu machen“ (reden statt handeln). Den reaktionären Kräften hätte Militäreinsatz genügt, die Revolution niederzuwerfen. 1849 sehe es so aus, als ob sich im Alltagsleben nichts geändert hätte. So entsteht beim Betrachter der Eindruck, dass die Revolution gescheitert sei, dass es politisch eher schlechter geworden sei.
Man kann die Karikatur entweder als unangemessene Ironisierung oder als humorvolle Interpretation ansehen. Sie stellt die Dinge zugespitzt, sogar verzerrt und stark reduziert dar. Eine differenzierte Betrachtung der Revolution und ihrer vielschichtigen Ursachen und Ereignisse kann sie nicht leisten. Daher sollten folgende Aspekte ergänzend angesprochen werden:
- Die Revolutionäre schätzten die Monarchen falsch ein und „machten vor den Thronen halt“; z. B. Ablehnung der von der Paulskirche angebotenen Kaiserkrone durch den König von Preußen (Berufung auf das Gottesgnadentum).

- Die Abgeordneten der Paulskirche waren politisch uneinig über die Verfassungsordnung und das Staatsgebiet (Zentralismus – Föderalismus, Monarchie – Republik, Parlamentarismus – Konstitutionalismus, Wahlrechtsfrage, großdeutsch – kleindeutsch).
- Die Realitätsferne der Frankfurter Nationalversammlung (Debatten statt Handeln, Theorie statt Pragmatismus) gab der Reaktion Zeit zum Gegenschlag. Die Schaffung eines liberalen Verfassungsstaates mit Grund- und Menschenrechten sowie eines Nationalstaates zugleich war unrealistisch.
- Das Militär, vor allem in Österreich und Preußen, blieb das Machtinstrument der Monarchen.
- Im einfachen Volk war die monarchische Herrschaftstradition weiterhin fest verankert; den Revolutionären fehlte es so an der Durchsetzungskraft für ihren Herrschaftsanspruch.
- das liberale Bürgertum schreckte vor radikalen Forderungen nach sozialer Umgestaltung im Sinne sozialer und wirtschaftlicher Gerechtigkeit zurück und verband sich mit den alten Kräften;
- Die Bauern waren konservativ und blieben nach Erreichen materieller Ziele politisch inaktiv.
- Der preußisch-österreichische Dualismus sowie das monarchische Denken verhinderten die Schaffung eines Nationalstaates ebenso wie der traditionelle Partikularismus.
- Die Monarchen, unterstützt vom Adel und Teilen der Bourgeoisie, waren willens und fähig, ihren Herrschaftsanspruch mit Gewalt durchzusetzen.

Dennoch wäre es falsch, die Revolution nur als gescheitert zu beurteilen. Im engeren Sinne blieben die Revolutionäre erfolglos, aber die Revolution hat zu einer breiten Politisierung der Öffentlichkeit beigetragen und in Deutschland eine demokratische Staatstradition geschaffen, die Grundlage für die späteren Verfassungsordnungen wurde. Auch der Nationalstaatsgedanke wurde als Zielsetzung nicht aufgegeben. Allerdings spaltete sich der deutsche Liberalismus in einen rechten und einen linken Flügel. Während der rechte Flügel der Einheit Vorrang vor der Freiheit einräumte, waren für den linken Einheit und Freiheit untrennbar verbunden. Daher war, anders als der Karikaturist es – zumindest teilweise – zu suggerieren versuchte, nach der Revolution nicht alles wie vorher.

Das deutsche Kaiserreich 1871–1918: Spannung zwischen autoritärem Nationalstaat und politischer Mobilisierung

Aufgabe 30 Merkmale des preußisch-deutschen Militarismus:

- besonderes Mitspracherecht des Militärs auch in der zivilen Reichspolitik (Armee als tragende Säule der Monarchie)
- zivile Reichspolitik steht hinter den militärischen Interessen
- der soziale Aspekt des Militarismus: herausragende Stellung des Offiziers in der Gesellschaft; Streben nach Uniformen, Titeln und Orden
- militärische Werte sind auch die zentralen Werte der zivilen Gesellschaft (Disziplin, Gehorsam, Treue, Unterordnung, Ordnungsliebe, Opferbereitschaft, Mut und Pflichterfüllung); in diesem Sinne ist das Heer die „Schule der Nation"
- übersteigerter, militarisierter Nationalismus (Chauvinismus)
- exklusiver, elitärer Charakter des deutschen Offizierskorps

Militärische Werte bestimmten den Alltag der Deutschen im Betrieb, in den Behörden und besonders in den Schulen und wurden so nachhaltig wirksam.

Aufgabe 31 Ein typisches Beispiel für die Sonderrolle des Militärs in der Gesellschaft ist die „Zabern-Affäre" 1913:

- Militär ist „Staat im Staate", da verfassungsrechtlich vom Parlament nicht kontrollierbar.
- Der offenkundige Rechtsbruch kann weder vom Reichstag noch von den zivilen Behörden verfolgt und verurteilt werden.

Aufgabe 32 Funktion, Zielsetzungen und Möglichkeiten von Parteien und Verbänden im deutschen Kaiserreich:

- Parteien sind in der Verfassung nicht erwähnt, haben keinen Verfassungsrang.
- Parteien und Verbände sind vor allem „pressure groups", d. h. Interessenvertretungen ihrer jeweiligen partikularen Klientel, nicht aber des Ganzen (Parteien als „Gesinnungsgemeinschaften").
- partikulare Zielsetzungen (s. auch Tabelle S. 117)
- begrenzte Mitsprache- und Gestaltungsmöglichkeiten, da die grundlegenden Fragen der Politik nicht im Reichstag entschieden werden
- Parteien werden zur Regierungsbildung nicht herangezogen, haben damit später auch keine Erfahrung; ihr Einfluss beruht auf ihren Beziehungen zum Staatsapparat und zu den handelnden Politikern in der Regierung.
- Parteien sind daher nicht zur Zusammenarbeit oder zu Koalitionen genötigt und haben so keine Erfahrung mit überparteilichen Kompromissfindungen.

- Es gibt keine verfassungsmäßige Opposition; Diskriminierung jeglicher Opposition als Reichsfeinde; vor allem die bürgerlichen Parteien sind daher opportunistisch zur Anpassung bereit.

Aufgabe 33 Im Deutschen Reich hat der Nationalismus zwei zentrale Funktionen:

- Herstellung der inneren Reichseinheit (Integrationsinstrument) und ideelle Legitimation der Reichsgründung
- Sicherung des Reiches gegen innere und äußere Reichsfeinde

Der Nationalismus soll aus der Kulturnation die politische, den Partikularismus überwindende Nation machen (Reichspatriotismus als Staatsidee). Daher:

- Diffamierung politischer Gegner, religiöser oder sprachlicher Minderheiten als Reichsfeinde, die die Sicherheit und den Bestand der Nation gefährden („negative Integration")
- überhöhter, das Reich und die deutsche Kultur überhöhender, die anderen Nationen und Kulturen herabsetzender Chauvinismus
- Tendenz zum Rassismus, besonders zum Antisemitismus
- Verbindung von Patriotismus und Militarismus sowie damit verbunden ein martialisches, überhebliches Verhalten, z. B. des Kaisers

Aufgabe 34 Die Stellung der Frau in der Gesellschaft des Kaiserreiches:

- Gesellschaft des Kaiserreiches ist eine Männergesellschaft
- Bürgerliches Gesetzbuch legt die Ungleichheit fest: „vollgültiger Rechtsstatus" der Frau, aber Vorrechte des Mannes als Familienoberhaupt (Verfügung über das Vermögen; Recht, der Frau Berufstätigkeit zu untersagen); Frau und Kinder unter der Vormundschaft des Mannes
- Bis Anfang des 20. Jahrhunderts kein Zugang zum Studium
- Zugang zu akademischen Berufen nur selten möglich
- weibliche Volksschullehrerinnen müssen ehelos bleiben
- strikte Rollenteilung zwischen Mann und Frau, vor allem in der bürgerlichen Gesellschaft (Hausfrau und Mutter)

Dagegen entwickelte sich seit Mitte des 19. Jahrhunderts die Frauenbewegung. Deren Ziele waren:

- Verbesserung der Bildungs- und Berufsmöglichkeiten
- Würdigung der Frau und ihrer „zivilisatorischen" Rolle in der Gesellschaft
- Rechtsgleichheit von Mann und Frau, auch beim Scheidungsrecht, und Abschaffung des Patriarchats
- aktives und passives Wahlrecht auch für Frauen

ufgabe 35 Ziele Bismarcks:

- Stärkung Preußens in Europa als Führungsmacht des Deutschen Reiches
- Bewahrung der starken Monarchie
- Durchsetzen eines protestantischen Kaisertums
- Festigung des neu gegründeten Reiches („innere Reichsgründung")

„Negative Integrationspolitik":

- Versuch, sogenannte Reichsfeinde, die Bismarcks Ziele bedrohen konnten, zu definieren und mit rechtlichen und politischen Maßnahmen zu bekämpfen, um die reichstreuen politischen Gruppen hinter sich zu einen
- bis 1878 Bündnis mit der liberalen Reichstagsmehrheit gegen den politischen Katholizismus (Kulturkampf); anschließend Vorgehen gegen die aufstrebende Sozialdemokratie (Sozialistengesetze)

ufgabe 36 Bismarcks politische Praxis zur Durchsetzung der „inneren Reichsgründung":

- Kulturkampf (1871–1878) gegen den politischen Katholizismus, die Zentrumspartei als dessen Vertretung im Reichstag und den gesellschaftlichen Einfluss der katholischen Kirche: 1871 „Kanzelparagraph" gegen das politische Engagement von Priestern; Betätigungsverbot gegen die Jesuiten („Jesuitengesetz" 1872); in Preußen: Einführung der staatlichen Schulaufsicht (1872); staatliches „Kulturexamen" für Geistliche („Maigesetze" 1873); Einstellung aller finanziellen Leistungen an die katholische Kirche durch den preußischen Staat („Brotkorbgesetz"); Einführung der Zivilehe vor weltlichen Standesämtern
- Sozialistengesetze (1878–1890) gegen die politische Bewegung der Arbeiterschaft: Verbot der Sozialistischen Arbeiterpartei, aller ihrer Organisationen, sozialistischer Versammlungen und Druckschriften; Ahndung von Verstößen mit Gefängnis oder Ausweisung; Lahmlegen der Partei- und Gewerkschaftsarbeit; aber: weiterhin erfolgreiche Teilnahme von Sozialdemokraten an den Reichstagswahlen

be 37 a) Inhalte:

- zwei Beobachter im Hintergrund
- drei Arbeiter im Vordergrund: ein Invalide, ein alter Mann mit einem Dokument mit der Aufschrift „Rente pro Tag 33 pf." und ein Verletzter
- Untertitel, der die Situation als „Bismarcks Sozialreform" bezeichnet

Historischer Bezug:
Die drei Männer symbolisieren die wichtigsten Sozialgesetze Bismarcks: Kranken-, Unfall- und Rentenversicherung.

Aussageabsicht:

- die abgebildeten Figuren stehen symbolisch für die Inhalte, aber auch für die (aus der Sicht des Karikaturisten) Qualität der Versicherungen: die Unfallversicherung humpelt, die Alters- und Krankenversicherung sind in einem schlechten Zustand
- die Darstellung enthält eine Bewertung der Sozialgesetzgebung als nicht ausreichend und von schlechter Qualität

Position der Karikatur:

- sozialdemokratische Kritik an Bismarcks Sozialgesetzgebung als nicht ausreichend
- immanent sichtbare Gegenvorstellung einer durchgreifenden sozialistischen Änderung des Wirtschafts- und Gesellschaftssystems

b) Argumente für die negative Einstellung gegenüber Bismarcks Sozialgesetzgebung:

- relativ geringer Umfang der jeweiligen Hilfen für den einzelnen
- hoher Arbeiteranteil (zwei Drittel) bei den Krankenversicherungsbeiträgen
- obrigkeitsstaatliche Attitüde und klar taktische Zielsetzung des Programms

Argumente gegen die negative Einstellung gegenüber Bismarcks Sozialgesetzgebung:

- die Idee der Sozialgesetzgebung als weltweit neue und anfangs einzigartige sozialpolitische Errungenschaft
- auch wegen der Sozialgesetzgebung deutliche Verbesserung der Situation der Arbeiter in der Folgezeit im Kaiserreich bis 1914
- ausgehend von Bismarcks Ansatz sozialpolitischer Ausbau der Arbeiter-Absicherung in der Weimarer Republik unter dem starken politischen Einfluss der Sozialdemokratie (z. B. 8-Stunden-Tag; Arbeitslosenversicherung, 1927)
- erneutes Aufgreifen der staatlich gelenkten Sozialpolitik in der Bundesrepublik nach 1949 im Konzept der sozialen Marktwirtschaft
- Ausbau der Absicherungen zum Sozialstaat mit weitgehender materieller Versorgung sozial schwacher Gruppen seit den späten 1960er-Jahren

Sozialpolitische Grundlinie Bismarcks:

- „sozialistische" Maßnahmen des Staates im Sinne einer Güterumverteilung
- Reform der Gesellschaft als leitende Orientierung
- Schwerpunkt der Reform: Verbesserung der Situation der Arbeiter

Stichwortverzeichnis

Abbe, Ernst 81 f.
ADAV 78, 94 f., 217, 221, 235, 239
Adel 19, 38, 42 f., 46, 49, 121 ff., 130 ff., 146 f., 151, 159, 180, 196, 206 ff., 222 f., 229, 232
Agrarkrise 8, 54, 60, 68, 225
Agrarreformen 18, 36, 38 ff., 55, 68, 147 f.
Agrarrevolution 10, 18, 42, 47
Alldeutscher Verband 215, 217, 226 f.
Allgemeiner Deutscher Arbeiterverein, s. ADAV
Allmende 21, 41 ff., 46
Altes Reich 116, 119, 121, 131, 203
Antisemitismus 7, 134, 196, 211, 220, 223 f., 229 f.
Arbeiterbewegung 86 ff., 91 f., 94, 98, 208, 220 ff., 228 f., 239 f., 242
Arbeiter(schaft) 16 f., 22, 24, 30 f., 56, 67, 73 ff., 78 ff., 129, 137, 144, 146, 148 ff., 159, 202, 208 f., 213 f., 232
Aufklärung 2 f., 22 f., 79, 127 f., 130 f., 136, 236

Baden, Großherzogtum 8, 36, 44, 46 ff., 53 ff., 116, 118, 123, 125, 136, 143, 147, 153 f., 158, 168 f., 174, 179 f., 231, 237
Bauernbefreiung 8, 10, 18, 40 f., 46, 54, 57, 140 f., 154
Bauernlegen 21, 42, 46
Bauern(tum) 19, 21 f., 40 ff., 46, 148 f., 157, 159, 227
Baumwolle 27, 29 f., 39, 103, 187
BdL 217, 219, 223 ff.
Bebel, August 94, 97, 221, 233, 239
Befreiungskriege 116, 122
Biedermeier 135 f.
Bismarck, Otto von 78, 97 f., 156, 168, 171, 173, 180 ff., 191, 196, 203 ff., 217, 219 ff., 226 f., 235 ff.
Blum, Robert 167
Bourgeoisie 5 f., 19, 76, 78, 90, 129, 136 f., 142, 144, 157, 159, 163 f., 170 f., 175, 187, 208 f.
Buhl, Anton 82
Bund der Landwirte, s. BdL
Bundesakte 46, 116, 119 ff., 123, 135, 139, 145, 187
Bürgerrechte 104, 128, 130, 138 f., 154, 157
Bürgertum 6 ff., 13, 16, 19, 43, 46, 88, 93, 125 ff., 130 ff., 135 ff., 144, 147 f., 151, 157, 159, 163, 171, 174 f., 201 f., 208 f., 213 f., 220 ff., 226, 231 f., 235, 239
Burschenschaft 122, 127, 130, 133, 135, 139, 159

Calvin, Johannes (Jean) 22 f., 26
Calvinismus 22
Centralverband deutscher Industrieller 217, 225
Chauvinismus 203, 205, 211

Dampfmaschine 13, 18, 31 f.
Demokratie 5 f., 94 f., 109, 112, 120, 161, 208 f., 221 f.
Deutsch-Dänischer Krieg 173, 182 f.
Deutsche Burschenschaft 122, 127, 139

Deutsche Fortschrittspartei 94, 97, 173, 176, 181, 217, 220 ff.
deutsche Frage 116, 151, 162, 163, 171, 181 ff., 187
– großdeutsch 162, 174
– kleindeutsch 141, 162, 166, 168, 174 f., 179, 181, 184 f.
Deutscher Bund 51 ff., 119 ff., 138, 140 ff., 144, 161, 163, 174, 183 ff., 187
Deutscher Flottenverein 215, 217, 226
Deutscher Krieg 184 ff.
Deutscher Zollverein 36, 48, 51, 59, 127, 140 ff., 152, 184
Deutsch-Französischer Krieg 173, 188
Deutsch-Freisinnige Partei 217, 221, 223
Deutschkonservative Partei 204, 217, 219 f., 224
Dreiklassenwahlrecht 177, 197, 223
Dualismus (österr.-preuß.) 121, 162, 170, 174, 181 f., 185

Einigungskriege 181 ff., 196
Eisenacher Programm 194 f., 221
Eisenbahn(bau) 10, 14 f., 33, 35 ff., 51 ff., 57 ff., 60 ff., 65, 71 f., 100 ff., 142, 144, 146
Elsass-Lothringen 173, 197, 212, 239
Emser Depesche 173, 189
enclosures 19 ff.
England s. Großbritannien

Fabrik 11 f., 17, 29 ff., 65, 69, 74 f.
Feudalgesellschaft 7 f., 10, 15, 18 f., 38 f., 89, 134, 146
Föderalismus 119, 160, 164, 167, 190, 197 f., 202, 237
Frankreich 3, 5 ff., 10, 12, 26, 61 f., 170, 175
– Außenpolitik 118, 145, 164, 173, 181 ff., 185 ff.
– Februarrevolution von 1848 127, 136 f., 143 f., 154
– Julirevolution von 1830 127, 143
Franz Joseph I., österr. Kaiser 167, 173
Französische Revolution 2, 5, 18, 85, 92, 118, 127, 132 f., 145, 159, 191
Frauenbewegung 230 ff.
Freie Gewerkschaften 97, 110, 222, 240
Freikonservative Partei 217, 219
Frieden
– von Frankfurt 173, 190
– von Prag 173, 185
– von Wien 183
Friedrich Wilhelm IV., preuß. König 143, 153, 155, 167 f., 176, 179

Gagern, Heinrich v. 147, 158 ff., 168
Genossenschaften 86 ff.
Gewerbefreiheit 6, 9, 36, 47 f., 57 f.
Gewerkschaften 84 f., 88, 96 ff., 103, 110, 228 f., 240
Gothaer Programm 95, 221, 239 f.
Gottesgnadentum 117, 122, 130, 132, 137, 174, 178
Göttinger Sieben 127, 139 f.
Großbritannien
– Außenpolitik 117 f., 153, 161, 183, 187 ff., 191
– Entfeudalisierung 18 f., 41
– Wirtschaft 14, 16, 18 ff., 123
Großbürgertum 209, 223
Gründerboom 36, 62 f., 221
Gründerkrise/-krach 36, 62 f.
Grundherrschaft 20, 37, 39 f., 42, 45, 132

Grundrechte 143 f., 157, 164, 170, 201, 242
Grundrechtskatalog 164, 171
Gutsherrschaft 15, 39 ff.

Harkort, Friedrich 80
Hambacher Fest .127, 138 f.
Hecker, Friedrich 143, 148, 154, 158, 169
Heckerzug 143, 158
Heereskonflikt 176 ff.
Heeresreform 173, 179 f.
Heilige Allianz 117
Heppenheimer Programm 152
Hitler, Adolf 222, 226 ff., 230, 242
Hochindustrialisierung 18, 35 f., 62 ff., 100, 103, 224
Hugenberg, Alfred 226

Indemnitätsgesetz 181
Industrialisierung 1 ff., 132, 146, 148 f., 171, 175, 239
Industriearbeiter(schaft) 17, 70, 74 ff., 88, 97, 196, 239
Industrielle Revolution 2, 10, 13, 17, 29, 36
Interessenverbände (politische) 226 ff.

Jahn, Friedrich Ludwig 127, 132 f., 135
Jesuitengesetz 235, 237 f.
Juden 7, 9, 16, 133, 207, 220, 227, 229 f.
Justiz 151 f., 164, 196 f., 201, 205 f., 240

Kanzelparagraph 235, 237 f.
Kapitalquellen 53 ff.
Kapitalmarkt (englischer) 28, 35
Kapitalismus 22, 24, 35, 90 f., 109, 111 f., 157, 233, 242
Karl X., frz. König 136 f.
Karlsbader Beschlüsse 116, 126 f., 135, 139, 151
Ketteler, Wilhelm Emmanuel 84, 99
Kinderarbeit 35, 67, 75 f., 80, 84, 95
Klassengesellschaft 7, 13, 17
Klassenkampf 89, 240
Kleinbürgertum 148, 209
Kolping, Adolph 85 f., 99
Kommunismus 2, 89 ff., 111
Konferenz
– von Algeciras 227
Kongresspolen 119
Konservatismus 127, 130 f., 221
Konstitutionalismus 123, 128, 130, 153, 157, 219
Kotzebue, August von 127, 135, 139
Krupp, Alfred 80 f., 99
Kulturkampf 203, 219, 236 ff.

Landflucht 16 f., 22, 46, 65, 67, 70, 107, 141, 146, 148
Landwirtschaft 12, 15 ff., 19 ff., 28, 35, 37 f., 40 f., 45 ff., 54 f., 66 ff., 70, 86, 102 f., 106 f., 109 f., 146, 148, 223 f.
Lassalle, Ferdinand 84, 94, 96, 221, 239
Legitimität 117 f., 132, 139, 161, 186
Leibeigenschaft 8, 36, 44 ff., 116, 156, 188
Leopold von Hohenzollern-Sigmaringen 189
Liberale / Liberalismus 25, 38, 46 83 ff., 93 f., 120, 122 ff., 127 ff., 143, 145, 150 ff., 168, 170 f., 175 f., 178 ff., 191, 200 ff., 209, 212, 218 ff., 229, 235 ff.
Liebknecht, Wilhelm 94, 221, 239
List, Friedrich 51 f., 60, 140
Locke, John 23 ff., 144
Luxemburg, Rosa 234

Mächtegleichgewicht (europ.) 116, 153, 171, 175, 184, 191
Maigesetze 235, 237
Marx, Karl 6, 75, 89 ff., 95 f., 161
Marxismus 69, 87 ff., 97, 240
Märzminister 150, 152, 154 f.
Merkantilismus 24 f., 27, 33, 56
Metternich, Klemens Wenzel Fürst von 117 f., 134 f., 138, 143, 156
Militarismus 175, 179, 191, 208 ff., 223, 227
Modernisierung 2 ff., 37 f., 41, 46, 53, 55, 59, 66, 86, 127, 141, 147, 196
Monarchie 8, 125 f., 137, 147, 157 f., 163, 167, 169, 191, 196 f., 200, 219, 223, 235

Napoleon I., frz. Kaiser 8, 116, 122, 126, 132 f., 159
Napoleon III., frz. Kaiser 143, 173, 188 f.
Nationale Einheit 5, 100, 116 ff., 122 f. 129, 131 ff., 138, 140 ff., 152 f., 161, 171, 175 f., 188, 191, 203 ff., 221, 223, 237 f.
Nationalismus 122 f., 127, 130 f., 134, 145, 152 f., 156, 181, 191, 196, 203 ff., 222, 224, 236, 238
Nationalliberale 171, 174, 176, 181, 184, 187, 203 f., 217, 221, 237 ff.,
Nationalliberale Partei 181, 204, 217, 221, 223, 237 ff., 242
Nationalstaat (deutscher) 116, 119 ff., 130 ff., 139 f., 151, 153, 155, 158 ff., 160, 162 ff., 170, 174 f., 178 f., 184, 186, 188, 190, 201, 203 ff., 237
Nationalversammlung 86, 143, 150, 153, 158 ff., 190
negative Integration 204 f., 221, 235, 240
Neoabsolutismus 173, 175, 178, 196
New Deal 107, 110 ff.
Norddeutscher Bund 36, 48, 173, 185 ff., 197
Novemberrevolution 1918 98

Offenburger Programm 143, 148, 151
Oktoberedikt von 1807 41
Olmützer Punktation 173 f.
Österreich
– Außenpolitik 117 ff., 174 f., 181 ff.
– Innenpolitik 125, 137 f., 141, 151 ff., 173, 179
– Vielvölkerstaat 119, 155 f., 162 f.
Owen, Robert 79

Papst Leo XIII. 84 f., 238
Papst Pius XI. 235 f.
Partikularismus 37, 51, 119, 128, 130, 133 f., 138, 153, 160, 170, 187, 204, 206, 218 f.
Paulskirche(nparlament) 143, 151 ff., 158 ff., 161 ff., 178, 187
Paulskirchenverfassung 153, 161 ff., 178, 187, 201
Pauperismus 15, 49, 67 ff., 74, 141, 144
Polen 116, 118 f., 137 f., 205, 236
politische Kultur 204, 235 ff.
Preußen
– Außenpolitik 116 ff., 183 ff.
– Gesellschaft 39 ff., 70, 76, 133, 147 ff., 206 ff.
– Innenpolitik 170, 173, 176 ff., 201 ff.
– „Neue Ära“ 176 ff.

– Reformen 8, 36
– Wirtschaftspolitik 8 f., 20, 39 ff., 47 f., 51, 141, 224
Proletariat 16, 22, 49, 67 ff., 74 ff, 83, 90 f, 146, 148 ff, 157, 209, 223, 233, 240

Raiffeisen, Friedrich Wilhelm 86 f.
Rasse 196, 226 ff.
Regulierungsedikt von 1811 41
Reichsdeputationshauptschluss 116, 121
Reichseinheit (innere) 203 ff., 235, 238, 242
Reichsfeinde 203 ff., 218, 222, 226, 235 f., 239
Reichsgründung 1871 52, 72, 75, 171, 173 ff., 191, 196 ff., 235 ff.
Reichskanzler 98, 196, 198 ff., 212 f., 217
Reichspatriotismus 153, 203 ff.
Reichsregierung 160, 166, 200 f.
Reichstagswahl 197, 20, 220, 238, 240
Reichsverfassung von 1849, s. Paulskirchenverfassung
Reichsverfassung von 1871, s. Verfassung von 1871
Reichsverfassungskampagne 143, 168
Restauration 117, 120, 123, 127, 132, 136 ff., 147, 156, 159, 167
Revolution von 1848/49 143 ff., 218, 233
– badische 154 ff., 158, 168 f.
– Gegenrevolution 153, 156, 167 ff.
– Handlungsebenen 150 ff., 157
– Märzrevolution 152, 154 ff.
– Phasen 143, 151 ff.
– Scheitern 167 ff.
Rheinland 70, 152 f., 188
Rumpfparlament 143, 153, 168
Russland 2, 6, 7, 16, 21, 33, 118 f.. 152 f., 161, 173 f., 182, 185, 187 ff.

Sand, Karl Ludwig 127, 135, 139
Schlacht bei Königgrätz 173, 181, 185
Schleswig-Holstein-Frage 121, 152 f., 160 f., 170, 184
Schulwesen (Kaiserreich) 213 ff., 235, 238
Schulze (-Delitzsch), Hermann 86 f.
Schutz- und Trutzbündnisse 188
Schwerindustrie 14, 18, 28, 31 ff., 37 f., 48, 64
Smith, Adam 23 ff., 144
Solidarität 12, 85 f., 88, 92 117, 137 f., 153, 167, 229, 241
Sonderweg (dt.) 5 ff., 196, 201
Sozialdarwinismus 196, 230
Sozialdemokratie 78, 94 ff., 217, 221 f., 239 ff.
Sozialdemokratische Partei Deutschlands, s. SPD
Soziale Frage 67, 74 ff., 78 ff., 87 ff., 98 ff., 146, 149, 219, 233
Sozialgesetzgebung 6, 98 f., 241 f.
Sozialismus 84, 85, 88 f., 96, 111, 217, 220 f., 223 f., 229
Sozialisten 92, 218, 222, 239
Sozialistengesetz 78, 97 f., 201, 221, 229, 239 ff.
SPD 78, 88, 94 ff., 221 ff., 227, 233, 239 f.
Stahlproduktion 14, 18, 35, 50, 53, 59, 65, 76, 80, 102 f., 113
Ständeordnung 8, 47 f., 130, 132
Staub, Arnold 82
System Metternich 117, 126, 128, 135, 138, 140, 157

Textilherstellung 13, 18, 29 ff., 35, 37, 39, 49 f., 56, 59, 65, 68, 79, 82, 100, 102, 141, 146, 149, 187
Trade Unions 31, 35
Trias-Politik 175, 188

Ultramontanismus 236
Unternehmer(tum) 13, 28, 49, 55, 57, 59, 64, 74 ff., 91, 136, 140, 240 f.
Urbanisierung 3, 13, 17, 65, 67, 70 ff., 101, 146
USA
– Gesellschaft 100 ff.
– Politik 104, 109 ff.
– Wirtschaft 12, 100 ff.

Vereinigte Staaten von Amerika s. USA
Verfassung
– von 1849 s. Paulskirchenverfassung
– von 1871 4, 116, 123, 125 ff., 184, 186 f., 197 ff., 217 f.
– von Baden von 1818 46, 116, 123, 125 ff.
– von Preußen 1849/50 143, 170, 176 ff.
– von Württemberg von 1819 116, 123 ff.
Verfassungskonflikt 179 ff.
Vertrag von Gastein 173, 183 f.
Völkerschlacht bei Leipzig 122, 133
völkische Verbände 7, 214, 228, 230
Volkssouveränität 2, 24, 26, 128 ff., 13, 139, 145, 151 f., 160, 166
Vormärz 52, 69, 123, 127 ff., 136 ff., 148, 175
Vorparlament 143, 158 f.

Waffenstillstand
– von Malmö 1848 143, 162
Wahlrecht 35, 94 f., 125, 129, 134, 137, 144, 157 f., 163, 166, 174, 177, 187, 197, 202, 220, 223, 231, 233
Wartburgfest 122, 127, 133 f., 139
Wehrpflicht 211
Weltwirtschaftskrise 107 ff.
Wichern, Johann Heinrich 83
Wiener Kongress 116 ff., 127, 135, 139, 145
Wiener Ordnung 116 ff., 132, 134, 151, 161, 191
Wilhelm I., preuß. König/dt. Kaiser 189 ff., 240
Wilhelm II., preuß. König/dt. Kaiser 7, 203, 207, 210, 227
Wirtschaftsliberalismus 22 ff., 31, 35, 68, 91 f. 102, 104, 109, 128, 144 f., 147 f. 175, 207, 209, 220, 223
Wissenschaft (Kaiserreich) 197, 208, 213 ff.
Württemberg, Königreich 8, 36, 44 ff., 51 f., 54 ff., 68, 70, 82, 116, 118, 123 ff., 136, 141, 143, 147, 153, 155, 164, 168, 175, 185, 190, 197 f., 231

Zentrum(-spartei) 96, 200,217 ff., 223, 226, 236 ff.

Bildnachweis

S. 1: Fabrik-Kontrolluhr 1889. ullstein bild – Archiv Gerstenberg.

S. 16: S. 61: Bevölkerungsentwicklung 1815–1915. Heinrich Pleticha: Deutsche Geschichte in 12 Bänden. Bd. 11: Republik und Diktatur 1918–1945. © Bertelsmann-Lexikon-Verlag, Gütersloh.

S. 69: Zusammengestellt nach: Städtische Unterschichten 1815–1850. Aus: Hans-Ulrich Wehler: Deutsche Gesellschaftsgeschichte. Bd. 2: Von der Reformära bis zur industriellen und politischen „Deutschen Doppelrevolution" 1815–1845/49. S. 182, 279. © Verlag C. H. Beck oHG, München 1987.

S. 71: Industrielle Zentren in Deutschland, 1850 –1910. Aus: Heinrich Pleticha: Deutsche Geschichte in 12 Bänden. Bd. 11: Republik und Diktatur 1918–1945. © Bertelsmann-Lexikon-Verlag, Gütersloh.

S. 101: Daten aus: Die Vereinigten Staaten von Amerika, Fischer Weltgeschichte Band 30, S. 155, 505, 179 (vereinfacht). © Fischer Taschenbuch Verlag GmbH, Frankfurt am Main 1977.

S. 115: Das merkwürdige Jahr 1848: bpk.

S. 120: Karte: Deutscher Bund, 1815: © Cartomedia, Karlsruhe.

S. 178: Verfassung Preußens von 1849/1850. Der Große Ploetz. © Ploetz, Freiburg.

S. 195: Wilhelm II. bei Otto von Bismarck in Friedrichsruh am 30. 10. 1888: bpk/M. Ziesler.